Christoph Wulf

Bildung als Wissen vom Menschen im Anthropozän

Christoph Wulf

Bildung als Wissen vom Menschen im Anthropozän

Der Autor

Christoph Wulf, Dr. phil., ist Professor für Allgemeine und Vergleichende Erziehungswissenschaft und Mitglied des Interdisziplinären Zentrums für Historische Anthropologie der Freien Universität Berlin.

Dieses Buch ist erhältlich als:
ISBN 978-3-7799-6182-6 Print
ISBN 978-3-7799-5484-2 E-Book (PDF)

1. Auflage 2020

Herstellung und Satz: Ulrike Poppel
Druck und Bindung: Beltz Grafische Betriebe GmbH, Bad Langensalza
Printed in Germany

Weitere Informationen zu unseren Autor_innen und Titeln finden Sie unter: www.beltz.de

Inhalt

Einleitung: Bildung als Wissen vom Menschen

Menschen können ihr Potential nur durch Erziehung, Bildung und Sozialisation entwickeln. Sie sind bildbar und ihre Entwicklung ist auf Bildung angewiesen. Dies gilt für Individuen, Generationen und die Entwicklung des *Homo sapiens* insgesamt. Wodurch und wie sich Menschen bilden sollen, ist in der Geschichte der Menschheit unterschiedlich bestimmt worden. Bildung ist eine entscheidende Größe in der menschlichen Entwicklung, die sich je nach Phase der Menschheitsgeschichte und je nach Kultur unterschiedlich manifestiert. Ein Verständnis des Menschen gelingt nur, wenn seine Bildbarkeit und seine Angewiesenheit auf Bildung berücksichtigt werden. Bildung ist also ein konstitutiver Bestandteil des Menschen; und das Wissen vom Menschen ist ein konstitutives Element von Bildung. Beide sind untrennbar miteinander verwoben. Im Zeitalter des Menschen, im heutigen Anthropozän, in dem die Menschen mehr und mehr die Geschicke des gesamten Planeten bestimmen, gewinnen Fragen nach dem Menschen und seiner Formung durch Bildung zusätzlich an Bedeutung.[1] Aufgrund der produktiven und destruktiven Möglichkeiten des Menschen im Hinblick auf die Zukunftsgestaltung des Planeten bedarf es einer Bildung, die auch diese Dimensionen in ihr Selbstverständnis einbezieht.

Historisch gesehen leistet das Bildungswesen bis heute einen wichtigen Beitrag zur Entwicklung, Erhaltung und Transformation der Nationalstaaten und ihrer Kulturen. Seit der Gründung der Europäischen Union kommen neue Aufgaben hinzu, deren Wahrnehmung weder einfach noch konfliktfrei ist. Wie werden Kinder und Jugendliche in Deutschland, Frankreich, Italien, Polen und Schweden zu Europäern? Wie lassen sich lokale, regionale, nationale und europäische Identität miteinander verbinden? In den Ländern Europas bilden die demokratischen Verfassungen die gemeinsame Grundlage der Europäischen Union.[2] Doch sie sind lediglich ein Element europäischer Identität. Es bedarf einer stärkeren Auseinandersetzung mit den Möglichkeiten und Grenzen einer europäischen, die unterschiedlichen Nationen und ihre sozialen und kulturellen Differenzen übergreifenden Kultur. Ohne ein Bewusstsein der Einheit in der

---

1 Auch wenn die *International Union for Geological Science* nach langen Beratungen beschlossen hat, dass die aktuelle Epoche nach wie vor das Holozän ist, scheint es mir aus einer anthropologischen und kulturwissenschaftlichen Perspektive durchaus sinnvoll, vom Anthropozän zu sprechen, wenn man einen Begriff sucht, mit dem sich die Bedeutung der gewaltigen Wirkungen des Menschen auf den Planeten kennzeichnen lässt.

2 Habermas 2011.

Differenz, der *unitas multiplex*, lässt sich eine Europäische Union nicht entwickeln.

Zudem hat die Globalisierung der letzten Jahrzehnte deutlich gemacht: Bildung erfolgt nicht nur in einer nationalen Kultur, Sprache und Tradition, sondern auch in Bezug auf eine gemeinsame, die nationalen Grenzen übergreifende europäische Kultur.[3] In der globalisierten Welt erfordert Bildung sogar eine die globalen Bedingungen der Weltgesellschaft berücksichtigende Ausrichtung. Die Globalisierung formt die lokalen, regionalen und nationalen Lebensbedingungen in vielfältiger Weise. Und diese Lebensräume bestimmen ihrerseits die Sicht und das Verständnis der globalisierten Welt. Wie werden die beiden Tendenzen der universellen Homogenisierung und der kulturellen Diversität aufeinander bezogen und wie werden ihre Widersprüche und Konflikte in Erziehung und Bildung bearbeitet? Globalisierung ausschließlich mit weltweiter Homogenisierung gleichzusetzen, ist unzulänglich und reduziert die Komplexität der Globalisierung in unzulässiger Weise. So folgenreich die universelle Homogenisierung auch ist, die gegenläufige Tendenz der Wertschätzung kultureller Diversität ist für die Entwicklung der Weltgesellschaft nicht weniger bedeutend. Eine zeitgemäße Bildung muss beide Tendenzen thematisieren, bearbeiten und in ihr Selbstverständnis aufnehmen.[4]

Im Zeitalter des Menschen gewinnt die planetare Dimension menschlichen Handelns an Bedeutung. Zwar lässt sich bereits auf lokaler, regionaler und nationaler Ebene zeigen, dass es kaum noch Gebiete auf dem Planeten gibt, auf die die Menschen nicht Einfluss nehmen. Das gilt für die Natur mit den Meeren, Flüssen und Bergen, den Wäldern und Wüsten, die immer stärker vom Menschen nach seinen Vorstellungen verändert werden. Hinzu kommen die zahlreichen Probleme der Umweltverschmutzung und Umweltzerstörung, des Verbrauchs nicht-erneuerbarer Energien und Ressourcen, der Erderwärmung und Artenvernichtung sowie der Bedrohung durch Atomenergie, insbesondere in ihrer militärischen Form.[5]

Bildung vollzieht sich historisch und kulturell unterschiedlich. Sie unterscheidet sich in lokalen, regionalen, nationalen Aspekten. Zugleich erfordert sie eine Auseinandersetzung mit den großen Problemen der globalisierten Welt, die der Tatsache Rechnung trägt, dass wir nicht nur Bürger eines Landes und der Europäischen Union, sondern auch Bürger der Weltgesellschaft sind. Frieden, Umgang mit Alterität, Bildung für eine nachhaltige Entwicklung, *global citizenship education* gehören heute zu den wichtigen Aufgaben von Erziehung und Bildung.[6] Dies ist umso mehr der Fall, als im Anthropozän der Mensch

3 Wulf/Merkel 2002; Wulf/Weigand 2011.

4 Poulain 2017; Wulf 2013a.

5 Gil/Wulf 2015.

6 Bernecker/Gräf 2017.

bisher nicht gekannte Möglichkeiten der Destruktion des Planeten hat, aus der sich neue Formen der Verantwortung und Verpflichtung zur Solidarität ergeben.

Diese Aufgaben können nur wahrgenommen werden, wenn das Wissen vom Menschen als ein impliziter Bestandteil von Erziehung und Bildung begriffen wird. Dazu bedarf es historisch-anthropologischer Forschungen und ihres Beitrags zum Selbstverständnis des Menschen am Anfang des 21. Jahrhunderts. Die Frage, *wie* wir den Menschen und seine Bildung am Beginn des Anthropozän verstehen, ist eine historisch und kulturell neue Frage, von deren Beantwortung die Zukunft des Menschen und des Planeten abhängt.

Vervollkommnung des Unverbesserlichen

Um Erziehung, Bildung und Sozialisation zu verstehen, muss man ihre historische Genese kennen. Dazu gibt es verschiedene Möglichkeiten. Eine besteht darin, pädagogische Verhältnisse und Situationen mithilfe vorhandener Quellen zu erforschen und in ihrer historischen Einmaligkeit zu rekonstruieren. Bei diesem Vorgehen spielen anthropologische Phänomene, Grundsituationen und Bedingungen von Erziehung, Bildung und Sozialisation eine Rolle. Aufgabe dieser Form der Geschichtsschreibung ist es herauszuarbeiten, wie sich diese Prozesse in bestimmten historischen Kontexten vollzogen haben und darzustellen, wie die historische Wirklichkeit aus der Sicht der jeweiligen Geschichtsschreibung aussah. Eine andere Möglichkeit besteht darin, die Entstehung der wichtigsten das Handeln der Menschen in diesen Bereichen steuernden Narrationen zu rekonstruieren. Wie begriff man am Anfang der Neuzeit Erziehung und Bildung? Welche neuen Vorstellungen vom Menschen und von seiner Bildung entstanden und wie wirkten diese über die Jahrhunderte hinweg bis in die Gegenwart? Im Weiteren wird zunächst gezeigt, mit welchen Vorstellungen seit dem Beginn der Neuzeit versucht wird, den Menschen trotz seiner begrenzten Bildbarkeit zu vervollkommnen. Narrationen werden rekonstruiert, die das erzieherische Handeln und Nachdenken bis heute anleiten. Die dazu entwickelten Diskurse sind normativ; sie wollen bestimmen, wer der Mensch ist und wie er sich trotz aller Widerständigkeit mithilfe von Bildung verbessern lässt.

Allen Menschen mithilfe von Erziehung und Bildung alles vollständig zu vermitteln, ist der große Traum des Comenius im 17. Jahrhundert am Anfang der Moderne (Kap. 1). Bis heute hat er z. B. bei der Bildung für nachhaltige Entwicklung seine richtungweisende Bedeutung behalten (Kap. 12). Alle Menschen, Jungen und Mädchen, sollen alles lernen, was zu ihrer Vervollkommnung erforderlich ist. Erziehen und Sich-Bilden sind Dienst am Menschen und an Gott. In einer Verbindung von Anschauung und Sprache soll dieses Ziel so realisiert werden, dass Kinder, Jugendliche, Lehrer und Lehrerinnen Freude am Lernen und ihrer gottgefälligen Vervollkommnung haben.

Werden Erziehung und Bildung bei Comenius auf der Grundlage einer „großen Didaktik" entwickelt, so findet bei Rousseau im 18. Jahrhundert eine Wendung zum individuellen Kind statt. Voraussetzung ist auch hier die Einsicht in die anthropologische Notwendigkeit von Erziehung und Bildung. Doch nun sollen mithilfe der Liebe zum Kind dessen eigene Kräfte sich zu bilden angeregt werden. Bildung wird nicht mehr von einer gottgewollten Weltordnung, sondern von den jeweiligen Bedingungen des Kindes her entworfen, für das ein pädagogisches Arrangement der Umwelt entwickelt wird.

Der allmählich entstehende pädagogische Diskurs der Moderne liefert einen wichtigen Beitrag zum Verständnis des Menschen. Universalität, Rationalität und Repräsentativität werden zu Prinzipien seiner Bildung und seines Welt- und Selbstverständnisses (Kap. 2). Ziel ist die Selbstermächtigung und wachsende Autonomie des Menschen. Ziel ist eine Dressur des Körpers. Die Vernunft soll die Affekte steuern; verlangt wird ihre Einordnung in die immer stärker ökonomisch kalkulierten Lebensvollzüge; mithilfe von Erziehung wird eine Disziplinierung angestrebt, die die Menschen ökonomisch besser nutzbar macht. Die zunehmende Arbeitsteilung führt zur Entwicklung rationaler Handlungsweisen wie Mäßigung, Besonnenheit und überlegtem Verhalten. Im Laufe des Zivilisationsprozesses differenziert sich die Binnenstruktur der Menschen; die gesellschaftlichen Widersprüche gelangen zunehmend auch in die Menschen selbst. Die Menschen müssen sich mehr und mehr mit sich selbst auseinandersetzen. Im Zentrum dieser Entwicklung steht das Subjekt, seine Konstitution, seine Bildung, seine Stellung zur Welt und zu sich selbst. Dieses Subjekt wird zu einem wichtigen Thema der Moderne und zum Mittelpunkt in der Spätmoderne. Handelnd gestaltet es sich und wird in diesem Prozess durch die gesellschaftlichen und kulturellen Strukturen geformt. Im Namen des Subjekts wird das Recht auf individuelle Freiheit, Kritik und autonomes Handeln gefordert. In seinem Zentrum wird eine sein Handeln verantwortlich steuernde Instanz vorausgesetzt, die es in Erziehungs- und Bildungsprozessen zu entwickeln gilt.

Bei Humboldt findet diese Form, die Aufgaben der Erziehung zu begreifen, eine zeitgemäße Konkretisierung. Zwar hat der Neuhumanismus keine Pädagogik im engeren Sinne entwickelt, doch hat er eine eigene Bildungstheorie erarbeitet. In den klassischen Studien sah Humboldt insofern einen Bildungswert, als sie dem Individuum helfen können, zu sich selbst zu kommen. Aufgabe ist eine das Ganze des Individuums gleichmäßig entwickelnde allgemeine Bildung. Ziel ist der allseitig gebildete Mensch, der in der Lage ist, sich mit den Widersprüchen seiner Existenz zu versöhnen. Dazu soll ihm eine Allgemeinbildung helfen; bei dieser gilt es eine enzyklopädische Überfrachtung unbedingt zu vermeiden. Humboldts Vorstellungen von Allgemeinbildung basieren auf seinen anthropologischen Arbeiten, in denen er davon ausgeht, dass der Mensch darauf angelegt ist, sich selbst zu bilden, zu verbessern und zu vervollkommnen.

In Humboldts anthropologischen Untersuchungen kann man Vorarbeiten zu einer historischen, diachron verfahrenden Anthropologie „avant la lettre" und zu einer vergleichenden, synchron verfahrenden Kulturanthropologie sehen, die für unser heutiges Verständnis von Anthropologie und Pädagogischer Anthropologie von zentraler Bedeutung sind (Kap. 3).[7] Nur auf der Grundlage solcher anthropologischen Untersuchungen ist Humboldts Verständnis von Allgemeinbildung möglich. Bildung ist für ihn ein mimetischer Prozess, in dem sich das Individuum in einem produktiven Prozess der Welt anähnelt, sie in sein Imaginäres aufnimmt und dadurch selbst erschlossen und gebildet wird. In diesem Prozess der mimetischen Aneignung der Welt bei gleichzeitiger Erschließung des Selbst sind Imagination und Sprache untrennbar miteinander verwoben.

Hier schließt Schleiermacher an und betont die Vorgängigkeit der pädagogischen Praxis vor der Erziehungs- und Bildungstheorie und damit den historischen Charakter der Erziehungswirklichkeit. Wie ein Text kann die Erziehungswirklichkeit zum Gegenstand hermeneutischer Interpretation werden. Schleiermacher geht davon aus, dass pädagogisches Handeln nur unzulänglich als eine zweckrationale Ableitung aus Zielen und als technisches Verhalten verstanden werden kann. Vielmehr ist pädagogisches Handeln ein den ganzen Menschen betreffendes, mehrdimensionales sinnliches, emotionales und ethisches Handeln.

Alle bislang genannten Autoren betonen die Verflechtung von Pädagogik und Anthropologie. Bildung ist weder ohne Bilder vom Menschen noch ohne anthropologisches Wissen möglich. Dies wurde in den Forschungen der Pädagogischen Anthropologie in der zweiten Hälfte des 20. Jahrhunderts deutlich. Hier war eine anthropologische Betrachtungsweise pädagogischer Phänomene das Ziel. Nach zahlreichen philosophisch inspirierten Ansätzen entstand im letzten Viertel des 20. Jahrhunderts und in den beiden ersten Jahrzehnten des 21. Jahrhunderts eine über die philosophische Bestimmung hinausgehende historische bzw. historisch-kulturelle Anthropologie[8] und eine auf ihr basierende Pädagogische Anthropologie (Kap. 4).[9] Neben philosophischen gewannen jetzt auch Forschungen der Historischen Anthropologie und der Kulturanthropologie bzw. Ethnologie an Bedeutung. Im Unterschied zu den Werken der Philosophischen Anthropologie, die dadurch charakterisiert waren, dass sie das Konzept des Menschen auf der Grundlage *eines* Prinzips zu bestimmen ver-

7 Mattig 2019.

8 Wulf 2009.

9 Wulf 2001; Zirfas 2004.

suchten, wird nun betont, dass es aus prinzipiellen Gründen unmöglich sei, die Komplexität des Menschen aus einem einzigen Prinzip zu erklären. Stattdessen könne die Erforschung des Menschen nur mithilfe unterschiedlicher wissenschaftlicher Paradigmata erfolgen. Zu diesen gehören u.a.: 1) die Theorien über die Hominisation, also die Menschwerdung innerhalb der Evolutionsgeschichte, 2) die in Deutschland entstandene Philosophische Anthropologie, 3) die zunächst in Frankreich entwickelte Historische Anthropologie, 4) die Kultur- bzw. Sozialanthropologie und 5) die um die Verbindung dieser Paradigmata bemühte historisch-kulturelle Anthropologie.[10] Auf den damit zusammenhängenden, das anthropologische Forschungsfeld erweiternden Überlegungen beruhen die vielfältigen Ansätze und Untersuchungen zur Pädagogischen Anthropologie.[11] Für diese Forschungen sind wichtig: die doppelte Historizität und Kulturalität (der erforschten Zusammenhänge und der Forscher und Forscherinnen selbst), die Methodenvielfalt, die Inter- bzw. Transdisziplinarität, die Inter- bzw. Transkulturalität sowie ein komplexes Verständnis von Bildung.

Formen anthropologischen Wissens

Anthropologisches Wissen ist weitgespannt. Es umfasst den Menschen, sein Verhalten, sein Handeln, seine Emotionen, seine Vorstellungen in seiner natürlichen, sozialen und kulturellen Umwelt. Ein zentrales Problem der Anthropologie besteht darin, wie allgemeines mit historisch und kulturell spezifischem Wissen verbunden werden kann. Die Notwendigkeit dazu ergibt sich daraus, dass in der globalisierten Welt bekanntlich eine eher universelle, auf Homogenisierung zielende Tendenz und eine eher auf Diversität ausgerichtete Tendenz aufeinanderstoßen. In der Anthropologie entsprechen der ersten Tendenz eher die Forschungen zur Hominisation, in denen es um die Rekonstruktion der Genese des *Homo sapiens* geht, und die Philosophische Anthropologie, deren Vertreter viele biologische und morphologische Forschungen ihrer Zeit verarbeiteten und das konstitutive Merkmal des Menschen durch den Vergleich mit dem Tier zu bestimmen hofften. Der zweiten, die Globalisierung heute bestimmenden Tendenz der Diversität entsprechen eher die Forschungen der diachronen historischen Anthropologie und der synchronen Kulturanthropologie, die beide weniger auf nomothetisches als auf ideographisches Wissen zielen.

Eine Form des Wissens, in denen beide Perspektiven eine Rolle spielen, ist die Wiederholung (Kap. 5).[12] Einerseits sind Lebensprozesse wie Essen, Trin-

10 Wulf 2013a.

11 Wulf/Zirfas 2014, vgl. dazu auch die zahlreichen Publikationen der Kommission Pädagogische Anthropologie der Deutschen Gesellschaft für Erziehungswissenschaft seit 1994.

12 Kierkegaard 1983; Nietzsche 1980; Deleuze 1992; Resina/Wulf 2019.

ken, Geschlechtlichkeit Wiederholungen früherer Handlungen; andererseits unterscheidet sich jede Handlung von früheren. Sie ähnelt diesen, ist aber different und darin auch neu. Neben den grundlegenden Lebensprozessen spielen Wiederholungen in Erziehung, Bildung und Sozialisation eine konstitutive Rolle. Deutlich wird dies in der Bedeutung mimetischer Prozesse für die Erziehung und Bildung des Menschen.[13] Kinder bemühen sich, wie ihre älteren Geschwister oder ihre Eltern zu werden. Sie ähneln sich ihnen und ihrem Handeln an und werden dadurch Teil der Gemeinschaft, zu der sie gehören wollen. Prozesse des Laufenlernens, des Teilwerdens der Gemeinschaft, des Sprechens sind mimetische Prozesse, für die die Wiederholung charakteristisch ist und ohne die die entsprechenden Lernprozesse nicht gelingen können. In den Wiederholungen mimetischer Prozesse werden Lebens- und Handlungsformen inkorporiert und dadurch verfügbar. Jede Wiederholung verbindet Bekanntes mit Neuem und ist dadurch lebendig.

Besonders deutlich wird die anthropologische Bedeutung der Wiederholung bei der Erzeugung des Sozialen in Ritualen, mit deren Hilfe sich Gemeinschaften bilden, erhalten und verändern.[14] Auch hier gilt: Zwar kann die Inszenierung eines Rituals die Kontinuität des Sozialen sichern; doch ist jede Aufführung eines Rituals unterschiedlich. Die Erforschung des performativen Charakters von Ritualen und Gesten macht dies deutlich.[15] Für Erziehungs-, Bildungs- und Sozialisationsprozesse sind Rituale konstitutiv.[16] Die Inkorporierung von Werten, Verhaltensweisen und Handlungsformen bedarf ritueller Wiederholungen. Das Gleiche gilt für die Entwicklung der Sprache und des Imaginären. Nicht nur die Bildung des Einzelnen, auch die Entstehung des *Homo sapiens* hat die Wiederholung in der Abfolge der Generationen erfordert.

Nicht weniger als durch Sprache ist der Mensch durch Imagination gekennzeichnet (Kap. 6). Mit ihrer Hilfe kann Abwesendes präsent gemacht werden und können Erinnerungen und Projektionen der Zukunft in die Gegenwart gebracht werden. Zweifellos ist die Imagination ein Merkmal des *Homo sapiens*, geradezu eine Bedingung des Menschseins. Handeln für die Zukunft ist ohne sie nicht vorstellbar. Die Imagination ist Teil der Menschen, in denen sie wirkt und mit der diese die Welt beleben und zum Teil ihres Imaginären machen können. Imagination ist auch eine Fähigkeit, bestehende Verbindungen aufzulösen, zu zerstören und dadurch neue zu schaffen. Sie kann Vorstellungen und Beziehungen erzeugen und neu kombinieren. Sie ist eine „irrealisierende" Funktion des Bewusstseins. Die Imagination erinnert und erzeugt, kombiniert und projiziert Bilder. Sie schafft Realität. Zugleich dient ihr die Realität dazu,

---

13 Gebauer/Wulf 1992, 1998; Wulf 2009.

14 Wulf und Suzuki 2011.

15 Wulf/Göhlich/Zirfas 2001; Wulf/Zirfas 2007.

16 Wulf et al. 2001, 2008, 2007, 2011.

Bilder hervorzubringen. Die Bilder der Imagination haben eine die Wahrnehmung, Erinnerung und Zukunft strukturierende Dynamik. Ihre Vernetzung folgt den dialektischen und rhythmischen Bewegungen der Einbildungskraft. Nicht nur das alltägliche Leben, sondern auch Literatur, Kunst, Musik und darstellende Künste liefern ein unerschöpfliches Reservoir von Bildern. Einige scheinen relativ stabil und wenig veränderbar zu sein. Andere hingegen unterliegen einem schnellen historisch-kulturellen Wandel. Die Imagination hat eine symbolisierende Dynamik, die kontinuierlich neue Bedeutungen erzeugt und dazu Bilder verwendet, mit deren Hilfe eine Deutung der Welt erfolgt.[17]

Die mimetische Anähnlichung an andere Menschen, Situationen und Dinge erfolgt mithilfe der Imagination. Diese macht es möglich, Außenwelt in das Imaginäre der Innenwelt und dieses in die konkreten und materiellen Bedingungen der Außenwelt zu verwandeln. Die Imagination ist performativ. Sie trägt zur Inszenierung und Aufführung des Sozialen bei. So sehr sie ein Merkmal *des* Menschen ist, ihre Inhalte und ihre Dynamik variieren je nach historischer Zeit, kultureller Differenz und menschlicher Individualität. Mithilfe der Imagination können sich Menschen aus ihrer räumlichen und zeitlichen Gebundenheit lösen und in andere Zeiten und Kulturen eintreten. Damit ermöglicht die Imagination menschliche Freiheit und Kreativität. Ihr in Erziehung und Bildung verstärkte Aufmerksamkeit zukommen zu lassen, ist ein zentrales Anliegen kultureller Bildung heute.[18]

Medien ermöglichen die Materialisierung der Imagination (Kap. 7). Daher spielen sie bei der Entwicklung von Kultur und Gesellschaft eine wesentliche Rolle. Dies gilt für die Schriftmedien genauso wie für die zunehmend wichtiger werdenden digitalen Medien, die heute eine Grundlage unseres kulturellen und sozialen Weltverhältnisses und Selbstverständnisses sind.

Im alltäglichen Umgang werden die Medien wenig bewusst. Im problemlosen Funktionieren treten sie hinter die von ihnen vermittelten Botschaften zurück. In den Künsten werden sie jedoch oft selbst zum Thema. Zwei Positionen lassen sich im Mediengebrauch unterscheiden. Die eine geht davon aus, dass Medien dadurch charakterisiert sind, dass sie etwas vermitteln, das sie selbst nicht sind, für dessen Vermittlung es jedoch des Mediums bedarf. Die andere Position vertritt den Apriori-Charakter der Medien und betont, dass ohne Medien die menschliche Welt- und Selbsterzeugung nicht möglich ist, der Gebrauch von Medien also eine *conditio humana* sei und daher eine bewusste Auseinandersetzung mit den Medien und ihrem Gebrauch Aufgabe von Bildung sei.

---

17 Wulf 2014; 2013b, Hüppauf/Wulf 2006.

18 Bockhorst et al. 2012.

In Erziehung, Bildung und Sozialisation der jungen Generation kann das Ausmaß der Digitalisierung der verschiedenen Lebenswelten kaum überschätzt werden. In Form des Smartphones, des Tablets und des Computers sind die digitalen Medien ein integraler Bestandteil des Lebensalltags der jungen Generation.[19] Bei ihnen muss aktiv entschieden werden, wie sie genutzt werden sollen. Da Nutzer auch zu Produzenten werden können, ist eine eindeutige Unterscheidung zwischen Anbieter und Nutzer, Produzent und Konsument nicht länger möglich. Die Bildung des Begriffs „*Producer*" ist die Folge. Die „digital natives" von heute wissen diese doppelte Möglichkeit zu nutzen. Die Jugendlichen nutzen die *online*-Kommunikation als eine Form des Umgangs mit den Aufgaben und Problemen ihres Alltagslebens. Die *links* zwischen *online* und *offline* sind Teil ihrer Lebenswelt und ermöglichen ihnen eine schnelle und unkomplizierte Kommunikation. Die digitalen Medien machen es möglich, kurzfristig und spontan Verabredungen zu treffen und durch den Austausch von Gefühlen und Gedanken sowie die Erörterung von Fragen und Problemen zu kommunizieren und neue Formen sozialer Interaktion zu entwickeln. Für viele Jugendliche ist der Rückzug in eine Welt ohne eine solche Kommunikation undenkbar. Sie sind – wie einige es ausdrücken – fortwährend kommunikationsbereit (*pready*). Durch die digitalen Medien entstehen neue anthropologische, soziale und kulturelle Bedingungen und Veränderungen im Leben der „virtual youth".

Zum Wissen vom Menschen gehört auch der große, in seiner Bedeutung für Erziehung, Bildung und Sozialisation unterschätzte Bereich des „schweigenden Wissens" (Kap. 8). „Schweigendes Wissen" entsteht durch ein Lernen des Körpers. Mithilfe mimetischer Prozesse werden Werte, Einstellungen und Verhaltensweisen durch Anähnlichung angeeignet. Das Gleiche geschieht mit der Performativität sozialen Handelns und der Inkorporierung der Materialität der Welt in Form von Bildern. Deren ikonischer Gehalt wird in mimetischen Prozessen nachgeschaffen und so inkorporiert. Auch für diese Prozesse gilt, dass sie in der Entwicklung und Bildung der Menschen unhintergehbar sind. Auch „schweigendes", sprachlich nicht oder nur unzulänglich fassbares Wissen ist für diese und ähnliche Bildungsprozesse konstitutiv.

Bildung in der globalisierten Welt

Will man den Zusammenhang von Anthropologie und Bildung im Anthropozän untersuchen, kann man sich heute nicht mehr ausschließlich auf deutsche, europäische oder amerikanische Perspektiven beschränken. Die umfangreichen

19 Kontopodis/Varvantakis/Wulf 2017.

Forschungen zum Kolonialismus, zum Rassismus und zu Problemen der Repräsentation bei ethnografischen Forschungen haben deutlich gemacht, wie bestimmend die westliche Perspektive in diesen Zusammenhängen ist. Auch wenn sich diese Situation erst in einigen Jahrzehnten ändern wird, ist es an der Zeit, den Versuch zu machen, am Beispiel von China und Indien zu zeigen, welche Perspektiven dort in Bezug auf den Menschen und seine Bildung entwickelt wurden, die auch einen Beitrag dazu leisten, die historische und kulturelle Standortgebundenheit der europäischen Sichtweisen zu begreifen (Kap. 9 und 10).

Seit einigen Jahrzehnten gibt es in beiden Ländern ein wachsendes Interesse an in der eigenen Geschichte und Kultur entstandenen anthropologischen und bildungstheoretischen Perspektiven. Dabei ist zurzeit offen, welchen Einfluss diese Rekonstruktionen auf das zukünftige Selbstverständnis dieser Länder und auf die Entwicklung ihres Bildungswesens haben werden. Werden diese Länder eigene Formen der Modernisierung entwickeln können, in denen ihre eigene Kultur eine stärkere Rolle spielt, oder wird ihr Selbstverständnis stärker durch die Homogenisierungstendenzen der westlichen Welt bestimmt? Wahrscheinlich wird es immer wieder Versuche geben, die Homogenisierung der Weltgesellschaft durch Rückgriffe auf die kulturelle Differenz der eigenen Kultur besser zu verstehen. Dabei scheinen China und Indien unterschiedliche Wege zur Bearbeitung ähnlicher Probleme der Modernisierung einzuschlagen. In beiden Ländern erfolgen unterschiedlich ausgeprägte Bezugnahmen auf die Ergebnisse der europäischen Aufklärung, auf Menschenrechte, Freiheit, Privatheit, Verfahrensgerechtigkeit usw.

In China sind es vor allem zunehmende Bemühungen um eine Rekonstruktion des Konfuzianismus, die an Bedeutung gewinnen. Im Zentrum steht Menschsein als Mitmenschlichsein (*ren*), was oft auch mit „Sittlichkeit", „Wohlwollen", „Liebe" übersetzt worden ist. Aufgabe des Menschen ist es, sein Menschlichsein als Mitmenschlichsein zu entwickeln, sich mit Hilfe von Ritualen in ethischer Hinsicht zu bilden. Dabei gilt es nach Möglichkeit einen sozialen Konsens zu schaffen und etwaige Entscheidungen in ihrem historischen und kulturellen Charakter zu kontextualisieren. Auch sollen ethische Entscheidungen möglichst die „Rhythmen von Himmel und Erde" berücksichtigen und offen für das Nicht-Wahrnehmbare sein. Menschlichsein als Mitmenschlichsein erfordert eine Kultivierung des Subjekts (*xiuji*). Ohne diese ist ein für die Gesellschaft förderliches Handeln nicht möglich. Die Überwindung von Egoismus und die Entwicklung von Pflichtbewusstsein sind wichtige Aufgaben der Bildung. Bildung vollzieht sich mithilfe der kulturellen Güter der Vergangenheit, dem Zusammenleben in der Familie und der Gemeinschaft, dem wechselseitigen Bezug zur Umwelt und erfordert die Entwicklung von „Selbstwissen", einer Art „inneren Wissens" und „geistiger Intuition".

Geht es im Falle Chinas um die Darstellung zentraler Aspekte des Konfuzianismus, so scheint es mir im Fall Indiens sinnvoll zu sein, anthropologische und bildungstheoretische Perspektiven von Swami Vivekananda, Ravindranath Tagore, Mahatma Ghandi und Sri Aurobindo gegen Ende und nach dem Ende des Kolonialismus zu rekonstruieren. Allen gemeinsam ist die Überzeugung, dass die Bildung von Menschen der Anleitung durch Vorbilder bedarf. Nur mithilfe mimetischer, auf Vorbilder bezogener Prozesse ist es möglich, das eigene Potential zu realisieren. Allen diesen herausragenden Personen ist die spirituelle Dimension des Lebens wichtig. Die Phänomene der Welt, seien es Objekte oder Subjekte, sind illusorische Erscheinungen. Im Unterschied dazu sind Seele und Gott identisch. Der Mensch besteht aus einem (nicht realen) Körper und einer Seele. Da das so ist, ist die Seele auch Gott: „Tat Tvam Asi". Es gibt eine Identität zwischen der Seele des endlichen Menschen und Gott, dem höchsten Brahman, dem leuchtenden Selbst des unendlichen Bewusstseins. Um mit Hilfe von Bildung einen Beitrag zu indischer Identität zu leisten, bedarf es des Studiums der Vedanta und anderer alter Schriften der indischen Kultur, durch das es in der Folge zu anderen als den gängigen Einschätzungen der globalen Welt kommen kann. Ausgehend von der Annahme der Einmaligkeit jedes Menschen ist Ziel der Bildung die Entwicklung des ganzen Menschen. Dazu gehören Vidya (Wissen), Dharma (Tugend) und die Befreiung von Unwissen und Maya, dem Verhaftet-Sein mit der Welt. Das Selbst soll die Welt der Erfahrungen überschreiten und zeitlose Werte realisieren. Der Geist soll folgende Qualitäten entwickeln: Ruhe, Zurückhaltung, Selbstverleugnung, Freiheit von langem Leiden, Verbundenheit und Glauben. Die Menschen sollen lernen, sich gegen Illusionen zu schützen und wissen, dass Sinn und Wert ihres Lebens nicht darin bestehen, äußere Güter zu gewinnen, sondern an der eigenen Vollendung zu arbeiten. Ziel ist die Überschreitung von Stolz, Gier, Lust, Machtstreben und Egoismus. Es bedarf der Entwicklung eines forschenden Geistes und eines Strebens nach Erkenntnis und Wahrheit.

Aus der Geschichte des indischen Denkens lassen sich folgende philosophisch-anthropologisch begründete bildungsrelevante Prinzipien und Aufgaben von Erziehung, Bildung und Sozialisation entwickeln, die bis heute Einfluss auf das Bildungswesen haben: Die moralische Bildung und die Auseinandersetzung mit Gewalt ist eine der wichtigsten Aufgaben von Erziehung, Bildung und Sozialisation. Sie versetzt junge Menschen in die Lage, sich richtig zu verhalten und sich dadurch produktiv in die Ordnung der Welt einzufügen. Die Entwicklung von Mitgefühl (*compassion*) und das Verständnis des Anderen tragen bei zur Überwindung des Getrenntseins von anderen Menschen und zu einem einfühlsamen Verständnis aller Lebewesen. Gewaltfreies Denken und Handeln erfordern Achtung und Anerkennung der Natur und aller Lebewesen; diese Einstellungen und Haltungen müssen der nachwachsenden Generation vermittelt werden. Im Hinduismus sollen junge Menschen lernen, nicht der sie umgebenden Welt der Dinge anzuhängen, sondern sich auf eine „höhere Realität" auszurichten. Ein menschlicher Gott existiert nicht; der Mensch spürt jedoch Gott jenseits von Raum und Zeit und in allen Kategorien der menschlichen Weltsicht. Im Pantheismus durchdringen sich Atman (persönliche Seele) und Brahman (Weltseele) wechselseitig und sind eins. Ziel des Lebens ist es, in das Moksha bzw. Nirvana einzugehen und dabei alle Individualität und alles Getrenntsein abzustreifen. Das menschliche Leben wird als leidvoll angesehen und als ein kontinuierlicher Kampf gegen das Böse begriffen, in dem Bildung den Menschen unterstützen soll.[20]

In Gandhis berühmtem Diktum „Sat-Chit-Ananda" werden Wahrheit, Wissen und Glückseligkeit zusammengedacht. Nur durch Gewaltfreiheit (Ahimsa) können sie verwirklicht werden. Nach Gandhis Überzeugung ist Gewaltfreiheit nicht passiv, sondern aktiv und Form und Ausdruck von Liebe. Damit einher gehen Respekt, Mitgefühl und Leidensbereitschaft. Ziel der Bildung ist die Selbstbestimmung (Swaraj) des Einzelnen und des Gemeinwesens sowie die Wohlfahrt aller (Sarvodaya). Gandhi hatte dieses soziale Handlungsmodell Satyagraha, das auf innerer Stärke, kontrollierten Emotionen und passivem Widerstand beruht, bereits in Südafrika entwickelt.

Wie stark diese Überlegungen zur Anthropologie und Bildung angesichts der Modernisierungsprozesse in Indien Einfluss auf das Bildungswesen haben, ist eine zurzeit kaum beantwortbare Frage.

Bedenkt man, dass in der westlichen Welt Europas und Amerikas, in China und in Indien zusammen etwa zwei Drittel aller Menschen leben, dann wird deutlich, wie sehr diese Gesellschaften und Kulturen dazu beitragen, dass ein Zeitalter entsteht, das wesentlich durch den Menschen gestaltet wird und das sich daher als Anthropozän bzw. Zeitalter des Menschen bezeichnen lässt (Kap. 11). Zwar haben die westlichen Kulturen mit der Industrialisierung, der Entwicklung der Atomenergie, ihrer langen Vorreiterrolle bei der Zerstörung des Klimas und der Vernichtung nicht-erneuerbarer Ressourcen den Beginn des Anthropozän markiert. Doch sind China und Indien heute ebenfalls an dieser Entwicklung beteiligt. Im Anthropozän nutzen die Menschen annähernd 50 Prozent der Landoberfläche und verwenden große Teile der Photosynthese und der Biomasse zu ihrem Nutzen; sie schaffen Plastikberge unvorstellbaren Ausmaßes, Unmengen nicht wiederverwertbaren Mülls und bestimmen durch die Ressourcenvernichtung und den von ihnen verursachten Klimawandel das Schicksal des Planeten und seiner gegenwärtigen und zukünftigen Lebewesen.[21]

Unter Bezug auf die 2015 von der UNO-Generalversammlung verabschiedeten 17 Ziele einer nachhaltigen Entwicklung und einer entsprechenden Bildung, mit denen die Weltgemeinschaft mithilfe des UN-Systems diesen de-

---

20 Vgl. Sharma 2002, S. 31f.

21 Gil/Wulf 2015.

struktiven Entwicklungen entgegenzuwirken versucht, sollen im abschließenden Kapitel 12 drei große Aufgabenfelder skizziert werden, von deren Gestaltung die Zukunft der Menschheit wesentlich bestimmt wird. Das eine besteht in der *Gewalt*, der manifesten Gewalt der Kriege, der strukturellen Gewalt des internationalen Systems und der gesellschaftlichen Institutionen sowie der symbolischen Gewalt großer Teile der Kultur.[22] Angesichts der Tatsache, dass heute immer mehr Menschen aus unterschiedlichen Kulturen immer dichter zusammenleben, besteht das zweite Aufgabenfeld darin, dass die Menschen lernen, sich mit dem *Fremden* auseinanderzusetzen, die *Alterität* anderer Menschen anzuerkennen, wertzuschätzen und mit ihr zu leben. Erfahrungen der Alterität anderer Menschen werden zur entscheidenden Bedingung menschlichen Lebens und Zusammenlebens.[23] Das dritte große Aufgabenfeld besteht in der Notwendigkeit, sich für die Ziele nachhaltiger Entwicklung einzusetzen, d. h. den Umgang mit den Ressourcen der Natur nachhaltig zu gestalten.[24] Von dem gelingenden Umgang mit diesen drei Aufgabenfeldern und den dazu erforderlichen Bildungsprozessen hängt es ab, ob und wie die Menschen eine Zukunft auf unserem Planeten haben werden.

---

22 Senghaas 1995, 2000; Wulf 1973.

23 Wulf 2016, 2006; Wulf/Merkel 2002.

24 Wulf/Brian 2006.

Teil I Vervollkommnung des Unverbesserlichen

Die Geschichte der Erziehung und Bildung lässt sich als eine Reihe kontinuierlicher Versuche begreifen, Kinder, Jugendliche und Erwachsene zu vervollkommnen. Die dazu vorgeschlagenen und verwendeten Methoden sind in Abhängigkeit von den zugrundeliegenden Menschenbildern unterschiedlich. Gemeinsam ist ihnen die Arbeit an der Verbesserung des Menschen. Im Traum der Erziehung stehen der imaginäre Entwurf erzieherischer Möglichkeiten, im Diskurs der Moderne ihre gedankliche Ausarbeitung und Präzisierung im Mittelpunkt. Der Traum der Erziehung beginnt mit der großen Utopie des Comenius im 17. Jahrhundert, die darauf zielt, *allen alles vollständig lehren* zu können, und deren Radikalität das pädagogische Denken bis heute beeinflusst. Im Diskurs der pädagogischen Moderne werden Probleme, Aporien und Perspektiven neuzeitlicher Erziehung zum Thema. Bestimmend wird Rousseaus Wendung zum Kind. Des Weiteren entsteht eine Reihe grundsätzlicher Fragen. Wie lassen sich z.B. die Zusammenhänge zwischen der Moderne und der Entstehung des Bildungswesens begreifen? Wo liegen die Grenzen der Planbarkeit der Erziehung und des Zweck-Mittel-Denkens in der Pädagogik? In einer Studie zur Vervollkommnung des Individuellen werden unter Bezug auf Wilhelm von Humboldt Möglichkeiten und Grenzen der Bildung des Individuums behandelt. Hier interessiert Humboldts im Übergang vom 18. zum 19. Jahrhundert erarbeitete Begründung des individuellen Charakters von Bildung, der Zusammenhang mit seinen sprachanthropologischen Forschungen, seine Auffassung vom Staat und sein Beitrag zu einer historischen Anthropologie *avant la lettre*. Auch Schleiermachers Überlegungen vom Primat der Praxis gegenüber der Theorie spielen in der Folge eine wichtige Rolle. Mit der im 20. Jahrhundert verbreiteten Verunsicherung im Hinblick auf Ziele, Normen und Werte der Erziehung und die Herausforderungen der Globalisierung hinsichtlich einer zeitgemäßen zukunftsoffenen Bildung gewinnen Überlegungen zum anthropologischen Wissen für die Orientierung von Bildungsprozessen an Bedeutung. Im Zentrum steht eine historisch-kulturelle anthropologische Betrachtungsweise von Erziehung und Bildung, die auch zentrale einzelne Staaten und Kulturen übergreifende Probleme berücksichtigt und die Bildung als Wissen vom Menschen im Kontext Europas[25] und der Weltgesellschaft sieht.

---

25 Wulf 1995, 1998; Wulf/Merkel 2002.

1 Der Traum der Erziehung

In der Geschichte der europäischen Kultur lassen sich viele Vorstellungen, Projektionen, Träume und Utopien von einem guten Leben und einer entsprechenden, dieses gute Leben ermöglichenden Erziehung identifizieren. Ihnen ist gemeinsam, dass sie meistens Gegenbilder zu den bestehenden gesellschaftlichen und kulturellen Bedingungen sind und mit dem Anspruch entwickelt werden, mit ihrer Hilfe an einer Verbesserung der Verhältnisse zu arbeiten. Im Weiteren werden wichtige Momente dieses Prozesses der pädagogischen „Vervollkommnung" seit dem 17. Jahrhundert rekonstruiert. Dabei wird deutlich gemacht, dass im Zentrum der Konzeptionen und Theorien der Erziehung und Bildung utopische, auf die „Verbesserung" des Menschen zielende Momente stehen. Diese sind mit Bildern und Vorstellungen vom Menschen verbunden, die etwas sichtbar machen, was noch nicht Realität geworden ist.[26] Im Verlauf der Geschichte entfalten viele dieser Entwürfe und Utopien ihre Wirklichkeit erzeugende Kraft. Um erziehen und bilden zu können, wurden Bilder vom Menschen ersonnen und Träume und Konzeptionen entwickelt, mit deren Hilfe diese Bilder vom Menschen am Menschen realisiert werden sollten.

Der Traum bzw. die Utopie der Erziehung in der Moderne antwortet dabei auf anthropologische Gegebenheiten, die Heidegger 1929 so formuliert: „Keine Zeit hat so viel und so Mannigfaltiges vom Menschen gewußt wie die heutige [...] Aber keine Zeit wußte weniger, was der Mensch sei, als die heutige."[27] Gehlen hat im Anschluss an Nietzsche von dem „theoretisch nicht feststellbaren", Plessner von dem „denkerisch unergründlichen" Menschen gesprochen. Auf diese mit seiner Instinktungebundenheit und Umweltfreiheit zusammenhängende Weltoffenheit des Menschen hat auch Max Scheler in seiner kleinen Schrift von 1929, *Die Stellung des Menschen im Kosmos*, hingewiesen.[28] In der mit der Instinktreduktion und der infolge des Fehlens einer artspezifischen „Umwelt" (Uexküll) gegebenen prinzipiellen „Umweltfreiheit" liegt die Notwendigkeit der Erziehung begründet. Allerdings gibt die Bestimmung dieser anthropologischen Gegebenheit keine Auskunft darüber, welche gesellschaftlichen Bedingungen und welche Lebensumstände als Hintergrund und Ausgangspunkt von Erziehung anzusehen sind. So bleibt schon aus diesem Grund notwendig offen und umstritten, wie der Traum der Erziehung aussehen sollte. Allen Versuchen, innerhalb einer pädagogischen Anthropologie aus den allgemeinen anthropologischen Gegebenheiten

26 Wulf 2014.

27 Heidegger 1929, S. 200.

28 Scheler 1988.

bestimmte Konsequenzen zu ziehen, kann Plessners sich aus der exzentrischen Position des Menschen ergebendes Diktum entgegengehalten werden: „Als ein in der Welt ausgesetztes Wesen ist der Mensch sich selbst verborgen – *homo absconditus.*“[29] Im Grunde wird in dieser Aussage die Forderung des zweiten Gebots, einst auf Gott bezogen, nun auf den Menschen übertragen, indem es jetzt heißt: Du *kannst* Dir kein Bildnis von deinesgleichen machen.

In diesem Spannungsfeld von angestrebter Selbsterkenntnis und Einsicht in deren Unmöglichkeit bzw. Unabschließbarkeit angesichts grenzenloser menschlicher Entwicklungspotentiale haben Erziehung bzw. Erziehungstheorie gegen jenes Bilder-„Verbot“ immer wieder verstoßen. Um erziehen zu können, wurden Bilder vom Menschen ersonnen und viele Träume entworfen. Viele wurden vergessen, einige sind noch immer gegenwärtig, manche sind immer wieder aufgetaucht. Im Folgenden werden die Menschenbilder von Comenius, Rousseau, Humboldt und Schleiermacher skizziert.

Comenius

Zu den seit dem Beginn der Neuzeit immer wieder aufgetauchten Träumen der Erziehung gehört der Traum des Comenius. In mancher Hinsicht stellt er den visionären Beginn neuzeitlicher Erziehung dar.

Vor dem Hintergrund der fürchterlichen Erfahrungen des Dreißigjährigen Krieges heben sich die Erziehungsvorstellungen des Comenius, gebettet in die Harmonievorstellungen seiner Pansophie und getragen von einem ungeheuren Optimismus, wie der Traum von einer besseren Welt hervor. Auf dem Titelblatt seiner 1628 in tschechischer und 1637 in lateinischer Fassung erschienenen *Großen Didaktik* heißt es dazu programmatisch:

> Große Didaktik. Die vollständige Kunst, alle Menschen alles zu lehren oder sichere und vorzügliche Art und Weise, in allen Gemeinden, Städten und Dörfern eines jeden christlichen Landes Schulen zu errichten, in denen die gesamte Jugend beiderlei Geschlechts ohne jede Ausnahme rasch, angenehm und gründlich in den Wissenschaften gebildet, zu guten Sitten geführt, mit Frömmigkeit erfüllt und auf diese Weise in den Jugendjahren zu allem, was für dieses und das künftige Leben nötig ist, angeleitet werden kann; worin von allem, wozu wir raten die Grundlage in der Natur der Sache selbst gezeigt, die Wahrheit durch Vergleichsbeispiele aus den mechanischen Künsten dargetan, die Reihenfolge nach Jahren, Monaten, Tagen und Stunden festgelegt und schließlich, der Weg gewiesen wird, auf dem sich alles leicht und mit Sicherheit erreichen lässt. Erstes und letztes Ziel unserer Didaktik soll es sein, die

29 Plessner 1983, S. 353ff.

> Unterrichtsweise aufzuspüren und zu erkunden, bei welcher die Lehrer weniger zu lehren brauchen, die Schüler dennoch mehr lernen; in den Schulen weniger Lärm, Überdruss und unnütze, Mühe herrsche, dafür mehr Freiheit, Vergnügen und wahrhafter Fortschritt; in der Christenheit weniger Finsternis, Verwirrung und Streit, dafür mehr Licht, Ordnung, Friede und Ruhe.[30]

Klarer lässt sich das Erziehungsprogramm der Neuzeit kaum aussprechen, wenngleich es bei Comenius ganz – und hierin durchaus mittelalterlich – in die christliche Lehre eingebettet ist. Für Comenius stand es ohne Zweifel fest: Es gibt die von Gott geschaffene und gewollte Ordnung der Dinge und den Weg des Einzelnen durch die Wirrnisse des Lebens zur Seligkeit. Zwar gab es den Sündenfall Adams; doch brachte Christus durch sein Leiden den Menschen die Erlösung. Somit bestand nun wieder die Möglichkeit, die gute Natur des Menschen zu entwickeln, d. h. den Menschen zu erziehen und zu bilden. „*Pansophia est sapientia universalis*", so beginnt Comenius seinen Beitrag über die Pansophie im „*Lexicon reale pansophicum*".[31] Pansophie wird als allgemeine Weisheit, als universales Wissen, aber auch als Allweisheit begriffen, deren Quellen die gottgeschaffene Welt, die Bibel und das eigene Gewissen sind und die somit zur Erkenntnis und zur Frömmigkeit führt. Welt- und Gotteserkenntnis lassen sich nicht unterscheiden; sie verweisen aufeinander. Daher stammt auch der Antrieb der comenianischen Pädagogik, die Welt kennenzulernen, die Ordnung der Dinge zu durchschauen, des Wirkens Gottes gewahr zu werden und einen Beitrag zum Weltfrieden zu leisten.[32]

Zweifellos beinhaltet dieses Konzept ein enzyklopädisches Element. Der *Orbis pictus*, wohl das berühmteste Werk des Comenius, das Goethe noch in seiner Kindheit kennengelernt hatte und das noch 1835 in einer von Gailer überarbeiteten Fassung als „Neuer Orbis pictus für die Jugend" erschien, gibt dafür beredtes Zeugnis. Der *Orbis pictus* stellt „die sichtbare Welt" dar. „Das ist aller vornehmsten Welt-Dinge und Lebens-Verrichtungen. Vorbild und Benahmung." Ein Bilderbuch, bestehend aus 20 Lektionen: Sie reichen von „Gott", „Welt", „Himmel" über die „Tiere", den „Menschen", die „Stadt" zu „Politik", „Religion" und „Jüngstem Gericht".[33]

Die bebilderte Darstellung des Weltkreises, der seinen Anfang im Gott der Genesis und sein Ende im Gott des Jüngsten Gerichts hat, sieht die Welt als einen kreisförmig entworfenen Sinnzusammenhang, zwischen dessen Anfang und Ende sich die Natur und die menschlichen Werke als Entschlüsselungen der Ideen Gottes ausdehnen. Enzyklopädisch ist dieses Bilderbuch zwar, doch

30 Comenius 1960.

31 Comenius 1966, Sp. 1121; vgl. Schaller 1962.

32 Korthaase/Hauff/Fritsch 2005.

33 Comenius 1991, 2011.

sind die Dinge nicht als einzelne, sondern in einem Zusammenhang dargestellt. Die Zuordnung von Wort und Ding/Bild sowie die alphabetische Anordnung der Dinge deutet sich an – heute kaum wegdenkbare Ordnungsprinzipien. Comenius kommt es in der Gesamtanlage des Buches darauf an, dass jedes Ding und jede Vorstellung in ihrem Zusammenhang mit der Ordnung der Menschen und ihrer Lebenspraxis erfahren werden kann. Im Unterschied zu den mittelalterlichen Lateinschulen, in denen ein starker Verbalismus herrschte, in dessen Rahmen Anschauung kaum, genaues Erinnern jedoch die entscheidende Rolle spielte, wurde von Comenius – vor dem Hintergrund der sich ausbreitenden Buchdruckerei – die Wendung zu den Realien, den Gegenständen der Welt und damit zur Anschauung als Erkenntniskraft postuliert. Mit dem im *Orbis pictus* begründeten, von nun an nicht mehr aus der Pädagogik wegzudenkenden Prinzip der Anschauung wird eine neue Bewertung der Sinne in der Pädagogik eingeleitet.

Mit dem *Orbis pictus* wird der Versuch gemacht, für Kinder und Jugendliche die Welt so zu repräsentieren, dass sie ein sinnvolles Ganzes bildet. Das Entscheidende ist, dass die Welt den Jugendlichen in besonderer Weise dargestellt wird. Nicht mehr eine einfache Präsentation der Dinge, sondern eine Repräsentation in pädagogischer Absicht ist jetzt das Ziel. Das bedeutet: Die im *Orbis pictus* gegebenen Begriffe und Bilder stellen nicht die Dinge selbst dar; vielmehr verweisen sie auf die Dinge. Den Kindern und Jugendlichen wird ein für sie hergestelltes Konstrukt der Welt vermittelt – eine pädagogisch aufbereitete Welt, deren Konstitution von pädagogischen Intentionen geleitet wird und die sich neben und über andere Weltsichten legt. Welcher Ausschnitt wird in welcher Weise den Kindern von der älteren Generation repräsentiert? Dies wird von nun an zu einer entscheidenden Frage für die Begründung der modernen Pädagogik und Didaktik. Mit dem *Orbis pictus* – so könnte man pointiert formulieren – beginnt eine Entwicklung, in deren Verlauf pädagogische Intentionen bei der Gestaltung und Darstellung vieler Bereiche der Gesellschaft mitwirken. Vor dem Hintergrund dieser Gedanken werden nun die oben zitierten Sätze des Titelblatts der *Großen Didaktik* verständlich, die den Erziehungstraum der Neuzeit charakterisieren: Pädagogik als die vollständige Kunst, alle Menschen alles zu lehren.

Für Comenius waren die entscheidenden Gesichtspunkte menschlichen Lehrens und Lernens die Vermittlung der göttlichen Ordnung an die nachwachsende Generation und die sich daraus ergebende Reduzierung der Vielfalt des möglichen Wissens. Pestalozzi greift diesen Aspekt in seiner Vorstellung von der Elementarisierung des Wissens auf. Seitdem ist er ein unverzichtbarer Bestandteil der Pädagogik.[34] Nicht weniger wichtig ist ein weiteres von

34 Osterwalder 1996.

Comenius formuliertes Kriterium: Erziehung soll die Zukunft des Kindes berücksichtigen. Doch was bedeutet der Zukunftsbezug der Erziehung? Seit dem Beginn der Neuzeit hat diese Frage die Pädagogik nicht mehr losgelassen. War sie noch relativ leicht zu beantworten, als das Leben der Menschen als ein bis in die Zukunft von Gott bestimmtes angesehen wurde, und erschien sie auch noch beantwortbar, als man wie Hegel und Marx von einem zielgerichteten Verlauf der Geschichte ausging, durch den die Zukunft der Menschengattung im Allgemeinen bestimmt zu sein schien, so erscheint sie, obwohl sich die Erziehungswissenschaft ihr immer wieder stellt, heute kaum mehr beantwortbar.

Comenius' Traum, mit Hilfe der Erziehung für eine bessere Menschheit sorgen zu können, hat sich nur in Teilen erfüllt. Was bei Comenius der lichte Traum vom gebildeten Menschen ist, sieht in der schulischen Praxis des sich im 18. und 19. Jahrhundert entwickelnden Bildungswesens häufig noch anders aus. Der glanzvolle Traum der Erziehung, der ein Unterrichtsverfahren entwerfen will, bei dem „die Lehrer weniger lehren, die Schüler dennoch mehr lernen" und die „Wahrheit durch Vergleichsbeispiele" erschlossen wird, erfährt beim Versuch seiner Verwirklichung, dass das dabei entstehende Bildungswesen zu einer kontrovers einzuschätzenden Institution wird.

Offensichtlich führt der utopische Gehalt des Traums des Comenius dazu, die seiner Verwirklichung entgegenstehenden Widerstände gering zu achten, so dass es aus einer Reihe von Gründen durchaus gerechtfertigt erscheint, von einer Verdrängung der der Bildsamkeit des Menschen widersprechenden Elemente zu reden: Da die im Verlauf des Dreißigjährigen Krieges gemachten Leidenserfahrungen kaum zu Auswirkungen auf die comenianische Anthropologie führen, lässt sich der Erziehungstraum des Comenius als ein Versuch unbedingter Wunscherfüllung begreifen. Zwar wird der Mensch als mit Erbsünde beladen angesehen; doch wird die so wahrgenommene Negativität nicht ausgehalten; sie wird mit dem Traum von den Realisierungsmöglichkeiten eines besseren Menschen kompensiert.

Noch erfolgt Erziehung im Auftrage Gottes, doch bildet Gott nur den äußeren Rahmen für das Geschehen. Im Grunde entwirft Comenius bereits den Traum von einem sich selbst ermächtigenden Menschen, der mit Hilfe der Erziehung vollkommen werden kann. Verdrängt werden Ohnmachtserfahrungen und das Wissen von der Unzulänglichkeit des Menschen, seine Angelegenheiten befriedigend zu regeln.

Nicht zugelassen werden Zweifel an der von Gott geschaffenen sinnhaften Ordnung der Welt und an der Fähigkeit des Menschen, die Welt und sich zu erkennen. Daher wird auch das Wissen von der Begrenztheit der menschlichen Lernfähigkeit verdrängt und der Vorstellung von einer vollkommenen Bildsamkeit geopfert. Die verdrängten anthropologischen und politischen erziehungsrelevanten Elemente gewinnen erheblich an Einfluss und überlagern bei der Entwicklung des Bildungswesens in den folgenden Jahrhunderten in vielfältiger Hinsicht die utopischen Inhalte des comenianischen Erziehungstraums.

Pietistische Pädagogik und Industrieschulbewegung

Bei Comenius bereits angelegt, findet die Vorstellung, dass die Erziehung der Menschen des Christen Pflicht ist, in der pietistischen Pädagogik August Hermann Franckes im 18. Jahrhundert ihre Fortsetzung. Im Unterschied zu Comenius trifft man hier eher auf eine pessimistische Anthropologie. Infolge der Erbsünde, die nicht durch gute Werke, sondern lediglich durch den Glauben selbst (*sola fide*) kompensierbar ist, ist jedes Kind zunächst von Natur aus schlecht, d.h. mit einem bösen Eigenwillen ausgestattet, den die Erziehung zu brechen hat, um die Einkehr ins „Innere" zu erreichen und eine „echte Herzensfrömmigkeit" zu entwickeln. Die Entwicklung von „Herzensfrömmigkeit" und „Tatchristentum" wird die vornehmliche Aufgabe der Erziehung. Beten und Arbeiten, Verbot des Spiels und harte Strafen bei Verfehlungen werden Mittel der Erziehung, um den Geist gegen die Versuchungen des Körpers zu stärken. Erziehung wird Erziehung zur Askese und Pflichterfüllung, zur Standes- und Berufserziehung im Sinne Luthers.[35] Graf Ludwig von Zinzendorf, ein Schüler Hermann Franckes und Begründer des Herrnhuter Pietismus, formuliert das Ziel des Lebens so: „Man arbeitet nicht allein, daß man lebt, sondern man lebt um der Arbeit willen, und wenn man nichts mehr zu arbeiten hat, so leidet man oder entschläft."[36] Auf der Grundlage dieser Auffassung umfasste der Tagesablauf des Herrnhuter Waisenhauses drei Stunden Andachtsübungen, sechs Stunden körperliche Arbeit und fünf Stunden Unterricht.

Im Hinblick auf die Erziehung zur Arbeit gibt es zwischen der pietistischen Erziehungstheorie und der Industrieschulbewegung, deren zentrales Erziehungsziel der Fleiß, die „Industriösität" ist, einige Gemeinsamkeiten: Hier steht noch mehr als dort der ökonomische Nutzen des Lernens im Mittelpunkt. Diesem sind auch die vom Gutsherrn Rochow von Reckahn auf seinen Gütern eingerichteten Musterschulen verpflichtet, in denen auf den ländlichen Lebenskreis der Schüler bezogene Fähigkeiten ausgebildet werden sollen.[37]

---

35 Schluß 2000; Schweitzer 1996.

36 Zinzendorf, zit. n. Hammer 1925, S. 32f.

37 Marquardt 1975.

Rousseau

Mit Jean-Jacques Rousseaus 1762 erschienenem *Emile* setzt ein neuer Erziehungstraum ein, ohne den die moderne Pädagogik nicht denkbar ist. Das Neue liegt darin, dass Rousseau als Erster Erziehung nicht als Mittel zur Erreichung übergeordneter Zielsetzungen begreift, sondern nach den eigenen Zielen der Erziehung fragt. Erziehung soll nicht mehr Instrument normativer Vorgaben sein, sondern das Eigene im Kinde achten und entwickeln. Von dieser Zielsetzung erhält Erziehung nach Rousseau weitgehend ihre Begründung und Legitimation. Danach zeigen sich Mündigkeit, Selbständigkeit und Urteilsfähigkeit eines gebildeten Menschen nicht darin, dass er als Erwachsener den Vorstellungen und Urteilen seiner Erzieher entspricht, sondern darin, dass er zu einer eigenen Position gelangt ist. Zweifel und Kritik also an einer Erziehung, die sich nicht aus dem Kind und seinem Eigenrecht auf Entwicklung herleitet, werden formuliert vor dem Hintergrund der Erkenntnis, dass jedes vergesellschaftete Leben mit der Entwicklung einiger Möglichkeiten des Menschen andere Möglichkeiten ausschließt. Radikaler als auf den ersten Seiten des *Emile* kann diese Position kaum formuliert werden: „Wir werden schwach geboren und brauchen die Stärke. Wir haben nichts und brauchen Vernunft. Was uns bei der Geburt fehlt und was wir als Erwachsene brauchen, das gibt uns die Erziehung [...] Alles ist gut, wie es aus den Händen des Schöpfers kommt, alles entartet unter den Händen des Menschen.“[38] Erkannt wird einerseits die anthropologische Angewiesenheit des Menschen auf Erziehung: Der Traum von den Möglichkeiten der Erziehung ist daher eine Lebensnotwendigkeit. Andererseits wird die Unzulänglichkeit der faktischen Erziehung, bezogen auf die im Traum als möglich entworfene Erziehung, herausgestellt. Einerseits beinhaltet diese Erkenntnis die prinzipielle Möglichkeit zur Verbesserung und ist hierin aufklärerisch optimistisch. Andererseits wird die Macht des in allen gesellschaftlichen Verhältnissen wirkenden Negativen gesehen, das einer Verbesserung immer wieder entgegenwirkt.

Erziehung muss die Kräfte des Menschen fördern, die ihm die Möglichkeit zur Befriedigung seiner natürlichen Bedürfnisse geben. Die Hervorbringung „künstlicher“, nicht selbständig befriedigbarer Bedürfnisse soll vermieden werden; denn sie verhindert das Glück des Kindes bzw. des Menschen. Die Liebe zum Kinde wird zu *dem* Prinzip der Erziehung. Mit Hilfe der Liebe gelingt es, eine Einstellung zum Kinde zu entwickeln, die das Glück seiner Gegenwart nicht der Zukunft opfert, indem es seine Gegenwart unter in der Zukunft zu erreichende Ziele subsumiert. Der Weg zu einem erfüllten Leben des Kindes, in dem es zugleich für seine Zukunft wichtige Erfahrungen macht, ist das Spiel, in

38 Rousseau 1981, S. 11.

dem körperliche und geistige Funktionen geübt werden und das daher ins Zentrum der Erziehung rückt. Wie Kinder vom Spiel fasziniert sind, so sollen sie auch für andere auf Gegenstände bezogene Formen des Lernens begeistert werden.

Das Kind wird durch seine – allerdings pädagogisch arrangierte – Umwelt indirekt erzogen. In diesem Sinne soll es auch zu arbeiten lernen. „Das Werk muß seinen Wert in sich haben, nicht weil er es gemacht hat. Hat er etwas gut gemacht, so sagt: Das ist gut. Fügt aber nicht hinzu: Wer hat denn das gemacht? Wenn er selbst stolz und zufrieden sagt: Das habe ich gemacht! so antwortet kalt: Du oder ein anderer, das ist doch gleichgültig, wenn es nur gut ist."[39]

Zu Rousseaus Traum der Erziehung gehört auch die Entdeckung der Bedeutung der Jugend als eine Übergangszeit zwischen Kindheit und Erwachsenenalter. Auch hier liegt der Akzent bei den durch die Pubertät gegebenen besonderen Lebensbedingungen, der Entdeckung des Eigenrechts der Jugend, der Bedeutung der jugendlichen Seele für die Entwicklung des Menschen. Insgesamt geht es in diesem Lebenszeitraum um die Herstellung des für das Glücksempfinden so zentralen Gleichgewichts zwischen Wollen und Können.

Rousseaus Traum von den eigenen Zielen der Erziehung, vom Eigenen im Kinde, das die Erziehung fördern soll, erinnert an Hölderlins Feststellung: „O ein Gott ist der Mensch, wenn er träumt, ein Bettler, wenn er nachdenkt."[40] Zweifellos sind Rousseaus Postulate unverzichtbare Bestandteile moderner Erziehungsreflexion, auch wenn der Zweifel an dem Eigenen der Erziehung und der Menschen immer nachhaltiger wird, da dieses eher als ein kunstvoll zusammengesetztes Fremdes vom Menschen in unterschiedlicher Form Besitz ergreift. Obwohl Träume häufig das Erwachen ankündigen, setzt Rousseaus Traum von der neuen Erziehung voraus, dass man noch nicht erwacht ist. „Das Erwachen" – wie Benjamin schreibt – „als ein stufenweiser Prozeß, der im Leben des einzelnen wie der Generationen sich durchsetzt. Schlaf deren Primärstadium. Die Jugenderfahrung einer Generation hat viel gemein mit der Traumerfahrung. Ihre geschichtliche Gestalt ist Traumgestalt. Jede Epoche hat eine diesen Träumen zugewandte Seite, die Kinderseite."[41] Und Rousseaus *Emile* ist ein solcher Traum, der im Spannungsverhältnis zu seiner Epoche steht, in der die Vernunft zwar beansprucht, die Macht zu ergreifen, in der sich jedoch in ihrem Namen die Ausgrenzung des Anderen vollzieht. Abgewertet werden in diesem Prozess die Selbsttätigkeit der Natur, die Träume, das Göttliche, das der Sprache nicht Zugängliche, das Geheimnisvolle. Dieser Preis ist zu entrichten für die Vereinheitlichung, Universalisierung, Abstraktheit modernen Lebens in

39 Rousseau 1981, S. 201.
40 Hölderlin, 1961, S. 10.
41 Benjamin 1982, I, S. 490.

der „Disziplinargesellschaft“ (Foucault) mit ihren selbstkontrollierten, mit sich selbst identischen, im Prozess der Selbstermächtigung kolonialisierten Subjekten; in deren schlecht verheilten Wunden noch immer phantasmatische Erinnerungen an andere Formen des Lebens schmerzen.

In Basedows 1774 in Dessau gegründeter Musterschulanstalt, dem Philanthropin, und im Philanthropismus insgesamt werden viele Vorstellungen Rousseaus aufgegriffen.[42] So die Vorstellung vom Eigenrecht des Kindes, von dem Recht auf Entfaltung seiner Möglichkeiten. Hinzu kommt hier – in Abgrenzung zu den im Verbalismus erstarrten Lateinschulen – der Versuch, moderne Sprachen, Mathematik und Naturwissenschaften in den Unterricht einzubeziehen und den Kindern eine weltoffene Bildung zu vermitteln. Ebenso wird dem Bezug der Erziehung zur Berufswelt und zum jeweiligen Stand der Kinder Bedeutung zugeordnet. Ziel ist die Herstellung eines Gleichgewichts in den jungen Menschen als Voraussetzung für eine nützliche Lebensführung.

Humboldt

Der nächste große Traum der Erziehung wird in der deutschen Klassik geträumt. Der Neuhumanismus bestimmt die Orientierung dieser Zeit. In ihm kommt ein ästhetisches und ein philologisches Element zur Wirkung. Winckelmanns 1755 erschienene *Gedanken über die Nachahmung der griechischen Werke in der Malerei und Bildhauerkunst* können für den Beginn der ästhetischen Orientierung an einem idealisierten Griechenbild stehen,[43] gegen das Nietzsche gut 100 Jahre später heftig polemisieren wird. Das philologische Element wird vor allem durch die neu entstehende Altertumswissenschaft gebildet, in der eine Neubewertung der griechischen Sprache auch als ein historisches Phänomen erfolgt. Obwohl der Neuhumanismus keine Pädagogik im engeren Sinne entwickelt hat, hat er eine eigene Bildungstheorie erarbeitet. In den klassischen Studien sah Humboldt insofern einen Bildungswert, als sie dem Individuum helfen sollten, zu sich selbst zu kommen (vgl. Kap. 3). Zurückgewiesen wird Nützlichkeit, die bei Comenius, den Pietisten und den Philanthropen noch eine zentrale Aufgabe der Erziehung war, als Kriterium der Bildung. Man träumt von einer Bildung, die den Nützlichkeitsgesichtspunkt transzendiert: Im Sprachstudium und im Studium der Antike soll sich die Vernunft entfalten. Die so gewonnene Bildung soll zu einer allseitigen Entwicklung des Menschen führen. Diese bleibt, da prinzipiell unerreichbar, das ganze Leben lang Aufgabe. Im Bildungsprozess assimiliert die innere Kraft des Menschen die Gegenstände,

42 Basedow 1774.

43 Winckelmann 1995.

mit denen er sich auseinandersetzt und macht sie zu einem Teil des eigenen Wesens. Bildung vollzieht sich also in einer Begegnung zwischen dem Individuum und der Welt. Ziel ist eine das Individuum insgesamt gleichmäßig entwickelnde Bildung. Während die Bildungskraft des Individuums als eine formale Kraft begriffen wird, findet sich die materielle Seite des Bildungsprozesses, an der sich die Kraft bilden kann, im Klassischen. Wie bei Rousseau die Natur, so stellt bei Humboldt die Antike als Ursprung der abendländischen Kultur den inhaltlichen Bezugspunkt der Bildung dar. Im Studium der Griechen kann der Mensch in elementarer Form erfahren, was den Menschen ausmacht; daher eignet sich die Beschäftigung mit ihnen besonders für eine allgemeine Bildung.

Man hat diesen Bildungstraum heftig kritisiert, da man in ihm vor allem den Rückzug des Subjekts in die Innerlichkeit sah,[44] den man insbesondere wegen seiner Auswirkungen im Kontext der preußischen Bildungsreformen für den Rückzug des intellektuellen Bürgertums aus der Politik und die daraus resultierenden politischen Folgen verantwortlich gemacht hat. Partiell ist diese Kritik berechtigt, doch unterschlägt sie den kritischen Aspekt einer mit der Betonung des Subjekts im Bildungsprozess gegebenen Distanz gegenüber den Anforderungen der Gesellschaft im Hinblick auf die Nützlichkeit und Funktionalität des Menschen. Zudem enthält die Zielvorstellung einer umfassenden Allgemeinbildung für bürgerliche Demokratien einen unverzichtbaren kontrafaktischen Orientierungspunkt, der auch in der DDR im Erziehungsziel eines allseitig gebildeten sozialistischen Menschen unverzichtbar war.

Es zielten der Traum des Comenius auf die vollständige Bildsamkeit des Menschen, der Traum Rousseaus auf die Verwirklichung des Eigenrechts des Kindes, auf seine Entfaltung in einer durch Liebe bestimmten Umwelt, und der Traum Humboldts auf einen nicht durch enge Nützlichkeitsüberlegungen begrenzten, sondern mit Hilfe der griechischen Kultur gebildeten Menschen. Nun erhebt sich die Frage, ob nicht die vollständige Verwirklichung dieser Träume zu eher alptraumartigen Ergebnissen führen würde. Im Falle der wortwörtlichen Realisierung des comenianischen Traums entstünde eine vollends pädagogisierte Welt, in der mit der Universalisierung des Wissens eine umfassende Uniformierung und Nivellierung erfolgen würde, in deren Rahmen das Fremde assimiliert und dem bereits allseits Bekannten geopfert würde. Es entstünde eine Lerngesellschaft, in der die Menschen unaufhörlich auf dem Wege wären, sich mittels immer neu erworbenen Wissens zu vervollkommnen und so ihr säkularisiertes Heil zu suchen. Damit einher gingen die Pädagogisierung und die ihr inhärente Funktionalisierung aller Lebensbereiche. Manches von diesem Traum scheint mit der in vielen Ländern realisierten allgemeinen Schulpflicht und besonders mit den von der UNESCO propagierten Vorstellungen vom

44 Frank 2012; Grundmann et al. 2007; Cramer et al. 1987.

lebenslangen Lernen in einer weltweiten Lerngesellschaft verwirklicht zu werden.[45] Auch die Kulturindustrie und der Wissenschaftsbetrieb leisten ihren Beitrag dazu. Doch dieser Traum vom sich selbst mit Hilfe des Lernens und des Wissenserwerbs ermächtigenden Menschen stößt auf Hindernisse. Obwohl allenthalben so getan wird, als sei seine Verwirklichung lediglich eine Frage der rechten Mittel und Wege, scheint seine Umsetzung in die Praxis nur unzulänglich zu gelingen. Ähnliches gilt für Rousseaus Forderung nach dem Eigenrecht des Kindes auf eine selbstbestimmte Bildung und Entwicklung, die zwar im Werte- und Zielkanon neuzeitlicher Pädagogik ihren festen Platz hat, gegen die jedoch jede ältere Generation verstößt, als wisse sie, dass die emphatische Realisierung dieser Vorstellung junge Menschen ins Chaos stürzen könnte. Im Umfeld der antiautoritären Erziehung und der Antipädagogik lassen sich für solche Irrwege Belege finden. Unter den experimentellen Bedingungen für eine optimale Erziehung, wie sie Rousseau im *Emile* entworfen hat, zeigt sich zudem der Anspruch der Pädagogik auf eine totale Durchdringung aller Lebensbereiche des jungen Menschen und ein damit verbundener Omnipotenzwahn. Auch Humboldts Traum vom gebildeten Menschen bedarf einer Relativierung. Auch hier erscheint lediglich ein mögliches Idealbild der Erziehung, das in der Erziehungspraxis der Ergänzung durch andere Bilder der Erziehung und des Menschen bedarf.

Gelänge es der Erziehung, ihre Träume lückenlos zu verwirklichen, bestünde die Gefahr, dass diese Träume in Alpträume umschlügen. Lediglich, weil es nicht gelingt, die Träume der Erziehung zu verwirklichen, fasziniert uns ihre utopische Schönheit. Der Hiatus zwischen Traum und Traumverwirklichung ermöglicht die Bewahrung des Traums und die Erhaltung einer nicht in Träume überführbaren Wirklichkeit.

Schleiermacher

Im Unterschied zu den Erziehungskonzeptionen von Comenius, Rousseau und Humboldt, die der Erziehungswirklichkeit einen Traum von einer besseren Erziehung, von prinzipiell besseren Menschen, von einer besseren Welt entgegensetzten, wählte Schleiermacher einen anderen Weg, der hier noch kurz skizziert werden soll, zumal er für Wilhelm Diltheys Konzept der Geisteswissenschaften, für die auf ihm fußende geisteswissenschaftliche Pädagogik und für neuere Ansätze einer pädagogischen Praxistheorie wichtig geworden ist. Ausgangspunkt der Erziehung ist nicht die pädagogische Theorie, sondern nach Schleiermachers Auffassung die der Theorie vorgelagerte Erziehungswirklich-

45 UNESCO 1972, 1996, 2015.

keit. Sie ist das Produkt eines historisch-gesellschaftlichen Prozesses, der von gesellschaftlichen Machtfaktoren bestimmt wird, in den zugleich zahlreiche theoretische Annahmen eingehen. Somit sollen die Erziehungstheorie – und analog dazu auch die Träume der Erziehung – ihren Ausgangspunkt in der Erziehungswirklichkeit nehmen. Die pädagogische Praxis hat gegenüber der Theorie und dem Traum eine eigene Würde, die nicht im Sinne einer einmal entwickelten Theorie bzw. eines einmal entstandenen Traums gestaltet werden kann. In den Worten Schleiermachers klingt diese Erkenntnis so: „Großes Gewicht also wurde [...] auf die äußeren Einwirkungen gelegt, und wenn die Theorie auch erst später entstand: so fehlte der erziehenden Tätigkeit doch nicht der Charakter der Kunst. Ist doch überhaupt auf jedem Gebiete, das Kunst heißt im engeren Sinne, die Praxis viel älter als die Theorie, so daß man nicht einmal sagen kann, die Praxis bekomme ihren bestimmten Charakter erst mit der Theorie. Die Dignität der Praxis ist unabhängig von der Theorie; die Praxis wird nur mit der Theorie eine bewußtere."[46] Während Comenius, Rousseau und Humboldt ihre Träume von einer neuen Erziehung kontrafaktisch entwarfen, ist hier die Rede von der Dignität der Erziehungswirklichkeit, die von der Theorie zu einem erheblichen Maße unabhängig ist und die durch diese lediglich ihrer selbst bewusst werde. Wie bei Martin Heidegger und Helmuth Plessner liegt hier bereits die Erkenntnis vor, dass die Wirklichkeit des Menschen nicht theoretisch eingeholt werden kann.[47] Die Theorie kann sie lediglich prinzipiell durchdringen und bewusster machen. Nach Schleiermacher muss die Erziehungswirklichkeit wie ein Text mit hermeneutischen Verfahren aufgeschlüsselt und verstanden werden. Die in ihr wirksamen theoretischen Annahmen müssen erkannt und gegebenenfalls modifiziert werden. Schleiermacher verkürzt die Theorie-Praxis-Problematik insofern, als er die tendenzielle Versittlichung der Lebenspraxis von sich aus für gegeben hält. Durch diese Annahme und die auf ihr beruhende Nachordnung der Theorie hinter die Praxis begibt sich Schleiermacher der Möglichkeit, einen kritischen Standpunkt gegenüber der gesellschaftlichen Praxis zu gewinnen, der es ihm ermöglichen würde, die vorausgesetzte selbständige Versittlichung des Lebens zu überprüfen. Der Erziehung als Wissenschaft entzieht er damit weitgehend die Möglichkeit, sich kritisch gegenüber der gesellschaftlichen Praxis und der Erziehungspraxis zu verhalten.

Seit Schleiermacher ist das Theorie-Praxis-Verhältnis ein Grundproblem der Pädagogik, zu dessen Bearbeitung Erich Wenigers Differenzierungen einen wichtigen Beitrag geleistet haben. Dieser unterscheidet eine Theorie ersten Grades; mit ihr bezeichnet er die in der Praxis enthaltene, dem Praktiker unver-

46 Schleiermacher 1983, S. 10f.; vgl. Schleiermacher 2000.
47 Vgl. Kraus/Budde/Hietzge/Wulf 2017.

fügbare latente Theorie. Sie wirkt auf sein Unterbewusstsein, seine Wahrnehmung des Erziehungsfeldes und auf die dort zu lösenden Aufgaben. Von ihr grenzt er eine Theorie zweiten Grades ab. Diese umfasst das Handlungswissen des Praktikers; sie ist nicht immer präsent, selbst wenn sie latent vorhanden ist.[48] Doch sie kann mithilfe ausdrücklichen Bemühens bewusst gemacht und in ihrer das erzieherische Handeln steuernden Funktion nachgewiesen werden. Schließlich unterscheidet Weniger noch eine Theorie dritten Grades, die „das Verhältnis von Theorie und Praxis in der Praxis zu ihrem Gegenstand" hat. Ihr obliegt die Klärung des Verhältnisses von Theorie und Praxis im Handlungszusammenhang der pädagogischen Praxis. Neben dieser Aufgabe der grundsätzlichen Bestimmung des Theorie-Praxis-Verhältnisses muss sie zur Präzisierung und Klärung der im Praxisfeld wirksamen Theorien beitragen.[49]

Schleiermacher hat selbst eine Reihe von Gesichtspunkten entwickelt, unter denen eine theoretische Durchdringung der historisch gewordenen Erziehungswirklichkeit möglich ist. Bekannt sind die Unterscheidungen zwischen direkter (positiver) Erziehung und indirekter (negativer) Erziehung, Rezeptivität und Spontaneität, Unterstützung und Gegenwirkung, Bildung des Gewissens und Entfaltung der Fertigkeiten, formaler und materialer Bildung.[50] Diese Gesichtspunkte liefern Kriterien für pädagogisches Handeln, das nach Schleiermachers Auffassung ein Handeln mit „gebrochener Intentionalität" ist.

Pädagogisches Handeln darf also nicht als die zweckrationale Ableitung von Verhaltensweisen aus Zielen, nicht als technisches Verhalten verstanden werden.[51] Diesen Sachverhalt haben auch Luhmann und Schorr gesehen, wenn sie davon sprachen, dass „das Erziehungssystem strukturell durch ein Technologiedefizit" geprägt sei. Allerdings meinten sie, aus diesem in sozialen Systemen bestehenden Mangel an Kausalgesetzlichkeit lediglich folgern zu können, dass es „keine objektiv richtige Technologie, die man nur erkennen und dann anwenden müsste", gäbe. Nach ihrer Auffassung gibt es „lediglich operativ eingesetzte Komplexitätsreduktionen, verkürzte, eigentlich falsche Kausalpläne, an denen die Beteiligten sich selbst in Bezug auf sich selbst und in Bezug auf andere Beteiligte orientieren."[52]

48 Ebd.

49 Weniger 1957, S. 7-22.

50 Schleiermacher 1983.

51 Dass diese Einsicht immer wieder gefährdet ist, zeigen auch neuere Untersuchungen zum Begriff „Bildung"; in exemplarischer Absicht seien genannt Rittelmeyer 2012; Liegle 2017; Brumlik 2018.

52 Luhmann/Schorr 1982, S. 19.

Ausblick

Im Traum der Erziehung mischen sich utopische und alptraumartige Elemente. Letztere geraten in den Theorien der Erziehung immer wieder in Gefahr, verdrängt zu werden, so dass sich die Hoffnung auf die Verwirklichung der utopischen Träume ungebrochen entfalten kann. Selbst wenn man dies kritisch sieht, muss man sich darüber im Klaren sein, dass utopische Elemente bei der Verbesserung von Erziehung und Bildung eine wichtige Rolle spielen. In der zweiten Hälfte des letzten Jahrhunderts hat der Traum von der Emanzipation und Demokratisierung der Gesellschaft mithilfe des Ausbaus und der Reform des Bildungswesens zu wichtigen Reformen geführt. Unter Anwendung neuer Organisationsformen, Zielsetzungen, Inhalte und Mittel sowie neuer Verhaltensweisen von Lehrern und Schülern, Erziehern und Kindern trug das Bildungswesen dazu bei, die Gesellschaft zu verändern. Doch – um eine Formulierung von Benjamin aufzugreifen – „das kommende Erwachen steht wie das Holzpferd der Griechen im Troja des Traums".[53] Wie die List des Odysseus dazu führte, die im Holzpferd verborgenen Griechen in die Stadt zu bringen und damit den Untergang Trojas zu besiegeln, so bewirkte das kommende Erwachen, dass der Traum von der Allmacht der Erziehung in Flammen aufgeht und sich Resignation ausbreitet.

Aufgrund der anthropologisch gegebenen Nicht-Feststellbarkeit und der Notwendigkeit des Selbstentwurfs des Menschen ist der Traum der Erziehung des Menschen so notwendig wie die Erziehung selbst. Offen bleibt, welche Erziehungsträume geträumt werden und welche Formen der Erziehung in einer Gesellschaft in einer bestimmten historischen Periode realisiert werden. Der Traum umspielt die gegebene Lebens- und Erziehungswirklichkeit; er ergänzt sie, korrigiert sie, befriedigt in ihr unerfüllte Wünsche; der Traum durchdringt sie, weicht ihr aus, transzendiert sie; er entwirft kontrafaktisch Modifikationen und Alternativen. Die Differenz zwischen Traum und Erziehungswirklichkeit ist nicht aufhebbar; sie entspricht der Differenz zwischen dem Imaginären und dem Realen, zwischen denen eine eindeutige Grenzziehung nicht möglich ist. Häufig wird das Imaginäre real und das Reale imaginär. Dennoch bleibt der Hiatus zwischen Imagination und Realität erfahrbar, der die Möglichkeiten der Erziehung, die Wirklichkeit der Menschen zu verändern, in ihre Grenzen verweist und die Grenzen der Bildsamkeit des Menschen deutlich werden lässt, zu deren Kompensation immer wieder von Neuem die Träume der Erziehung entstehen.

53 Benjamin 1982, I, S. 495.

2 Der pädagogische Diskurs der Moderne

Wie wir gesehen haben, ist die heutige Pädagogik weitgehend ein Produkt der Neuzeit bzw. der Moderne. Mit dem Unbehagen an der Moderne korrespondiert ein Unbehagen an der Pädagogik und umgekehrt. Drei Ergebnisse konstituieren die Moderne im weiteren Sinne: die Reformation, die Entstehung der modernen Wissenschaften und die Entdeckung der Neuen Welt. Mit diesen Einschnitten gehen zahlreiche Entwicklungen einher. Zu den wichtigsten gehören die Entstehung von Rationalismus, Rationalität und Rationalisierung sowie von Universalismus, Universalität und Universalisierung. Die Entwicklung dieser für die Moderne charakteristischen Prinzipien überschneidet sich mit der Säkularisierung und Generalisierung von Normen und Werten, mit der Entstehung neuer Sozialisations- und Erziehungsmuster. Es kommt zur Ausbreitung der städtischen Lebenswelt, der Entwicklung des Bildungswesens, der Verbreiterung politischer Teilhaberechte, der Herausbildung von Zentralgewalten und Nationalstaaten sowie zur vermehrten Bildung von Kapital und Ressourcen und zum Wachstum der Arbeitsproduktivität und der Produktivkräfte. Die bürgerliche Moderne verdrängt im 18. und 19. Jahrhundert allmählich die traditionale Adelsgesellschaft. „Die frühe Industrialisierung, die Aufklärungsphilosophie und die Verwissenschaftlichung, die Entstehung von überregionalen Warenmärkten und kapitalistischen Produktionsstrukturen, die allmähliche Verrechtlichung und Demokratisierung, die Urbanisierung und die Ausbildung des Bürgertums als kulturell tonangebende Klasse mit Ansprüchen der Moral und der Leistung lassen in verschiedenen Bereichen der Gesellschaft eine soziale Logik des Allgemeinen entstehen. Überall setzen sich die technische, die kognitive und die normative Rationalisierung allmählich durch."[54]

Für die Pädagogik werden drei Aspekte besonders wichtig: der Zugang konkreter Individuen zu universellen Normen, die Rationalisierung der Lebenswelt und das Prinzip der Repräsentation. Diese Entwicklungstendenzen tragen zur Herausbildung einer modernen Wissenschaft und eines modernen Bildungswesens bei, die trotz ihres europäischen, d. h. bestimmten ethnischen Ursprungs Weltgeltung beanspruchen. Bereits in der Pädagogik des Comenius lassen sich die drei Prinzipien der Universalisierung, Rationalisierung und Repräsentation festmachen.

In Comenius' Ziel, eine Methode zu finden, mit der man allen alles vollständig beibringen kann, steckt der Anspruch auf Universalität in mehrfacher

54 Reckwitz 2017, S. 41f.

Weise. Comenius geht davon aus, dass es eine von Gott geschaffene allgemeine Weltordnung gibt, die es im Prozess der Erziehung in den Kindern zu verankern gilt. Ziel ist die Vermittlung des *ordo rerum*, der Welt als Allgemeines. Sodann sollen nicht mehr nur ausgewählte, sondern alle Menschen erzogen werden. Damit wird das Recht aller Menschen auf Bildung, d. h. die Demokratisierung der Bildung postuliert. Zur Begründung wird auf die Gotteskindschaft aller Menschen verwiesen. Also erfolgt auch ein Hinweis auf das Prinzip des Universellen. Schließlich soll es eine einzige allgemeine Methode geben, mit der alle Dinge der Welt allen Menschen vermittelt werden können. Diese Methode soll unabhängig von den Inhalten und den einzelnen Menschen ein universeller, allgemeingültiger Weg optimalen Lernens sein. In dem zentralen Satz der Pädagogik des Comenius, „allen alles vollends beizubringen", finden wir dreimal die Berufung auf das Prinzip des Universellen.

Nicht anders verhält es sich mit dem Prinzip der Rationalität, an dem das Lernen orientiert wird, um es zu optimieren. Die Vorstellung, die von Gott geschaffene Weltordnung im Inneren der Menschen abbilden zu können, impliziert Deduktionsprozesse, die nur durch die Zugrundelegung des Rationalitätsprinzips möglich sind. Man muss angeben können, wie welche Ziele und Inhalte mit welchen Mitteln im Inneren des jungen Menschen abgebildet werden können. Die dazu erforderliche Zweck-Mittel-Relation ist das Kennzeichen der Zweckrationalität. Ziele und Mittel werden in Bezug zueinander gesetzt. Man versucht die Mittel von den Zielen her zu bestimmen, um dann von den Ergebnissen her überprüfen zu können, ob die Ziel-Mittel-Relation rational war. Entscheidend ist dabei, dass die Zweck-Mittel-Relation im Mittelpunkt steht und das konkrete Individuum nur so weit in den Blick gerät, als es zur Realisierung der Zweckrationalität erforderlich ist. Auch hier setzt sich die abstrakte Allgemeinheit dieses Prinzips gegenüber den Belangen des konkreten Individuums durch. Ansatzweise tritt das Rationalitätsprinzip sogar an die Stelle des Erziehungsprinzips. Erziehung heißt: Durchsetzung der Zweck-Mittel-Relation im Menschen, zunächst in Lernprozessen, doch auch im Blick auf spätere Arbeitszusammenhänge: Bereits bei Comenius kündigt sich die bei Herbart[55] bestimmend werdende Ersetzung der Erziehung durch ein am Zweck-Mittel-Prinzip orientiertes Handeln an.[56]

Im *Orbis pictus* wird ein drittes Prinzip der Pädagogik der Moderne sichtbar. Die Welt wird dem jungen Menschen so repräsentiert, dass sie als sinnvolles Ganzes erscheint. Nicht mehr die einfache Präsentation, sondern die Repräsentation der Dinge in pädagogischer Absicht ist das Ziel. Die im *Orbis pictus* gegebenen Begriffe und Bilder stellen nicht mehr die Dinge selbst dar; vielmehr

55 Herbart 1976.

56 Benner 1986.

verweisen sie auf diese. Den Kindern und Jugendlichen wird ein für sie hergestelltes Konstrukt der Welt vermittelt – eine pädagogisch aufbereitete Welt, deren Konstitution pädagogische Intentionen leiten und die sich neben und über andere Weltsichten legt. Noch verweisen die Zeichen auf das Bezeichnete, ohne dass der Zeichenzusammenhang zum Problem geworden ist. Gott garantiert in der von ihm geschaffenen Welt die Gültigkeit dieses Zusammenhangs. Die Realität der Welt ist das „Buch der Natur", das System der Zeichen, das Gott den Menschen offenbart hat. Ihre Darstellung in pädagogischer Absicht erfolgt im *Orbis pictus* nach zwei Prinzipien: Anordnung und Darstellung der Gegenstände nach dem Alphabet und Zuordnung von Wort und Ding, von Zeichen und Bezeichnetem. Die pädagogische Intention der Darstellung der Welt führt zu ihrer Repräsentation im *Orbis pictus.* Diese Funktionalisierung der Präsentation zur Repräsentation der Welt in pädagogischer Absicht zeigt, dass das Repräsentationsverhältnis allmählich veränderbar wird. Die mittelalterliche Weltordnung mit ihren Gewissheiten gerät langsam in Bewegung. Mollenhauer interpretiert diese Entwicklung unter Bezug auf Foucaults Interpretation von Velasquez' Gemälde *Las Meninas* von 1656 so: „Der Spiegel ist für Comenius deshalb eine pädagogische Metapher: die Bildungswelt des Kindes muss so ‚konstruiert' werden, dass sie nicht die Oberfläche der Erscheinungen, sondern die Wirklichkeit in ihnen zuverlässig spiegelt."[57] Nach neostrukturalistischer Einsicht gelingt nun diese Spiegelung, an der die Pädagogik während der ganzen modernen Geschichte gearbeitet hat, nicht mehr. Nachdem die Zeichen zunächst eher auf die Abwesenheit der Realität zu verweisen schienen, haben sie nun begonnen, auf keine Realität mehr zu verweisen. Sie beziehen sich auf sich selbst und nicht mehr auf eine Welt außerhalb ihrer; dadurch werden sie zu ihrer eigenen Simulation. Es besteht keine Möglichkeit mehr, zwischen Zeichen- und Realwelt zu unterscheiden, da es keine gesicherten Referenzpunkte gibt. Realität und Zeichenwelt werden ununterscheidbar. Um sich ihrer selbst zu vergewissern, bleibt der Pädagogik nur die Möglichkeit, an der Produktion der „Hyperrealität" der Erziehung mitzuwirken, in der Hoffnung, wenigstens so sich ihrer selbst vergewissern zu können.

Ist es schon nicht leicht, die Gegenwartsrelevanz von unterrichtlichem Wissen zu bestimmen, so birgt die Frage nach dem Zukunftsbezug der Erziehung für die Pädagogik erhebliche Schwierigkeiten. War diese Frage noch relativ leicht zu beantworten, als das Leben des Menschen bis zum Ende als von Gott bestimmt angesehen wurde, und erschien sie auch noch lösbar, solange man von einem zielgerichteten Verlauf der Geschichte ausging, durch den wenigstens die Zukunft der Menschengattung im Allgemeinen als bestimmt angesehen wurde, so erscheint sie heute kaum mehr beantwortbar, seit der radikale Zweifel

57 Mollenhauer 1983, S. 67.

an einer werthaltigen Weiterentwicklung der Menschheit eingesetzt hat und sich die Frage nach der Zukunft der nachwachsenden Generation mit der angstbesetzten Frage nach der Zukunft der Menschheit insgesamt überschneidet.[58] Zudem hat die ungeheure Beschleunigung aller Lebensbereiche zum Zweifel an der teleologischen Struktur der Geschichte geführt, die noch für die säkularisierten Vorstellungen von Geschichte als Heilsgeschichte bestimmend geblieben war. Der Engel der Geschichte hat, Benjamin zufolge, sein Antlitz der Vergangenheit zugewandt. Was uns als eine Reihe von lichten, im Gang der Zeit erscheinenden Ereignissen vor Augen tritt, sieht er als eine „einzige Katastrophe, die unablässig Trümmer auf Trümmer häuft und sie ihm vor die Füße schleudert. Er möchte wohl verweilen, die Toten wecken und das Zerschlagene zusammenfügen. Aber ein Sturm weht vom Paradiese her, der sich in seinen Flügeln verfangen hat und der so stark ist, dass der Engel sie nicht mehr schließen kann. Dieser Sturm treibt ihn unaufhaltsam in die Zukunft, der er den Rücken kehrt, während der Trümmerhaufen vor ihm zum Himmel wächst. Das, was wir Fortschritt nennen, ist dieser Sturm."[59]

Die in der Pädagogik des Comenius am Anfang der Neuzeit und für die Pädagogik seitdem insgesamt zentral werdenden Prinzipien der Universalität, Rationalität und Repräsentativität fördern Entwicklungen im Bildungswesen, die sich bei Comenius zwar ankündigen, die ihre Ausprägungen aber erst im 18. und 19. Jahrhundert erfahren.

Der Diskurs der Erziehung zielt auf die Selbstermächtigung und wachsende Autonomie der Menschen, zunächst im Auftrage Gottes und später unter seiner Hintansetzung. Mit diesem Prozess geht eine zunehmende Rationalisierung, Modernisierung und Zivilisierung einher. Es kommt zu einer zunehmenden, die Ausweitung des Innenraums und die psychische Differenzierung ermöglichenden Trennung von „innen und außen". Die instrumentelle Vernunft steuert die Affekte und verlangt ihre Einordnung in die immer stärker ökonomisch kalkulierten Lebensvollzüge. Die Entwicklung geht bis zu einer Exterritorialisierung von Affekten und zur Dressur des Körpers.

Mit Hilfe der Erziehung erfolgt eine die Menschen ökonomisch besser nutzbar machende Disziplinierung. Zahlreiche Rollen und damit verbundene neue Verhaltensweisen werden gelernt. Ein hohes Maß an Synthetisierungsleistungen muss erbracht werden. Erziehung trägt zur Funktionalität der Menschen bei. Die Einführung in übergeordnete Raum- und Zeitpläne wird bereits in der Schule geübt. Allmählich wird das disziplinierte Verhalten dem natürlichen Ablauf angepasst, so dass Widerstand gegen die dadurch noch effektiver werdende Disziplin vermieden wird.

58 Gil/Wulf 2015.

59 Benjamin 1980a, S. 697f.

Mit der zunehmenden Arbeitsteilung und der aufkommenden Lohnarbeit korrespondiert die Entwicklung rationaler Handlungsweisen. Mäßigung, Besonnenheit, Rationalität werden in zunehmenden Maße gesellschaftlich belohnte Verhaltensweisen. Dem entspricht die Entwicklung eines differenzierten Wahrnehmungsverhaltens, die Anpassung des Denkens und des Abstraktionsvermögens bei einer wachsenden Zahl von Menschen, wozu die mit der Organisation schulischer Bildung und mit der Ausweitung der Schulpflicht verbreitete Erziehung einen erheblichen Beitrag leistet.

Mit der steigenden Abhängigkeit vom Funktionieren des gesellschaftlichen Ganzen wächst der Zwang zur Selbstkontrolle, die immer stärker – von entsprechenden Praktiken der Schule unterstützt – die Außenkontrolle ersetzt. Es lässt sich eine Tendenz zur Verselbständigung der Kontrolle feststellen, durch die der Zusammenhang zwischen den Affekten und den Verhaltensweisen aufgehoben wird. Mit der auch im Rahmen der Erziehung durchgesetzten Regulierung des Trieblebens und der damit verbundenen Ausweitung des Innenlebens geht einher eine zunehmende Befriedigung von Bedürfnissen über Phantasien und Geschichten, so dass das Erleben „entkörperlicht“ und „entsinnlicht“ wird.

Mit der im Laufe des Zivilisationsprozesses sich differenzierenden Binnenstruktur der Menschen gelangen die gesellschaftlichen Widersprüche zunehmend in diese selbst. Die Menschen müssen sich mehr und mehr mit sich selbst auseinandersetzen. Wo sie mit sich in Widerspruch geraten und wo sie von der Angst erfasst werden, nicht mehr zwischen ihren Bedürfnissen und den gesellschaftlichen Normen vermitteln zu können, entsteht das Schamgefühl als greifbarer Ausdruck des nunmehr gebrochenen Verhältnisses der Menschen zu sich selbst.

Im Zentrum dieser Entwicklung steht das Subjekt, seine Konstitution, seine Bildung, seine Stellung zur Welt und zu sich selbst. Dieses Subjekt wird der Mittelpunkt der Moderne. Handelnd gestaltet es sich und wird durch ihre Strukturen geformt. Im Namen des modernen Subjekts wird das Recht auf individuelle Freiheit, Kritik und autonomes Handeln gefordert. In seinem Zentrum wird eine sein Handeln verantwortlich steuernde Instanz vorausgesetzt. Im theologischen Diskurs wird diese Instanz durch das Gewissen gebildet, das sich im Mittelalter durch den Anspruch auf die Unterscheidung zwischen Gut und Böse, die Institutionalisierung von Meditation, Gebet und Ritus sowie vor allem durch die Beichte verfeinert. Im Protestantismus ist es die gleiche Instanz, die mit ihren selbstquälerischen Fragen, wie man denn einen gnädigen Gott bekomme, den wachsenden Selbstbezug des Denkens bzw. der Reflexion ausbildet. Gefordert wird als Bezugspunkt des Glaubens, des Handelns, der Wissenschaft und der Philosophie das zur Einsicht fähige und damit handlungsfähige Subjekt. Descartes' „cogito ergo sum“ macht die Gewichtsverlagerung zu einem abstrakten, des Denkens fähigen und dieser allgemeinen Fähigkeit seinen konkreten Körper unterordnenden Subjekt deutlich. Mit der Etablierung der Vernunft als oberster Gerichtsinstanz bildet sich die Selbstbeziehung des erkennenden Subjekts weiter heraus.

Diesen Prozess unterstützen Wissenschaft, Moral und Kunst, die sich bis zum Beginn des 19. Jahrhunderts als spezifische gesellschaftliche Bereiche herausbilden, in denen Fragen der Wahrheit und der Erkenntnis, des richtigen und gerechten Handelns sowie des Geschmacks behandelt werden. Das sich in der Überschneidung dieser Bereiche konstituierende moderne Subjekt löst sich allmählich aus der Verbindlichkeit traditioneller Glaubensstrukturen. Eine Entzauberung der Welt ist die unausweichliche Folge, die endgültige Abspaltung des Wissens vom Glauben das Ergebnis. Wollten die mittelalterlichen Menschen und die Menschen der frühen Neuzeit noch wissen, um zu glauben, trat der Glaube als Bezugspunkt für das Wissen und das Wissenwollen für die neuen Techniken des Entdeckens immer mehr in den Hintergrund, bis er mit dem „Tode Gottes" vollends als Bezugspunkt für das Wissen zu verschwinden schien. An die Stelle Gottes, der Nietzsche zufolge nicht von selbst starb, sondern vom Menschen getötet wurde, trat endgültig das neuzeitliche Subjekt als Bezugspunkt des Handelns.

Diese Selbstermächtigung des Subjekts ist der zentrale Aspekt der Moderne, die in das Zeitalter des Menschen, in das Anthropozän mündet. Die Bemühungen, Freiheit, Gleichheit und Brüderlichkeit zu verwirklichen, müssen als Teil dieses Prozesses begriffen werden. Die Emanzipation des Subjekts erfolgt nicht nur im Sozialgefüge der Gesellschaft. Ebenso nachdrücklich wird sie mit Hilfe von Wissenschaft und Technik gegenüber der äußeren Natur durchgesetzt. Es entstehen eine technische, eine normative und eine kognitive Rationalisierung.[60] Die technische Rationalisierung führt zur Steigerung der Produktion von Nahrungs- und Konsumgütern, zur Naturbearbeitung und zur Entwicklung des Städtebaus und des Verkehrswesens. Standardisierungen und Effizienzsteigerungen in vielen gesellschaftlichen Bereichen sind die Folge. Die kognitive Rationalisierung ist ein Ergebnis der Entwicklung der Naturwissenschaften. Ihr Ziel ist die Anwendung empirisch erprobter Theorien und die Generalisierung des Wissens. Die kognitive Rationalisierung führt schließlich zur Regulierung intersubjektiver Ordnungen und zur Durchsetzung von Formalisierungen infolge des Ausbaus des Recht- und Verwaltungssystems. Nachdem diese Prozesse zunächst als Fortschritt und Befreiung eingeschätzt worden waren, beginnen sie nun ihre tückischen, ungewollten Nebenwirkungen zu zeigen. Mit der Rationalisierung und Generalisierung des Wissens verfängt sich die Selbstermächtigung des Subjekts gegenüber der Natur in den Fallstricken der Machtausübung. Es kann seine Macht gegenüber Natur und Sozietät nicht

60 Vgl. Reckwitz 2017, S. 34-36.

durchsetzen, ohne selbst Gefangener seiner Machtausübung zu werden. Unwiderstehlich führt daher dieser Prozess auch zur Isolation und zur Selbstentfremdung des Subjekts. Die Hoffnungen auf die versöhnende Kraft der Vernunft, der es gelänge, diese Antinomien aufzulösen, haben sich nur partiell erfüllt. Weder in der Religion am Beginn der Neuzeit noch in der Wissenschaft zur Zeit der Aufklärung noch in der Kunst der Romantik reichte die versöhnende Kraft, um die in den Strukturen der Gesellschaft und des Subjekts liegenden Unvereinbarkeiten aufzulösen. Stattdessen erfuhr die sich aus dem Selbstbezug des Menschen herausbildende Vernunft im Verlauf der zunehmenden Vergesellschaftung der Menschen immer mehr ihre Grenzen.

Eine dieser Grenzen liegt darin, dass dieses Subjekt in seinem Bestreben nach Universalität seine Individualität auflöst. Nur noch das allgemeine Subjekt, nicht das individuelle Ich zählt. Mit der Herausbildung eines abstrakten Subjekts als Bezugspunkt der Bildung beginnt der umfassende Prozess der Verdrängung des Einmaligen, Konkreten, Singulären, den auch das Bildungswesen der Moderne unterstützt. Mit der Entwicklung eines allgemeinen Subjekts wird ein Habitus hervorgebracht, der das Subjekt in Arbeitswelt, Politik und anderen Lebensbereichen zu einer kalkulierbaren Größe macht. Es muss berechenbar, zuverlässig und einsetzbar sein. Zugleich muss es über die Fähigkeit verfügen, die im Sozialisationsprozess erworbenen Kompetenzen weiterzuentwickeln und neuen Gegebenheiten anzupassen. Die Herausbildung des Habitus eines allgemeinen Subjekts wird daher zur vornehmlichen Aufgabe des Bildungswesens in der Moderne.[61] In der Sprache der Pädagogik, in den Erziehungstheorien und Rahmenrichtlinien heißt dieses Ziel: Vermittlung von Allgemeinbildung.

Bei Humboldt im Neuhumanismus der deutschen Klassik findet diese Form, die Aufgaben der Erziehung zu begreifen, eine zeitgemäße, dem Entwicklungsstand der Moderne entsprechende Konkretisierung. Obwohl der Neuhumanismus keine Pädagogik im engeren Sinne entwickelt, hat er eine eigene Bildungstheorie erarbeitet. In den klassischen Studien sah Humboldt insofern einen Bildungswert, als sie dem Individuum helfen sollten, zu sich selbst zu kommen. Ziel ist eine das Ganze des Individuums gleichmäßig entwickelnde allgemeine Bildung, in deren Rahmen drei Aspekte von besonderem Interesse sind.

Erstens stellen diese Bemühungen, eine allseitig gebildete Persönlichkeit hervorzubringen, den Versuch dar, den Menschen mit den Widersprüchen seiner Existenz zu versöhnen. Was sich in der Moderne in Folge der Antinomien der Arbeitswelt, der Auswirkungen des bürokratischen Staates, der Explosion der Bedürfnisse, der Abstraktionen, der Vernunftansprüche und der Wissenschaften entzweit hat und nicht mehr zu bändigen ist, soll mit Hilfe der

61 Bourdieu 1987, 1997; Krais/Gebauer 2002.

Allgemeinbildung im Subjekt versöhnt werden. Die in Humboldts Bildungstheorie enthaltene ästhetische Komponente unterstützt diese Interpretation.

Zweitens bedarf der Versuch, mit Hilfe der Allgemeinbildung den Menschen mit sich und der Welt zu versöhnen, der Überprüfung. Kritisch wird gegen ihn eingewandt, er habe als ungewollte Nebenwirkung zu einer politischen Enthaltsamkeit des intellektuellen Bürgertums geführt. Partiell ist diese Kritik sicherlich zutreffend. Strittig ist jedoch, ob nicht in der Distanzierung der humboldtschen Bildungstheorie von den Nützlichkeitsanforderungen der Gesellschaft auch kritisches Potential liegt.

Drittens ist Allgemeinbildung in Gefahr, zu enzyklopädischem Wissen zu werden, das, um eine universelle Bildung zu erreichen, in steigendem Maß angeeignet werden soll. Unter Bezug auf den Nutzen und Nachteil der Geschichte hat Nietzsche diese Überfrachtung des schulischen Kanons mit Unterrichtsstoff unter folgenden Aspekten scharfsinnig kritisiert. Zu viel Geschichte und zu viel nur enzyklopädisch gespeichertes Wissen führen zwangsläufig zu einer antiquarischen, den Bezug zum Leben eher erstickenden denn fördernden Bildung. Außerdem bewirke sie eher eine Schwächung der Lebenskraft der Schüler und schaffe ein Überlegenheitsgefühl gegenüber anderen historischen Epochen. Auch verhindere sie die Reifung des Einzelnen und der Gemeinschaft durch Überlastung mit Überkommenem und produziere das Gefühl der Epigonalität der eigenen Epoche; schließlich bewirke sie Ironie und Zynismus mit selbstzerstörerischen Kräften.[62] Mit diesen Punkten formuliert Nietzsche einen bis heute aktuellen Einspruch des Konkreten, Gegenwärtigen gegenüber einem historisch-überhistorisch Allgemeinen.

Der Versuch, mit Hilfe der Allgemeinbildung ein allgemeines Subjekt herzustellen, ist ambivalent. Einerseits gewinnt dieses allgemeine Subjekt ein bis dahin vom Menschen nicht gekanntes Ausmaß an Freiheit in der Verfolgung seiner individuellen Interessen in einem privatrechtlich gesicherten Handlungsraum, in der gleichberechtigten Teilnahme am politischen Willensbildungsprozess, in der persönlichen Autonomie und Möglichkeit zur Selbstverwirklichung sowie im Bildungsprozess. Andererseits zeigt sich schon bald die drückende Last einer zu einer antiquarischen Bildung degenerierten Allgemeinbildung, die die Kraft verliert, im Angesicht der Zukunft „aus der höchsten Kraft der Gegenwart die Vergangenheit (zu) deuten" (Nietzsche).

Gegen diese Vorstellungen vom Menschen und seiner Bildung werden bereits in der Romantik Einwände vorgebracht, ohne dass diese jedoch in der Pädagogik Entsprechungen haben. Im *Ältesten Systemprogramm* von 1796/1797 wird eine neue Mythologie gefordert, die die Poesie als Lehrmeisterin der Menschheit einsetzt. Im Rahmen dieser Mythologie soll nicht mehr die Religi-

62 Nietzsche 1954.

on, nicht die Vernunft und nicht die Wissenschaft, sondern die Kunst als öffentliche Institution die Sittlichkeit des Volkes stärken. „Die Kunst ist" – wie Schelling es formuliert – „eben deswegen dem Philosophen das höchste, weil sie ihm das Allerheiligste öffnet, wo in ewiger und ursprünglicher Vereinigung gleichsam in einer Flamme brennt, was in der Natur und in der Geschichte gesondert ist, und was im Leben und Handeln, ebenso wie im Denken ewig sich fliehen muß."[63] Also Poesie und Kunst als die neuen Möglichkeiten, dem Menschen zu einer Versöhnung mit sich und der Welt zu verhelfen. Schlegel denkt ähnlich, wenn er schreibt: „Denn das ist der Anfang aller Poesie, den Gang und die Gesetze der vernünftig denkenden Vernunft aufzuheben und uns wieder in die schöne Verwirrung der Fantasie, in das ursprüngliche Chaos der menschlichen Natur zu versetzen, für das ich kein schöneres Symbol bis jetzt kenne, als das bunte Gewimmel der alten Götter."[64] In die gleiche Richtung gehen auch Nietzsches Überlegungen. Vom „kommenden Gott" Dionysos wird Ähnliches erwartet.[65] Der abwesende, in den Mysterien wiedergeborene Gott soll vom Wahnsinn befreit zurückkehren und die Menschen versöhnen. In allen drei Zeugnissen geht es um die Selbstübersteigerung des Subjekts, seine Transzendierung und Selbstvergessenheit. Deutlich wird die Schattenseite der Selbstauslieferung des Subjekts an Emanzipation, Fortschritt und Selbstermächtigung artikuliert und der Versuch gemacht, dieser zu entkommen. Ob Mythos, Poesie und Kunst – oder gar das Gesamtkunstwerk – mehr als punktuelle Erfahrungen gesteigerten Lebens gewähren können, erscheint mir – auch nach den politischen Erfahrungen des letzten Jahrhunderts – eher zweifelhaft. Immerhin zeigt sich hier eine andere Seite des pädagogischen Diskurses. Angesichts ihrer stellt sich die Frage, wie man sich in den Hauptströmungen der Pädagogik mit den Vorstellungen von der Selbstüberwindung und Selbstentsagung der Subjektivität, mit Perspektiven, wie sie aus der Selbstüberschreitung oder gar Selbstauslöschung des Subjekts resultieren, auseinandersetzt und welche Konsequenzen sich daraus für das Selbstverständnis der Pädagogik ergeben.

Die Identitätsausbildung als Ziel der Erziehung erfolgt dadurch, dass die innere und die äußere Natur der Repression unterworfen werden. Das identische Selbst kann nur durch die Opferung der Natur gewonnen werden, d.h. durch den Abbruch der Kommunikation mit der in Folge dieser Prozesse dem Selbst anonym gewordenen Natur, die hinter seinem Rücken wieder ihre Macht entfaltet, sei es, dass sie ihre „heilende", den Menschen mit sich versöhnende Kraft entzieht, sei es, dass sie sich ihm in Folge der Unterwerfung versagt. Der Zwang zur rationalen Bewältigung der Natur produziert den Zwang, sich einem Bil-

63 Schelling 1979, III, S. 627 [6. Hauptabschnitt, § 3].

64 Schlegel 1970, S. 502.

65 Frank 1982.

dungsprozess auszusetzen, dessen Ergebnis das isolierte, auf Machtakkumulation ausgerichtete, abstrakte Subjekt ist, dessen mit sich identische Aufgeklärtheit in Gefahr gerät, in Mythos umzuschlagen. Um dies zu vermeiden, gilt es auch paralogische Wissensbestände in den pädagogischen Diskurs einzubeziehen; bei diesen handelt es sich um Wissenszusammenhänge, in denen das Paradoxe aufgenommen wird, ohne es durch den gewaltsamen Ausschluss von Alternativen zu beseitigen. Ziel ist ein Wissen, das seinen fragmentarischen Charakter zum Prinzip und zur Methode macht und auf die Herstellung von nicht erreichbaren zwingenden Kausalitäten und Systematiken verzichtet. Daraus ergibt sich der Verzicht auf den Zwang, systematische Erziehungstheorien zu entwerfen und sie zur Grundlage pädagogischen Handelns zu machen. Diese Einsicht radikalisiert den in der geisteswissenschaftlichen Pädagogik wiederholt formulierten Zweifel an den Möglichkeiten von Theorien zur Steuerung pädagogischen Handelns.[66]

Die von Derrida entwickelten Überlegungen zur Dekonstruktion von Wissen zielen nicht darauf, von festen Standpunkten aus überkommene Sinnzusammenhänge und Deutungen zu wiederholen oder weiter zu differenzieren. Stattdessen verlassen sie den festen Ort, den z. B. die tradierten Disziplinen bieten, und begeben sich auf den unsicheren Boden eines nicht von den Wissenschaftsdisziplinen vermessenen Grundes. Überkommenes muss zerstört und wieder neu zusammengesetzt werden. Statt fester Bezugspunkte wird die wissenschaftliche Erkenntnis Positionen des Gleitens, des Dazwischen, des Auf-der-Grenze-Befindlichen einnehmen müssen. Aus den Elementen der zerstörten Sinnzusammenhänge gilt es neue Gebäude eines Wissens zu entwerfen, das für das Nicht-mit-sich-Identische bzw. für Paralogien offen ist. „Mit versteckten, beständig gefährlichen Bewegungen, die immer wieder dem zu verfallen drohen, was sie dekonstruieren möchten, müssen, im Rahmen der Vollendung, die kritischen Begriffe in einen vorsichtigen und minuziösen Diskurs eingebettet werden [...], muß mit äußerster Sorgfalt ihre Zugehörigkeit zu jener Maschine bezeichnet werden, die mit diesen Begriffen zerlegt werden kann. Zugleich gilt es, die Spalte ausfindig zu machen, durch die noch unnennbar durchschimmert, was nach der Vollendung [...] kommt.“[67]

Die subjektzentrierte Vernunft findet nur unzulängliche Wege, sich dem zweckrationalen Handeln der kapitalistisch organisierten Unternehmen und des bürokratischen Staatsapparats zu widersetzen. Der Akkumulationszwang, die Effizienzsucht und die damit gegebene Verdinglichungsmacht mit dem Ausschluss der missachteten Teile sind die Folge. Diesen Mechanismen stellt sich auch das Heterogene, das bis dahin Ausgeschlossene entgegen, das sich den

66 Wulf 1977.

67 Derrida 1974, S. 28f.; s.a. Derrida 1976; Wimmer 2014.

Imperativen der Nützlichkeit und Berechenbarkeit widersetzt. Die Souveränität des Menschen ließe sich danach nicht mittels einer Herrschaft der Vernunft, sondern eher mittels des Heterogenen herstellen. Grenzüberschreitungen, Ekstase, Selbstauflösung werden wichtige Voraussetzungen für die Souveränität des Menschen, die ohne diese Erfahrungen nicht zur Entfaltung kommt.

Schließlich ist zu überprüfen, ob nicht die Pädagogik auch als eine Mischung von Diskursen und Praktiken zu begreifen ist, in denen die Subjekte, aber auch die Institutionen weniger wichtig sind als im Allgemeinen angenommen wird. Welche Folgen ergeben sich für die Pädagogik daraus, wenn es hinter diesen Diskursen keine von ihnen unabhängige Wirklichkeit oder Wahrheit gäbe? Von dieser Frage ausgehend kommt es darauf an, die pädagogischen Diskurse zu beschreiben und herauszuarbeiten, wie man in welchen Zusammenhängen und zu welcher Zeit über Erziehung spricht. Nach dieser Auffassung konstituiert sich Erziehung in Diskursen in unterschiedlicher Weise. Die Art der Diskurse hängt von Faktoren wie Sprecher, Adressat, Inhalt, Form usw. ab. Möglicherweise liegt das bestimmende Element in der Differenz, die ein Diskurs zu einem anderen, zu einer anderen Zeit und zu einem anderen Kontext hat. Zwar gestalten bestimmte Praktiken die Diskurse und werden von ihnen mitbestimmt. Doch erziehen möglicherweise weniger die handelnden Subjekte als die diese konstituierenden Diskurse und Praktiken. Historisch gesehen bestünde bei allen Differenzen im Detail der pädagogische Diskurs darin, das allgemeine Subjekt als Bezugspunkt der Erziehung und diese als Bezugspunkt des allgemeinen Subjekts erst zu konstituieren.[68] Das allgemeine Subjekt und die Erziehung wären also in erheblichem Maße das Produkt einer bestimmten Form des Sprechens. Eine Diskursanalyse hätte die kontingenten Anfänge dieser Diskurse und die Gründe für ihre Veränderungen herauszuarbeiten. Wahrscheinlich liegt der Grund für den Diskurswechsel in den machtbestimmten, diese Diskurse begründenden Praktiken. Dann wären Diskurse und Diskursveränderungen eher ein Produkt der Macht als der in sie eingefügten Subjekte. „Wo sich die Seele zu einen behauptet, wo sich das Ich eine Identität oder Kohärenz erfindet, geht die Genealogie auf die Suche nach dem Anfang [...] Die Analyse der Herkunft führt zur Auflösung des Ich und lässt an den Orten und Plätzen seiner leeren Synthese tausend verlorene Ereignisse wimmeln."[69] Diese Position verabschiedet die auf Sinnverstehen ausgerichtete Hermeneutik und eine globale Geschichtsschreibung. Es gibt keinen übergreifenden Sinn; statt seiner lassen sich nur Diskurse, Zeichenformationen, Machtspiele identifizieren. Einer der die Moderne bestimmenden Diskurse ist der der

68 Hier stellt sich die Frage, inwieweit diese Situation auch noch für die Spätmoderne gilt oder ob sich in dieser das Verhältnis von Allgemeinem und Singulärem mit dem Ergebnis verändert hat, dass das Singuläre stark an Bedeutung gewonnen hat.

69 Foucault 1974, S. 89; 1977.

Repräsentation, in dem die Zeichen, ohne als solche erkannt zu sein, der Repräsentation der Dinge dienen und in dem sich die Vorstellungen der Subjekte mit den Objekten weitgehend treffen, um eine Ordnung der Repräsentation herzustellen. Von diesem Diskurs unterscheiden sich Diskurse, die die metaphysisch verbürgte Entsprechung von Welt und Sprache für nicht gegeben halten. Hier muss sich das vorstellende Subjekt zum Objekt machen, um sich „über den problematischen Vorgang der Repräsentation selbst Wahrheit zu verschaffen. Der Begriff der Selbstreflektion geht in Führung, und die Beziehung des vorstellenden Subjekts zu sich selber wird zum einzigen Fundament letzter Gewissheiten.[70]

Aus dieser Sicht lassen sich verschiedene Weisen der Welterzeugung unterscheiden. Für die Gegenwart gilt, dass wir keinen festen Bezugsrahmen haben. Wir erzeugen unsere Bezugsrahmen und Weltsichten, und zwar in sehr unterschiedlicher Weise, ohne dass diese sich auf eine einzige gültige reduzieren ließen. Die Schaffung einer Welt ist in der Regel eine Umschaffung, in der Komposition und Dekomposition, Gewichtung und Ordnung, Tilgung und Ergänzung sowie Deformation eine Rolle spielen. Danach haben wir alle Schwierigkeiten mit der Wahrheit und sind nur zu einer relativen Realität fähig. „Ironischerweise wird also unsere Leidenschaft für eine Welt zu verschiedenen Zeiten und für verschiedene Zwecke auf viele verschiedene Weisen befriedigt. Nicht nur Bewegung, Ableitung, Gewichtung und Ordnung sind relativ, sondern auch Realität.“[71]

70 Habermas 1985.

71 Goodman 1984.

3 Die Vervollkommnung des Individuellen

Problemstellung

Mit Humboldt, von dem schon mehrmals die Rede war, erreichen Traum und Diskurs von Erziehung und Bildung eine neue Qualität. Mit großer Entschiedenheit wird hier das Individuum ins Zentrum gestellt. Seine Allgemeinbildung ist die vornehmliche Aufgabe. Mit ihrer Hilfe soll der Einzelne auf die Anforderungen seines zukünftigen Lebens vorbereitet werden. Im Weiteren sollen drei auf das Verhältnis von Bildung und Anthropologie bezogene Aspekte analysiert werden. So soll Humboldts Entwurf einer „vergleichenden Anthropologie" auf seine Bedeutung für eine historisch-pädagogische Anthropologie untersucht werden. Dann sollen Humboldts Vorstellungen über den Zusammenhang zwischen Bildung und Mimesis dargestellt werden. Schließlich soll die wechselseitige Verschränkung zwischen Sprache, Anthropologie und Bildungstheorie in Humboldts Denken rekonstruiert werden. In der Verfolgung dieser Fragen werden eine Rolle spielen: das Verhältnis von Individuum und Gesellschaft, Überkommenem und Neuem, Wirklichkeit und Einbildungskraft, Außen und Innen, Besonderem und Allgemeinem, Historischem und Universellem, Sprache und Sprachen. Für die Bearbeitung der genannten Fragestellungen und Problemstellungen verdienen einige frühe Schriften Humboldts besondere Aufmerksamkeit. So spielt für seine Anthropologie der 1797 geschriebene „Plan einer vergleichenden Anthropologie" eine zentrale Rolle. Das Gleiche gilt für den im selben Jahr geschriebenen, vor allem für seine Bildungstheorie wichtigen Text „Über den Geist der Menschheit". Diese Untersuchung ergänzt den 1794/95 verfassten Aufsatz „Theorie der Bildung des Menschen". Ebenfalls 1794/5 entstand die Untersuchung „Über Denken und Sprechen", deren Anliegen durch zahlreiche Untersuchungen zur vergleichenden Sprachwissenschaft fortgeführt wird. Auch die bereits 1792 entwickelten „Ideen zu einem Versuch, die Gränzen der Wirksamkeit des Staats zu bestimmen" sind für die von uns verfolgte Fragestellung wichtig. In diesen Schriften, die fast alle erst von Leitzmann in der Akademieausgabe am Anfang des 20. Jahrhunderts veröffentlicht wurden, finden sich viele später von Humboldt weitergeführte Überlegungen im Ansatz.

Zur Rezeption Wilhelm Humboldts

Neben diesen für die Bearbeitung der genannten Fragestellungen wichtigen Schriften des jungen Humboldt sei auf eine Reihe wichtiger Auseinandersetzungen mit seinem Werk verwiesen, die das den weiteren Ausführungen zugrundeliegende Humboldt-Verständnis beeinflusst haben, sei es, dass sie dazu angeregt haben, sich von ihnen abzugrenzen, sei es, dass sie neue Sichtweisen entwickelt haben, die in die folgende Untersuchung eingegangen sind. Im Einzelnen seien genannt: Eduard Sprangers frühe Schrift *Wilhelm von Humboldt und die Humanitätsidee* (1908), Theodor Litts *Das Bildungsideal der deutschen Klassik und die moderne Arbeitswelt* (1959), Clemens Menzes *Wilhelm Humboldts Lehre und Bild vom Menschen* (1965) und *Die Bildungsreform Wilhelm von Humboldts* (1975), Hans-Joachim Heydorns *Über den Widerspruch von Bildung und Herrschaft* (1970), Dietrich Benners *Wilhelm von Humboldts Bildungstheorie* (1990), Jürgen Trabants *Apeliotes oder Der Sinn der Sprache* (1986) und *Traditionen Humboldts* (1990), Hans-Josef Wagners Untersuchung zur „strukturalen Bildungstheorie Humboldts“ (1995), Heinz-Elmar Tenorths Studie über Humboldts „Bildungspolitik und Universitätsreform“ (2018) und Ruprecht Mattigs Untersuchung *Wilhelm von Humboldt als Ethnograph. Bildungsforschung im Zeitalter der Aufklärung* (Mattig 2019). Die Sicht Humboldts unterscheidet sich in diesen Studien außerordentlich. In den Auffassungsdifferenzen wird die Vielschichtigkeit und Komplexität des humboldtschen Denkens sichtbar, das sich linearen, auf Eindeutigkeit und Widerspruchsfreiheit zielenden Interpretationen widersetzt. Nicht zuletzt hierin liegen Reiz und Aktualität des humboldtschen Denkens.

Historische Anthropologie *avant la lettre*?

Lange ist Humboldts eigenständiger Beitrag zur Anthropologie nicht gesehen worden. Zu stark galt das Interesse philosophischer und pädagogischer Anthropologie dem Universellen und zu sehr ging es einher mit der Vernachlässigung des Besonderen, als dass die Fruchtbarkeit der herderschen[72] und humboldtschen Überlegungen begriffen werden konnte, in deren Mittelpunkt die Wertschätzung des Besonderen und seine Verbindung mit dem Allgemeinen stand. Unter dem Einfluss der Philosophischen Anthropologie Max Schelers, Helmuth Plessners und Arnold Gehlens ging es um „die Stellung des Menschen im Kosmos“, „die *conditio humana*“, „den Menschen“. Auch in der pädagogischen Anthropologie der 60er und 70er Jahre war unter dem Einfluss der philo-

72 Herder 1987.

sophischen Anthropologie das Interesse auf das Kind als *„homo educandus"* gerichtet. Die Folge waren eher allgemeine Aussagen über das Kind, seine Bildsamkeit und seine Bestimmung, die von den jeweiligen historischen und kulturellen Bedingungen abstrahierten. Weniger galt das Interesse historisch oder kulturell unterschiedlichen Kindheiten, wie sie im Rahmen der angelsächsischen „cultural anthropology" untersucht werden. Erst in den frühen 90er Jahren des letzten Jahrhunderts änderte sich das Interesse durch die „Entdeckung" der zweifachen Geschichtlichkeit des Gegenstands und seiner Erforschung und durch die Einrichtung des Arbeitsfeldes „Historische Anthropologie".

In den 90er Jahren finden sich zahlreiche Versuche, diese Bemühungen auch für die Entwicklung einer historisch-pädagogischen Anthropologie fruchtbar zu machen. Vor dem Hintergrund dieser Bemühungen entstehen neue Verständnismöglichkeiten für Humboldts „vergleichende Anthropologie", deren Bedeutung in ihrem Versuch zu sehen ist, eine allgemeine mit einer besonderen Perspektive zu verschränken.

Vergleichende Anthropologie

Wie sieht nun Humboldts Konzept einer „vergleichenden Anthropologie" aus? „Ihre Eigentümlichkeit besteht darin, dass sie einen empirischen Stoff auf spekulative Weise, einen historischen Gegenstand philosophisch, die wirkliche Beschaffenheit des Menschen mit Hinsicht auf seine mögliche Entwicklung behandelt."[73] Anthropologie soll also weder ausschließlich empirisch noch allein philosophisch betrieben werden; vielmehr komme es darauf an, Empirie und Philosophie zu verschränken, d. h. einen historischen Gegenstand philosophisch so zu durchdringen, dass in der Behandlung der jeweiligen Beschaffenheit des Menschen seine mögliche Entwicklung sichtbar wird. Mit dieser Verbindung von Philosophie und Empirie, von Transzendentalem und Historischem gilt es eine philosophisch angeleitete historisch-anthropologische Untersuchung der „Verschiedenheit der Köpfe" vorzunehmen. Insofern diese auch Entwicklungsmöglichkeiten zeigen soll, überschneiden sich ihre Intentionen mit denen der Bildung und der Bildungstheorie. Beiden geht es nicht um die Verwirklichung einer allgemeinen Norm, sondern um die Erkenntnis der Differenzen zwischen Kulturen, historischen Epochen und Individuen.

Anthropologische Forschung will die „Eigenthümlichkeiten des moralischen Charakters der verschiedenen Menschengattungen neben einander aufstellen und vergleichend beurteilen".[74] Die Erkenntnis des „moralischen Cha-

---

73 Humboldt 1960a, S. 352f.

74 Ebd., S. 337.

rakters“ erscheint als Hauptziel der Anthropologie. In Übereinstimmung mit dem Sprachgebrauch der Zeit bezeichnet „moralisch“ die „kulturellen“ Aspekte des Charakters. Aufgabe der Anthropologie ist es also, die kulturellen Ausprägungen der verschiedenen „Menschengattungen“ bzw. der verschiedenen Gesellschaften zu erforschen. So wichtig die Erkenntnis der unterschiedlichen „Charaktere“ ist, so notwendig ist die Erkenntnis der Gesamtheit der Individuen und Gesellschaften. Nur in dieser Gesamtheit erscheint das „Ideal der Menschheit“. Und so heißt es folgerichtig: „Ein Mensch ist nur immer für Eine Form, für Einen Charakter geschaffen, ebenso eine Classe der Menschen. Das Ideal der Menschheit aber stellt so viele und mannigfaltige Formen dar, als nur immer mit einander verträglich sind. Daher kann es nie anders, als in der Totalität der Individuen erscheinen.“[75] Anthropologie zielt also einerseits auf die Erforschung der Differenzen zwischen den Gesellschaften, Kulturen und Individuen; andererseits gilt es gerade in der Mannigfaltigkeit der Unterschiede und in den Kontingenzen das „Ideal der Menschheit“ zu begreifen.

Da als Aufgabe anthropologischer Forschung die Erkenntnis des „Charakters“ verschiedener Gesellschaften, Menschengruppen und Individuen angegeben wird, bedarf es einer genaueren Bestimmung des Begriffs. Humboldt sieht sie durch Mannigfaltigkeit in Einheit gegeben, wenn er schreibt: „Was sich in der Seele des Menschen bewegt, seine Gedanken, Empfindungen, Neigungen und Entschlüsse, und wie, in welcher Folge und Verknüpfung sie wirken, sind also die Punkte, worin sein Charakter besteht – das Verhältniss und die Bewegung seiner Kräfte, zugleich und als Eins gedacht.“[76] Diese Mannigfaltigkeit in Einem macht das Spezifische eines jeden Charakters aus – seine Gestalt. Ihre innere Einheit und Struktur gilt es zu erkennen. Sie ist der Ausgangspunkt der Handlungen des Einzelnen. Sie bildet zugleich auch die Grenze der Angemessenheit allgemeiner anthropologischer Aussagen und verweist auf die Notwendigkeit mimetischer Annäherung an das anders nicht Erfassbare des Individuellen.

Der vergleichenden Anthropologie obliegt es, den „Charakter“ aus den „Aeusserungen des ganzen Menschen“ zu rekonstruieren. Dabei gilt es, seine individuellen Merkmale, das Verhältnis der ihn bewegenden Kräfte, seine „innere Beschaffenheit und Vollkommenheit“, weniger seine „Tauglichkeit zu äußeren Zwecken“ zu erfassen. Entscheidend ist es, in seiner Erforschung das Zufällige vom Wesentlichen zu trennen, ihn in seiner zeitlichen Genese zu sehen und seine geschichtliche Bedingtheit und Zukunftsoffenheit zu begreifen. Schließlich gilt es, die Vielfalt der Erscheinungen in die „höchste Einheit“ zusammenzuziehen. Der Anthropologie kommt somit die Aufgabe zu, „den Um-

75 Ebd., S. 339f.

76 Humboldt 1960b, S. 453.

fang der, ohne Verletzung der Idealität, möglichen Verschiedenheit im Menschengeschlecht zu erforschen".[77] Ergänzt wird diese Bestimmung durch den Anspruch, „die mögliche Verschiedenheit der menschlichen Natur in ihrer Idealität auszumessen; oder, was dasselbe ist, zu untersuchen, wie das menschliche Ideal, dem niemals Ein Individuum adäquat ist, durch viele dargestellt werden kann."[78]

Ziel anthropologischer Forschung ist also die Erkenntnis der Mannigfaltigkeit und das Zusammenfügen der Vielheit zu einem komplexen Verständnis des Menschen, das nicht darauf gerichtet ist, Widersprüche durch Vereinfachung und Abstraktion auszuschalten. Anthropologie bemüht sich um eine komplexe Sicht des Menschen. Sie richtet sich daher auf die zwischen den Kulturen, den verschiedenen historischen Epochen, Gruppen und Individuen gegebenen Differenzen. Diese muss sie benennen, herausarbeiten und auf den Begriff bringen, ohne dadurch die Sicht auf das Gemeinsame, erst Differenzen Ermöglichende aus den Augen zu verlieren.

Im Zentrum der Anthropologie steht die Erforschung des Individuellen mit den Unterschieden, die dieses erst konstituieren. Dabei handelt es sich um:

- Unterschiede zwischen den Menschen im Hinblick auf ihre Beschäftigung, die Ergebnisse ihres Fleißes und die Art ihrer Bedürfnisbefriedigung.
- Unterschiede im Äußeren, im Körperbau und Verhalten, in der Physiognomie, der Sprache und den Gebärden.
- Unterschiede zwischen den Geschlechtern in Bezug auf Körperbau, intellektuelle Fähigkeiten, ästhetischen Charakter, Empfindungsvermögen und Willen.

Trotz ihrer Fokussierung auf das Individuelle zielt die anthropologische Erkenntnis auch auf ein synthetisches Verständnis der Gesamtheit des Menschen.

Dieser Aufgabe der Anthropologie sollen drei Methoden dienen. In der einen wird der Mensch als Objekt und als Gegenstand gesehen, der empirisch zu erforschen ist. Hierzu steht das Methodenspektrum naturwissenschaftlicher Forschung zur Verfügung. Die zweite Methode richtet sich auf die Erforschung der Geschichtlichkeit und Gesellschaftlichkeit des Menschen. Hier spielen historisch-hermeneutische Verfahren eine entscheidende Rolle. Philosophische Reflexion und ästhetisches Urteil bilden schließlich die dritte Methode der Anthropologie. Für die Fruchtbarkeit anthropologischer Forschung ist die Verbindung der verschiedenen Methoden von entscheidender Bedeutung. Zu

77 Humboldt 1960a, S. 354f.

78 Ebd., S. 350.

einem Modell für anthropologische Forschung wird Humboldt später die Sprache mit ihrer Manifestation in einer Vielzahl von Sprachen.

Für Humboldt sind Erkenntnis und Bildung des Menschen eng miteinander verbunden. Menschenbildung ist ohne Menschenerkenntnis, ohne Anthropologie nicht möglich. Anthropologie zielt ihrerseits auf die Bildung des Menschen und seiner Gattung. Das Verhältnis zwischen Anthropologie und Bildungstheorie ist kontingent, d.h. es bestehen mehrere Möglichkeiten, dieses Verhältnis zu bestimmen und eine Möglichkeit durch eine Entscheidung zu verwirklichen.

Kontingenz bezeichnet eine für die anthropologische Forschung charakteristische Verbindung von Verfügbarkeit und Unverfügbarkeit im Erkennen und Handeln. Einerseits ist kontingent, was sich der Planung entzieht und als unverfügbar erkennbar wird. Aristoteles hat hierfür die Kategorie des Zufalls eingeführt. Sein „wie es sich gerade ergibt" wurde im Mittelalter mit „contingere" übersetzt. Andererseits ist aber auch alles kontingent, was erkennbar und gestaltbar ist. Im Unterschied zu Beziehungen, die als eindeutig angesehen werden, verweist der Begriff der Kontingenz auf Möglichkeiten, zwischen denen zu entscheiden ist, also auf Erkenntnis- und Handlungsspielräume. Begreift man das Verhältnis von Anthropologie und Bildung als kontingent, so folgt daraus der offene und wandelbare Charakter dieses Verhältnisses und die Notwendigkeit, es jeweils im Einzelnen zu bestimmen. Voraussetzung für ein kontingentes Verhältnis zwischen anthropologischer Forschung und Bildungstheorie ist die Offenheit von Anthropologie und Bildungstheorie im Hinblick auf ihre Erkenntnis- und Handlungsmöglichkeiten, die in jeder spezifischen historischen Situation der Einschränkung durch Entscheidungen bedarf.

Durch die Erforschung differenter Kulturen, Gruppen und Individuen wird ein anthropologisches Wissen erworben, das auch zu einem verbesserten Verständnis jeder individuellen Kultur, Gruppe oder Person beiträgt. Durch die Kenntnis des Ähnlichen wächst die Kenntnis von Kontingenzen und damit von Möglichkeiten der Selbsterkenntnis. Die Bemühung um das Andere führt zum Verständnis des Eigenen und seiner Möglichkeiten. Jedes Individuelle hat nur eine Ausprägung, die sich jedoch in einem kontingenten Verhältnis zum Ähnlichen und Fremden verstehen lässt. Diese Kontingenzerfahrung zwischen dem eigenen Individuellen und dem Anderem ist ein wesentliches Moment im Bildungsprozess. Anthropologische Erkenntnis ist für Humboldt nicht nur Wissen um des Wissens willen, sondern auch Erkenntnis zur Anbahnung von Bildungsprozessen, deren Ziel die Vervollkommnung des Individuellen ist.

Mit dem Verständnis von Anthropologie als „vergleichender" erzeugt Humboldt ein Interesse an Differenz und damit Kontingenz zwischen dem jeweils Individuellen. Diese Fokussierung führt zum Verständnis der Geschichtlichkeit und der kulturspezifischen Ausprägung des Individuellen. So gesehen, lässt sich Humboldt als ein Vorläufer der Historischen Anthropologie und der Kulturanthropologie begreifen. Sein über das Interesse am Individuellen hinausreichendes Bemühen um ein Gesamtverständnis des Menschen, das die Differenzen und Kontingenzen einbezieht, stellt für die Historische Anthropologie und die Kulturanthropologie eine Herausforderung dar.[79]

Bildung und die Grenzen des Staates

Voraussetzung für die humboldtsche Bildungstheorie ist die Entdeckung des Individuums als Initiator, Träger und Bezugspunkt von Bildungsprozessen. Diese Wertschätzung des Individuellen mit seiner Mannigfaltigkeit findet sich – wie wir gesehen haben – auch in Humboldts Anthropologie. Deutlich artikuliert sie sich bereits in Humboldts Jugendschrift *Ideen zu einem Versuch, die Gränzen der Wirksamkeit des Staats zu bestimmen* (1792). Hier entwickelt Humboldt seine Sicht über die notwendige Begrenzung der Macht des Staates. Formuliert werden diese Einsichten vor dem Hintergrund der Erfahrungen mit dem absolutistischen Staat und mit der Französischen Revolution, die Humboldt als „Geschichtszeichen" zwar begrüßt, die er aber wegen ihrer Grausamkeiten durchaus ambivalent einschätzt. Geklärt werden muss im Verhältnis zum Staat, „zu welchem Zweck die ganze Staatseinrichtung arbeiten, und welche Schranken sie ihrer Wirksamkeit setzen soll?"[80] Um die Mannigfaltigkeit der verschiedenen Staatsbürger zur Entfaltung kommen zu lassen, muss der Staat seine Wünsche begrenzen, das Gemeinwesen nach seinen Gesichtspunkten zu beherrschen. Dies ist umso mehr erforderlich, als er gar nicht in der Lage ist, der Vielfalt und Differenziertheit gesellschaftlichen und gemeinschaftlichen Lebens adäquat zu begegnen. Nur mit Hilfe der Begrenzung der Macht des Staates können sich Gleichheit und Freiheit der Bürger entwickeln. Die Einschränkung der Staatsmacht ist eine notwendige Voraussetzung für die Ausbildung der Mannigfaltigkeit und Vervollkommnung des Gemeinwesens. Durch die Begrenzung staatlicher Macht soll den Bürgern eine ihre Individualität entwickelnde universelle Bildung ermöglicht werden, die sie befähigt, an der öffentlichen Politik teilzunehmen und diese zu gestalten. Zweck des Staates ist also nicht mehr er selbst, sondern das Wohl seiner Bürger. Dieses kann in modernen Gesellschaften nicht länger durch vorgegebene gesellschaftliche Gesamtziele bestimmt werden. Vielmehr müssen die Individuen ihre Ziele selbst setzen und verwirklichen. Gesellschaftliche Entwicklung hängt daher ebenso

79 Mattig (2019) hat in einer sehr gründlichen Untersuchung die kulturanthropologische bzw. ethnographische Dimension der Anthropologie Humboldts erforscht und dabei herausgearbeitet, wie wichtig diese sowohl für seine Anthropologie als auch für seine Bildungstheorie ist; vgl. auch Mattig 2012.

80 Humboldt 1960c, S. 56.

von der Bildung der einzelnen Gesellschaftsmitglieder ab wie deren Bildung von dem ihnen im Staat zugebilligten Entwicklungsspielraum. Da in den modernen Staaten die Identität zwischen Mensch und Bürger nicht mehr gegeben ist, müssen diese Gesellschaften Ziel und Beschaffenheit der Entwicklung den Individuen freigeben. Eine für alle Gesellschaftsmitglieder verbindliche Festlegung ist unmöglich. Bestimmung erscheint nur als Selbstbestimmung der Individuen möglich. Die dazu erforderlichen Bedingungen zu sichern, ist Pflicht des Staates. Die Selbstbestimmung der Individuen ist deren Aufgabe.

Wie Fichte hat Humboldt die Unhintergehbarkeit des Individuums deutlich gesehen. Jeder Reflexion und jedem Handeln geht das Individuum voraus und ist damit uneinholbar. In Fichtes Formulierung ist das Selbstbewusstsein „eine Tätigkeit, der ein Auge eingesetzt ist". Im Unterschied zu Fichte, in dessen Sicht das Ich in seiner Unhintergehbarkeit sich die Welt als Nicht-Ich gegenübersetzt, geht Humboldt von einem gleichursprünglichen Verhältnis von Ich und Welt aus, „in dem die Rezeptivität und Spontaneität des Ich als gleichursprünglich vorausgesetzt sind und das Ich anfänglich zwar als ganz und gar unbestimmt gedacht, alle Erfahrung aber als Resultat einer über Spontaneität und Reflexivität des Ich vermittelten Wechselwirkung mit der Welt gedeutet wird."[81] Daher sind Bestimmungen des Individuums von außen, die ihm keine Möglichkeit zur Selbstbestimmung lassen, problematisch und verstoßen gegen die unbestimmte Bildsamkeit jedes Einzelnen, deren Gestaltung ihm obliegt. An dieser Unbestimmtheit der Bildsamkeit ist festzuhalten, damit Bildung nicht zur Anpassung des Menschen an vorgegebene gesellschaftliche Bedingungen oder zu einem Habitus der Herrschaft über die Welt verkommt.

Im zweiten Teil seiner Abhandlung über die Grenzen des Staates bestimmt Humboldt Ziel und Sinn menschlichen Lebens: „Der wahre Zweck des Menschen – nicht der, welchen die wechselnde Neigung, sondern welchen die ewig unveränderliche Vernunft ihm vorschreibt – ist die höchste proportionierlichste Bildung seiner Kräfte zu einem Ganzen. Zu dieser Bildung ist Freiheit die erste, und unerlässliche Bedingung. Allein außer der Freiheit erfordert die Entwicklung der menschlichen Kräfte noch etwas anderes, obgleich mit der Freiheit eng verbundenes, Mannigfaltigkeit der Situationen. Auch der freieste und unabhängigste Mensch, in einförmige Lagen versetzt, bildet sich minder aus."[82] Vor dem Hintergrund unserer bisherigen Überlegungen liegt es nahe, diese Stelle nicht so zu interpretieren, als ginge es Humboldt um eine harmonische Bildung, in der das Ich mit der Welt und mit sich zur Übereinstimmung kommt. „Höchste Bildung" bedeutet in unserem Verständnis nicht eine hohe allgemeinverbindliche Bildungsnorm, die es in den Individuen zu verankern

81 Benner 1990, S. 32.
82 Humboldt 1960c, S. 64.

gilt. Ebenso wenig bedeutet „proportionierliche Bildung“ allgemeinverbindliche Proportionen von Bildungsinhalten. Vielmehr kann man Benners Deutung folgen, der auf das antinomische Verhältnis zwischen den beiden Begriffen verweist: „Je höher unter den Bedingungen moderner Arbeitsteilung der Grad der individuellen Bildung in einem bestimmten Gebiet oder Bereich, um so unproportionierlicher verhalten sich die anderen Gebiete oder Bereiche, welche auch immer es seien, zu diesem. Je proportionierlicher umgekehrt die Entwicklung aller Gebiete oder Bereiche der Bildung, umso weniger unterscheiden sich diese hinsichtlich ihrer Entfaltung und umso geringer ist, in der Regel wenigstens, die Höhe und der Grad ihrer individuellen Ausprägung.“[83] Damit der Einzelne diese Antinomie angemessen bearbeiten kann, bedarf es zweier Bedingungen, der „Freiheit“ des Einzelnen, seinen Bildungsprozess mit den in ihm enthaltenen Antinomien zu bestimmen, und der „Mannigfaltigkeit“ und Vielgestaltigkeit der Bildungssituationen.

Als Sinn menschlichen Lebens wird die Bildung der Kräfte angesehen. Diese Kräfte unterscheiden das Organische vom Anorganischen und sind charakteristisch für alles Lebendige. Mit jeder Individuation sind sie in unterschiedlicher Weise gegeben. Sie sind es, die der Bildung bedürfen und die zugleich die Bildsamkeit ausmachen. Clemens Menze bestimmt ihre anthropologische und bildungstheoretische Bedeutung zutreffend: „Die Kraft als das Apriori im Menschen bedeutet also, dass der Mensch seiner Natur nach Tätigkeit, Energie ist, dass er als Mensch immer als ein Tätiger erscheint, dass die so verstandene Tätigkeit der Grundzug seines Wesens ist.“[84] Diese Kraft ist Bedingung jedes Menschen und jedes Lebewesens. Als solche bleibt sie rätselhaft und unergründlich.

Insofern diese (Lebens-) Kraft das Individuum konstituiert, treibt sie auch seine Bildungsprozesse voran. Bildungsprozesse sind energetisch. Sie werden dadurch gestaltet, dass sich die menschliche Energie auf ein Außen richtet. „Da jedoch bloße Kraft einen Gegenstand braucht, an dem sie sich üben, und die bloße Form, der reine Gedanke, einen Stoff, in dem sie, sich darin ausprägend, fortdauern könne, so bedarf auch der Mensch einer Welt außer sich. Daher entspringt das Streben, den Kreis seiner Erkenntnis und seiner Wirksamkeit zu erweitern“.[85] Die innere Natur des Menschen bedarf also eines Außen, um sich zu bilden. Menschliches Denken und Handeln kann sich nur mit Hilfe der Bearbeitung eines Außen, eines Nicht-Menschlichen, entwickeln. Nur durch die Arbeit an einem Außen kann die mit der energetischen menschlichen Struktur gegebene Unruhe befriedigt werden und eine „innere Verbesserung

83 Benner 1990, S. 49.

84 Menze 1965, S. 100.

85 Humboldt 1960d, S. 235.

und Veredlung“ geschehen. Bildung heißt „Verknüpfung unseres Ichs mit der Welt zu der allgemeinsten, regesten und freiesten Wechselwirkung“.[86]

Bildung als Mimesis

So begriffene Bildungsprozesse sind mimetisch. Mimesis meint hier nicht nur „Nachahmung“, sondern auch „Anähnlichung“, „Darstellung“, „Ausdruck“. Wenn von dem mimetischen Charakter der Bildungsprozesse die Rede ist, dann wird Mimesis nicht auf Kunst, Dichtung und Ästhetik eingeschränkt. In Humboldts Verständnis spielen mimetische Fähigkeiten in fast allen Bereichen menschlichen Vorstellens, Denkens, Sprechens und Handelns eine Rolle und stellen eine unerlässliche Bedingung für die „Verknüpfung unseres Ichs mit der Welt“ dar. Mit Hilfe mimetischer Prozesse findet eine Ausweitung des Individuums auf die Außenwelt hin und eine Anähnlichung an diese statt. Diese Anähnlichung an Welten außerhalb des Individuums führt zur Gestaltung der nach außen gerichteten, für das menschliche Leben charakteristischen Energie. In Humboldts Verständnis ist diese Gestaltung des Außen zugleich eine Gestaltung des Innen, also Bildung. Insofern Bildung nicht auf Herrschaft, sondern auf die Formung der Kräfte des Individuums in einer herrschaftsfreien Begegnung mit äußeren Welten zielt, ist sie mimetisch. In der Anähnlichung an äußere Welten führen mimetische Prozesse zur Aneignung des Fremden. Mit Hilfe seiner mimetischen Fähigkeiten weitet sich das Individuum zum Fremden hin aus und macht es zu einem Teil seiner inneren Bilder-, Klang- und Vorstellungswelt. Dadurch wird Außenwelt zu Innenwelt. Diese den Bildungsprozess konstituierende Transformation vollzieht sich durch die Überführung der Außenwelt in Bilder und durch deren Aufnahme in das Imaginäre des Individuums.[87] Mit Hilfe der Einbildungskraft werden diese Bilder in der inneren Bilderwelt mit anderen Erinnerungs-, Wunsch- und Vorstellungsbildern verbunden. Durch die Verbildlichung des Fremden außen werden die Bilder Teil des Innenraums des Individuums, der dadurch erweitert wird. Mittels dieser mimetischen Verknüpfung erschließt sich das Individuum die Welt und wird gleichzeitig durch sie erschlossen. Diese Ähnlichmachung von Geist und Welt bewirkt die Bildung des Individuums.

In der Mimesis von Außenwelt, von Gegenständen und anderen Menschen wird die Erfahrung der Differenz der Außenwelt, ihrer Nicht-Identität mit der eigenen Welt gemacht. Das Sich-Anähneln an das Außen führt nicht zur Aufhebung dieser Differenz zwischen Innen und Außen. Käme es dazu, verkäme

86 Ebd., S. 235f.

87 Wulf 2014; Hüppauf/Wulf 2006; Gebauer/Wulf 1998.

Mimesis zur Mimikry, zur Anpassung an eine Außenwelt unter Absehung der gestaltenden Kräfte und Energien des Individuums. Der individuelle Charakter dieser Energien sichert die Mannigfaltigkeit mimetischer Prozesse und ihrer Ergebnisse. Seine mimetischen Fähigkeiten führen das Individuum dazu, sich auf die Welt einzulassen, sich von ihrer Neuheit und Fremdheit faszinieren zu lassen, sich an dem Prozess der Verinnerlichung des Außen zu erfreuen und sich in dieser Freude selbst zu erfahren.

Mimetische Prozesse sind sinnlich. Sie vollziehen sich über Sehen, Hören, Tasten, Riechen und Schmecken. Doch sie können sich auch auf imaginäre Welten richten und sich der Einbildungskraft bedienen. Sie zielen auf Unbekanntes und produzieren in der Begegnung neue Erfahrungen, in denen Fremdes zu Bekanntem wird. Im mimetischen Verhalten kommt es zur Verschränkung eines aktiven Zugehens auf die Welt mit einer eher passiven Aufnahme im Inneren des Individuums. Dabei sichert die Rezeptivität die Ähnlichkeit, die Aktivität die individuelle Differenz der Verarbeitung. Mimetische Prozesse sind keine bloßen Imitationsprozesse; in ihrem Verlauf entsteht immer auch Neues.[88] In der mimetischen Auseinandersetzung mit der Welt schafft jedes Individuum auf Grund seiner jeweiligen Voraussetzungen Neues. Die Unterschiedlichkeit der Individuen sichert so auch die Mannigfaltigkeit mimetischer Bildungsprozesse. Freiheit, Selbsttätigkeit und Eigengestaltung sind daher deren unerlässliche Bedingung.

Bildungsprozesse vollziehen sich stets in spezifischen historisch-kulturellen Kontexten, die ihrerseits nicht voraussetzungslos sind, sondern an Vorausgegangenes anknüpfen. Das Lernen der Sprache ist beispielsweise ein solcher in hohem Maße mimetischer Prozess, in dem es immer schon Vorausgehendes gibt, das nachgeahmt wird, dem man sich anähnelt und das dabei gemäß der eigenen Individualität gestaltet wird. Für viele dieser Lern- und Bildungsprozesse sind Vorbilder, auf die sich der junge Mensch richtet, von entscheidender Bedeutung. Dabei ist es besonders deren „individuelle Originalität“, die zur Nachahmung herausfordert: „Jene ausgezeichneten Menschen, die uns hier zum Vorbilde dienen, haben [...] immer eine entschiedene originelle Individualität.“[89] Die in dieser originellen Individualität liegende Überlegenheit und Differenz fordert das mimetische Vermögen heraus. Der junge Mensch will werden wie das Vorbild. Seine mimetischen Kräfte sind so zwingend, dass er sich ihrer Wirkungen nicht erwehren kann. Nach Platons Auffassung muss die Auswahl der Vorbilder daher sorgfältig kontrolliert werden. Ähnlich ist auch Humboldt von der Bedeutung der Vorbilder für die Bildung und Selbstbildung des Menschen überzeugt. In der „individuellen Originalität“ ausgezeichneter

88 Gebauer/Wulf 1992.
89 Humboldt 1960e, S. 512.

Menschen erfährt man etwas über die eigenen Möglichkeiten. Nicht, dass man wie sie werden könnte. Doch sprechen sie die in jedem Menschen enthaltenen Möglichkeiten an und fordern heraus, diese zu entwickeln.[90]

Die Mimesis eines Vorbilds meint die Herstellung eines kontingenten Verhältnisses zwischen einem Vorbild und einem sich mimetisch darauf beziehenden Menschen. Das Ergebnis dieses Verhältnisses ist von den jeweiligen Bedingungen des Vorbilds und des sich mimetisch zu ihm Verhaltenden abhängig und ist daher nur unzulänglich voraussagbar. Das mimetische Verhältnis wird durch den Bezug zu einem Vorgegebenen bestimmt, ist jedoch offen in seinem Ergebnis. Denn es ist kein Zweck-Mittel-Verhältnis, in dem Ziele die Ergebnisse vorbestimmen. Mimetische Prozesse vollziehen sich mit „gebrochenen Intentionen". Sie finden statt, ohne dass zu ihrem Beginn schon deutlich wäre, in welche Richtung sie sich entwickeln und was ihre Ergebnisse sein werden. Ihr offener Charakter unterscheidet sie von eher zielgerichteten und ergebnisorientierten Imitationsprozessen. In mimetischen Prozessen lässt sich ein Individuum von einem Gegenstand oder anderen Menschen in Bann ziehen, setzt sich einem Prozess der Anähnlichung aus und kann sogar in Gefahr geraten, sich an das Vorbild oder die Bezugswelt zu verlieren. In dieser Angleichung zeigen sich Kraft und Macht mimetischer Prozesse mit ihren tiefgreifenden Wirkungen auf das Individuum.

Humboldt begreift Bildung als mimetisch, d. h. als nicht-teleologisch, unbestimmt und offen. Bildung zielt auf die Vermittlung zwischen äußeren historisch-gesellschaftlichen und inneren individuellen Bedingungen. Für das Gelingen dieser Prozesse bedarf es individueller Freiheit und vielfältiger gesellschaftlich geschaffener Bildungsmöglichkeiten. Nur so können die mit dem Ziel „höchster" und „proportionierlichster" Bildung verbundenen Ansprüche und Konflikte bearbeitet werden. Die Ergebnisse dieser Bildungsprozesse sind zukunftsoffen. Zukunftsoffenheit bedeutet: Das Unbekannte und Ungewisse der Zukunft und die Unabschließbarkeit menschlicher Bildung werden als konstitutive Elemente in den Bildungsprozess einbezogen, indem die damit gegebenen Unsicherheiten nicht durch vermeintliche Sicherheiten verdeckt werden.

Selbstmimesis

Die mimetische Bewegung des Individuums richtet sich nicht nur nach außen und zielt nicht nur auf eine Anähnlichung an ein Außen. Bereits in der frühen Schrift „Über den Geist der Menschheit" betont Humboldt die zentrale Bedeutung des Individuums und des Subjekts für die Anthropologie und die Bil-

90 Gebauer/Wulf 1992; Wulf 2007, Kap. 5.

dungstheorie. Nach diesen Überlegungen liegt die Bestimmung des Menschen in ihm selbst. Bildung wird auch als eine selbstbezogene mimetische Bewegung des Individuums begriffen. Humboldt bestimmt ihr Ziel und ihre Struktur: „Der Mensch muss daher Etwas aufsuchen, dem er, als einem letzten Ziele, alles unterordnen, und nach dem er, als nach einem absoluten Maßstab, alles beurtheilen kann. Dies kann er nicht anders, als in sich selbst finden, da in dem Inbegriff aller Wesen sich nur auf ihn allein alles bezieht; er kann sich aber weder auf seinen augenblicklichen Genuss, noch auf sein Glück überhaupt beziehen, da es vielmehr ein edler Vorzug seiner Natur ist, den Genuss verschmähen und das Glück entbehren zu können; es kann daher nur in seinem inneren Werth, in seiner höheren Vollkommenheit liegen."[91]

Nur durch eine freie Selbsttätigkeit kann das Individuum seine „höhere Vollkommenheit" finden. Nur in diesem Prozess realisiert der einzelne Mensch seine Einmaligkeit; nur in seinem Verlauf kann er seine Bestimmung finden. Diese Selbsttätigkeit ist eine „innere geistige Lebenskraft", mit deren Hilfe das Individuum sich so gestaltet, dass es zur Übereinstimmung mit seiner Würde kommt, die als das Spezifikum des Menschen begriffen wird. Diese nur schwer bestimmbare Kraft lässt sich mit der Einbildungskraft gleichsetzen, mit deren Hilfe sich der einzelne Mensch auf sich selbst und damit auf die Menschheit beziehen kann: „Die Aufforderung an die Selbstbildung des Menschen besteht darin, dieser lebendigen Kraft folgend, als Person eine Individualität zu werden, die an keinem Punkt ihres Lebens ihren Endzweck erreichen und ihr Maß erfüllen kann, sondern immer bestrebt bleibt, dem ‚Geist der Menschheit' ‚in der höchsten Stärke und in der größten Ausdehnung' Ausdruck zu verleihen, d. h., der Mensch soll die Erhöhung seiner Kräfte und die Veredlung seiner Persönlichkeit, mithin die Moralisierung seiner Lebenspraxis bewirken und diese zugleich zur Totalität der Welterfahrung entgrenzen."[92] Die nach außen und die nach innen gerichtete Mimesis kann den Menschen vor der Entfremdung von der Welt und vor der Selbstentfremdung bewahren. Durch beide Formen der Entfremdung verfehlt der Mensch seine Potentiale und verliert er die Möglichkeit der Selbstvervollkommnung. Offen ist, ob das mimetische Vermögen den Menschen vor dieser doppelten Entfremdung schützen kann oder ob es zur Mimikry, zur Anähnlichung an Verdinglichtes und Totes degeneriert.

91 Humboldt 1960e, S. 507.

92 Herrmann 1994, S. 145f.

Sprache

Humboldts Arbeiten zur Sprache führen seine Überlegungen zur Anthropologie und zur Bildungstheorie zusammen und fügen ihnen neue Dimensionen hinzu. Schon in seinem frühen Aufsatz von 1793, *Über das Studium des Altertums und des Griechischen inbesondere*, stellt Humboldt einen Zusammenhang zwischen der griechischen Kultur und der Eigenart ihrer Sprache fest. In einem Fragment *Über Denken und Sprechen* betont er den engen Zusammenhang zwischen Sprache und Individualität. Humboldt unterscheidet Denken von Gedachtem und sieht in der Reflexion das Spezifische des Denkens. In der Reflexion stellt sich der Denkende Gegenständen gegenüber, fasst sie zu Einheiten zusammen und muss sie benennen. Humboldt begreift, dass die Sprache den Weltbezug des Menschen bestimmt, aus dem es kein Heraustreten gibt. Daher sind die Unterschiede zwischen den verschiedenen Sprachen und den durch sie begründeten Weltsichten nicht aufhebbar. Jede Sprache muss in ihrem historisch-individuellen Charakter begriffen werden. Wird dieser aus den Augen verloren, wird das Eigentümliche der jeweiligen Sprache verkannt. Die Vielfalt der Sprachen garantiert die Mannigfaltigkeit der Kulturen und Individuen. Sie ist Voraussetzung für die Vielgestaltigkeit der Individuen und ihrer Bildungsprozesse.

Sprache ist die Fähigkeit, Gedanken zu erzeugen, Verstand und Sinnlichkeit zu verknüpfen. „Die Sprache ist daher, wenn nicht überhaupt, doch wenigstens sinnlich das Mittel, durch welches der Mensch zugleich sich selbst und die Welt bildet oder vielmehr seiner dadurch bewusst wird, dass er eine Welt von sich abschneidet.“[93] Danach ist Sprache nicht bloß Zeichen oder Mittel der Mitteilung. Sie ist vielmehr Mittel der Bildung des Denkens, des Selbst und der Welt. Durch die Verbindung von Sinnlichkeit und Verstand kommt es zur Zeugung des Gedankens. Dieses Erzeugen, Ausdrücken und Wieder-Wahrnehmen des Gedankens ist nur möglich, weil der Gedanke als Wort erzeugt wird. „Hierzu aber ist die Sprache unentbehrlich. Denn indem in ihr das geistige Streben sich Bahn durch die Lippen bricht, kehrt das Erzeugniss desselben zum eignen Ohre zurück. Die Vorstellung wird also in wirkliche Objectivität hinüberversetzt, ohne darum der Subjectivität entzogen zu werden.“[94] Mehr noch als die Kunst bedarf die Sprache des Anderen. Sie ist auf den Anderen gerichtet. Der Andere hört und erwidert. Nicht nur der Sprecher, auch der Zuhörer bringt Sprache materiell hervor; er wird seinerseits zum Sprecher. Es entsteht eine wechselseitige gemeinsame Produktivität.

93 Seidel 1962, Bd. 1, S. 207.
94 Humboldt 1968, S. 55.

Analog zur Anthropologie und zur Bildungstheorie versteht Humboldt die historisch-empirische Vielfalt der Sprachen als Reichtum der Welt und des Menschen. Die Vielzahl der Sprachen stellt kein großes Hindernis zur Verständigung des Menschen dar. Ist ein Individuum als Kind in eine Sprache hineingewachsen, kann es andere Sprachen lernen und sich in diesen verständigen. Zwischen Angehörigen verschiedener Sprachen ist Verständigung möglich. Wie in der Anthropologie, in der die Erforschung der Mannigfaltigkeit der Kulturen auch das Wissen über den Menschen vermehrt, vergrößert die Erforschung der Verschiedenheiten der Sprachen auch das Wissen über „Sprache". Sprache macht die Welt erst zu einer menschlichen; sie übersetzt die Welt in eine Welt des Menschen. Ihre Grenzen bilden die Grenzen der Kultur und des Individuums. Die Sprachbedingtheit der Kultur und des Individuums ist unaufhebbar. Sie ist Reichtum und Begrenzung in einem. Sprache stellt einen Zwischenbereich zwischen Welt und Individuum dar, der historisch geworden ist und sich in stetigem Wandel befindet und der für die Bildung des Individuums von entscheidender Bedeutung ist. Über die Sprache finden Erweiterung und Kultivierung des Individuums, seine Selbsterweiterung und seine Entwicklung statt. Sprache ist Medium eines zukunftsoffenen Bildungsprozesses, in dessen Verlauf immer wieder auch Widersprüche und Konflikte verarbeitet werden müssen. Stichwortartig lässt sich die anthropologische und bildungstheoretische Bedeutung der Sprache wie folgt skizzieren.

Erst durch die Sprache wird der Mensch zum Menschen. Nicht kann das Menschsein von der Sprachfähigkeit getrennt werden. Daher greifen Vorstellungen zu kurz, die behaupten, der Mensch erfinde die Sprache und komme lediglich dadurch zu seiner Vervollkommnung. Sprache ermöglicht menschlichen Ausdruck und menschliche Gemeinschaft. Ohne sie fehlt dem Menschen ein wesentliches Ausdrucksmittel, ist er kein soziales Wesen. Jede Sprache ist eine spezifische Weltsicht; diese Weltsicht ist unhintergehbar; das Individuum kann keinen Standpunkt außerhalb dieser Sprache und ihrer Weltsicht finden. Sprache ist Vermittlung von Welt und Individualität. Sie ist Voraussetzung von Bildung und erlaubt es, sich die Welt zu erschließen und durch die Welt erschlossen zu werden. Sie schafft ein individuell spezifisches Welt- und Selbstverständnis. Sprache ist Kraft zur Gestaltung des Individuums und der Welt. Sie ist mit der spontanen und kreativen Energie des Individuums verbunden und ermöglicht Individuation. Insofern menschliche Reflexivität und Denken an Sprache gebunden sind, der Mensch aber nicht vollständig in seinem sprachlichen Sein aufgeht, ist in der Sprache auch die Unergründbarkeit des Menschen erfahrbar. Die sprachlich erfahrbare Offenheit und Unergründbarkeit menschlicher Existenz ist ein konstitutives Element einer historisch-pädagogischen Anthropologie und einer auf ihr fußenden Bildungstheorie.

Ausblick

Im Denken Humboldts sind Sprache, Bildung und Anthropologie eng miteinander verbunden. Menschsein bedeutet sprachfähig und bildsam sein. In anthropologischer Hinsicht ist entscheidend, wie welche Sprache welchen Menschen bildet. Wichtig ist nicht die Feststellung einer allgemeinen Sprachfähigkeit und Bildsamkeit, sondern die jeweilige historisch-kulturelle Ausprägung von Sprache und Bildung. Sie zu erforschen ist Aufgabe der Sprachanthropologie und der pädagogischen Anthropologie. Trotz dieses für seine Zeit außergewöhnlichen Interesses am Individuellen und den damit verbundenen Unterschieden trifft Humboldts Auffassung aus heutiger Sicht dort auf ihre Grenzen, wo sie an der Idealität des Menschen und seiner Bildung, wo sie im Geiste ihrer Zeit an der Gewissheit der Perfektibilität des Einzelnen und der Menschengattung und an der Übereinstimmung beider Ziele angesichts einer ihrer Realisierung förderlichen Natur festhält. Nach den Ereignissen des zwanzigsten Jahrhunderts und angesichts der destruktiven Kräfte des Anthropozäns gewinnt die Einsicht in die Grenzen der Bildbarkeit des Menschen eine wachsende Bedeutung.

4 Anthropologische Grundlagen der Bildung

Bereits bei Johann Gottfried Herder und Wilhelm von Humboldt entsteht ein Bewusstsein von der Bedeutung anthropologischen Wissens für das Verständnis und Selbstverständnis des Menschen und seiner Bildungsprozesse. Beide haben die Erkenntnis, dass dieses Wissen historisch und kulturell bedingt ist. Während Herder und Humboldt die Geschichtlichkeit anthropologischen Wissens betonen, entwickelt Humboldt in seiner vergleichenden Anthropologie außerdem noch eine kulturanthropologische bzw. ethnologische Perspektive. Beide Perspektiven werden in der gegen Ende des zwanzigsten Jahrhunderts entstehenden historisch-kulturellen Anthropologie aufgegriffen und vor dem Hintergrund der globalisierten Weltgesellschaft weiterentwickelt.[95] Auf der Grundlage dieser Perspektiven entsteht ebenfalls eine entsprechend orientierte Pädagogische Anthropologie.

Wie wir im ersten Kapitel gesehen haben, hat Martin Heidegger ein Merkmal dieses Interesses an anthropologischem Wissen darin gesehen, dass zwar keine Zeit je so viel über den Menschen gewusst habe, wie die heutige, aber auch keine Zeit weniger wisse, „was der Mensch sei".[96] Wenn daraufhin für Arnold Gehlen der Mensch „theoretisch nicht feststellbar" und für Helmuth Plessner „denkerisch unergründlich" erschien, so ist diese Einsicht grundsätzlich richtig: Im Bereich von Erziehung und Bildung wird und muss dennoch immer wieder bestimmt werden, wie der auf Erziehung und Bildung angelegte *(homo educandus)* und zugleich bildsame Mensch (*homo educabilis*) aussehen soll und wie er „verbessert" werden kann. Ohne anthropologisches Wissen ist Erziehung und Bildung nicht möglich.[97] Doch wie gewinnt man anthropologisches Wissen und wie kann man es für Erziehung und Bildung fruchtbar machen?

So komplex die Behandlung dieser Frage bereits im historischen und kulturellen Kontext Deutschlands und Europas ist, noch viel schwieriger ist es, sie in der globalisierten Welt von heute zu beantworten. Hier gibt es keine gesicherten Perspektiven und Kriterien, in Bezug auf die sich festlegen ließe, wie sich der Mensch bzw. die Menschen begreifen lassen. Zwischen den Kulturen des Westens und Asiens sind die Unterschiede im Verständnis des Menschen beträchtlich. In allen Gesellschaften und Kulturen gibt es Vorstellungen von ei-

95 Wulf 2009, 2010, 2013a.

96 Heidegger 1929, S. 200; vgl. Kap. 1.

97 Wulf 2014, 2010.

nem guten Leben und einer gelingenden Erziehung und Bildung. Manche überschneiden sich, andere haben nur wenige Gemeinsamkeiten.

Im Weiteren wird rekonstruiert, wie sich das Feld der Pädagogischen Anthropologie in Deutschland seit der Mitte des 20. Jahrhunderts entwickelt hat. Dabei lassen sich mehrere Phasen mit unterschiedlichen Schwerpunkten unterscheiden. Zum Verständnis des besonderen Charakters der Pädagogischen Anthropologie in Deutschland ist es erforderlich, sich den Unterschied zum angelsächsischen Gebrauch von „educational anthropology" bzw. „anthropology of education" zu vergegenwärtigen. Wenn von „anthropology of education" die Rede ist, so denkt man im Allgemeinen an Ethnologie bzw. Ethnografie der Erziehung. So wichtig dieser Bereich ist, ihn mit „Anthropologie der Erziehung" bzw. mit „Pädagogischer Anthropologie" gleichzusetzen, bedeutet eine Reduktion auf ein Paradigma Pädagogischer Anthropologie. „Anthropology of education" meint in erster Linie einen methodischen, nämlich den ethnografischen Zugang zur Erforschung des Erziehungsfeldes. In zweiter Linie bezeichnet „anthropology of education" die Erforschung von Erziehungsfeldern und Erziehungshandlungen in einer fremden Kultur. Lange Zeit waren es vor allem nicht-westliche Kulturen, deren Formen der Erziehung erforscht wurden. Dies hat sich insofern geändert, als heute auch die Erforschung der Erziehung in den westlichen Kulturen als „anthropology of education" oder „ethnography of education" bezeichnet wird.[98] Diese Ausrichtung entspricht dem Verständnis von „anthropology" als „cultural" oder „social anthropology".[99] Auch hier wird Anthropologie weitgehend mit Ethnologie gleichgesetzt, so dass die Feldforschung mit ethnographischen Methoden und die Erforschung des Fremden das Zentrum der Anthropologie bzw. der Anthropologie der Erziehung ausmachen.[100]

Durch die Reduktion des Begriffs der Anthropologie und des Begriffs der Anthropologie der Erziehung auf die ethnografische Feldforschung und die Erforschung von Alterität wird zwar eine begriffliche Präzision gewonnen, doch geraten dadurch viele wichtige Dimensionen der Anthropologie und der pädagogischen Anthropologie nicht in den Blick, die in der Pädagogischen Anthropologie ebenfalls Berücksichtigung finden sollten. So wichtig in einem globalisierten Weltsystem die Erforschung des Fremden und des Umgangs mit Alterität ist,[101] hierin die einzige Aufgabe anthropologischer Forschung zu sehen, greift zu kurz. Des Öfteren wird das so auch in der Kulturanthropologie, weniger jedoch in der Anthropologie der Erziehung gesehen. So findet in der Kulturanthropologie seit geraumer Zeit wieder eine Auseinandersetzung mit

98 Anderson-Levitt 2012.
99 Wulf 2013a.
100 Kohl 1993.
101 Wulf 2016.

der „Vierfelder-Anthropologie“ von Franz Boas statt.[102] Diese hatte der aus Deutschland stammende Boas in den USA entwickelt und zur Anthropologie neben der Ethnologie auch die Paläontologie, die Linguistik und die Geschichtswissenschaft gezählt.[103] Im Unterschied zum angloamerikanischen Wissenschaftsraum werden in Deutschland sowohl der Begriff der Anthropologie als auch der der Anthropologie der Erziehung komplexer gefasst.[104] Dies wird auch in Amerika so gesehen, so dass heute in Analogie zu einer nicht analytisch ausgerichteten europäischen „continental philosophy“ auch von einer „continental anthropology“ die Rede ist. Diese ist durch vier Paradigmata und ein integratives fünftes charakterisiert.[105] Hier zeigt sich auch ein ausgeprägtes Interesse an interdisziplinären und transkulturellen Fragestellungen. In der Pädagogischen Anthropologie wird davon ausgegangen, dass Erziehung, Bildung und Sozialisation ohne implizite und explizite Menschenbilder nicht möglich sind und diese daher ein wichtiges pädagogisch-anthropologisches Forschungsfeld bilden.[106]

Die Darstellung, Interpretation und Analyse pädagogischer Anthropologie erfolgt in fünf Abschnitten, in denen deutlich werden soll, warum im Zeitalter der Globalisierung und im Anthropozän ein komplexer Begriff Pädagogischer Anthropologie erforderlich ist: 1) historische Menschenbilder und ihre Auswirkungen auf Erziehung und Bildung; 2) die Herausbildung Pädagogischer Anthropologie als Teil der Erziehungswissenschaft; 3) die Kritik der Pädagogischen Anthropologie; 4) die Wende zur Historisch-Pädagogischen Anthropologie, 5) Perspektiven.

Historische Menschenbilder und ihre Auswirkungen auf die Erziehung

Gegenstand Pädagogischer Anthropologie sind der Mensch und seine Erziehungs-, Bildungs- und Sozialisationsverhältnisse. Diese Verhältnisse werden unter besonderer Berücksichtigung der in ihnen implizit wirkenden Menschenbilder und der diesen zugrundeliegenden kulturellen und gesellschaftlichen Bedingungen untersucht. An zwei historischen Beispielen aus der Antike und der frühen Neuzeit soll gezeigt werden, wie verschiedene Menschenbilder zu unterschiedlichen Vorstellungen von Erziehung, Bildung und Sozialisation führen. In beiden Menschenbildern wird die wechselseitige Bedingtheit zwi-

102 Bunzl 2004; Segal/Yanagisako 2005.

103 Boas 1896.

104 Wulf 2001, 2009, 2010, 2013a; Zirfas 2004; Wulf/Zirfas 2014a.

105 Wulf 2013a.

106 Wulf 2014.

schen kulturellen und gesellschaftlichen Vorstellungen und Vorstellungen von Erziehung, Bildung und Sozialisation deutlich. Zugleich zeigen beide Beispiele, dass die Differenz zwischen zwei Menschenbildern auch zu verschiedenen Konzeptionen, Strategien und Methoden von Erziehung, Bildung und Sozialisation führt.[107]

Schon die Vorsokratiker bestehen im Namen eines prüfenden Denkens auf einem Freiraum des Menschen gegenüber dem Staat und der Überlieferung und stellen die mythischen Weltbilder Homers und Hesiods unter Berufung auf Rationalität, Argumentation und Logik in Frage. Bei Protagoras ist bereits der „Mensch das Maß aller Dinge" geworden. Dadurch hat eine Veränderung im Verständnis des Menschen stattgefunden, bei der davon ausgegangen wird, dass der Mensch sein Leben selbst gestalten könne und müsse. Sokrates geht noch einen Schritt weiter, indem er auch diese menschliche Fähigkeit mithilfe seines skeptischen Denkens in Frage stellt. Er betont die Bedeutung moralisch richtigen Handelns und verweist mithilfe seiner Fragemethodik (Maieutik) auf die Notwendigkeit der Selbstreflexion und die Grenzen des Wissens. Platon sieht in der Vernunft (*nous*) die Fähigkeit des Menschen, das Wahre, Gute und Schöne, die unveränderbaren und jenseitigen „ewigen" Ideen zu begreifen. Ziel ist die Befreiung des Menschen aus dem Dunkel der „Höhle" durch den Aufstieg zur Erkenntnis der Ideen. Dazu entwickelt Platon in seiner *Politeia* (Staat) ein Modell des Menschen, dem auch ein Modell der Gesellschaft und der Erziehung entspricht. Für Platon ist der Mensch durch drei Instanzen charakterisiert, denen die drei Stände des Staates entsprechen. Oberste Instanz ist die Vernunft (*nous*); dann folgen der Wille/Mut (*thymos*) und die Sinnlichkeit/Begierde (*epithymia*). Dieser für das Selbstverständnis des europäischen Menschen so folgenreichen Dreiteilung entsprechen die drei gesellschaftlichen Stände der Philosophen, der Wächter/Krieger und der Bauern/Handwerker. In Übereinstimmung mit diesem anthropologisch-politischen Modell wird auch die Erziehung entworfen. In jedem Stand erhalten die Kinder (Jungen) und Jugendlichen die Erziehung, die sie befähigen soll, später ihre gesellschaftlichen Pflichten zu erfüllen. Gesellschaft und Erziehungssystem werden statisch gedacht; eine Durchlässigkeit zwischen den Ständen mit dem Ziel der Herstellung von Bildungsgerechtigkeit wird nicht angestrebt.[108]

Anders werden Mensch und Erziehung, Kultur und Gesellschaft am Ende des Mittelalters bzw. am Beginn der Neuzeit gesehen. Bestimmend für die Geschichte der Erziehungswissenschaft ist in dieser Zeit des Übergangs das pädagogische Denken Johann Amos Comenius' (vgl. Kap. 1). Einerseits wurzelt es im Mittelalter und in der Reformation, andererseits kündigt sich in ihm die

107 Wulf/Zirfas 2014b.
108 Platon 1958.

Neuzeit an. Diesem Übergangscharakter entsprechen das Menschenbild und die mit seiner Hilfe begründeten Konzepte und Methoden der Erziehung. In seiner *Großen Didaktik* wird die Welt als Schöpfung Gottes gesehen, deren Strukturen es zu verstehen und im Inneren der jungen Menschen abzubilden gilt, wobei dem ersten modernen Lehrbuch, dem *Orbis Pictus*, eine zentrale Aufgabe zukommt.[109] Der Mensch wird gleichzeitig als Geschöpf und Ebenbild Gottes begriffen. In ihrer Kreatürlichkeit sind Mensch und Natur Werke Gottes, über die dieser seine „Hand" hält. Um den Menschen dabei zu unterstützen, seine Gott geschuldete Ebenbildlichkeit zu realisieren, bedarf es der Erziehung. Für Comenius ist sie Dienst an Gott, d.h. „Gottesdienst". Mit der *Großen Didaktik* glaubt Comenius die Strategie gefunden zu haben, „allen Menschen alles vollends" beibringen zu können. Adressaten seiner Bildungsvorstellungen sind alle Menschen, Jungen und Mädchen, Frauen und Männer in Stadt und Land in allen Teilen der Welt. Die Realisierung dieser universellen Bildungsziele, die ihren Ursprung im Protestantismus und in seiner Auffassung von der anthropologischen Notwendigkeit der Erziehung haben, ist bis heute weltweit nicht gelungen. Die Millennium-Entwicklungsziele bzw. die Ziele einer Bildung für nachhaltige Entwicklung der Vereinten Nationen, die im Jahre 2000 bzw. 2015 in New York verabschiedet wurden, erinnern nachhaltig an diese Aufgabe.[110]

Pädagogische Anthropologie als Teil der Erziehungswissenschaft

In der zweiten Hälfte des 20. Jahrhunderts entsteht die Pädagogische Anthropologie als ein Arbeitsfeld der Erziehungswissenschaft. In diesem Prozess lassen sich zwei Phasen unterscheiden. Eine erste Phase umfasst die 50er und 60er Jahre, eine zweite beginnt in den frühen 90er Jahren und reicht bis in die Gegenwart. Zwischen beiden Phasen liegen die Bemühungen um eine kritische Erziehungswissenschaft und die Entwicklung der Erziehungswissenschaft von einer Geisteswissenschaft zu einer Geistes- und einer Sozialwissenschaft, die Einfluss auf die zweite Phase der Pädagogischen Anthropologie haben. Die erste Phase umfasst eine Reihe sehr unterschiedlicher Ansätze, die verschieden systematisiert worden sind.[111] Vieles spricht dafür, in dieser Zeit drei Hauptströmungen zu unterscheiden. Bei der ersten handelt es sich um eine philosophisch ausgerichtete Pädagogische Anthropologie, bei der zweiten um eine phänomenologisch orientierte Pädagogische Anthropologie und bei der dritten um eine integrative Pädagogische Anthropologie. Diese zielte darauf, anthropologi-

109 Comenius 1992, 1960.
110 Vgl. Kap. 12.
111 Wulf/Zirfas 1994.

sches Wissen aus anderen Wissenschaften in die Pädagogische Anthropologie zu integrieren. Die erste und die zweite Strömung hatten auch Einfluss auf die phänomenologisch orientierte Anthropologie. Doch fehlt es bisher an genaueren Untersuchungen dazu.

Philosophische Pädagogische Anthropologie

Wenngleich die Philosophische Pädagogische Anthropologie nicht immer leicht von der phänomenologischen zu unterscheiden ist, zumal in den Arbeiten von Autoren wie Otto Friedrich Bollnow beide Strömungen sich überlappen, hat die Philosophische Pädagogische Anthropologie auch insofern Einfluss auf die sich seit den neunziger Jahren entwickelnde Historisch-Pädagogische Anthropologie, als die philosophische Reflexion auch hier einen wichtigen Teil der anthropologischen Forschung ausmacht. Was ist nun für die Philosophische Anthropologie dieser Jahre charakteristisch? Die meisten ihrer Autoren, zu denen u. a. Otto Friedrich Bollnow (1965), Werner Loch (1963), Johannes Flügge (1963) und Josef Derbolav (1980) gehören, sind von der Philosophischen Anthropologie Max Schelers (1988), Helmuth Plessners (1983) und Arnold Gehlens (1993) beeinflusst. Übereinstimmung besteht bei allen Autoren in der Erkenntnis, dass der Mensch für seine Entwicklung Erziehung benötigt (*homo educandus*) und dass er erziehbar ist (*homo educabilis*). Zur Begründung dieser Tatsache wird z. B. von Arnold Gehlen (1993) und anderen Autoren der Philosophischen Pädagogischen Anthropologie auf biologische und morphologische Forschungen etwa Adolf Portmanns (1956) zurückgegriffen. Diese heben hervor, dass das weitgehend hilflose Neugeborene nur lebensfähig ist, wenn sich andere Menschen seiner annehmen. Wie die Untersuchungen von René Spitz (1996), die Arbeiten über die „wilden“ bzw. isoliert aufgewachsenen Kinder[112] und die Säuglingsforschung[113] nachgewiesen haben, benötigen kleine Kinder nicht nur Ernährung, sondern auch Anerkennung und emotionale Zuwendung und eine darauf basierende Erziehung.[114] Desgleichen hat die evolutionäre Anthropologie nachgewiesen, dass nicht nur Kinder, sondern schon Neugeborene und sehr kleine Kinder in hohem Maße bildbar sind und für ihre Entwicklung entsprechende Anregungen benötigen.[115]

Die Vertreter der Philosophischen Pädagogischen Anthropologie haben diese Angewiesenheit kleiner Kinder auf Zuwendung, die heute durch vielfältige interdisziplinäre empirische Forschungen bestätigt wird, schon früh erkannt

---

112 Itard 1985; Hörisch 1979.

113 Fonagy 2009; Stern 2003.

114 Althans/Schmidt/Wulf 2015.

115 Tomasello 2002.

und ins Zentrum ihrer Aufmerksamkeit gerückt. Zugleich haben sie gesehen, dass das erzieherische Handeln des Erwachsenen ein für den Menschen charakteristisches Handeln ist, das bei nicht-menschlichen Primaten nur in Ansätzen vorkommt. In der Philosophischen Pädagogischen Anthropologie wurde die Frage untersucht, was es für das Verständnis des Menschen bedeutet, dass Erwachsene Kindern etwas zeigen, vormachen, lehren,[116] das dann von den Kindern in unterschiedlicher Weise angeeignet wird. In diesem Verhältnis der Erwachsenen zu den Kindern und der Generationen zueinander wurde die produktive Stelle gesehen, an der Kultur entsteht und sich weiterentwickelt. An dieser verbinden sich Traditionelles und Innovatives in einem komplexen Prozess, dessen Interpretation einen wichtigen Beitrag zur Selbstauslegung und Selbstdefinition des Menschen liefert. Verschiedentlich bemühte man sich auch darum, Ergebnisse aus anthropologischen Forschungen der Einzelwissenschaften auf ein Gesamtverständnis des Menschen zu beziehen. Dies führte z. B. auch zu dem Versuch, Pädagogische Anthropologie zu systematisieren.[117] Einem solchen Bemühen widersprachen bereits die Überlegungen Otto Friedrich Bollnows (1965), nach denen die Frage nach dem Menschen als offene Frage begriffen werden muss. Demnach ist Pädagogische Anthropologie eher eine Betrachtungsweise ohne systematischen Anspruch. Da es heute, zumindest in der westlichen Welt, kaum noch geschlossene, Allgemeingültigkeit beanspruchende Menschenbilder gibt,[118] entsteht daraus eine unerschöpfliche Vielzahl anthropologischer Perspektiven. Daher kann es nicht Aufgabe Pädagogischer Anthropologie sein, eine neue Disziplin zu begründen. Vielmehr gilt es, „eine die gesamte Pädagogik durchziehende Betrachtungsweise" zu entwickeln, „die von sich aus kein Orientierungsschema zu liefern im Stande ist, das die einzelnen pädagogischen Fragen in einer neuen Weise zu einem Ganzen zusammenzufügen erlaubte. Die anthropologische Betrachtungsweise hat als solche keine systembildende Funktion [...]. Was sie herausarbeitet, sind immer nur einzelne Aspekte und sich von bestimmten Aspekten her ergebende anthropologische Zusammenhänge."[119] Diese Überlegungen waren auch für die Weiterentwicklung Pädagogischer Anthropologie wichtig, selbst wenn sie noch nicht ihre eigene Geschichtlichkeit und Kulturalität und den Pluralismus ihrer Denkansätze im Verhältnis von Mensch und Erziehung reflektierte.

116 Prange 2012.
117 Lassahn 1983.
118 Geertz 1992.
119 Bollnow 1965, S. 49ff.

Phänomenologische Pädagogische Anthropologie

Sieht man von Vorformen Pädagogischer Anthropologie ab, zu denen u. a. Herman Nohls *Pädagogische Menschenkunde* von 1929 und Wilhelm Flitners *Allgemeine Pädagogik* von 1933[120] zählen, entwickelt sich eine phänomenologisch orientierte Pädagogische Anthropologie in den fünfziger Jahren u. a. durch Martinus Langevelds Studien zur Anthropologie und Otto Friedrich Bollnows Aufarbeitung existentieller Phänomene wie Ehrfurcht, Stimmung, pädagogische Atmosphäre, Raum und Zeit.[121] Die bildende Wirkung der Atmosphäre in Erziehungsprozessen wird herausgearbeitet. Bollnow untersucht die Bedeutung von Raum und Zeit für pädagogische Situationen. Ziel ist eine Sensibilisierung für deren Wirkungen auf Erziehungs- und Bildungsprozesse. Dabei spielen vorsprachliche leibliche Erfahrungen eine wichtige Rolle. Unter Bezug auf Forschungen von Maurice Merleau-Ponty (1994, 2003), Paul Ricoeur (1990) und Bernhard Waldenfels (1990) wird dreißig Jahre später in der Historisch-Pädagogischen Anthropologie die menschliche Körperlichkeit ebenfalls aufgewertet und als ein Ausgangspunkt von Erziehungs- und Bildungsprozessen und ihrer Erforschung begriffen.[122]

Integrative Pädagogische Anthropologie

Von diesen von der Phänomenologie und der Philosophischen Anthropologie inspirierten Arbeiten grenzen sich in den sechziger Jahren Ansätze ab, die sich um die Integration anthropologischer Forschungen bzw. anthropologisch relevanten Wissens aus einzelnen Disziplinen[123] in die Pädagogik bzw. Erziehungswissenschaft bemühen. Leitende Gedanken dieser Bemühungen sind die Kriterien Bildsamkeit und Bestimmung. Aus der Bildsamkeit des Menschen ergibt sich die Notwendigkeit, diese einschränkend zu bestimmen, d. h. konkret durch pädagogische Entscheidungen und Handlungen zu gestalten. Ziel dieser Ansätze ist es, geistes-, sozial- und naturwissenschaftliches Wissen in Bezug auf Bildsamkeit und Bestimmung auszuwählen und für die praktische pädagogische Arbeit fruchtbar zu machen.[124] Heinrich Roth (1971) versucht dies in seiner zweibändigen *Pädagogischen Anthropologie* dadurch, dass er den Lernbegriff und erfahrungswissenschaftliche Forschungen aus der Psychologie ins Zentrum seines Werkes stellt. Das Kriterium der „Bestimmung" zielt auf Mündigkeit und

---

120 Flitner 1950.

121 Langeveld 1964; Bollnow 1965.

122 Meyer-Drawe 1984, 2008.

123 Gadamer/Vogler 1972-74.

124 Flitner 1963.

Selbstbestimmung, die in der Praxis der Erziehung entwickelt werden sollen. Leitbild ist das „theoretisch konsistente, empirisch abgesicherte und praktisch evaluierte Menschenbild eines reifen und mündigen Menschen, der sich durch die Vollständigkeit seiner körperlichen und seelischen Entwicklungsmöglichkeiten, durch Identität und Selbstreflexivität sowie durch Ausgeglichenheit im Verhältnis zu sich und der Welt auszeichnet."[125] Ein weiteres Beispiel für die Bemühung um die Integration von Wissen aus anderen Disziplinen bieten die Arbeiten Max Liedtkes, der die evolutionstheoretische Perspektive in die Pädagogische Anthropologie einbringt und Humanbiologie und Pädagogik zu verbinden versucht.[126]

Kritik der Pädagogischen Anthropologie

Zweifellos hat die Pädagogische Anthropologie dieser Jahre wichtige Einsichten in die Angewiesenheit des Menschen auf Erziehung und in die Grenzen menschlicher Bildung erarbeitet. Doch ergeben sich von heute aus gesehen vier zentrale Kritikpunkte, deren Berücksichtigung für die Weiterentwicklung Pädagogischer Anthropologie wichtig wurde.

1) In ihrem Interesse an universellen Merkmalen des Menschen mit seiner Angewiesenheit auf Erziehung wird in der Pädagogischen Anthropologie dieser Jahre der eigene historische und kulturelle Charakter übersehen. Auch fehlt es an Einsicht in die Geschichtlichkeit aller konkreten Bildungsprozesse. Unter dem Einfluss der geisteswissenschaftlichen Pädagogik haben die Vertreter der Pädagogischen Anthropologie zwar die allgemeine Bedeutung der historischen Dimension gesehen, doch berücksichtigten sie diese nicht in ihrer Erforschung von Erziehung und Bildung. Damit entgingen ihnen auch Schwierigkeiten, Widerstände und Widersprüche, auf die die pädagogische Arbeit in der Praxis stößt. Es fehlte z. B. weitgehend die Einbeziehung gesellschaftlicher Konflikte in das Selbstverständnis Pädagogischer Anthropologie. Das führte auch dazu, dass Pädagogische Anthropologie im Vergleich zu den gesellschafts- und ideologiekritischen Ansätzen der siebziger Jahre, die sich an der Frankfurter Schule orientierten, an Bedeutung verlor.[127] Aus dieser Kritik entstand später die Einsicht in die doppelte Historizität anthropologischer und pädagogisch-anthropologischer Forschung.

2) In Entsprechung mit der historischen Situation dieser Jahre entwickelten die Vertreter der Pädagogischen Anthropologie auch kein Bewusstsein der

---

125 Wulf 2014, S. 52.

126 Liedtke 1994; Uher 1995; Scheunpflug 2001.

127 Wulf 1977.

kulturellen Bedingtheit ihrer Forschungen. So sahen sie nicht, wie sehr ihre anthropologischen Untersuchungen ihren Ursprung in der deutschen Bildungstheorie und Philosophie hatten. Sie waren auch nicht in der Lage zu erkennen, dass andere kulturelle Traditionen, wie sie z. B. in Frankreich entstanden waren, auch zu anderen anthropologischen Erkenntnissen führten.[128] Sie waren dem kulturellen Charakter ihre Forschungen so verhaftet, dass sie kein Bewusstsein für deren kulturelle Relativität hatten. Dadurch fehlte auch das Interesse an der Erforschung fremder Kulturen und deren Alterität.

3) Viele Vertreter Pädagogischer Anthropologie gingen davon aus, dass sie das in den Humanwissenschaften gewonnene Wissen zu einem für Erziehung und Bildung relevanten Ganzen zusammenfügen könnten. Dem entsprach die relative Homogenität des anthropologischen Wissens dieser Jahre und der mit ihm verbundene Anspruch, allgemeine Aussagen über den Menschen, das Kind und die Erziehung machen zu können. Die Relativierung des wissenschaftlichen Wissens, wie sie im Positivismus- und Hermeneutik-Streit[129] und in den Auseinandersetzungen um die Postmoderne[130] erfolgte, hatte noch nicht stattgefunden. Die Kritik am westlichen, männlich geprägten, bürgerlichen Wissen und die Berücksichtigung des Problems der Repräsentation, wie sie besonders in der Kulturanthropologie erfolgten, standen noch aus (Berg/Fuchs 1993).[131] Auch hatte die Relativierung der „großen Erzählungen" noch nicht stattgefunden,[132] die einen grundsätzlichen Zweifel an der Legitimität universellen Wissens und allgemeingültiger Ziele für die gesellschaftliche und kulturelle Entwicklung bewirkte.[133] Mit anderen Worten: Die Pluralisierung anthropologischen Wissens (die nicht mit Beliebigkeit gleichgesetzt werden darf) hatte noch nicht stattgefunden. In den folgenden Jahrzehnten spielte diese Pluralisierung des Wissens in der Pädagogischen Anthropologie eine wichtige Rolle.[134]

4) In der Pädagogischen Anthropologie dieser Jahre hatte sich noch keine Anthropologiekritik entwickelt, der es in Form einer Selbstkritik gelungen wäre, die Reichweite ihrer Begriffe und Methoden einer Kritik zu unterziehen. Allmählich entstand eine radikale Kritik, die die prinzipiellen Grenzen positiver Anthropologien und die Fruchtbarkeit negativer und dekonstruktiver pädagogischer Anthropologien betonte.[135]

---

128 Beillerot/Wulf 2003.

129 Adorno u. a. 1978; Gadamer/Böhm 1976.

130 Welsch 2005.

131 Berg/Fuchs 1993.

132 Lyotard 2012.

133 Brown 1991.

134 Featherstone 1995.

135 Wimmer 2006.

Die Wende zur Historisch-Pädagogischen Anthropologie

Die wichtigen Anstöße zur Veränderung Pädagogischer Anthropologie erfolgten Mitte der neunziger Jahre.[136] In personeller und konzeptueller Hinsicht wurde sie von den Mitgliedern des Interdisziplinären Zentrums für Historische Anthropologie an der Freien Universität Berlin angeregt.[137] In diesen Jahren entstanden an zahlreichen Universitäten in Deutschland, beeinflusst von den Forschungen im Kontext der „École des Annales",[138] umfangreiche Forschungen zur Historischen Anthropologie. Mit der Konzentration auf anthropologische Fragen wurden sowohl die gesellschaftlichen Strukturen sozialer Wirklichkeit als auch die subjektiven Momente des Handelns sozialer Subjekte thematisiert; dadurch wurden elementare menschliche Verhaltensweisen und Grundsituationen zum Gegenstand der Forschung. Wie in Frankreich wurden sie auch in Deutschland vorwiegend von Historikern aufgegriffen, die an den neuen Fragestellungen, Themen und Gegenständen dieses Paradigmas interessiert waren.[139] Mit diesen Untersuchungen hatten die Forschungen des Berliner Interdisziplinären Zentrums für Historische Anthropologie manches gemeinsam, doch anderes unterschied sie erheblich. Die Berliner Wissenschaftler kamen nicht aus der Geschichtswissenschaft und legten ihren Arbeiten einen weiter gefassten Begriff Historischer Anthropologie zugrunde, in dessen Mittelpunkt die Erforschung des (historischen) Verständnisses der Gegenwart mithilfe historisch-anthropologischer Untersuchungen stand. Zu diesen Wissenschaftlern gehörten die an anthropologischen Fragen interessierten Dietmar Kamper (Soziologie) und Christoph Wulf sowie Dieter Lenzen (1985, 1989, 1991), Konrad Wünsche (2007) (Erziehungswissenschaft) und Gunter Gebauer[140] aus der Philosophie und Gert Mattenklott (1982) aus der Vergleichenden Literaturwissenschaft. Die Bemühungen, eine historisch-pädagogische Anthropologie zu entwickeln, wurden in der Erziehungswissenschaft von Klaus Mollenhauer (1983, 1986, 1996) und Eckart Liebau unterstützt, zu denen bald Johannes Bilstein, Jörg Zirfas, Meike Sophia Baader, Ursula Stenger, Michael Göhlich, Helga Peskoller, Benjamin Jörissen, Birgit Althans, Sabine Seichter, Gabriele Sorgo, Kerstin Westphal, Ruprecht Mattig und Doris-Schumacher-Chilla sowie eine Reihe weiterer, zum Teil jüngerer Kolleginnen und Kollegen hinzukamen.[141]

---

136 Mollenhauer/Wulf 1996; Wulf 1996; Liebau/Wulf 1996.

137 Gebauer u. a. 1989; Wulf/Kamper 2002.

138 Burke 1991.

139 Dinzelbacher 1993; Nitschke 1994; Dressel 1996; van Dülmen 2000; Reinhard 2004.

140 Gebauer/Wulf 1992, 1998.

141 Wulf/Zirfas 2014a, b.

Da die Forschungen zur Historischen Anthropologie einen zentralen Einfluss auf die Konzeptualisierung der Historisch-Pädagogischen Anthropologie hatten, sei hier die weithin akzeptierte Definition Historischer Anthropologie zitiert, wie sie sich seit 1992 auf dem Einband der Zeitschrift *Paragrana* findet: „‚Historische Anthropologie' wird hier als Bezeichnung für vielfältige transdisziplinäre Bemühungen verwendet, die nach dem ‚Tode des Menschen', d.h. nach dem Ende der Verbindlichkeit einer abstrakten anthropologischen Norm, weiterhin Phänomene und Strukturen des Menschlichen erforschen. Historische Anthropologie steht so in der Spannung zwischen Geschichte und Humanwissenschaften. Aber sie erschöpft sich weder in einer Geschichte der Anthropologie als Disziplin noch im Beitrag der Geschichte als Disziplin zur Anthropologie. Sie versucht vielmehr, die Geschichtlichkeit der Perspektiven und Methoden und die Geschichtlichkeit ihres Gegenstandes aufeinander zu beziehen. Historische Anthropologie kann daher die Ergebnisse der Humanwissenschaften, aber auch diejenigen einer geschichtsphilosophisch fundierten Anthropologie-Kritik zusammenfassen und für neuartige, paradigmatische Fragestellungen fruchtbar machen. Im Kern ihrer Bemühungen herrscht eine Unruhe des Denkens, die nicht stillgestellt werden kann. Historische Anthropologie ist weder auf bestimmte kulturelle Räume noch auf einzelne Epochen beschränkt. In der Reflexion ihrer eigenen Geschichtlichkeit vermag sie sowohl den Eurozentrismus der Humanwissenschaften als auch das lediglich antiquarische Interesse an Geschichte hinter sich zu lassen und offenen Problemen der Gegenwart wie der Zukunft den Vorzug zu geben."[142]

Als sich in der Mitte der neunziger Jahre die Historisch-Pädagogische Anthropologie konstituierte, hatte das Berliner Institut bereits mehr als ein Jahrzehnt geforscht und eine Reihe von Sammelbänden unter dem Rahmenthema „Logik und Leidenschaft" erarbeitet.[143] In inhaltlicher Hinsicht reichte das Spektrum von Forschungen zum Körper wie *Die Wiederkehr des Körpers*[144] und *Das Schwinden der Sinne*[145] über Untersuchungen zum *Schein des Schönen*[146] und zum *Schicksal der Liebe*[147] bis zu Studien über *Lachen, Lächeln und Geläch-*

142 Paragrana. Internationale Zeitschrift für Historische Anthropologie, zunächst hg. von Carsten Colpe, Gunter Gebauer, Dietmar Kamper, Dieter Lenzen, Gerd Mattenklott, Alexander. Schuller, Jürgen Trabant, Konrad Wünsche und Christoph Wulf (Geschäftsführung); später: Claudia Benthien, Christiane Brosius, Almut-Barbara Renger, Ludger Schwarte, Holger Schulze, Matthias Warstat, Jörg Zirfas und Christoph Wulf (editor in chief).

143 Wulf/Kamper 2002.

144 Kamper/Wulf 1982.

145 Kamper/Wulf 1984.

146 Kamper/Wulf 1989.

147 Kamper/Wulf 1988b.

ter,[148] das *Heilige*,[149] zur *Erloschenen Seele*,[150] über die *Sterbende Zeit*[151] und das *Schweigen*[152] sowie die Situation der Anthropologie nach dem Ende der Verbindlichkeit normativer Anthropologien.[153] Zu einem großen Teil waren diese Untersuchungen transdisziplinär und transkulturell innerhalb Europas angelegt. Sie versammelten mehr als 200 Wissenschaftler aus mehr als 10 Ländern und mehr als 20 Disziplinen. Viele dieser Untersuchungen spiegelten die Fragmentierung des humanwissenschaftlichen Wissens und den bewussten Verzicht auf widerspruchsfreie Allgemeingültigkeit beanspruchende Interpretationen. Ein Ziel dieser Forschungen war es, die Vielschichtigkeit und prinzipielle Unergründbarkeit vieler anthropologischer Phänomene bewusst zu machen.[154] In diesen Untersuchungen kristallisierte sich der Körper als ein Schwerpunkt der Forschung heraus. In der Folge bildete er auch einen Schwerpunkt in der Historisch-Pädagogischen Anthropologie und darüber hinaus in den sich entwickelnden Kulturwissenschaften.[155]

In der Historisch-Pädagogischen Anthropologie ging es nicht darum, wie in einer Wissenschaftsdisziplin einen bestimmten Bereich der Forschung abzustecken und für diesen eine ausschließliche Zuständigkeit zu beanspruchen. Ziel war es vielmehr, bei der Untersuchung der anthropologischen Themen und Zusammenhänge unter bewusstem Verzicht auf eine Systematik eine bestimmte Betrachtungsweise zu entwickeln.[156] Es gibt viele Themen Historisch-Pädagogischer Anthropologie, die sowohl in anthropologischer als auch in pädagogischer Hinsicht wichtig sind und daher bearbeitet wurden. Das gilt z. B. für Fragen des Körpers und der Natur,[157] der Wahrnehmung und der Ästhetik[158] und für Themen mit Bedeutung für Bildungsprozesse, wie Geburt,[159] Generation,[160] Formen des Religiösen,[161] Arbeit und Bildung,[162] Spiel,[163] Gedächtnis,[164] Liebe

---

148 Kamper/Wulf 1986.
149 Kamper/Wulf 1997.
150 Kamper/Wulf 1988a.
151 Kamper/Wulf 1987.
152 Kamper/Wulf 1992.
153 Kamper/Wulf 1994.
154 Wulf 2013b.
155 Benthien/Wulf 2001; Wulf/Fischer-Lichte 2010; Zeitschrift für Erziehungswissenschaft 2004, 2012, 2013.
156 Bollnow 1980.
157 Bilstein/Brumlik 2013; Liebau/Peskoller/Wulf 2001.
158 Mollenhauer/Wulf 1996; Schäfer/Wulf 1999; Bilstein 2011.
159 Wulf/Hänsch/Brumlik 2008; Wulf et al. 2008.
160 Liebau/Wulf 1996.
161 Wulf/Macha/Liebau 2004.
162 Lüth/Wulf 1997.
163 Bilstein/Winzen/Wulf 2005.
164 Sting/Dieckmann/Zirfas 1998.

als Grundbedingung pädagogischen Handelns,[165] Raum und Zeit in Bildungsprozessen,[166] Pädagogische Institutionen,[167] Erfahrung,[168] Freundschaft,[169] Gender[170] und Nahrung.[171] Alle Untersuchungen sind kollektive Studien, die mehrheitlich von den Mitgliedern der Kommission Pädagogische Anthropologie der Deutschen Gesellschaft für Erziehungswissenschaft auf ihren jährlichen Treffen erarbeitet wurden.

Neben diesen kontinuierlichen Forschungen gibt es im Umkreis der Allgemeinen Pädagogik eine Reihe von Untersuchungen, die dem Bereich der Historisch-Pädagogischen Anthropologie zuzuordnen sind. Hier ist vor allem die im Sonderforschungsbereich „Kulturen des Performativen" entstandene, mehrfach evaluierte langjährige „Berliner Ritual- und Gestenstudie" zu nennen. Für die Pädagogische Anthropologie in Deutschland kommt ihr besonders deshalb Bedeutung zu, weil sie eine ethnografische Studie ist, die viele Berührungspunkte mit Vorstellungen von Anthropologie als Ethnografie aufweist, wie sie im angloamerikanischen Bereich bestimmend sind.[172] In dieser Untersuchung wird auch deutlich, worin sich diese von der Deutschen Forschungsgemeinschaft finanzierte Grundlagenforschung von den vielen Ritualstudien unterscheidet, die z. B. im Rahmen des „Council of Education" der American Anthropological Association vorgestellt, diskutiert und publiziert werden. Die Berliner Gruppe fokussierte Rituale und Gesten in den vier Sozialisationsbereichen „Familie", „Schule", „Peerkultur" und „Medien". Die Untersuchung fand in einer innerstädtischen Berliner Grundschule und deren Umfeld statt.[173] Sie erfolgte unter Verwendung von Methoden und Verfahren der Ethnografie[174] bzw. qualitativen Forschung,[175] unter denen die von Ralf Bohnsack entwickelte dokumentarische Methode eine wichtige Rolle spielte.[176] Die Studie hat Schwerpunkte gesetzt, die sich mit folgenden Begriffen kennzeichnen lassen: das Soziale als Ritual, Bildung und Ritual, Lernumbrüche sowie Gesten in Ritualen.[177] Ausgangspunkt für diese Forschungen waren drei Anliegen, die den Referenzrahmen der Untersuchungen bildeten. Einmal galt es, eine historische Neubewertung von Ri-

165 Bilstein/Uhle 2007.
166 Bilstein/Miller-Kipp/Wulf 1999; Liebau/Miller-Kipp/Wulf 1999.
167 Liebau/Schumacher-Chilla/Wulf 2001; Göhlich 2001.
168 Bilstein/Peskoller 2013.
169 Baader/Bilstein/Wulf 2008.
170 Baader/Bilstein/Tholen 2012.
171 Althans/Bilstein 2015; Althans/Schmidt/Wulf 2015; Seichter 2012.
172 Wulf/Zirfas 2004a.
173 Wulf 2008.
174 Geertz 1987.
175 Friebertshäuser/Prengel 2013.
176 Bohnsack 1999, 2009.
177 Wulf/Althans u. a. 2001, 2004, 2007, 2011.

tualen zu erarbeiten (1). Sodann wurde die Bedeutung der Performativität für Erziehungs-, Bildungs- und Sozialisationsprozesse erforscht (2). Schließlich wurden Beiträge zur Entwicklung pädagogischer Theorien des Lernens entwickelt (3).

Ritual

Durch den Missbrauch von Ritualen zur Gleichschaltung der Menschen im Nationalsozialismus und durch die Rebellion der Studentenbewegung gegen viele zu Stereotypen gewordene Rituale wurden Rituale als Gefährdungen von Spontaneität und Subjektivität zu Recht kritisch gesehen. Durch die umfangreiche Literatur in der Kulturanthropologie, in der Rituale als „Fenster in eine Kultur" begriffen werden, wurde jedoch deutlich, dass die aus den genannten historischen Gründen ausgeprägte Ritualkritik dazu geführt hatte, die zentrale Bedeutung von Ritualen für die Konstitution, Kohärenz und Kontinuität des Sozialen und von Gemeinschaften zu übersehen.[178] Ohne die Ergebnisse der ethnografischen Forschung im Sinne dieses Ziels zu funktionalisieren, verdeutlichten die detaillierten Beschreibungen und Analysen der Rituale deren außerordentliche Bedeutung für Erziehung, Bildung und Sozialisation.[179]

Performativität

Angeregt durch die umfangreichen Diskussionen über die Bedeutung des Performativen[180] wurde die Performativität von Ritualen und Gesten in Erziehung, Bildung und Sozialisation fokussiert. Es wurde deutlich, wie wichtig die Inszenierung und Aufführung pädagogischer Praktiken für deren Wirkung ist. Nicht nur die Intentionalität pädagogischer Handlungen, sondern auch das *Wie* ihrer Realisierung ist für ihre Wirkungen von zentraler Bedeutung.[181] In diesen Prozessen spielt die Körperlichkeit der Handlungen und die Art und Weise ihrer Arrangements eine wichtige Rolle.[182] Untersucht wurde, wie viel Raum und Zeit z. B. im Unterricht für den Ausdruck und die Gestaltung des Sozialen eingeräumt wird, welche Möglichkeiten Kinder haben, sinnliche Erfahrungen zu machen und ihre Emotionen auszudrücken und wie sich in den Gesten des

---

178 Wulf/Zirfas 2004a, b.

179 Wulf/Althans u. a. 2001, 2004, 2007, 2011.

180 Paragrana 2001, 2004.

181 Kraus/Budde/Hietzge/Wulf 2017.

182 Wulf 2005; Wulf/Göhlich/Zirfas 2001; Wulf/Zirfas 2007.

alltäglichen Schullebens Anerkennung und Wertschätzung oder Ablehnung ausdrücken.[183]

Lernen

Wiederholt konnte nachgewiesen werden, welche Bedeutung Rituale und Ritualisierungen für das Lernen von Kindern und Jugendlichen in Sozialisationsprozessen haben. Dabei zeigte sich, dass in der untersuchten Grundschule Lernen nicht auf Leistung und testbares Wissen reduziert wurde. Vielmehr versuchten die Lehrerinnen und Lehrer ihrer Arbeit einen umfassenden Lern- und Bildungsbegriff zugrunde zu legen. Für diesen waren vier Lernfelder wichtig: Arbeit, Gespräch, Spiel und Feier. Über Teilnehmende Beobachtung und Videogestützte Teilnehmende Beobachtung ließ sich zeigen, wie mithilfe von Ritualen versucht wurde, Lernprozesse zu inszenieren, die anderenorts als „Lernen lernen", „Zusammenleben lernen", „Sein lernen" beschrieben werden.[184]

Im Unterschied zu den ethnografischen Forschungen in „fremden" Ländern, über die häufig im Rahmen des „Council of Education" der AAA berichtet wird und die von Zeit zu Zeit auch in der Ethnologie in Deutschland durchgeführt werden, fehlen im Rahmen der Pädagogischen Anthropologie Forschungen in „fremden" Ländern bislang weitgehend.[185] Eine Ausnahme bilden die ethnografischen Untersuchungen zum „Glück der Familie", die im Rahmen von zwei Exzellenz-Clustern an den Universitäten in Kyoto und Berlin (FU) durchgeführt wurden. In dieser Studie lag das Forschungsinteresse nicht auf der Frage, was Familienglück in Deutschland bzw. in Japan bedeutet und wie es sich kulturell unterscheidet. Vielmehr galt es zu untersuchen, *wie* die Mitglieder einer Familie ihr Wohlbefinden und ihr Glück herstellen und welche Gemeinsamkeiten und Unterschiede sich dabei feststellen lassen.[186] In drei jeweils aus Deutschen und Japanern zusammengesetzten Forschungsteams wurde untersucht, wie die Familienmitglieder ihr jeweils wichtigstes Familienfest bzw. Familienritual gestalten. Dabei handelte es sich in Deutschland um das Weihnachts-, in Japan um das Neujahrsfest. Ohne hier auf die methodischen Schwierigkeiten dieser Untersuchung eingehen zu können, sei auf das Besondere der Studie hingewiesen. Es bestand darin, auf der Grundlage einer detaillierten ethnografischen Erforschung der Festrituale in sechs Familien fünf transkulturelle Dimensionen zu identifizieren und zu erforschen, durch deren Gestaltung trotz aller Unterschiedlichkeit in jeder Familie eine Atmosphäre

183 Wulf/Bittner/Clemens/Kellermann 2012.
184 Delors 1996; Göhlich/Wulf/Zirfas 2014.
185 Funk et al. 2013.
186 Wulf/Suzuki/Zirfas et al. 2011.

familiären Wohlbefindens bzw. Glücks geschaffen wurde. Im Einzelnen handelt es sich um religiöse Praktiken, gemeinsame Mahlzeiten, den Austausch von Geschenken, Familien-Identität erzeugende Narrationen und offene, nicht vorstrukturierte Zeiträume (in denen auch Konflikte auftreten können).

Perspektiven

Nicht nur in der Pädagogischen Anthropologie der fünfziger und sechziger, auch in der Historisch-Pädagogischen Anthropologie der Jahrhundertwende bedarf es der Selbstreflexion und Kritik sowie der Entfaltung von Perspektiven, die zur Weiterentwicklung der Pädagogischen Anthropologie beitragen können.

Erweiterung der Methodenvielfalt

In der Pädagogischen Anthropologie wurde bislang weitgehend mit hermeneutischen Methoden geforscht. Dies gilt für ihre historischen und theoretischen Beiträge, in deren Mittelpunkt oft Fragen der Bedeutung anthropologischer Phänomene und Zusammenhänge stehen. Die hierbei zugrundeliegenden Materialien wurden interpretiert und für die Konstruktion von Sinnzusammenhängen und Bedeutungen verwendet.[187] Auch in der ethnografischen Forschung wurde vor allem mit hermeneutischen Verfahren gearbeitet. Das gilt für die Teilnehmende Beobachtung und die Videogestützte Teilnehmende Beobachtung, in denen auch die Sicht und Deutung von nicht direkt am sozialen Geschehen bzw. pädagogischen Handeln beteiligten Forschern oder Forscherinnen zum Ausdruck kommt. Ebenso trifft dies auch auf die narrativen Interviews und die Gruppendiskussionen und ihre Interpretation zu. Wie schwierig es ist, diese Informationen unterschiedlicher Qualität durch Triangulation zu validieren, ist hinlänglich bekannt.[188] Auch besteht sowohl in den historischen als auch in ethnografischen Beiträgen ein Defizit darin, dass hier quantitative Untersuchungen weitgehend fehlen, von denen prinzipiell ebenfalls ein Beitrag zur historischen bzw. historisch-kulturellen Pädagogischen Anthropologie zu erwarten ist.

---

187 Rathmayr 2013.

188 Flick 2004; Flick/Kardorff/Steinke 2000; Wulf/Zirfas 2005; Bohnsack/Przyborski/Schäffer 2006; Friebertshäuser/Prengel 2013; Tervooren et al. 2014.

Inter- bzw. Transdisziplinarität

Trotz der Einsicht in die Notwendigkeit interdisziplinärer bzw. transdisziplinärer Forschung im Rahmen Pädagogischer Anthropologie und trotz der wiederholt erfolgreichen Realisierung dieses Anspruchs ist eine weitere Intensivierung der interdisziplinären Ausrichtung der pädagogisch-anthropologischen Forschung erforderlich. Zurzeit wird diese vor allem durch die Rezeption wichtiger Beiträge aus unterschiedlichen Disziplinen realisiert.[189] Das dabei entwickelte Spektrum ist groß. Es reicht von der Evolutionären Anthropologie und den Neurowissenschaften über Geschichtswissenschaft und Ethnologie bis zu Soziologie und Psychologie, Literatur-, Sprach- und Bildwissenschaften sowie Theologie und Philosophie – um nur einige Disziplinen zu nennen. Zu selten gelingt es jedoch, eine mittelfristige oder gar langfristige Kooperation mit Vertretern anderer Disziplinen zu etablieren. Für diese fehlt es an den institutionellen und finanziellen Voraussetzungen, wie sie z. B. in den von der DFG geförderten Forschergruppen, Sonderforschungsbereichen und Exzellenzcentern gegeben sind.

Inter- bzw. Transkulturalität

Mit der fortschreitenden Europäisierung und Globalisierung[190] entsteht auch der Anspruch auf eine Ausweitung der inter- bzw. transkulturellen pädagogisch-anthropologischen Forschung.[191] Hierzu hat es immer wieder Bemühungen gegeben, die weiter intensiviert werden müssen. Diese Dimension ist in der Pädagogischen Anthropologie auch insofern wichtig, als die Dominanz angloamerikanischer Wissenschaftsdiskurse die Gefahr mit sich bringt, Deutsch als Wissenschaftssprache international bedeutungslos werden zu lassen. Besonders in den Kulturwissenschaften brächte eine solche Entwicklung einen nicht akzeptablen Verlust an Vielfalt und Komplexität mit sich.[192] In der Kooperation zwischen Vertretern kulturell unterschiedlicher Perspektiven wird im Bereich der Pädagogischen Anthropologie der kulturellen Diversität Ausdruck verliehen, die u. a. für die Bildung kultureller Identität von zentraler Bedeutung ist. Zur Entwicklung inter- bzw. transkultureller Kooperation bedarf es der Intensivierung der Kooperation mit Kollegen aus anderen Kulturen oder auch mit Kollegen in Deutschland, die auf andere Kulturen spezialisiert sind.[193]

---

189 Zeitschrift für Erziehungswissenschaft 2006.
190 Appadurai 1996; Giddens 1990.
191 Wulf 2016, 2006a; Wulf/Merkel 2002; Göhlich et al. 2006.
192 Trabant 2014; Wulf 2013a.
193 Michaels/Wulf 2011, 2012, 2014; Wulf/Weigand 2011.

Kulturelle Bildung als Forschungsschwerpunkt

In der Pädagogischen Anthropologie der Jahrhundertwende hatte die „Berliner Ritual- und Gestenstudie" einen langfristigen Forschungs- und Fokussierungspunkt gebildet, der für die Entwicklung des Forschungspotentials in diesem Bereich von erheblicher Bedeutung war. Aufgrund der zentralen Rolle des Körpers, der Sinne und der Ästhetik im Rahmen der pädagogisch-anthropologischen Forschungen der letzten Jahrzehnte haben sich einige ihrer Vertreter in den letzten Jahren intensiv um die Entwicklung kultureller Bildung und ihrer Erforschung bemüht, u. a. Eckart Liebau, Johannes Bilstein, Jörg Zirfas, Christoph Wulf,[194] Doris Schumacher-Chilla (1995), Kristin Westphal (2004), Ursula Stenger (2002), Maike Sophia Baader (1996). Von den in diesem Zusammenhang entstandenen zahlreichen Publikationen sei hier in exemplarischer Absicht lediglich die vierbändige *Geschichte der Ästhetischen Bildung* erwähnt, die seit 2011 auf Initiative von Jörg Zirfas, Leopold Klepacki und Diana Lohwasser erscheint.[195] Es ist damit zu rechnen, dass der auch im Rahmen der UNESCO geförderte Schwerpunkt „kulturelle Bildung" in der nächsten Zeit zu einem pädagogisch-anthropologischen Forschungsschwerpunkt der Historisch-Pädagogischen Anthropologie wird.

Während in der Pädagogischen Anthropologie in den fünfziger und sechziger Jahren des 20. Jahrhunderts trotz unterschiedlicher Richtungen die Frage nach *dem* Kind und *der* Erziehung dominierte, gewann mit der Wendung zur Historisch-Pädagogischen Anthropologie das Interesse an der Geschichtlichkeit und der Kulturalität von Erziehung, Bildung und Sozialisation an Bedeutung.[196] Dies führte zu einer erheblichen Erweiterung des Spektrums der behandelten Themen. Das Interesse an praktischen Problemen der Erziehung und Bildung gewann an Bedeutung, zu deren Bearbeitung vielfältige sprachliche und bildliche Quellen verwendet wurden. Am Beispiel des familiären Wohlbefindens und Glücks in Japan und Deutschland wurde verdeutlicht, dass die Spannung zwischen ethnografisch gewonnenem Wissen und dessen Deutung im Rahmen transkultureller Dimensionen nicht aufhebbar ist.[197] In letzter Konsequenz führt diese nicht auflösbare Spannung dazu, auch den enigmatischen Charakter des Menschen und seiner Bildung wahrzunehmen und sich bewusst zu werden, dass der Mensch als *homo absconditus* sich selbst nicht uneingeschränkt erkennbar ist.[198]

194 Wulf/Kamper/Gumbrecht 1994.
195 Zirfas u.a. 2016.
196 Blaschke-Nacak/Stenger/Zirfas 2018.
197 Vgl. dazu auch Antweiler 2011.
198 Wimmer 2009; Wulf 2013b.

Pädagogische Anthropologie hat kein fest abgegrenztes Forschungsfeld; sie impliziert eher eine anthropologische Betrachtung pädagogischer Phänomene und Probleme. Dabei reicht das Spektrum von der Grundlagenforschung bis hin zur detaillierten Untersuchung pädagogischer Praktiken, z. B. mit ethnografischen Methoden. Wichtig ist dabei ein Bewusstsein für die doppelte Historizität und Kulturalität, die einerseits durch die Gegenstände und andererseits durch die Forscher gegeben sind, und ein radikaler Pluralismus, dessen Grenzen in normativer Hinsicht durch die Menschenrechte bestimmt werden, sowie die Berücksichtigung transdisziplinärer und transkultureller Perspektiven. In der epistemologischen Einstellung pädagogischer Anthropologie bedarf es der Selbstreflexion und Selbstkritik sowie der Einsicht in die sich immer wieder neu konstituierende Unergründbarkeit des Menschen.

Teil II Formen anthropologischen Wissens

Ging es bisher darum, an ausgewählten Beispielen aus der deutschen bzw. europäischen Geschichte die Entwicklung zentraler anthropologischer Dimensionen des pädagogischen Denkens seit dem Beginn der Neuzeit zu rekonstruieren, so werden im Weiteren Aspekte von Erziehung und Bildung untersucht, die die wachsende Bedeutung einer anthropologischen Betrachtungsweise verdeutlichen. Mit Comenius begann das neuzeitliche pädagogische Denken, dessen Ziel, allen Menschen eine gute Bildung zu vermitteln, bis heute in der Weltgesellschaft gültig ist. So wird mit dem UNESCO Aktionsprogramm 2030 eine *inklusive, gerechte, und hochwertige lebenslange Bildung* für alle Menschen angestrebt. Möglich wird diese Bildung mit der Entwicklung des pädagogischen Diskurses der Moderne und der mit ihm verbundenen Fokussierung des Individuums als Adressaten von Erziehung und Bildung. Humboldts und Schleiermachers Einsicht in den historischen und kulturellen Charakter von Bildung ist besonders wichtig. Sie bereitet die Erkenntnis der Bedeutung der anthropologischen Dimensionen von Erziehung und Bildung vor, die angesichts der Entwicklungen der Weltgesellschaft von globaler Relevanz ist. Im Weiteren wird an vier Beispielen gezeigt, wie notwendig anthropologisches Wissen für das Verständnis von Sozialisation, Erziehung und Bildung in der globalisierten Welt ist.

Im unmittelbar anschließenden Kapitel wird die für die Pädagogik wichtige Frage nach der Bedeutung der Wiederholung untersucht. Es wird gezeigt, dass menschliche Bildung auf vielfältige Formen der Wiederholung angewiesen ist. Zur Inkorporierung von Wissen und zur Verfügung darüber ist Wiederholung erforderlich. Wiederholung führt nicht zur Herstellung einer Kopie; jede Wiederholung ist auch eine Neuschöpfung. Daher spielt das Verhältnis zwischen den verschiedenen Formen der Wiederholung, also die Differenz zwischen den Wiederholungen, eine zentrale Rolle. Wiederholungen sind mimetische Handlungen, bei denen das Wiederholte dem ähnlich ist, das wiederholt wird. Die Beziehung zwischen dem Bezugspunkt der Wiederholung und dem Akt der Wiederholung ist mimetisch. In der Wiederholung wird ein Abdruck von dem genommen, das wiederholt wird. Dieser mimetische Prozess wird durch die Imagination ermöglicht, die die Verbindung zwischen dem Bezugspunkt der Wiederholung und dem Akt der Wiederholung herstellt. Für das Lernen von Kindern und Jugendlichen sind rituelle Wiederholungen besonders wichtig. Mithilfe der Imagination nehmen sie Bezug auf vergangene rituelle Arrangements, führen sie jedoch in einer Form von „reenactment" wieder auf und bieten damit die Grundlage für weitere Wiederholungen in der Zukunft. Mithilfe ritueller Wiederholungen werden Übergänge gestaltet, entstehen Gefühle der Zusammengehörigkeit und werden Gemeinschaften gebildet.

Im anschließenden Kapitel wird untersucht, wie sich mithilfe der Imagination in einem mimetischen Akt der Wiederholung die Aneignung von etwas vollzieht. Die Imagination ermöglicht es dem Menschen, die Außenwelt in das Imaginäre seiner Innenwelt zu transformieren und Vorstellungen aus seinem Imaginären zur Gestaltung der Außenwelt zu verwenden. Während die Entwicklung der Sprachfähigkeit in Erziehung und Bildung große Aufmerksamkeit findet, wird die Bedeutung der für die Bildung des Menschen nicht weniger wichtigen Imagination unterschätzt. Dabei spielt die Imagination in Prozessen der Wahrnehmung, der Vergegenwärtigung vergangener und der Projektion zukünftiger Handlungen und Ereignisse eine zentrale Rolle. Für die Inszenierung und Aufführung performativen Verhaltens und für die Entwicklung des individuellen und kollektiven Imaginären ist die Imagination von konstitutiver Bedeutung.[199] Sie macht es möglich, getrennte Räume und Zeiten zu überschreiten und ferne Geschehen und Ereignisse neu zu konfigurieren. Sie ist nicht weniger performativ als Sprache und konstituiert das Subjekt durch die Singularität ihrer Bezugnahmen. Auch in der digitalen Welt spielt die Imagination für die subjektive und kollektive Verarbeitung der Bilder und Zeichen, Wörter und Klänge eine wichtige Rolle. Daher wird im folgenden Kapitel eine anthropologische Perspektive auf die Medien, insbesondere die digitalen Medien entwickelt, die in der Sozialisation junger Menschen heute eine wesentliche Rolle spielen und aus ihrem Lebensalltag nicht weggedacht werden können. Kinder und Jugendliche leben als *digital natives* online und sind kontinuierlich „*pready*", d.h. elektronisch erreichbar. Die digitalen Medien führen zu einer Ausweitung des Körpers und zu einer „digitalen Identität". Die Jugendlichen werden zu „digital makers" und entwickeln als „digital producer" Zwischenräume zwischen Nutzern und Gestaltern der neuen Medien. Welche Wirkungen diese Situation auf Erziehungs- und Bildungsprozesse hat, ist nur schwer abzuschätzen, verändern die digitalen Medien das Verhältnis der Menschen zur Welt doch bis in die Tiefenstrukturen hinein.

Wiederholungen, mimetische und rituelle Prozesse sowie Prozesse der Imagination stoßen auf die Grenzen sprachlich fassbaren Wissens. Sie verweisen auf körperbasiertes praktisches und halbbewusstes Wissen, dessen Bedeutung wegen seines unzugänglichen Charakters in Erziehungs-, Bildungs- und Sozialisationsprozessen unterschätzt wird und das im letzten Kapitel dieses Teils untersucht wird. Es ist ein implizites stilles schweigendes Wissen, das in Körper-

199 Durand 1961; Menke 2017.

prozessen angeeignet wird. Zu diesem Wissen gehören auch Teile der Aneignung der Ikonizität von Bildern, der Performativität des Handelns und der Materialität der Dinge. Der Begriff des „schweigenden Wissens“ verweist auf den Körper als lernenden, der sich die Welt mit seinen Sinnen erschließt. Viele dieser Aneignungsprozesse vollziehen sich außerhalb des Bewusstseins. Dennoch sind sie für Erziehungs- und Bildungsprozesse von zentraler Bedeutung und erfordern Sensibilität für ihre Dynamik.

5 Wiederholung als *conditio humana*

In vielen Kulturen begegnet man dem Mythos der ewigen Wiederkehr.[200] Schon bei den Pythagoräern im 4. Jahrhundert vor Christus findet sich dieser Gedanke. Im 19. Jahrhundert sind es vor allem Søren Kierkegaard und Friedrich Nietzsche und im 20. Jahrhundert Gilles Deleuze, die Wiederholung in der Philosophie zum Thema machen. Kierkegaard greift auf die Anamnesis-Lehre der Antike zurück, in der Wissen gleich Erinnerung ist und Prozesse des Lernens und Erkennens Prozesse des Sich-Erinnerns bzw. Wiederholens sind. Wenn Kierkegaard von Wiederholung spricht, denkt er weniger an den zyklischen Charakter der Natur oder an Wiederholungen des alltäglichen Lebens. Er sieht Wiederholung mit dem Leben der Individuen und ihren Handlungen verwoben. Der Realisierung einer Wiederholung liegt ein Entschluss zugrunde, etwas wiederholen zu wollen. In dieser Möglichkeit, eine Entscheidung für oder gegen eine Wiederholung fällen zu können, drückt sich die Freiheit des Menschen aus. Dabei lassen sich zwei Aspekte unterscheiden. Beim ersten Aspekt holt das Individuum etwas Vergangenes durch die Wiederholung in die Gegenwart. Diese Form der Wiederholung ist eine Form der Erinnerung, in der Vergangenes durch Wiederholung vergegenwärtigt wird. In Krisensituationen kann eine Wiederholung zu einer Reintegration eines gespaltenen und zerrissenen Individuums beitragen. In diesem Fall kann durch eine wiederholende Erinnerung eine Beruhigung entstehen. Kierkegaard drückt diese Erfahrung der Beruhigung durch Erinnerung, die er nach der Trennung von seiner Verlobten selbst gemacht hatte, so aus: „Ich bin wieder ich selbst". Beim zweiten Aspekt ist die Wiederholung auf die Zukunft bezogen; dann ist sie die Realisierung einer Projektion einer zukünftigen Situation. In diesem Fall schaffen die Wiederholung des Entwurfs und seine Verwirklichung durch menschliches Handeln eine neue Realität. Wiederholung kann also auf die Vergangenheit oder auf die Zukunft eines Individuums gerichtet sein, in den Worten Kierkegaards: „Es ist ganz wahr, was die Philosophie sagt, dass das Leben rückwärts verstanden werden muss. Aber darüber vergisst man den andern Satz, dass vorwärts gelebt werden muss."[201]

Während Kierkegaard den Schwerpunkt seiner Überlegungen auf die Bedeutung der Wiederholung für das Leben des Individuums legt, betont Nietzsche die kosmologische Seite der Wiederholung und die sich daraus ergebenden

---

200 Vgl. Eliade 2007, besonders Kap. 7.2, Die kosmischen Zyklen und die Geschichte.
201 Kierkegaard 1923, S. 203.

ethischen Überlegungen. Zum ersten Mal taucht dieser Gedanke der Ewigen Wiederkunft im vorletzten Aphorismus von Nietzsches *Fröhliche Wissenschaft* auf, der dann in *Also sprach Zarathustra* zum zentralen Gedanken wird. Zarathustra erfüllt der Gedanke, dass alle und alles wiederkehrt, der größte und der kleinste Mensch, mit Überdruss und Ekel. Daher verleiht nicht Zarathustra selbst, sondern verleihen seine Tiere der ewigen Wiederkunft Ausdruck: „Alles geht. Alles kommt zurück; ewig rollt das Rad des Seins. Alles stirbt, alles blüht wieder auf, ewig läuft das Jahr des Seins. Alles bricht, alles wird neu gefügt: ewig baut sich das gleiche Haus des Seins, alles scheidet, alles grüßt sich wieder; ewig bleibt sich treu der Ring des Seins; um jedes Hier rollt sich die Kugel Dort. Die Mitte ist überall. Krumm ist der Pfad der Ewigkeit."[202]

Aus Nietzsches Nachlass wissen wir, dass er sich bemühte, seine These mit dem naturwissenschaftlichen Wissen seiner Zeit zu belegen, ohne jedoch diese Begründungsversuche publiziert zu haben. Dieser Gedanke Nietzsches von der ewigen Wiederkunft ist vielfältig diskutiert und interpretiert worden. Lou Andreas-Salomé (1994) deutet ihn als eine Umkehrung der Philosophie Schopenhauers. Ging es Schopenhauer und dem Buddhismus darum, das *Nirwana* als Ende des menschlichen Leidens anzustreben, bestand Nietzsche auf der Bejahung des *Samsara*, des ewigen Kreislaufs des Leidens, als höchstem Ziel menschlicher Existenz. Nietzsches Überlegungen bilden eine Denk- und Argumentationsfigur, die gegen die zu seiner Zeit bestimmenden teleologischen Vorstellungen, d. h. vor allem gegen die Zielgerichtetheit des Christentums und des säkularisierten Fortschrittsglaubens gerichtet waren. Weniger lassen sie sich als Ausdruck einer objektiven Erkenntnis des Weltprozesses verstehen. Karl Löwiths Interpretation geht in eine ähnliche Richtung, wenn er im *Zarathustra* eine „antichristliche Bergpredigt" sieht, mit der Nietzsche den Nihilismus des „Todes Gottes" überwindet und den sinnlosen Kreislauf der Welt als *amor fati* zu akzeptieren vorschlägt.[203] Man wird daraus schließen können, „dass alles schon einmal da gewesen ist, aber in jedem Moment trotzdem Neues entsteht, dass jeder Moment neu und unverbraucht ist, unschuldig ist. Damit will N[ietzsche] eine Synthese aus antiken (kreisenden) heraklitcisch-pythagoreischen Lehren und dem neuzeitlichen Zeitpfeil der modernen Physik [...] erreichen."[204]

Wie Kierkegaard und Nietzsche besteht auch Deleuze darauf, dass die Wiederholung nicht zur Erzeugung des gleichen Sachverhalts führt, sondern dass für die Entstehung des wiederholten Sachverhalts und für die Wiederholung selbst die Differenz das bestimmende Merkmal ist. Das Wiederholte ist nicht

202 Nietzsche 1980.
203 Löwith 1987.
204 Skirl 2000, S. 222.

mit dem, was es wiederholt, identisch; eine Repräsentation des Wiederholten ist nicht möglich. An die Stelle des Identischen treten Differenz und Wiederholung. In den Simulacren überlebt die Identität des Subjekts, nicht die der Substanz. „Alle Identitäten sind nur simuliert und wie ein optischer ‚Effekt' durch ein tieferliegendes Spiel erzeugt, durch das Spiel von Differenz und Wiederholung."[205] In den Simulacren beruht die Wiederholung bereits auf Wiederholungen und die Differenz auf Differenzen. Es gibt keine Sicherheit vermittelnden Bezugspunkte; alle Bezugspunkte sind Konstruktionen, Ergebnis von Differenz und Wiederholung. Unsicherheit ist die Folge und die Grundbedingung des Denkens. Dies wird an vier Illusionen deutlich, derer sich das Denken im Hinblick auf die Differenz im Prozess der Wiederholung bewusst werden muss. „Die Differenz im Denken wiederherstellen heißt: jenen ersten Knoten auflösen, der darin besteht, die Differenz unter der Identität des Begriffs und des denkenden Subjekts zu repräsentieren. Die zweite Illusion betrifft eher die Unterordnung der Differenz unter die Ähnlichkeit [...] Die dritte Illusion betrifft das Negative und die Art, wie es sich die Differenz in Form der Beschränkung wie des Gegensatzes unterwirft [...] Die vierte Illusion schließlich betrifft die Unterordnung der Differenz unter die Analogie des Urteils."[206] In diesen Überlegungen wird deutlich: Es gibt keinen festen Bezugspunkt des Denkens, Alles verflüssigt sich und kann mit allem in Bezug gesetzt werden.

Kierkegaard ging es um Wiederholung als Erinnerung und um Wiederholung als Realisierung einer auf Zukunft gerichteten Projektion. Nietzsche betonte die kosmologische Dimension der Wiederholung und eine Kritik an den teleologischen Vorstellungen seiner Zeit, in denen geschichtliche Entwicklung als eine auf Fortschritt ausgerichtete Entwicklung begriffen wurde. Deleuze radikalisiert das Konzept der Wiederholung, indem er darauf hinweist, dass die Wiederholung nie mit dem Wiederholten identisch ist, sondern stets durch Differenz bestimmt wird. Die Wiederholung schafft nie das Gleiche, sondern stets Differentes. Deshalb gibt es keine festen Bezugspunkte. Stattdessen entstehen Kontingenz und Unsicherheit.

Im Bewusstsein dieser drei wichtigen Deutungen des Phänomens der Wiederholung, doch im Unterschied zu ihnen werden im Weiteren soziale und kulturelle Phänomene der Wiederholung und des Wiederholens untersucht. Dabei soll deutlich werden, dass Wiederholung eine zentrale Kategorie menschlichen Lebens ist, die in Erziehung und Bildung eine besonders wichtige Rolle spielt. Dazu werden drei miteinander verwobene Aspekte untersucht. Erstens ist menschliches Leben in biologischer Hinsicht nur durch Wiederholung möglich. Zweitens kann sich der Mensch zum Menschen nur durch kulturelles

205 Deleuze 1992, S. 11.
206 Ebd., S. 333-337.

Lernen entwickeln, das sich wesentlich in mimetischen Prozessen vollzieht, für die Wiederholung ein konstitutives Element ist. Drittens spielen Wiederholungen für die Erzeugung und Transformation von Gemeinschaften und die Schaffung des Sozialen eine zentrale Rolle.

Wiederholung und die Rhythmisierung der Zeit

Ausgangspunkt der folgenden Überlegungen ist die Einsicht, dass Leben durch Wiederholung konstituiert wird. Das gilt für das Leben aller Primaten und so auch für die Menschen: Wir atmen, trinken, essen nicht nur einmal, sondern wiederholt und können nur dadurch leben. Diese Tatsache führt zu einer zyklischen Zeiterfahrung; diese machen wir ebenfalls in den jahreszeitlichen Rhythmen der Natur. Auch das Leben der Menschen gliedert sich in verschiedene Phasen: Geburt, Kindheit, Jugend, Erwachsensein, Alter und Tod. Diese Lebensphasen wiederholen sich im kollektiven Leben von Generation zu Generation. Der *homo sapiens* wäre nicht entstanden, hätte es nicht die Wiederholungen menschlichen Lebens in unzähligen Generationen gegeben. Hier gelten die darwinschen Gesetze der Evolution, die Gesetze der langsamen und kontinuierlichen Entwicklung, des Entstehens einer großen genetischen Varianz und einer Auslese.[207] Seit geraumer Zeit wird diese Perspektive durch die Forderung ergänzt, man müsse auch die produktive Rolle von Katastrophen in das Verständnis des Evolutionsprozesses einbeziehen,[208] d.h. Evolution verwirklicht sich in wechselnden Phasen von Stagnation und beschleunigter Veränderung. Diese Überlegungen machen deutlich, dass das menschliche Leben durch Wiederholung mit den Rhythmen der Natur und der Geschichte des Lebens auf der Erde verbunden ist. Menschliches Leben in Gestalt des *homo sapiens* ist das Ergebnis eines langen Evolutionsprozesses, in dessen Verlauf es sich unter Beibehaltung und Veränderung vieler Merkmale entwickelt. Mit der Wiederholung in Form von Generationen wird die zyklische Zeit ein Merkmal der Entstehung menschlichen Lebens, phylogenetisch und ontogenetisch.

Lange wurde die Entstehung des Menschen als Ergebnis eines linearen zeitlichen Vorgangs begriffen, der einen Anfang hat und dessen Höhepunkt mit der Existenz des *homo sapiens* gegeben ist. Durch diese Sichtweise geriet der zyklische Charakter der Zeit aus dem Blick. Unter dem Einfluss der monotheistischen Religionen und dem Selbstverständnis einer säkularisierten Kultur wurde das lineare Verständnis gegenüber dem zyklischen Verständnis der Zeit dominant. In der Wahrnehmung vieler Menschen hat die lineare Zeitauffas-

207 Darwin 2006.
208 Alvarez et al. 2008; Oeser 2011.

sung in Form der *Chronokratie* andere Formen des Zeitverständnisses wie den *Kairos* oder die *zyklische Zeit* beiseitegeschoben und damit die anthropologische Bedeutung der Wiederholung aus dem Bewusstsein der Menschen gedrängt.[209] Auch die Beschleunigung der Zeit trägt dazu bei.[210] Wiederholung impliziert ein Verständnis der Zyklizität der Zeit, deren anthropologische Bedeutung es wiederzuentdecken gilt. Nietzsches Vorstellung von der „ewigen Wiederkunft" betont weniger den zyklischen als den repetitiven Charakter der Zeit, der Bewegung und des Lebens, verweist auf das Paradox der Wiederholung des Unwiederholbaren und bedeutet die Infragestellung einer teleologischen Weltsicht. Jedes Ereignis ist singulär und einmalig, wird jedoch durch Wiederholung auch universell/allgemein. In der Wiederholung entstehen Ähnlichkeit und Differenz. Sie verweist auf die Vergänglichkeit und damit auf die Unverfügbarkeit der Welt: Angesichts der unabweisbaren Erfahrung menschlicher Ohnmacht stellen Wiederholungen den Versuch dar, sich gegen die Vergänglichkeit des Lebens zu behaupten.

Viele Wiederholungen sind rhythmisch. In ihnen verbinden sich individuelle und kollektive Aktivitäten in Zeit und Raum. Rhythmus ist Bewegung und Wandel. Er ist gekennzeichnet durch regelmäßige Wiederholung, Bewegungsvariation, Wechsel von starken und schwachen Momenten sowie Sequentialität.[211] Nicht nur die Wechsel von Tag zu Nacht, vom Frühling über Sommer und Herbst zum Winter, von Sonnenschein und Windstille zu Regen und Sturm, sondern z. B. auch der Herzschlag, die Nahrungsaufnahme und die Verdauung sowie der menschliche Gang vollziehen sich rhythmisch. Diese Rhythmen bzw. variierenden Wiederholungen geraten in Spannung zur zunehmenden Beschleunigung und Herrschaft linearer Zeitstrukturen. Am Beispiel der Schöpfungsgeschichte, nach der Gott die Welt in sechs Tagen schuf, bevor er einen Tag zur Erholung und Kontemplation einrichtete, macht Jean-Claude Schmitt (2016) nicht nur deutlich, dass unsere Zeiteinteilung in Wochen mit sechs Tagen und einem Ruhetag der Zeitordnung des Schöpfergottes folgt. Er zeigt auch, wie stark das alltägliche Leben durch individuelle und soziale Rhythmen und die westliche Kultur durch repetitive Rhythmen in Sprache, Poesie, Gesang, Musik, Tanz und Malerei bestimmt sind. Viele Erinnerungen und Träume sind rhythmisch, viele unserer lokalen, regionalen und globalen Formen der Kommunikation und Arbeit ebenfalls. Daran zeigt sich die große anthropologische Bedeutung rhythmischer Wiederholungen.

---

209 Kamper/Wulf 1987.

210 Rosa 2016; Paragrana 2018/1.

211 Bünner/Röthig (1983) unterscheiden im Abschnitt „Zur Theorie des Rhythmus" vier Elemente des Rhythmus: 1) Wiederholung; 2) Verbindung, Gruppierung; 3) Akzentuierung, Intonation, Intensität; 4) Kontinuität, Regularität, Takt.

Lernen durch Wiederholung

Da der Mensch ein *homo educabilis* und *homo educandus* ist, bedarf es zu seiner Erziehung der Wiederholung. Um zu überleben und sich als Mensch zu entwickeln, sind Erziehung und Bildung notwendig. Durch sie bringen sich Menschen als Menschen hervor; sie erschaffen sich selbst kulturell und sozial. Gelingt dieser Prozess nicht, verkümmern sie, sind nicht lebensfähig und sterben. Die Entwicklung des Menschen erfolgt durch kulturelles Lernen. Ohne Wiederholung und die Rhythmisierung des Lernens ist kulturelle Bildung nicht möglich. Dies zeigt sich beim Lernen von Bewegungen und besonders des aufrechten Gangs durch kleine Kinder, doch auch beim Spracherwerb und bei der Aneignung anderer sozialer und kultureller Fähigkeiten. Wie in der Geschichte des Lebens und der Hominisation spielt die Wiederholung beim kulturellen Lernen eine konstitutive Rolle. Max Scheler (1988), Helmuth Plessner (1950, 1980-85) und Arnold Gehlen (1978), die wichtigsten Vertreter der in der ersten Hälfte des 20. Jahrhunderts in Deutschland entstandenen Philosophischen Anthropologie, bemühten sich darum, das Spezifische des Menschen zu bestimmen.[212] Im Unterschied zu nichtmenschlichen Primaten haben Menschen nur Instinktresiduen und sind durch ein hohes Maß an gestaltbarer Plastizität gekennzeichnet. Im Unterschied zu den durch ihre Instinkte an eine spezifische Umwelt gebundenen Tieren entwickeln Menschen ein Objekt- bzw. Gegenstandsbewusstsein. Deshalb haben sie nicht nur eine durch ihre Instinkte bestimmte Umwelt, sondern sie haben „Welt“ (Plessner). Um dies zu ermöglichen, bedarf es kulturellen, durch Wiederholung charakterisierten Lernens. Diese Situation führt dazu, dass wir in der Auseinandersetzung mit der Welt lernen. In dieser spielen Wiederholungen und ihre Inkorporationen eine zentrale Rolle.

An zwei Beispielen soll dies verdeutlicht werden: einmal am Beispiel mimetischer Prozesse, in deren Verlauf Kultur von einer Generation an die nächste weitergegeben und modifiziert wird, zum anderen am Beispiel von Ritualen, für deren Funktion die Wiederholung konstitutiv ist.

Menschliche Bildung durch mimetische Prozesse

Mimetische Prozesse lassen sich als Prozesse der Wiederholung begreifen, die für die phylogenetische und die ontogenetische Menschwerdung von zentraler Bedeutung sind. Sie verbinden Momente der Wiederholung und Anähnlichung

212 Wulf 2009, 2013a, Kap. 2.

mit solchen der Differenz[213] und verweisen auf die Grenzen teleologischer Prozesse in der menschlichen Entwicklung.[214] Mimetische Prozesse haben zwei Richtungen. Die eine zielt auf die Außenwelt und ihre Aufnahme und Verarbeitung im Imaginären sowie der Inkorporation dieser Erfahrungen. In beiden Fällen entsteht Erinnerbares, das im Akt des Erinnerns präsent gemacht wird. Die andere Richtung mimetischer Aktivitäten richtet sich von innen nach außen. Hier schafft der mimetische Bezug auf die inneren Vorstellungen die Möglichkeit, sie gegenwärtig oder zukünftig zu realisieren.[215] Mimetische Handlungen sind Nachahmungs- und damit Wiederholungsprozesse, in denen die Differenz zwischen dem, was nachgeahmt wird, und dem Ergebnis Akt der Nachahmung konstitutiv ist.

Schon Aristoteles betont: Der Mensch ist das am stärksten mimetische Tier und hat außerdem an mimetischen Prozessen Freude. Dieser Erkenntnis geht Platons Einsicht in der *Politeia* (Staat) voraus, dass Erziehung, *Paideia* und Mimesis Synonyme sind. Erziehung und Bildung vollziehen sich vorwiegend in mimetischen Prozessen. In diesen wiederholen z. B. Kinder die Handlungen von Erwachsenen und eignen sich dadurch deren Handlungsfähigkeit an. Platon (1958) und Aristoteles (1987) sind von der unwiderstehlichen Macht mimetischen Verhaltens überzeugt. Für Platon folgt daraus die Notwendigkeit, aus dem Staat auszugrenzen, was junge Menschen gefährden könnte, also große Teile der Literatur, in der sich Menschen nicht in Übereinstimmung mit den moralischen Normen der *Politeia* verhalten. Für Aristoteles folgt aus der Einsicht in die Unwiderstehlichkeit mimetischer Prozesse die Notwendigkeit, alles zu versuchen, die Menschen in die Lage zu versetzen, sich den mimetischen Zwängen zu widersetzen.

Für Platon und Aristoteles ist Kunst ein Ergebnis mimetischer Prozesse. Für Aristoteles ist die Musik Nachahmung des Ethos; im Unterschied zu Malerei und Plastik, die sichtbare Linien gestalten, schafft die Musik eine spürbare innere Bewegung und hat ethische Wirkungen, die durch Wiederholung verstärkt werden. Im Mittelpunkt der Poetik steht die Tragödie als Mimesis handelnder Menschen. In der Tragödie wird nichts zur Darstellung gebracht, was bereits stattgefunden hat. Denn ihre Themen und Handlungskonzepte entstammen dem Mythischen, über das Wirklichkeitsaussagen unsinnig wären. Die Handlung der Tragödie soll so aufgeführt werden, dass der Zuschauer in einem mimetischen Prozess das „Schauererregende“ und das „Jammervolle“ erlebt, eine kathartische Erfahrung macht und dadurch in seinem Charakter gestärkt wird.

---

213 Deleuze 1992.

214 Nietzsche 1980.

215 Kierkegaard 1983.

Nach Aristoteles schaffen mimetische Wiederholungen keine Kopie des Wirklichen, bei der der Unterschied zwischen Vorbild und Nachbild verschwindet. Vielmehr führen sie in der Nachahmung zur Veränderung. Sie zielen auf eine „Verschönerung" und „Verbesserung", eine „gestaltende Nachahmung". Homers Achill-Darstellung ist dafür ein Beispiel. Hier wird Achill zwar als ein jähzorniger, leichtsinniger Mann dargestellt, doch tritt er insgesamt als ein überragender Held in Erscheinung. In der Dichtung führt der mimetische Prozess zur Gestaltung des Möglichen und des Allgemeinen; dadurch kommt ein neues Element im Nachahmungsprozess hinzu, das in einem bloßen Abbildungsprozess nicht enthalten wäre.[216]

René Girard sah die Grundlage der Wiederholung in mimetischen Prozessen des Begehrens, anderen Menschen ähnlich zu werden, und hat damit eine zentrale Dimension mimetischer Prozesse angesprochen.[217] Kinder wollen so werden wie ihre älteren Geschwister und Eltern, die ihrerseits Freude daran haben, wenn sich ihre jüngeren Geschwister bzw. Kinder mimetisch auf sie beziehen und so werden wollen wie sie. Mimetische Prozesse verbinden die Angehörigen verschiedener Generationen. In ihrem Zentrum steht die Wiederholung. Sie ist kein einfacher Kopierprozess, wie er durch einen Kopierapparat vollzogen wird, durch den beliebig viele identische Kopien erzeugt werden. Im Unterschied dazu ist der mimetische Prozess ein konstruktiver Prozess. In ihm führt die wiederholende Nachahmung einer Handlung bei jedem sich mimetisch verhaltenden Individuum zu unterschiedlichen Ergebnissen. Jeder einzelne Mensch vollzieht seine mimetischen Handlungen auf der Grundlage seiner individuellen Konstitution und damit anders als andere Menschen. Im Sozialen ist die Herstellung einer Kopie, wie sie ein Fotokopierapparat macht, nicht möglich. Jede Wiederholung ist ein einmaliger Prozess, der zu unterschiedlichen Ergebnissen führt. Verdeutlichen lässt sich dies am Beispiel einer Unterschrift. Wie uns Graphologen versichern, unterscheidet sich jede Unterschrift von einer vorhergehenden oder nachfolgenden Unterschrift. Den Fälscher erkennt man eben daran, dass er die Unterschrift nicht variiert. Die Differenz in der Wiederholung ist ein konstitutives Element mimetischer Prozesse. Auch für Deleuze ist dieser Zusammenhang zwischen Wiederholung und Differenz konstitutiv.[218] Im Unterschied zu seinen philosophischen Ausführungen haben René Girard, Michael Taussig und Christoph Wulf diesen Zusammenhang auch empirisch untersucht. Girard hat dies in literarischen Studien,[219] Taussig und ich haben es in ethnografischen Untersuchungen getan.[220]

---

216 Ricœur 1988-91; Gebauer/Wulf 1992, 1998, 2003; Wulf 2005.
217 Girard 1987, 1988.
218 Deleuze 1992.
219 Girard 1987, 1988.
220 Taussig 1993; Wulf 2013a, b.

Wiederholungen sind auch neue und einmalige Handlungen unter Zugrundelegung eines in einem mimetischen Prozess angeeigneten Musters.[221] Wir können diese Verwobenheit zwischen Wiederholung und Erzeugung von Differenz auch am Erlernen des aufrechten Ganges durch kleine Kinder feststellen. Der aufrechte Gang spielt in der Phylogenese und in der Ontogenese eine wichtige Rolle. Mit seiner Hilfe kommt es zur Freisetzung der Hände und ihrer Entwicklung als Mittel zur Arbeit und zur Erzeugung von Kultur und Gemeinschaft. Aus Berichten von Missionaren in Indien wissen wir z. B., dass Kinder, die nicht mit Menschen, sondern in Gemeinschaft mit Tieren aufwachsen, den aufrechten Gang nicht erlernen. Sie haben keine Möglichkeit einer mimetischen Bezugnahme auf aufrecht gehende Menschen, die sie zur Wiederholung herausfordert. Vergegenwärtigen wir uns die hartnäckigen Anstrengungen kleiner Kinder, aufrecht gehen zu lernen: Unzählige Male wiederholen sie ihre Bemühungen, wie ihre älteren Geschwister und Eltern aufrecht zu gehen, bis dies ihnen gelingt und sie damit zur Gemeinschaft gehören. Auch hier gilt: Kinder lernen den aufrechten Gang in Bezug auf ältere Geschwister und Erwachsene. Jeder Mensch entwickelt jedoch seinen „eigenen" aufrechten Gang, an dem er schon aus der Entfernung erkennbar ist. Aus Bewegungsstudien ist zudem bekannt, dass trotz eines gleichbleibenden Grundmusters das *Wie* jedes Gehens je nach Stimmung und Befindlichkeit des Menschen unterschiedlich ist.

Wittgenstein hat darauf aufmerksam gemacht, dass wir Sprechen in Sprach- und Handlungsspielen lernen,[222] in denen wir als Kinder im mimetischen Bezug die Verschränkung von Handeln und Sprache erfahren, die wir kontinuierlich in Wiederholungen inkorporieren. Als Kinder sehen wir unsere Eltern handeln und sprechen. In der mimetischen Bezugnahme darauf inkorporieren wir diese Prozesse und machen sie mithilfe von Wiederholungen verfügbar. Diese durch die Verschränkung von Handeln und Sprache charakterisierten kulturellen Prozesse sind multimodal; sie vollziehen sich in unterschiedlichen Formen und auf unterschiedlichen Ebenen. In ihnen werden Gefühle transportiert und drücken sich Nähe und Distanz zwischen Kindern und Eltern aus, ohne dass dies den Beteiligten bewusst wird. Wie Handeln, Sprechen und Gefühle miteinander verwoben sind, lässt sich an einem Beispiel verdeutlichen. In diesem lernt ein kleines Kind mühselig, mit dem Löffel einen Brei zu essen und wird bei diesen Bemühungen von seinen Eltern gelobt. Bei dem Erlernen der Esstechnik wird Sprache vermittelt; zugleich drückt sich in ihren anerkennenden Worten die Zuneigung der Eltern aus. Die Wiederholung dieser oder ähnlicher multimodaler Situationen vermittelt dem Kind die Wertschätzung der Eltern und ihre elterliche Liebe.

221 Taussig 1993; Wulf 2013b.
222 Wittgenstein 1967.

Diese durch zahlreiche ethnografische Untersuchungen bestätigten Erkenntnisse über die Bedeutung der Wiederholung für die soziale und emotionale Entwicklung des Menschen werden seit einiger Zeit auch durch Forschungen in den Neurowissenschaften[223] und in der evolutionären Anthropologie[224] bestätigt. Neurowissenschaftliche Forschungen bestätigen die Bedeutung mimetischer Wiederholungen z. B. für das Verständnis sozialen Handelns. Im Gehirn eines Menschen, der das Schlagen eines Menschen sieht, wiederholen sich in abgeschwächter Form die gleichen Prozesse, die sich im Gehirn des schlagenden Menschen vollziehen. Hier wird ein Spiegelneuronen-System angenommen, das die physiologische Voraussetzung dafür bildet, dass wir das Schlagen und das Geschlagenwerden eines Menschen als solche wahrnehmen. Dass wir jedoch seine Wirkungen auf der Grundlage der physiologischen Prozesse auch verstehen, lässt sich neurologisch nur ansatzweise erklären. Hier ist die soziale und kulturelle Dimension des Geschlagenwerdens und ihrer Auswirkungen auf den Geschlagenen für ein angemessenes Verständnis des Geschehens von zentraler Bedeutung.

Forschungen in der evolutionären Anthropologie haben auch gezeigt, dass bereits kleine Kinder den Sinn von Handlungen erkennen und ihn zur Grundlage einer Wiederholung machen können. Nicht-menschliche Primaten sind nicht in der Lage, wie Kinder bereits mit acht Monaten den Sinn einer Handlung zu erkennen und zu reagieren. Dies lässt sich am Beispiel von Gesten verdeutlichen, die für nicht-menschliche Primaten, wenn sie nicht an Nahrung oder Fortpflanzung gebunden sind, weitgehend sinnlos bleiben, deren Bedeutung hingegen bereits von sehr kleinen Kindern erfasst wird und sie zu Reaktionen in Form von Wiederholungen befähigt.

Mimetische Wiederholung und die Entstehung von Gewalt

So produktiv und kreativ die repetitiven Elemente in mimetischen Prozessen sind, René Girard hat zurecht auch auf die destruktiven Seiten mimetischer Repetition verwiesen. Sie können ebenfalls aus dem Begehren entstehen, sich anderen Menschen anzuähneln. Daraus kann auch Gewalt entstehen. Wenn zwei Männer eine Frau oder zwei Frauen einen Mann begehren, dann rivalisieren die beiden Begehrenden und steigern in dem dabei entstehenden mimetischen Prozess ihr Begehren. In ihrem Begehren ähneln sich die beiden einander an und intensivieren dadurch ihre Leidenschaft. Ihr mimetisches Aufeinander-

223 Rizzolatti/Sinigaglia 2008.
224 Tomasello 2002.

Bezogen-Sein intensiviert ihr Begehren so sehr, dass es häufig keinen anderen Ausweg aus ihrer Leidenschaft gibt als die Gewalt.[225]

Mimetische Prozesse sind in der Konstitution von Gesellschaften von Anfang an wirksam. Sie durchdringen die gesellschaftlichen Hierarchien und Ordnungen und zeigen dabei ihre ambivalenten Wirkungen. Sie tragen dazu bei, soziale Ordnungen aufzubauen; zugleich gefährden sie sie und wirken auf ihre Zerstörung hin. Einerseits lassen sie sich auffangen und kanalisieren, andererseits drohen sie wie bei der Entstehung von Massen Gewalt auszulösen und unkontrollierbar zu werden.[226]

Die Erkenntnis des „Ansteckungscharakters" mimetischer Prozesse ist der Ausgangspunkt dieser wichtigen Theorie der Entstehung gesellschaftlicher Gewalt. Die mimetische Aneignung von Einstellungen und Handlungsformen schafft zwischen den nachgeahmten und den nachahmenden Menschen Konkurrenz und Rivalität, die zum Ausgangspunkt von Gewalthandlungen werden. Eine widersprüchliche Situation entsteht: Die vom Nachahmenden erstrebte Aneignung von Eigenschaften des Nachgeahmten verträgt sich nicht mit dem Wunsch beider, sich auch voneinander zu unterscheiden und ihre Einmaligkeit zu behaupten. Diese paradoxe Situation führt zur Verstärkung der gesellschaftlichen Gewaltpotentiale.

Handlungen mit großer emotionaler Intensität scheinen in besonderem Maße mimetische Prozesse herauszufordern: Der ansteckende Charakter des Lachens, der Liebe und der Gewalt ist sprichwörtlich. Nach Girards Auffassung werden in frühen Kulturen Gewalthandlungen mit Gewalthandlungen beantwortet. Dabei entsteht ein *circulus vitiosus* der Gewalt, der Ausmaß und Intensität der Gewalthandlungen verstärkt. Nicht selten wird dadurch der Zusammenhalt der Gesellschaften gefährdet, die mithilfe von *Verboten* und *Ritualen* versuchen, der mimetisch intensivierten Gewalt Herr zu werden.[227]

Rituale als Wiederholungen

Ging es bislang darum zu zeigen, welche Bedeutung Wiederholungen in mimetischen Prozessen für das kulturelle Lernen einzelner Menschen haben, so lässt sich am Beispiel von Ritualen zeigen, dass die Wiederholung für das Entstehen praktischen Wissens und für die Entwicklung von Gemeinschaften eine konstitutive Rolle spielt.[228] Gäbe es keine Wiederholungen, gäbe es keine soziale Ordnung und keine Gesellschaft. Die Kohärenz menschlicher Gemeinschaften und

225 Girard 1987, 1988.
226 Dieckmann/Wulf/Wimmer 1997.
227 Gil/Wulf 2015.
228 Kraus/Budde/Hietzge/Wulf 2017.

das Zusammengehörigkeitsgefühl erfordern Wiederholungen. Eine der wichtigsten Formen der Wiederholung ist das Ritual.[229]

In fast allen Bereichen menschlichen Lebens spielen rituelle Wiederholungen eine zentrale Rolle; in Religion und Politik, Wirtschaft und Wissenschaft, Familie und Schule sind sie unerlässlich. Mit ihrer Hilfe werden Differenz und Alterität bearbeitet, Gemeinschaft und soziale Beziehungen erzeugt und die menschlichen Verhältnisse gedeutet und geordnet. Rituale verbinden Geschichte, Gegenwart und Zukunft. Sie ermöglichen Kontinuität und Veränderung sowie Erfahrungen des Übergangs und der Transzendenz.[230] Angesichts ihrer Bedeutung in so vielen gesellschaftlichen Bereichen überrascht es nicht, dass es keine allgemein akzeptierte Theorie des Rituals gibt. Zu unterschiedlich sind die Positionen in den einzelnen Wissenschaften. Angesichts dieser Situation besteht weitgehend Übereinstimmung darin, dass es nicht sinnvoll ist, den Reichtum und die Mannigfaltigkeit der Perspektiven auf einzelne Ritualtheorien und Forschungsansätze zu reduzieren. Stattdessen gilt es, die Vielfalt der Aspekte zu thematisieren und die Komplexität des Feldes sichtbar zu machen.

Diesem großen Spektrum von Ritualen korrespondiert eine entsprechende Vielfalt an Ritualtheorien. Während die großen gesellschaftlichen Rituale einen deutlichen Bezug zur Transzendenz haben, ist dieser bei vielen Alltags- und Interaktionsritualen nicht sichtbar. Deren rituelle Arrangements sind oft mit anderen Alltagshandlungen verschränkt. Zu entscheiden, ob ein szenisches Arrangement als Ritual anzusehen ist oder nicht, ist häufig nicht einfach. Im Unterschied zu Gesellschaften mit geschlossenen Welt- und Selbstbildern, in denen Rituale eindeutig identifizierbar sind, ist die Bestimmung von Ritualen in modernen Gesellschaften mit relativ offenen Selbst- und Weltbildern eher schwierig. Doch gerade angesichts zunehmender gesellschaftlicher Differenzierung und der Ausbreitung von Singularitäten ist es erforderlich, den Ritualbegriff auszuweiten. Nur mithilfe eines weiter gefassten Ritualbegriffs können neue, für die gegenwärtigen gesellschaftlichen Verhältnisse charakteristische rituelle Phänomene wahrgenommen und analysiert werden. Diese Situation macht es erforderlich, im Einzelfall anzugeben, warum ein soziales Phänomen als Ritual angesehen und entsprechend interpretiert wird. Der Begriff Ritual hat eine konstruktive Seite, mit der soziale Prozesse in einer bestimmten Perspektive analysiert werden. Das Spektrum der rituellen Phänomene reicht von religiösen und politischen Ritualen über Widerstandsrituale von Jugendlichen, mit denen diese sich abgrenzen und behaupten, bis zu von Gewohnheiten nicht leicht unterscheidbaren Alltagsritualen. Die Analyse sozialer Phänomene als

229 Wulf/Althans et al. 2001, 2004, 2007, 2011.

230 Arbeitsgruppe Ritual 2004.

Ritual bzw. rituelles Arrangement erlaubt aufschlussreiche Einblicke in die gesellschaftliche Tiefenstruktur.

Alle Ansätze der Klassifizierung von Ritualen sind damit konfrontiert, dass Rituale stets das Ergebnis mehrdimensionaler Symbolisierungs- und Konstruktionsprozesse sind und dass die untersuchten Phänomene komplexer sind als die zu ihrer Beschreibung verwendeten Begriffe und Theorien. Dies gilt auch für einen Versuch, das Feld der Ritualstudien nach Anlässen zu ordnen und z. B. folgende Rituale zu unterscheiden, die alle auch ein repetitives Element haben:[231]

- Übergangsrituale (Geburt und Kindheit, Initiation und Adoleszenz, Ehe, Tod),
- Rituale der Institution bzw. Amtseinführung (Übernahme neuer Aufgaben und Positionen),
- jahreszeitlich bedingte Rituale (Weihnachten, Geburtstage, Erinnerungstage, Nationalfeiertage),
- Rituale der Intensivierung (Essen, Feiern, Liebe, Sexualität),
- Rituale der Rebellion (Friedens- und Ökobewegung, Jugendrituale),
- Interaktionsrituale (Begrüßungen, Verabschiedungen, Konflikte).

Auch andere Klassifikationsversuche sind denkbar und können eine Orientierungshilfe im komplexen Feld der Ritualforschung bieten. Folgende Arten rituellen Handelns lassen sich unterscheiden: *Ritualisierung, Konvention, Zeremonie, Liturgie, Feier*.[232]

Struktur und Strukturelemente

In Anlehnung an die Arbeiten van Genneps (1986) und Victor Turners (1989) unterscheidet man bei Übergangsritualen gemeinhin drei Phasen. In der ersten Phase befindet sich der Ritualteilnehmer noch in seiner alten Institution bzw. Lebensphase; dann kommt die Übergangsphase und schließlich die Anschlussphase in der neuen Situation. Eine Hochzeit lässt sich nach diesem Modell interpretieren. Im Zentrum des Rituals steht die zweite Phase. In dieser erfolgt die rituelle Handlung, die die erste und die dritte Phase verbindet. Im Beispiel der Hochzeit ist es der Akt der Eheschließung, die Hochzeitszeremonie im engeren Sinne, in deren Verlauf der Übergang in die Ehe rituell inszeniert und aufgeführt wird. Häufig findet hier die Intensivierung des Geschehens durch

---

231 Gebauer/Wulf 1998, S. 130.

232 Ebd., S. 135ff.; Grimes 1985.

Gesten wie etwa das Anstecken der Eheringe statt.[233] Rituale des Übergangs werden auf sozialen „Bühnen“ inszeniert und aufgeführt. Mit ihrer Hilfe bearbeiten Gemeinschaften die Unterschiede zwischen ihren Mitgliedern und schaffen Übergänge zwischen unterschiedlichen sozialen Praktiken. Rituale sind institutionelle Muster, in denen kollektiv geteiltes Wissen und kollektiv geteilte Handlungspraxen inszeniert und aufgeführt werden und in denen eine Selbstdarstellung und Selbstinterpretation der Übergänge zwischen verschiedenen sozialen Formen erfolgt. Mithilfe ritueller Wiederholungen schreiben sich Institutionen in die Körper der Menschen ein und erzeugen ein praktisches Handlungswissen, ohne das Menschen nicht orientierungs- und anschlussfähig wären.

Rituelle Handlungen haben einen Anfang und ein Ende und damit eine zeitliche Interaktionsstruktur. Sie vollziehen sich in sozialen Räumen, die sie gestalten. Rituelle Prozesse verkörpern und konkretisieren Institutionen und Organisationen. Sie haben einen herausgehobenen Charakter, sind demonstrativ und werden durch ihre Rahmungen bestimmt. In Ritualen werden Übergänge zwischen sozialen Situationen und Institutionen geschaffen und Differenzen zwischen Menschen und Situationen bearbeitet. Rituale sind körperlich, expressiv, symbolisch, regelhaft, effizient; sie sind repetitiv, homogen, ludisch, öffentlich und operational.

Das rituelle Arrangement von Raum und Zeit

Im Ritual hat die Wiederholung nicht nur eine zeitliche, sondern häufig auch eine räumliche Dimension. Viele Rituale finden im gleichen Raum statt und tragen dazu bei, den Charakter dieses Raums zu verändern. So macht das Ritual der Weihe eine Kirche zu einem sakralen Raum. Auch Zeremonien und Feste sind häufig an den gleichen Raum gebunden, der durch die rituelle Wiederholung zu einem besonderen Raum wird. Der Besuch eines fremden Staatsoberhauptes im Regierungspalast eines Landes, der für den Empfang hergerichtet wird, ist dafür ein Beispiel. Feste wie der Karneval verändern durch rituelle Wiederholungen die urbanen Räume in Rio de Janeiro, im bolivianischen Oruro und in Köln. Durch die rituellen Umzüge wird Rio de Janeiro zu einer Karnevalsstadt, in der die Bürger den urbanen Raum entsprechend inszenieren.

Auch Familienrituale verwandeln alltägliche Räume wie das Wohnzimmer in Festzimmer.[234] Dies geschieht z. B. zu Weihnachten, wenn das Wohnzimmer geschmückt und mithilfe des Weihnachtsbaums, des Geruchs von Gebäck und

233 Wulf/Fischer-Lichte 2010.
234 Müller/Krinninger 2016.

des Gesangs von Weihnachtsliedern zu einem festlichen Weihnachtsraum wird. Diese Umgestaltung des Raumes erfolgt in jedem Jahr, wenn das Wohnzimmer zu einem Raum für die Feier des Weihnachtsfests transformiert wird. In den meisten Familien geschieht dies durch die Inszenierung entsprechender Rituale, deren Inszenierung gleich, deren Aufführung bei jeder Wiederholung jedoch unterschiedlich ist. In einer ethnografischen Untersuchung dreier deutscher und dreier japanischer Familien haben wir zeigen können, wie die Familienmitglieder in beiden Ländern mithilfe der Wiederholung des Weihnachts- bzw. Neujahrsrituals familiäre Zufriedenheit und Glück schaffen.[235]

In einer der deutschen Familien spielte dabei die jährliche Wiederholung der Vorlesung der Weihnachtsgeschichte im Berliner Dialekt eine wichtige Rolle. Mit ihrer Hilfe wird jedes Mal ein Beitrag zum spezifischen Charakter des familiären Weihnachtsrituals geliefert, dessen Wiederholung zur Entstehung des familiären Wohlbefindens und Glücks beiträgt. Alle Familienangehörigen erinnern sich an frühere Vorlesungen und erwarten in diesem Jahr ähnliche Gefühle der Verbundenheit und der Vertrautheit, deren „Fließen" Wohlbefinden und Zusammengehörigkeitsgefühle schafft. Zwar kann sich der Zeitpunkt der Vorlesung am Nachmittag des Weihnachtsfests ändern. Doch darf die Veränderung der Wiederholung nicht so groß sein, dass eine neue Situation entsteht. Das rituelle Arrangement muss vertraut bleiben, damit sich die bekannten und geschätzten Emotionen einstellen. Eine spontane Veränderungserwägung, die Geschichte nicht vom Vater, sondern von der Mutter vorlesen zu lassen, wurde von allen Familienmitgliedern abgelehnt. Alle wollten die Wiederholung der Situation der letzten Jahre.

Bei der rituellen Wiederholung spielen mehrere Faktoren eine Rolle. Zu diesen gehören u. a. die *Zeit*, der *Raum*, der *performative Charakter* und der *kollektive Charakter der Handlung*. Die Bedeutung, die einer rituellen Wiederholung zugeschrieben wird, kann unterschiedlich sein. Mit der Performativität der rituellen Wiederholung kommt der Körper ins Spiel.[236] Dadurch entstehen körperlich-sinnliche Erfahrungen.[237] Ihre Performativität kann durchaus unterschiedlich interpretiert werden. Selbst wenn dies der Fall ist, kann die Performativität einer rituellen Wiederholung zur Integration einer Gemeinschaft beitragen. Dazu ein Beispiel: Ein sechsjähriges Mädchen ist begeistert vom Weihnachtsbaum und der weihnachtlichen Atmosphäre; ihr 17-jähriger Bruder hingegen findet die familiäre Inszenierung beklemmend und im Widerspruch zu seinem Unabhängigkeitsbedürfnis. Wenn aber beide an dem rituellen Arrangement teilnehmen, hat dieses Wirkungen und kann Gefühle der Zugehö-

235 Wulf/Suzuki/Zirfas u. a. 2011.

236 Paragrana 2001, 2004.

237 Johnson 1990; Lakoff 1999; Michaels/Wulf 2014.

rigkeit und Gemeinschaftlichkeit schaffen; hier wird die Bedeutung der Performativität ritueller Wiederholungen sichtbar.[238]

In der rituellen Wiederholung spielen mimetische Prozesse eine wichtige Rolle. Einmal richten sie sich auf früher erfolgte rituelle Handlungen, deren jeweilige neue Aufführung das Ergebnis einer kreativen mimetischen Bezugnahme ist, in der nicht Gleichheit, sondern Ähnlichkeit hervorgebracht wird. Hierbei handelt es sich um die auf die Vergangenheit ausgerichtete diachrone Dimension. Neben dieser ist auch eine synchrone mimetische Dimension in der rituellen Wiederholung wichtig. In dieser beziehen sich die Teilnehmer in ihrem rituellen Handeln aufeinander. Diese mimetische Bezugnahme aufeinander ist erforderlich, damit die Aufführung des rituellen Arrangements in funktionaler und ästhetischer Hinsicht gelingt.[239]

Mithilfe *diachroner* und *synchroner* mimetischer Bezugnahmen wird die rituelle Wiederholung in die Körper der Ritualteilnehmer eingeschrieben. In diesem Prozess werden die dabei erzeugten Bilder, Schemata und Bedeutungen Teil des Imaginären der Ritualteilnehmer. Zugleich werden die rituellen Bewegungen in die Körper der Ritualteilnehmer inkorporiert. Dadurch entsteht ein praktisches Wissen. Praktisches Wissen ist *schweigendes Wissen* und als solches schwer zu erforschen. Es ist das Ergebnis von Wiederholungen, mit deren Hilfe es in mimetischen Prozessen entsteht. Es ist eine bestimmte Form des Wissens, die Gilbert Ryle im Unterschied zu „*knowing that*" als „*knowing how*" bezeichnet hat.[240]

Mithilfe dieser Unterscheidung kann das in rituellen Wiederholungen entstehende praktische Wissen in seiner Bedeutung für soziales und kulturelles Handeln verdeutlicht werden.[241] In der Schaffung dieser Form des Wissens durch Wiederholung liegt die Bedeutung rituellen Handelns für die Verkörperung der Werte, Einstellungen und Emotionen[242] einer Gemeinschaft und die Entwicklung praktischen Wissens.

Die biologische Wiederholung ermöglicht menschliches Leben. Zu seiner Entfaltung bedarf es kulturellen Lernens in mimetischen, auf Wiederholung angelegten dynamischen Prozessen. Mit Hilfe dieser Prozesse erzeugen Rituale das Soziale und inkorporieren die Werte, Ziele und Strukturen einer Gesellschaft in ihren Mitgliedern. Dabei spielt die Wiederholung eine für die Kultur und die Menschen konstitutive Rolle.

---

238 Wulf/Zirfas 2007; Wulf/Göhlich/Zirfas 2001.

239 Wulf/Zirfas 2004a; Michaels/Wulf 2014; Michaels 2016.

240 Ryle 1990.

241 Kraus/Budde/Hietzge/Wulf 2017.

242 Huber/Krause 2018.

Bildung durch Wiederholung

Seit dem Beginn der Neuzeit begreift sich der Mensch in wachsendem Maße als Subjekt, dessen Selbstverständnis Descartes' „ich denke, also bin ich" (*cogito, ergo sum*) deutlich macht. Die Tatsache, dass ich denke, erzeugt mich als Subjekt. Bei Fichte wird dieser Gedanke radikalisiert. Das Ich setzt sich selbst und schafft dadurch auch das Nicht-Ich, die Welt außerhalb seiner selbst. Für Husserl ist das Bewusstsein des Subjekts die Summe seiner Erlebnisse. Das Subjekt entsteht nicht nur durch Denken und Sprache; auch präreflexive, sinnliche und körperbasierte Empfindungen und Erlebnisse bilden das Subjekt, sein Bewusstsein, sein Selbstbewusstsein und sein Selbstgefühl.[243] Die Fähigkeit, Intentionen zu haben und auszudrücken, wird als ein zentrales Merkmal des Subjekts begriffen.[244] Im Verlauf der Moderne wird das Subjekt immer stärker zu einem zentralen Bezugspunkt im europäischen Selbstverständnis.

Neuere Theorien und Forschungen machen zudem deutlich, dass die Logik des Besonderen, des Partikularen, des Singulären in der Spätmoderne an Bedeutung gewinnt. „Seit dem letzten Drittel des 20. Jahrhunderts findet eine Neukonfiguration der Formen der Vergesellschaftung statt. Die soziale Logik des Singulären erlangt eine strukturbildende Kraft in der Ökonomie, in den Technologien und der Arbeitswelt, in den Lebensstilen und den Alltagskulturen sowie in der Politik."[245] Spätestens seit Rousseaus *Emile* wird die Bedeutung der Individualisierung von Erziehung und Bildung des Menschen gesehen. Infolge seiner physiologischen Beschaffenheit und seiner Sozialisationserfahrung ist jeder Mensch einmalig. Die Subjektivität eines Menschen und die Einmaligkeit seiner Weise des Lernens sind unauflösbar miteinander verwoben. In der Tiefenstruktur unterscheiden sich daher die Lernprozesse aller Subjekte voneinander.

Da es keine mit anderen Subjekten identischen Subjekte gibt, gibt es auch keine mit den Lernprozessen anderer Subjekte identischen mimetischen oder rituellen Prozesse. Wie bereits erwähnt, ist schon die Unterschrift eines Menschen jedes Mal verschieden und Graphologen erkennen Fälscher daran, dass sie ihre Unterschrift nicht variieren, sondern wie ein Fotokopierapparat bei jeder Wiederholung eine identische Kopie herstellen. In mimetischen Lern- und Aneignungsprozessen, in denen ein Subjekt einen „Abdruck" von einem anderen Menschen, einer sozialen Situation oder einem Objekt nimmt, ist dieser Prozess jedes Mal singulär und führt trotz Strukturähnlichkeiten jedes Mal

243 Damasio (1994) geht sogar so weit, Descartes' zentralen Satz umzuwandeln in: „Ich fühle, also bin ich".

244 Vgl. dazu und zu den grundsätzlichen Fragen einer Philosophie des Subjekts Frank 2012; Grundmann et al. 2007; Cramer et al. 1987.

245 Reckwitz 2017, S. 429.

zu einem einmaligen Ergebnis. Trotz ihres repetitiven Charakters sind mimetische Handlungen von Subjekten vollzogene singuläre Handlungen, mit denen soziale und kulturelle Verhältnisse angeeignet werden. Trotz ihrer kollektiven Arrangements sind auch die Lernprozesse der an Ritualen beteiligten Individuen einmalig und tragen zur Bildung der Singularität der Subjekte bei. Die sich in Wiederholungen vollziehenden mimetischen und rituellen Prozesse sind für die Bildung von Subjekten von zentraler Bedeutung. Durch die Individualisierung des Lernens wird in der Pädagogik versucht, der Subjektivität der Subjekte und der Einmaligkeit ihrer Lernprozesse gerecht zu werden. Die Individualisierung des Lernens einschließlich der mimetischen und rituellen Wiederholungen wird von den Subjekten als Anerkennung und Wertschätzung erlebt.

Die Frage erhebt sich, inwieweit die Subjektivierung der Menschen in einer als „Gesellschaft der Singularitäten" charakterisierten Spätmoderne zu einer neuen Form der Vergesellschaftung führt, und ob die Vergesellschaftung die Grundstrukturen der kapitalistischen Gesellschaft mit ihrer Rationalisierung und Ökonomisierung verändert. Oder handelt es sich auch hier um eine „große Erzählung", in der das umfassende Narrativ des Fortschritts durch den Hinweis auf viele kleine Fortschritte ersetzt wird? Erfolgt in dieser Erzählung eine Überbetonung der Gegenwart unter Aufgabe der Vorstellung eines zukünftigen Fortschritts der Menschheit? Kann die Entwicklung von der Moderne zur Spätmoderne als Fortschritt gelten? Oder muss man die Entwicklung anders einschätzen und eher von einer sozialen Krise der Anerkennung, einer kulturellen Krise der Selbstverwirklichung und einer politischen Krise der Öffentlichkeit ausgehen?[246]

Mit der Polarisierung der Gesellschaft in Hochqualifizierte in der neuen Wissens- und Kulturökonomie, die ein hohes Maß an Anerkennung erhalten, und in Geringqualifizierte im Bereich einfacher Dienstleistungen kommt es zu einem Auseinanderklaffen der Lebensstile und einer damit verbundenen Krise der Anerkennung. Während erstere Möglichkeiten der Selbst*verwirklichung* haben, sind die Lebenschancen letzterer eingeschränkt. Eine Polarisierung ist das Ergebnis. Schließlich kommt es infolge der Digitalisierung der Welt ebenfalls zu einer Krise des Politischen, das fragmentarisiert wird, sich in Teilöffentlichkeiten zurückzieht und dadurch seine die gesamte Gesellschaft durchdringende Funktion verliert. Diese Entwicklungen können zu einem Verfall des Allgemeinen und zur Entstehung einer Gesellschaft der Singularitäten führen. Die Frage ist, wie diese vielschichtigen Entwicklungen einzuschätzen sind. Skeptisch lässt sich schlussfolgern: „In den Prozessen der Singularisierung findet alles andere als eine ‚Freisetzung des Individuellen' statt, vielmehr handelt es sich um eine – praxeologisch genau analysierbare – hochdynamische soziale

246 Vgl. Reckwitz 2017, S. 429-442.

Fabrikation von Einzigartigkeiten auf der Ebene von Objekten, Subjekten, Ereignissen, Orten und Kollektiven. Singularitäten sind nichts Vorsoziales, vielmehr bilden sich um sie herum komplizierte singularistische Vergesellschaftungsformen, in denen Einzigartigkeiten hergestellt und beobachtet, valorisiert und angeeignet werden." [247]

---

247 Ebd., S. 429.

6 Die produktive Kraft der Imagination

Im vorherigen Kapitel wurde dargelegt, welche zentrale Bedeutung die Wiederholung in mimetischen und rituellen Prozessen besonders in der Erziehung, Bildung und Sozialisation hat. Im Folgenden wird untersucht, welche Rolle die Imagination und ihre performative Kraft für die Entwicklung der Menschen und die Schaffung ihres sozialen und kulturellen Zusammenlebens spielen. Das auf Imagination beruhende mimetische Lernen wird als kulturelles Lernen begriffen. Diese Perspektive und die sich daraus ergebende grundlegende Bedeutung mimetischer Prozesse für kulturelles Lernen wird durch neuere Forschungen der evolutionären Anthropologie und der Neurowissenschaften bestätigt. Die mimetische Aneignung der Welt und die Herausbildung eines individuellen und kollektiven Imaginären vollziehen sich in sinnlichen Prozessen. Diese sind performativ, d.h. sie sind körperbasiert, und werden inszeniert und aufgeführt. Mit der Fokussierung der Imagination bei Prozessen der mimetischen Weltaneignung findet die Performativität der Imagination eine wachsende Aufmerksamkeit.

Imagination als *conditio humana*

In der phylogenetischen und der ontogenetischen Entwicklung der Menschen spielt die Imagination eine zentrale Rolle.[248] In beiden Fällen ist ihre performative Kraft wichtig. Mit „performativer Kraft" bezeichne ich die produktive und gestalterische Seite der Imagination und ihrer Wirkungen in Inszenierungen und Aufführungen des Körpers. Wenn die Imagination Vergangenes in die Erinnerung, d. h. in die Gegenwart holt, dann handelt es sich bei diesem Prozess nicht um die Herstellung einer Kopie des Vergangenen. Vielmehr rekonstruiert die Imagination das Vergangene. Je nach dem Zusammenhang, in dem etwas erinnert wird, verändern sich die Inszenierung und die Aufführung des Erinnerten. Der performative Charakter der Imagination zeigt sich nicht nur bei Erinnerungen. Auch wenn in der Gegenwart eine Lösung für ein aktuelles Problem gesucht und entwickelt wird, ist dazu eine Inszenierung und Aufführung der Imagination erforderlich. Entsprechendes gilt für Inszenierungen und Aufführungen von Zukünftigem. Im Unterschied zur raum- und zeitgebundenen Wahrnehmung der Welt kann die Imagination ihre Bilder und Lösungs-

248 Wulf 2018; vgl. auch Wulf 2014.

vorschläge unabhängig von der unmittelbar gegebenen Welt entwerfen. Dazu bezieht sie sich oft auf bekannte Bilder und Schemata; doch diese inszeniert sie, d.h. sie kombiniert sie und bringt dabei Neues zur Darstellung. In dieser Möglichkeit der Kombination zeigt sich die performative Kraft der Imagination.

Mithilfe der Imagination verwandeln Menschen Außenwelt in Innenwelt und Innenwelt in Außenwelt und drücken dadurch ihr Verhältnis zur Welt, zu anderen Menschen und zu sich selbst aus. Die chiastische Struktur dieses Prozesses führt zur Entstehung innerer Bilderwelten, in denen sich individuelle und kollektive Bilder überlagern. Imagination ist eine synästhetische Kraft, die für Hören, Tasten, Riechen, Schmecken und Bewegen nicht weniger wichtig ist als für das Sehen. Die Performativität der Imagination zeigt sich in der Performativität mimetischer Prozesse und in Prozessen kulturellen Lernens. Neben der Sprache und eng mit ihr verwoben ist die Imagination diejenige Fähigkeit, die wie keine andere für den Menschen charakteristisch ist. Sie macht die Außenwelt in Form von Bildern zum Teil der Innenwelt, bewahrt und erinnert sie im Gedächtnis und vergegenständlicht diese innere Vorstellungs- und Bilderwelt außerhalb des Menschen. Die Imagination ist eine *conditio humana.* Im Griechischen wurde sie Phantasie genannt, von den Römern als Imagination übersetzt, von Paracelsus als Einbildungskraft ins Deutsche übertragen. Sie ist eine rätselhafte menschliche Energie, die die Lebenswelt durchdringt und sich in unterschiedlichen Formen manifestiert. Die Imagination wird nur in Konkretisierungen greifbar. Sie selbst entzieht sich dem identifizierenden Zugriff. Sie macht es möglich, Bilder wahrzunehmen, auch wenn das Abgebildete nicht anwesend ist. Sie bezeichnet die Möglichkeit des inneren Sehens und des Entwurfs zukünftiger Handlungen.

Eine frühe begriffliche Erwähnung der Phantasie findet sich in Platons *Politeia.* Im 10. Buch wird die Mimesis des Malers definiert als Nachahmung von etwas Erscheinendem, so wie es erscheint. Bei Aristoteles heißt es: Die Phantasie ist „ein Vor-Augenstellen, wie der Gedächtniskünstler verfährt, der sich bestimmte Bilder aussucht", und sie ist „das, wonach, wie man sagt, in uns eine Erscheinung (*phantasma*) entsteht."[249] Hier ist die Phantasie die Fähigkeit, die etwas in Erscheinung bringt. Die Bedeutung verschiebt sich, als in der römischen Antike *imaginatio* an die Seite von *phantasia* tritt. Nun liegt der Akzent nicht mehr auf dem „In-Erscheinung-Bringen", sondern *imaginatio* bezeichnet die aktive Kraft, Bilder in sich hinein zu nehmen, sich einzubilden, die Paracelsus als „Einbildungskraft" ins Deutsche übersetzt hat. Phantasie, Imagination, Einbildungskraft sind drei Begriffe für das menschliche Vermögen, äußere Wahrnehmungen in innere Bilder zu transformieren, also Außenwelt in Innenwelt zu verwandeln und innere Bilderwelten unterschiedlicher Bedeutung

249 Aristoteles 2016, De anima, III, 3.

zu schaffen, zu erhalten und zu verändern und mit ihrer Hilfe Außenwelt zu gestalten.

Phantasie ist an den Status des Menschen als „Mängelwesen" (Gehlen), an seine residuale Instinktausstattung und an den Hiatus zwischen Reiz und Reaktion gebunden. Damit ist sie in Beziehung mit Bedürfnissen, Triebregungen und Befriedigungswünschen. Doch erschöpft sich Phantasietätigkeit nicht in diesen. Nach Gehlens Auffassung ist die Phantasie eng mit der Lebenskraft verbunden und lässt sich als die innere Seite des Vegetativen begreifen. Doch damit nicht genug. Sie ist eine Bedingung menschlicher Plastizität und Weltoffenheit und verweist auf die Notwendigkeit ihrer kulturellen Gestaltung. Für die Enkulturation des Menschen spielt die Phantasie eine so zentrale Rolle, dass der Mensch „als Phantasiewesen so richtig bezeichnet [wäre], wie als Vernunftwesen."[250]

Die Imagination widersetzt sich dem rationalen Zugriff. Selbst Bilder sind nur als Vergegenständlichung elementarer Energien zu verstehen, die sich entziehen und nicht objektivierbar sind. Die drei im Deutschen für Imagination gebräuchlichen Begriffe können unterschiedliche Aspekte akzentuieren, ohne dass ihre Unterscheidungen trennscharf wären. In aller Vorläufigkeit ließe sich vielleicht folgende Unterscheidung vornehmen: Phantasie bezeichnet eher die wildwüchsige Seite, Imagination die Bilderwelt und Einbildungskraft die Vorstellungskraft, mit der auch Neues erzeugt wird.

In Bezug auf die Phantasie lassen sich vier Aspekte unterscheiden, die sich auf verschiedene historische Perioden und kulturelle Kontexte beziehen. Ein Aspekt der Phantasie bezieht sich auf die Erzeugung und Teilhabe der Menschen an der Kunst. Ein zweiter richtet sich auf das Verständnis der Alterität anderer kultureller Welten, die nur mit Hilfe der Phantasie so „nachgeschaffen" werden können, dass sie verstanden werden. Ein dritter Aspekt verweist auf den Zusammenhang zwischen dem Unbewussten und der Phantasie; hier ist Phantasie die Kraft, die außerhalb des Bewusstseins an der Gestaltung der menschlichen Bilder- und Handlungswelt mitwirkt, die sich in Träumen und Phantasien, Strömen des Begehrens und vitalen Kräften sowie im Handeln artikuliert. Der vierte Aspekt ist schließlich auf den Wunsch und die Fähigkeit bezogen, Gewünschtes kontrafaktisch zu realisieren.[251] In allen vier Aspekten zielt die Phantasie darauf, die Welt zu verändern, jedoch eher spontan, ereignishaft und vagabundierend als strategisch.[252]

Auch die Begriffe Imagination und Einbildungskraft erfahren unterschiedliche Bedeutungsdifferenzierungen. Blickt man in die englische Geistesgeschich-

---

250 Gehlen 1978, S. 374.
251 Kamper 1986.
252 Iser 1991.

te, so ist für Locke die Imagination die „power of the mind“, für Hume eine „Art magische Fähigkeit der Seele [...] Dieselbe bleibt aber trotz der äußersten Bemühungen des menschlichen Verstandes unerklärbar.“[253] Coleridge begreift die Imagination als eine menschliche Fähigkeit bzw. als ein Vermögen und unterscheidet zwei Formen. „Die primäre Imagination halte ich für die lebendige Kraft und den eigentlichen Beweger aller menschlichen Wahrnehmung, und für eine im endlichen Geist stattfindende Wiederholung des ewigen Schöpfungsaktes im unendlichen Ich bin. Die sekundäre Imagination betrachte ich als Echo der primären; sie koexistiert mit dem bewussten Willen, ist jedoch in der Art ihrer Wirksamkeit mit der primären Imagination identisch und unterscheidet sich nur in Grad und Modalität ihrer Wirkungsweise. Sie löst auf, zerstreut, verflüchtigt, um wiederzuerschaffen; wo dieser Prozess sich als unmöglich erweist, kämpft sie auf alle Fälle darum, zu idealisieren und zu vereinigen. Sie ist ihrem Wesen nach durch und durch lebendig, genauso wie alle Objekte (als Objekte) ihrem Wesen nach fixiert und tot sind.“[254]

Nach dieser Auffassung ist die Imagination ein Teil des Subjekts, in dem sie wirkt und mit dem dieses die Welt belebt. Imagination umfasst auch die Fähigkeit, bestehende Verbindungen aufzulösen, zu zerstören und dadurch neue zu schaffen. Während die erste Form der Imagination eher analog zur Kraft der Natur, der *natura naturans* gedacht ist, die alles erzeugt, ist die zweite Form der Imagination auf die Welt der Dinge bezogen, welche sie zerstört und aufbaut. Dazu kommt noch eine dritte Kraft, die Phantasie (*fancy*), die die Dinge und Beziehungen erzeugt und kombiniert. Diese drei Aspekte des imaginativen Vermögens wirken spielerisch aufeinander und miteinander. Sie erzeugen Bilder, zerstören sie, verbinden ihre Elemente zu neuen Bildern in einer oszillierenden Bewegung des Hin und Her.

Für Herder ist die Einbildungskraft die Verbindung zwischen Körper und Geist, die den Menschen aus sich herauswirft. Für Immanuel Kant und Johann Gottlieb Fichte ist die sie die Brücke zwischen der Vernunft und den Sinnen. In Kants berühmter Formulierung, wonach Anschauungen ohne Begriffe blind und Begriffe ohne Anschauung leer sind, wird die Einbildungskraft für jede begriffliche Erkenntnis als notwendig anerkannt. Doch hat sich die kulturelle Entwicklung nicht an diese Norm gehalten. Leere Begriffe und begriffslose Bildangebote haben sich ausgebreitet. In immer mehr gesellschaftlichen Bereichen ist Fiktion real geworden und Realität fiktiv. Aus der französischen Diskussion kommt mit dem Imaginären ein weiterer Begriff hinzu, der seinerseits wieder neue Bedeutungsdimensionen mit ins Spiel bringt. Das Imaginäre bezeichnet bei dem von Edmund Husserl inspirierten Jean-Paul Sartre die „irrea-

253 Hume 1989, S. 38f.
254 Coleridge, Biographia Literaria I, zit. n. Iser 1991, S. 320.

lisierende“ Funktion des Bewusstseins, innerhalb derer das Bewusstsein abwesende Objekte erzeugt, gegenwärtig macht und dabei eine imaginäre Beziehung zu seinen Objekten herstellt.[255]

Theodor Adorno bringt die gesellschaftliche Auseinandersetzung um die Rolle der Phantasie in Wissenschaft, Kunst und Kultur auf den Begriff, wenn er schreibt: „Eine Geistesgeschichte der Phantasie zu schreiben, um die es in den positivistischen Verboten eigentlich geht, verlohnte sich. Im achtzehnten Jahrhundert, bei Saint-Simon sowohl wie im Discours préliminaire von d'Alembert, wird sie samt der Kunst zur produktiven Arbeit gerechnet, hat teil an der Idee der Entfesselung der Produktivkräfte; erst Comte, dessen Soziologie apologetisch-statisch sich umwendet, ist als Feind von Metaphysik auch der von Phantasie. Ihre Diffamierung, oder Abdrängung in ein arbeitsteiliges Spezialreich, ist ein Urphänomen der Regression bürgerlichen Geistes, doch nicht als dessen vermeidbarer Fehler, sondern im Zug einer Fatalität, welche die instrumentelle Vernunft, derer die Gesellschaft bedarf, mit jenem Tabu verkoppelt. Daß nur verdinglicht: abstrakt der Realität gegenübergestellt, Phantasie überhaupt noch geduldet wird, lastet nicht weniger denn auf der Wissenschaft auf der Kunst; verzweifelt sucht die legitime die Hypothek zu tilgen.“[256]

In einer eher historischen Perspektive hat Vilém Flusser unter dem Stichwort „Eine neue Einbildungskraft“ versucht, vier Entwicklungsphasen der Einbildungskraft im Zusammenhang mit der Menschheitsgeschichte zu unterscheiden: „Zuerst trat man von der Lebenswelt zurück, um sie sich einzubilden. Dann trat man von der Einbildung zurück, um sie zu beschreiben. Dann trat man von der linearen Schriftkritik zurück, um sie zu analysieren. Und schließlich projiziert man aus der Analyse dank einer neuen Einbildungskraft synthetische Bilder [...] Mit anderen Worten: die an uns gestellte Herausforderung ist, aus der linearen Existenzebene in eine völlig abstrakte, nulldimensionale Existenzebene (ins ‚Nichts‘) zu springen.“[257]

Die Performativität der Imagination

Mithilfe der Performativität der Imagination erzeugen Individuen, Gemeinschaften und Kulturen das Imaginäre. Dieses lässt sich als eine materialisierte Bilder-, Ton-, Tast-, Geruchs-, Geschmacks-, Emotions-, Handlungs- und Verhaltenswelt begreifen. Sie bildet die Voraussetzung dafür, dass Menschen die Welt in einer historisch-kulturell geprägten Weise wahrnehmen. Die Imagina-

255 Sartre 1971; Wulf 2014.
256 Adorno 1978, S. 62f.
257 Flusser 1999, S. 125f.; zu den ludischen Aspekten der Imagination vgl. Wittig 2018.

tion erinnert und erzeugt, kombiniert und projiziert Bilder. Sie schafft Realität. Zugleich dient ihr die Realität dazu, Bilder hervorzubringen. Die Bilder der Imagination haben eine die Wahrnehmung, Erinnerung und Zukunft strukturierende Dynamik. Die Vernetzung der Bilder folgt den dialektischen und rhythmischen Bewegungen der Einbildungskraft. Nicht nur das alltägliche Leben, sondern auch Literatur, Kunst, Musik und darstellende Künste stellen ein unerschöpfliches Reservoir von Bildern dar. Einige scheinen relativ stabil und wenig veränderbar zu sein. Andere hingegen unterliegen einem schnellen historisch-kulturellen Wandel. Die Imagination hat eine symbolisierende Dynamik, die kontinuierlich neue Bedeutungen erzeugt und dazu Bilder verwendet. Mithilfe dieser von der Imagination geschaffenen Bilder erfolgen Deutungen der Welt.[258]

Die Imagination hat eine starke performative Kraft, die soziale und kulturelle Handlungen inszeniert und aufführt. Mit ihr schafft sie das Imaginäre, das Bilder der Erinnerung, der Gegenwart und der Zukunft umfasst. Mithilfe mimetischer Bewegungen kann sie den ikonischen Charakter der Bilder zur Entfaltung bringen. Im Nachschaffen ihres Bildcharakters werden die Bilder ins Imaginäre aufgenommen. Als Teil der mentalen Welt sind sie Zeugnisse der Außenwelt. Welche Bilder, Strukturen und Modelle Teil des Imaginären werden, bestimmen historisch-kulturelle Prozesse. In diesen Bildern sind Anwesenheit und Abwesenheit der Außenwelt ununterscheidbar miteinander verwoben. Aus dem Imaginären emergierende Bilder werden von der Imagination in neue Kontexte gebracht. Es entstehen Bildnetze, mit denen wir die Welt umspannen und die unsere Sicht der Welt bestimmen.

Der performative Charakter der Imagination führt dazu, dass die Bilder des Sozialen einen zentralen Teil des Imaginären ausmachen. In ihnen sind die Machtstrukturen der sozialen Verhältnisse und gesellschaftlichen Strukturen repräsentiert, die zugleich auch die Gesellschaft und das Soziale strukturieren. Diese Prozesse haben ihre Anfänge in der Kindheit und vollziehen sich weitgehend unbewusst. Hier wird die Wahrnehmung sozialer Konstellationen und Arrangements gelernt. Beim visuellen, akustischen und haptischen Begreifen der Welt spielen diese frühen Wahrnehmungserfahrungen und die aus ihnen resultierenden Bilder eine wichtige, nicht ersetzbare Rolle. Ein begreifendes Sehen sozialer Handlungen entsteht dadurch, dass biographisch geprägte historisch-kulturelle Schemata und mentale Bilder dafür die Voraussetzungen bilden. Wir sehen soziale Handlungen und setzen uns in der Wahrnehmung zu ihnen in Beziehung. Dadurch gewinnen diese Handlungen für uns Bedeutungen. Wenn sich diese Handlungen auf uns richten, geht der Impuls zur Anknüpfung einer Beziehung von ihnen aus und erwartet eine Antwort unserer-

258 Wulf 2013b, 2014; Hüppauf/Wulf 2006.

seits. In jedem Fall bildet sich eine Beziehung, für deren Entstehung die Bilder unseres Imaginären eine wichtige Voraussetzung sind. Wir treten in ein Handlungsspiel ein und handeln bezogen auf die im sozialen Arrangement uns entgegengebrachten Erwartungen, sei es, dass wir auf sie eingehen, sie modifizieren oder ihnen zuwiderhandeln. Mimetisch ist unser eigenes Handeln meistens weniger aufgrund von Ähnlichkeit als vielmehr aufgrund erzeugter Entsprechungen. In ein Handlungsspiel eingelassen, nehmen wir die Handlungen der anderen wahr und handeln selbst in mimetischem Bezug auf sie.

Mimetisches Lernen als kulturelles Lernen

Die Performativität der Imagination zeigt sich in den von ihr ermöglichten mimetischen Prozessen. Diese sind einmal eine Folge der menschlichen Fähigkeit, innere Bilder, Imaginationen, Ereignisse, Erzählungen, Handlungsfolgen performativ werden zu lassen, sie also auszudrücken, in Darstellungen zu inszenieren und szenisch aufzuführen. Zum anderen bezeichnet Mimesis die Fähigkeit, sich in der Wahrnehmung sozialer und ästhetischer Handlungen diesem Verhalten anzuähneln und es sich dadurch anzueignen. Die Unterschiede in den individuellen Voraussetzungen für die Prozesse mimetischer Anähnlichung an Vorbilder machen auch die Anähnlichungs- und Aneignungsprozesse selbst unterschiedlich und führen zu divergierenden Ergebnissen.[259] Die Fähigkeit zu sozialem Handeln wird wesentlich in mimetischen Lernprozessen erworben. Menschen entwickeln z. B. ihre unterschiedlichen Fähigkeiten zu spielen, Gaben zu tauschen und rituell zu handeln in mimetischen Prozessen. Um jeweils „richtig" handeln zu können, ist praktisches Wissen erforderlich, das über sinnliche, körperbezogene Lernprozesse in den entsprechenden Handlungsfeldern erworben wird. Die jeweiligen kulturellen Charakteristika sozialen Handelns werden in mimetischen Annäherungen erfasst. Soziale Handlungen sind historisch und kulturell geformt. Überall, wo jemand mit Bezug auf eine schon bestehende soziale Praxis handelt und dabei selbst eine soziale Praxis herstellt, entsteht ein mimetisches Verhältnis zwischen beiden. Dies gilt z. B., wenn wir eine soziale Praxis aufführen, nach einem sozialen Modell handeln, soziale Vorstellungen körperlich ausdrücken und ein praktisches Wissen erwerben. Diese mimetischen Handlungen sind keine bloßen Reproduktionen, die exakt einem Vor-Bild folgen. In mimetisch vollzogenen sozialen Praktiken kommt es stets auch zur Entstehung von Differenz und damit von etwas Neuem.[260]

---

259 Wulf 2014; Suzuki/Wulf 2007.
260 Plessner 1982.

Mimetisches Handeln bedeutet, sich mit Hilfe der Imagination einem Menschen oder einer Sache „ähnlich zu machen“, ihm oder ihr nachzueifern, aber auch etwas „zur Darstellung zu bringen“, etwas „auszudrücken“. Es bezeichnet die Bezugnahme auf einen anderen Menschen oder auf eine andere „Welt“, in der Absicht, ihm oder ihr ähnlich zu werden. Dieser Prozess kann sich auf das Verhältnis zu einer vorgegebenen und dargestellten „Wirklichkeit“ beziehen; dann entsteht ein Repräsentationsverhältnis. Mimetisches Verhalten kann aber auch die „Nachahmung“ von etwas mithilfe der Imagination bezeichnen, das es in der „Wirklichkeit“ nicht gibt und auch nicht gegeben hat, etwa die Darstellung eines Mythos oder einer literarischen Person, die nur in dieser Darstellung gegeben ist und der kein bekanntes Modell außerhalb dieser Darstellung zugrunde liegt. Mimetisches Handeln muss sich nicht auf eine „Wirklichkeit“ richten; es kann sich auch auf Wortkonstellationen, Bilder oder Handlungen beziehen, die zum Modell für andere Wortkonstellationen, Bilder oder Handlungen werden;[261] Die Fähigkeit, sich mit anderen Personen zu identifizieren, sie als intentional Handelnde zu begreifen und mit ihnen Aufmerksamkeit auf etwas zu richten, ist an das Begehren gebunden, sich den Anderen durch Anähnlichung vertraut zu machen. In diesem Begehren, dem Anderen ähnlich zu werden, liegt die Voraussetzung dafür, die kommunikativen Absichten anderer Menschen in Gesten, Symbolen und Konstruktionen zu verstehen und zu begreifen, wie diese Absichten Gegenstandskategorien und Ereignisschemata herausbilden und kausale Beziehungen zwischen den Gegenständen der Welt erzeugen.[262]

Im Unterschied zu den Prozessen der Mimikry, in denen eine bloße Anpassung an vorgegebene Bedingungen vollzogen wird, erzeugen mimetische Prozesse gleichzeitig Ähnlichkeit und Differenz mit anderen Menschen oder Situationen, auf die sie sich beziehen. Dabei spielen auch auf der Imagination basierende ludische Elemente eine Rolle. Durch die „Anähnlichung“ an früher erfahrene Situationen und kulturell geprägte Welten erwerben Subjekte die Fähigkeit, sich in einem sozialen Feld zu orientieren. Durch die Teilnahme an der Lebenspraxis anderer Menschen erweitern sie ihre Lebenswelt und schaffen sich neue Handlungs- und Erfahrungsmöglichkeiten. In diesem Prozess verschränkt sich die vorgegebene Welt mit der Individualität derer, die sich auf sie mimetisch beziehen. Es überlagern sich Rezeptivität und Aktivität. Die Menschen schaffen die früher erfahrene Situation bzw. die Welt außerhalb ihrer noch einmal und machen sie in der Wiederholung zu ihrer eigenen. Erst in der Auseinandersetzung mit der früheren Situation bzw. der äußeren Welt gewinnen sie ihre Individualität und Subjektivität. Erst in diesem Prozess formt sich

261 Wulf 2005, 2014.

262 Gebauer/Wulf 1992, 1998, 2003; Taussig 1993; de Tarde 2003; Tavani 2012.

der nicht festgestellte Antriebsüberschuss des Menschen zu individuellen Wünschen und Bedürfnissen. Die Auseinandersetzung mit dem Außen und die Bildung des Selbst entstehen in demselben Zusammenhang. Äußere und innere Welt gleichen sich an und werden nur in der Wechselbeziehung erfahrbar. Ähnlichkeiten und Korrespondenzen zwischen Innerem und Äußerem entstehen. Die Menschen machen sich der Außenwelt ähnlich und verändern sich in diesem Prozess; in dieser Transformation wandeln sich ihre Wahrnehmung des Äußeren und ihre Selbstwahrnehmung.[263]

In mimetischen Lernprozessen werden vorgängige soziale Handlungen noch einmal vorgenommen. Dabei wird die Bezugnahme nicht vom theoretischen Denken, sondern mit Hilfe der Sinne *aisthetisch* hergestellt; verglichen mit der ersten sozialen Handlung entfernt sich die zweite Handlung von dieser insofern, als sie sich mit ihr nicht direkt auseinandersetzt, sie nicht verändert, sondern sie noch einmal macht; dabei hat die mimetische Handlung einen zeigenden und darstellenden Charakter; ihre Aufführung erzeugt wiederum eigene sinnliche Qualitäten. Mimetische Prozesse beziehen sich auf bereits geschaffene soziale Welten, die entweder als wirklich gegeben oder die imaginär sind. Der dynamische Charakter sozialer Handlungen hängt damit zusammen, dass das für ihre Inszenierung erforderliche Wissen ein praktisches Wissen ist. Als solches unterliegt es in geringerem Maße als theoretisches Wissen rationaler Kontrolle.[264] Dies ist der Fall, weil praktisches Wissen kein reflexives, seiner selbst bewusstes Wissen ist. Dazu wird es erst im Zusammenhang mit Konflikten und Krisen, in denen die aus ihm entstehenden Handlungen einer Begründung bedürfen. Wird die soziale Praxis nicht in Frage gestellt, so bleibt das praktische Wissen gleichsam halbbewusst. Wie das Habitus-Wissen umfasst es Bilder, Schemata, Handlungsformen, die für die szenische körperliche Aufführung sozialer Handlungen verwendet werden, ohne dass sie auf ihre Angemessenheit hin reflektiert werden. Sie werden „einfach" gewusst und für die Inszenierung der sozialen Praxis herangezogen.[265] In mimetischen Prozessen vollzieht sich eine nachahmende Veränderung und Gestaltung vorausgehender Welten. Hierin liegt das innovative Moment mimetischer Akte. Mimetisch sind also soziale Praktiken, wenn sie auf andere Handlungen Bezug nehmen und selbst als soziale Arrangements begriffen werden können, die sowohl eigenständige soziale Praxen darstellen als auch einen Bezug zu anderen Handlungen haben. Soziale Handlungen werden durch die Entstehung praktischen Wissens im Verlauf mimetischer Prozesse möglich. Das für soziale Handlungen relevante praktische Wissen ist körperlich und sinnlich sowie historisch und kulturell; es ist semantisch nicht eindeutig, lässt sich

263 Ricœur 1988-91.
264 Loenhoff 2012.
265 Schatzki/Knorr-Cetina/Savigny 2001; Schmidt/Stock/Volbers 2011; Nicolini 2013.

nicht auf Intentionalität reduzieren, enthält einen Bedeutungsüberschuss und zeigt sich in den sozialen Inszenierungen und Aufführungen von Religion, Politik, Bildung und alltäglichem Leben.

Soziale und ästhetische Handlungen werden als mimetisch bezeichnet, wenn sie erstens als Bewegungen Bezug auf andere Bewegungen nehmen, wenn sie zweitens sich als körperliche Aufführungen oder Inszenierungen begreifen lassen, und wenn sie drittens eigenständige Handlungen sind, die aus sich heraus verstanden werden können und die auf andere Handlungen oder Welten Bezug nehmen. Nicht mimetisch sind damit Handlungen wie Entscheidungen, reflexhaftes oder routiniertes Verhalten, aber auch einmalige Handlungen und Regelbrüche.[266]

Zusammenfassend lassen sich für das Verständnis der historischen und kulturellen Bedeutung mimetischer Prozesse fünf Aspekte festhalten.

Erstens verweisen bereits der sprachgeschichtliche Ursprung und der frühe Verwendungszusammenhang des Mimesis-Begriffs auf die Rolle, die mimetische Prozesse für die Inszenierung kultureller Praktiken und für die Kultur des Performativen spielen.[267]

Zweitens darf Mimesis nicht als bloße Herstellung von Kopien begriffen werden. Vielmehr ist Mimesis ein anthropologischer Begriff und bezeichnet eine kreative menschliche Fähigkeit mit *aisthetischen* Elementen, mit deren Hilfe in der Nachbildung etwas Neues entsteht.[268]

Drittens werden innere Bilder, Imaginationen, Ereignisse, Erzählungen, Handlungsfolgen in mimetischen Prozessen ausgedrückt, inszeniert und szenisch aufgeführt;[269] dadurch werden sie performativ. Außerdem führen mimetische Prozesse dazu, sich in der Wahrnehmung und Nachbildung der Performativität sozialer und ästhetischer Handlungen diesem Verhalten anzuähneln und es sich dadurch anzueignen.[270]

Viertens können mimetische Prozesse zur Entstehung von Gewalt beitragen. Dies ist besonders in Krisensituationen der Fall, in denen Rituale und Verbote außer Kraft gesetzt sind.[271]

Fünftens bildet sich in mimetischen Prozessen das für das menschliche Zusammenleben so wichtige praktische Wissen, das ein schweigendes körperbasiertes Wissen ist, welches sich im theoretischen Zugriff nur unzulänglich fassen lässt.[272]

---

266 Gebauer/Wulf 1998.
267 Gebauer/Wulf 1992; Wulf 2005.
268 Wulf 2013a, b; Gebauer/Wulf 2008.
269 Wulf 2014.
270 Wulf/Zirfas 2007, 2005.
271 Girard 1987, 1988; Paragrana 2011 (1).
272 Wulf 2009, 2013a; Nicolini 2013; Kraus/Budde/Hietzge/Wulf 2017.

Mimetisches Lernen und Evolutionsforschung

Neuere Arbeiten in der Primatenforschung haben gezeigt: Zwar gibt es elementare Formen mimetischen Lernens auch bei anderen Primaten, doch sind Menschen in besonderer Weise fähig, mimetisch zu lernen. Auf der Grundlage vergleichender Forschungen über das Sozialverhalten von Primaten ist es Vertretern der Entwicklungspsychologie und der kognitiven Psychologie in den letzten Jahren gelungen, einige spezifische Charakteristika des menschlichen Lernens im frühen Alter zu bestimmen und den besonderen Charakter des mimetischen Lernens beim Menschen im Säuglings- und Kleinkindalter zu bestätigen. Zusammenfassend beschreibt Michael Tomasello diese Fähigkeiten von Kleinkindern: „Sie identifizieren sich mit anderen Personen; nehmen andere als intentionale Akteure wie sich selbst wahr; nehmen mit anderen an Aktivitäten gemeinsamer Aufmerksamkeit teil; verstehen viele der kausalen Beziehungen, die zwischen physischen Gegenständen und Ereignissen in der Welt bestehen; erkennen die kommunikativen Absichten, die andere Personen durch Gesten, sprachliche Symbole und Sprachkonstruktionen ausdrücken; lernen anhand von Imitation durch Rollentausch anderen gegenüber dieselben Gesten, Symbole und Konstruktionen hervorzubringen; und bilden sprachlich basierte Gegenstandskategorien und Ereignisschemata“.[273] Diese Fähigkeiten versetzen bereits Kleinkinder in die Lage, an kulturellen Prozessen teilzunehmen. Sie können sich an den Inszenierungen der Praktiken und Fertigkeiten der sozialen Gruppe beteiligen, in der sie leben, und sich dadurch deren kulturelles Wissen aneignen. Die hier beschriebenen Fähigkeiten verweisen auf die zentrale Bedeutung des Lernens in Bezug auf Vorbilder. Diese Prozesse lassen sich jedoch besser als mimetische Prozesse begreifen. Die Fähigkeiten, sich mit anderen Personen zu identifizieren, sie als intentional Handelnde zu begreifen und mit ihnen Aufmerksamkeit auf etwas zu richten, sind an das mimetische Begehren des Kindes gebunden, den Erwachsenen nachzueifern, sich ihnen anzuähneln bzw. wie sie werden zu wollen. In diesem Begehren, den Älteren ähnlich zu werden, liegt die Motivation dafür, kausale Beziehungen zwischen den Gegenständen der Welt zu begreifen und die kommunikativen Absichten anderer Menschen in Gesten, Symbolen und Konstruktionen zu verstehen und wie diese Gegenstandskategorien und Ereignisschemata herauszubilden. Bereits mit acht Monaten erreichen Kleinkinder diese in den mimetischen Möglichkeiten des Menschen liegenden Fähigkeiten, über die nicht-menschliche Primaten zu keinem Zeitpunkt ihres Lebens verfügen.

---

273 Tomasello 2002, S. 189.

Mimetisches Lernen und neurowissenschaftliche Erkenntnisse

Bestätigt werden diese Erkenntnisse durch die neurowissenschaftliche Forschung, die in den 1990er Jahren nachweisen konnte, dass sich Menschen von nicht-menschlichen Primaten dadurch unterscheiden, dass sie in besonderer Weise fähig sind, sich in mimetischen Prozessen die Welt zu erschließen.[274] Ein Grund dafür ist das Spiegelneuronen-System. Die Analyse der Funktionsweise der Spiegelneuronen zeigt, dass das Erkennen anderer Menschen, ihrer Handlungen und ihrer Intentionen von unserem Bewegungsvermögen abhängt. Das Spiegelneuronen-System ermöglicht es unserem Gehirn, beobachtete Bewegungen auf unsere eigenen Bewegungsmöglichkeiten zu beziehen und deren Bedeutung zu erkennen. Ohne diesen Mechanismus nähmen wir zwar Bewegungen und Verhalten anderer Menschen wahr, doch wüssten wir nicht, was ihr Verhalten bedeutet und was sie wirklich tun. Das Spiegelneuronen-System wird von vielen Forschern als das physiologische Korrelat dafür angesehen, dass wir nicht nur als Einzelne, sondern auch als soziale Personen handeln können. Es wirkt mit bei mimetischem Verhalten und Lernen, gestischer und verbaler Kommunikation sowie bei dem Verständnis der emotionalen Reaktionen anderer Menschen. Die Wahrnehmung der Schmerzen eines Menschen scheint die gleichen Gehirnareale zu aktivieren, die aktiviert werden würden, wenn wir diese Gefühle unmittelbar selbst empfänden. Zwar gibt es Spiegelneuronen bei nicht-menschlichen Primaten (z. B. Makaken), doch ist ihr System beim Menschen viel komplexer. Im Unterschied zu nicht-menschlichen Primaten sind Menschen in der Lage, transitive und intransitive Bewegungshandlungen zu unterscheiden, Handlungstypen und die Sequenz von Handlungen, die diese Typen ausmachen, zu wählen, sowie bei Handlungen aktiv zu werden, die nicht wirklich vollzogen, sondern lediglich nachgeahmt werden. Das System der Spiegelneuronen trägt dazu bei, die Bedeutung der Handlungen anderer Menschen zu begreifen, und zwar nicht nur einzelne Handlungen, sondern auch Handlungssequenzen. Wenn wir jemanden eine Handlung vollziehen sehen, dann haben seine Bewegungen für uns eine unmittelbare Bedeutung. Entsprechendes scheint auch für unsere Handlungen und deren Verständnis durch andere Menschen zu gelten. Experimentelle Untersuchungen zeigen, dass die Qualität des Bewegungssystems und das Spiegelneuronen-System notwendige, doch nicht ausreichende Bedingungen für das mimetische Vermögen darstellen. Es bedarf weiterer neuronaler Vorgänge, damit Prozesse entstehen, die über die bloße Reproduktion hinausgehen und in denen eine mimetische Anähnlichung der Welt und der anderen Menschen erfolgt.

274 Rizzolatti/Sinigaglia 2008; Jacoboni 2008.

Solche mimetischen Fähigkeiten lassen Kleinkinder an den kulturellen Produkten und Prozessen ihrer Gesellschaft teilnehmen. Sie ermöglichen ihnen, die materiellen und symbolischen Produkte ihrer kulturellen Gemeinschaft zu inkorporieren, sie zu erhalten und später an die nächste Generation weiterzugeben. Mimetische Prozesse richten sich zunächst vor allem auf andere Menschen. In ihnen nehmen Säuglinge und Kleinkinder auf die Menschen Bezug, mit denen sie zusammenleben: Eltern, ältere Geschwister, andere Verwandte und Bekannte. Sie versuchen sich diesen ähnlich zu machen, indem sie z. B. ein Lächeln mit einem Lächeln beantworten. Doch sie initiieren auch durch die Anwendung bereits erworbener Fähigkeiten die entsprechenden Reaktionen der Erwachsenen. Die sozialen und kulturellen Bedingungen dieses frühen Lebens schreiben sich in die Gehirne und Körper der Kinder ein. Wer nicht in frühem Alter Sehen, Hören oder Sprechen gelernt hat, kann es zu einem späteren Zeitpunkt nicht oder nur unzureichend erlernen.

Zur Genese des Performativitätsbegriffs

Wie wir gesehen haben, sind Prozesse der Imagination und des mimetischen Lernens performativ. Inzwischen gibt es umfangreiche Forschungen zu unterschiedlichen Dimensionen des Performativen, die deutlich machen, wie wichtig diese Dimensionen kulturellen und sozialen Handelns und Verhaltens für Erziehung, Bildung und Sozialisation sind. Für die kultur- und erziehungswissenschaftliche Bedeutung des Performativitätsbegriffs sind fünf Referenzpunkte besonders wichtig.

1) Die performative Sprechakttheorie John Austins: Als performativ gilt eine Äußerung, wenn sie eine Handlung ist, also z. B. das „Ja“ in einer Hochzeitszeremonie, das eine Handlung ist, die das ganze Leben der Betroffenen verändert. Solche Handlungen finden häufig im Zusammenhang mit Ritualen statt. Bei ihnen geht es nicht um den Wahrheitsgehalt der Äußerung, sondern um ihre Wirkung. „Performativ“ bezeichnet hier eine selbstreferentielle, oft durch eine Institution für eine Zeremonie vorstrukturierte Äußerung wie das bei der Hochzeit erwartete „Ja“.[275]

2) Die Transformationsgrammatik Noam Chomskys mit der Unterscheidung zwischen Performanz und Kompetenz: Die sprachliche Performanz ist bei Chomsky das Ergebnis sprachlicher Kompetenz, also der allen Menschen gemeinsamen Sprachfähigkeit. Unter Performanz werden das aktuelle Sprechen, die entsprechenden Sprechmechanismen, die Beherrschung der Grammatik,

275 Austin 1985.

die Anwendung der Sprache verstanden.[276] Die Performanz kann hier durch erhebliche Abweichung von grammatischer Korrektheit gekennzeichnet sein, ohne ihre Funktion einzubüßen. Der praktische Sinn, wann z. B. ein Satzabbruch oder eine unvollständige Äußerung angemessen ist, kennzeichnet die Performanz.

3) Die ästhetischen Theorien der *performance art*: Performance-Kunst bezeichnet die Inszenierung und Aufführung künstlerischer Handlungen, denen kein festes Skript zugrunde liegt. Hier erfolgen eine ästhetische Darstellung des Körpers und ein Ausdruck von Emotionen, oftmals verbunden mit Kritik an traditionellen Formen des Theaters. Der Fokus liegt auf der Emergenz, dem Auftauchen von Emotionen,[277] auf der Ereignishaftigkeit des Geschehens, der Materialität der körperlichen, häufig sinnfreien Prozesse und dem experimentellen Charakter der ästhetischen Handlungen.

4) Judith Butlers Beitrag zur Genderdiskussion:[278] Mit Performativität wird hier nicht nur die körperliche Inszenierung von *gender*, sondern die diskursive Konstruktion durch die Anrufung als „Junge“ oder „Mädchen“ bezeichnet. In diesen performativen Prozessen wird *gender*-Wirklichkeit konstruiert. Damit erfolgen eine Kritik am Essentialismus von Geschlecht, Begehren, Körper und der Verweis auf die konstitutive Rolle performativer Prozesse. Mit der Bezeichnung von „Junge“ oder „Mädchen“ und der Zuschreibung von *gender* sind Definitions- und Machtprozesse verbunden, die für die Herausbildung der Individualität und Subjektivität von zentraler Bedeutung sind.

5) Der Sonderforschungsbereich „Kulturen des Performativen“ an der Freien Universität Berlin (1999-2010): Hier wurde herausgearbeitet, dass kulturelles Handeln weniger als Text anzusehen ist, sondern eher in seinem institutionellen und inszenatorischen Charakter begriffen werden sollte.[279] Aus dieser Perspektive wird z. B. die Dynamik von Ritualen, ihr performativer Überschuss, ihre szenisch-mimetische Expressivität, ihr Inszenierungs- und Aufführungscharakter zum Gegenstand der Forschung. Performative Prozesse und ihre kulturellen Bedeutungen werden im Zusammenhang mit körperlichen Aufführungen, mit zeitlichen und räumlichen Rahmungen, mit multimodalen Prozessen untersucht. Die Entstehung praktischen Wissens in mimetischen und rituellen Prozessen wird erforscht. Wenn von Performativität die Rede ist, so steht der kreative Prozess im Mittelpunkt, der soziale Wirklichkeiten erzeugt. Dabei werden Wahrnehmung, Medien und *gender* untersucht. Das Interesse richtet sich auf Verkörperung, Prozessualität und Relationalität.

276 Chomsky 1973.
277 Paragrana 2013.
278 Butler 1998.
279 Paragrana 2001, 2004; Wulf/Zirfas 2004a.

Zusammenfassend lässt sich festhalten: Spricht man von Performativität als „Vollzug einer (sprachlichen) Handlung" (Austin), als „(ostentativer) Aktivität eines Individuums" (Goffman), als „materialisiertes Geschlecht", „zitierende Praxis", „Macht des Diskurses" (Butler), oder als „verkörperte Sprache" (Sibylle Krämer), so betont man damit zunächst die praktische, soziale und kulturelle Ordnung von Phänomenen, ihren Zusammenhang, ihre Entwicklung, ihre Synthesen und Differenzen, ihre aktiven und passiven Momente, kurz ihre Prozesse, Modalitäten, Logiken und Funktionen. „Die Begriffe ‚performativ', ‚performance' und der diese Zusammenhänge übergreifend thematisierende Begriff ‚Performativität' verdeutlichen die Bedeutung der Form und der ästhetischen Dimension für das Gelingen sozialer Arrangements. Wenn vom Performativen des Handelns die Rede ist, dann wird damit ein einmaliges, zeitlich und räumlich begrenztes Ereignis bezeichnet."[280]

Performativität als Fokus von Erziehung und Bildung

Die performative Wende in den Kultur- und Sozialwissenschaften wirkt sich auch auf die Erziehungswissenschaft aus. Die mit diesem Begriff bezeichneten Veränderungen sind nicht gänzlich neu, jedoch wird ihre Bedeutung für Erziehung, Bildung und Sozialisation in wachsendem Maße erkannt. Die Begriffe *performance*, performativ, Performativität vergegenwärtigen die Relevanz der ästhetischen Dimension menschlichen Handelns und den Orientierungscharakter sozialer Darstellungen und Modelle. Sie verdeutlichen, wie wichtig die Formen des Handelns für sein Gelingen sind. Ihre Gestaltung ist ein konstitutives Element jeder sozialen Handlung, in deren Verlauf der Handelnde sein Tun und sich selbst inszeniert. Dabei bringt er sich in seinen Handlungen zur Erscheinung. Er erzeugt Bilder seines Handelns und seiner selbst in Form sinnlich-körperlicher Repräsentationen für die Erinnerungs- und Vorstellungswelt seiner Mitmenschen. Die Performativität von Erziehungs- und Bildungsprozessen ist zu einem wichtigen Bereich qualitativer pädagogischer Forschung geworden. Die Erziehungswirklichkeit wird daraufhin nicht mehr ausschließlich als textanalog betrachtet, dennoch wird sie als Gegenstand hermeneutischer Interpretation aufgefasst. Dies erlaubt es, die Geschichtlichkeit und Kulturalität des Erziehungsfeldes zu begreifen, pädagogische Interaktionen zu verstehen und kritisch zu reflektieren. Dieser von Friedrich Schleiermacher, Wilhelm Dilthey, Hermann Nohl und der „Geisteswissenschaftlichen Pädagogik" entwickelte Zugang zur Erziehungswirklichkeit hat nach wie vor seine Bedeutung.[281]

---

280 Wulf/Zirfas 2007, S. 16f.
281 Wulf 1977; Matthes 2011.

Mit seiner Hilfe lässt sich der Sinnzusammenhang der Erziehung mit seinen zahlreichen kontextspezifischen Verweisungen verstehen und zur Grundlage pädagogischen Handelns machen. Liest man die Erziehungswirklichkeit als Text, unterstellt man eine in Wirklichkeit nicht gegebene Vollständigkeit und Geschlossenheit der Sinnzusammenhänge und geht davon aus, dass sich Übereinstimmung über die Interpretation der Erziehungswirklichkeit herstellen lässt. Zum Gegenstand der Forschung wird jedoch unter der Perspektive der Performativität die tatsächliche Interaktion.[282]

Die ethnografische Forschung hat auf dieses Verständnis von Wirklichkeit zurückgegriffen. Kultur wird dort als „Montage von Texten" begriffen.[283] Aus der Perspektive des Performativen erscheint dies als unzulässige Verkürzung. Pädagogische Prozesse lassen sich nicht auf ihre semantische Dimension reduzieren. Ihrer Wirklichkeit liegen komplexe Prozesse zugrunde, die eher in den Bereich des praktischen Wissens gehören.[284] Da dieses Wissen zu wesentlichen Teilen in den Bereich des Könnens und des schweigenden Wissens eingeordnet werden kann,[285] erschließt es sich dem theoriegeleiteten Zugriff nur bedingt,[286] sondern weist darüber hinaus und kann dessen partielle Revision notwendig machen. Die „Krise der Repräsentation" hatte bereits deutlich gemacht,[287] dass diejenigen Vorstellungen zu einfach sind, die davon ausgehen, man könne sich einen in einem Text oder in der Erziehungswirklichkeit gegebenen Sinn mithilfe von Interpretation endgültig erschließen. Die performative Perspektive zielt also nicht auf eine Aufhebung der hermeneutischen Perspektive. Ihr geht es vielmehr um eine Erweiterung dieser Perspektive, die nicht das Verhältnis zwischen Repräsentation und Repräsentiertem in den Mittelpunkt stellt, sondern die Aufmerksamkeit darauf richtet, wie mit den Praktiken der Repräsentation umgegangen wird. Interesse finden Handlungsprozesse, Interaktionen, Körperlichkeit und Materialität von Gemeinschaften und pädagogischen Prozessen. Performativität bezeichnet weniger etwas „Dahinterliegendes" als vielmehr die beobachtbaren sozialen Phänomene, weniger die Struktur als den Prozess, weniger den Text als die Erzeugung von Wirklichkeit mit Hilfe des Körpers. Im Zentrum stehen die Inszenierung und Aufführung pädagogischen Handelns mithilfe körperlicher, sprachlicher und imaginativer Prozesse.[288] Mit dem Interesse am Performativen verbindet sich eine Fokussierung auf Inszenierungs-

282 Schelle/Rabenstein/Reh 2010.

283 Geertz 1987, S. 253.

284 Schatzki/Knorr-Cetina/Savigny 2001.

285 Ryle 1990; Kraus/Budde/Hietzge/Wulf 2017.

286 Nicolini 2013; Loenhoff 2012.

287 Berg/Fuchs 1993.

288 Wulf/Göhlich/Zirfas 2001.

Techniken und mimetische Zirkulationsformen, auf die Macht der Bilder[289] sowie auf Materialität.[290] Es gibt Bereiche sozialen und pädagogischen Handelns, die sich sprachlich nicht eindeutig fassen lassen und die auf schweigendes Wissen und auf Nicht-Wissen verweisen.[291]

Für die historisch-kulturelle Kontextualisierung von Performativität heute und ihre erziehungswissenschaftliche Bedeutung sind vier gesellschaftliche und kulturelle Entwicklungen wichtig:[292]

1) Die Kultur der Gegenwart ist in hohem Maße eine Inszenierungskultur,[293] in der die ästhetischen Dimensionen der Inszenierung von Individuen und Gemeinschaften in Politik, Wirtschaft und Kultur eine wichtige Rolle spielen. Dies zeigt sich besonders in den sozialen Netzwerken (Facebook, Twitter etc.), in denen sich Millionen Menschen tagtäglich inszenieren und darstellen. In diesen Netzwerken spielen Jugendliche eine wichtige Rolle, die sich in verschiedenen Kulturen gleichzeitig ähnlich und unterschiedlich inszenieren und präsentieren.[294] Für die Erziehungswissenschaft ist diese Tendenz zur ästhetischen Inszenierung und Präsentation der Menschen ein wichtiger Bereich der Forschung.

2) Mit dem Interesse an der Performativität pädagogischer Praxis ändert sich auch der Schwerpunkt ihrer Erforschung. In den Mittelpunkt rücken der Prozess und mit ihm die performativen *modi operandi*, das *Wie* pädagogischer Prozesse. Damit gewinnt die ethnografische Forschung an Bedeutung. Untersucht werden Mikroprozesse, die die Erziehungswirklichkeit konstituieren und die es in der Forschung zu rekonstruieren gilt.[295]

3) In der Fokussierung des Körpers und der Sinne, der Ritualität, der Gestik und der Habitualität sozialen Handelns in der Performativitätsforschung wird deutlich, dass Pädagogik eine Handlungswissenschaft ist, in deren Rahmen die Erforschung pädagogischer Interaktionen von zentraler Bedeutung ist. Mit dieser Akzentuierung werden neue Forschungsfelder entdeckt, wie Rituale und Gesten,[296] mimetische Prozesse als Prozesse kulturellen Lernens,[297] Bilder und Imagination,[298] Alterität in der globalen Welt,[299] die Bildung der Gefühle,[300]

---

289 Wulf 2014.

290 Nohl/Wulf 2013.

291 Polanyi 1985.

292 Wulf/Zirfas 2007.

293 Willems/Jurga 1998.

294 Kontopodis/Varvantakis/Wulf 2017.

295 Bohnsack 1999; Flick 2004; Flick/von Kardorff/Steinke 2000; Friebertshäuser/Prengel 2013; Tervooren u. a. 2014.

296 Wulf/Althans u. a. 2001, 2004, 2007, 2011; Wulf/Zirfas 2004a.

297 Wulf 2013a, 2005; Gebauer/Wulf 1992, 1998, 2003.

298 Wulf 2014; Hüppauf/Wulf 2006; Schäfer/Wulf 1999; Mollenhauer/Wulf 1996.

299 Wulf 2016, 2006a; Wulf/Weigand 2011; Wulf/Merkel 2002.

Raum und Zeit,[301] die Bedeutung der Dinge und des Materiellen für Erziehung und Bildung.[302] Mit diesen Forschungen wird das Interesse an praktischem Wissen,[303] schweigendem Wissen,[304] der Bedeutung von Nicht-Wissen für Bildungsprozesse[305] sowie an einer kritischen Sicht der Verwissenschaftlichung aller Lebensbereiche und des Szientismus gestärkt.[306]

4) Die Akzentuierung der Performativität führt dazu, ein komplexes anthropologisch fundiertes Verständnis von Körper und Bildung, von pädagogischem Wissen und der Bedeutung von Nicht-Wissen zu entwickeln.[307] Bildung wird als ein Prozess verstanden, der zu einer Veränderung des Selbst-, Sozial- und Weltverhältnisses führt.

Zusammenfassend lassen sich mit Jörg Zirfas folgende Bereiche von Erziehung und Bildung identifizieren, in denen der Berücksichtigung von Performativität erhebliche Bedeutung zukommt: „1. spezifische Fähigkeiten, Verfahren, Fertigkeiten, Schlüsselqualifikationen (formale Bildung), 2. spezifische Kenntnisse (materiale Bildung), 3. die Dialektik von Können und Wissen, Ich und Welt, Aneignung und Kritik (kategoriale Bildung; Klafki 1957) und 4. ein lebenslanger unabschließbarer biographischer Lernprozess (biographische Bildung) und schließlich 5. die Idee einer humanen, für alle lebenswerten Gesellschaft (utopische Bildung). Eine performative Bildungstheorie betont nicht die auf bestimmte Bereiche eingeschränkten Qualifikationsprofile und die damit einhergehenden (ökonomischen) Funktionalisierungen, sondern die konkreten Prozesse und Resultate der performativen Praxis und der Reflexion des Verhältnisses von Subjektivität und Kulturalität.“[308]

Performative Pädagogik und Bildung

Die performative Perspektive ist multimodal und fokussiert die pädagogische Wirklichkeit, das pädagogische Geschehen, und ähnelt darin der Phänomenologie; sie untersucht auch die Historizität und Kulturalität der Wirklichkeit. Im Rahmen der „Berliner Ritual- und Gestenstudie“ wurden Erziehungs-, Bil-

300 Wulf/Kamper 2002; Zeitschrift für Erziehungswissenschaft 2012; Michaels/Wulf 2012, 2014.

301 Liebau/Miller-Kipp/Wulf 1999; Bilstein/Miller-Kipp/Wulf 1999.

302 Zeitschrift für Erziehungswissenschaft 2013.

303 Wulf 2006b.

304 Kraus/Budde/Hietzge/Wulf 2017.

305 Wulf 2013b.

306 Michaels/Wulf 2019.

307 Wulf 2013a, b; Wulf/Zirfas/2014; Zeitschrift für Erziehungswissenschaft 2015.

308 Wulf/Zirfas 2007, S. 11f.

dungs- und Sozialisationsrituale in den vier Sozialisationsbereichen „Familie", „Schule", „Medien" und „Jugendkultur" unter ausdrücklicher Berücksichtigung ihrer Performativität erforscht. Unter dieser Perspektive entsteht eine neue Einschätzung von Ritualen[309] und Gesten,[310] in der deutlich wird, welch große Bedeutung diese für die Konstitution des Sozialen haben. Die Betonung ihres performativen Charakters führt zudem zu der Einsicht in die Bedeutung der Inszenierung und Aufführung ritueller Arrangements. Auch tragen diese Untersuchungen dazu bei, die synchrone und die diachrone Dimension mimetischer Prozesse für die Inszenierung und Aufführung von Ritualen zu erforschen. In der Familie wird deutlich, wie wichtig die Performativität sozialer Prozesse für den Zusammenhalt ihrer Mitglieder und die Kohärenz der Familie ist. Mit der Konzentration auf die Performativität wird in der Schule die Bedeutung der Körperlichkeit und Sinnlichkeit der Kinder erforscht.[311] Auch im Bereich der Medien entsteht dadurch ein neuer Forschungsansatz, bei dem die Kinder selbst Filme herstellen und dadurch die Performativität ihres Medienverhaltens fokussieren. Im Bereich der Kinder- und Jugendkultur liegt ein Untersuchungsschwerpunkt auf dem Prozesscharakter des Spielens und des dafür erforderlichen praktischen Wissens sowie auf Prozessen, die zur Entwicklung des Genderverhaltens führen, das sich je nach kulturellem Hintergrund unterschiedlich herausbildet.[312]

Mit der Fokussierung der Performativität sozialen und pädagogischen Verhaltens geht die Entwicklung einer pädagogischen Ethnografie und qualitativen Forschung mit den entsprechenden Methoden einher.[313] Dazu gehören die Teilnehmende Beobachtung, die videounterstützte Teilnehmende Beobachtung und Photographie; bei allen diesen Verfahren liegt der Akzent auf der Dritte-Person-Perspektive. Hinzu kommen Interviews, Gruppendiskussionen und Tagebuchaufzeichnungen der untersuchten Personen, in denen sich die Erste-Person-Perspektive ausdrückt. Im Zentrum steht die Erforschung des *modus operandi* im pädagogischen Feld. Neben der ethnografischen Rekonstruktion performativer Handlungs-, Interaktions- und Kommunikationsstile sind die Inszenierungen in den Sozialisationsfeldern ein wichtiger Schwerpunkt performativer Forschung. Hier spielen Lern-, Handlungs- und Veränderungsprozesse mit ihren ästhetischen und multimodalen Dimensionen eine wichtige Rolle.

Mit der Konzentration auf den performativen Charakter von Erziehung, Bildung und Sozialisation geht die Arbeit an einem Bildungsbegriff einher, der sich darum bemüht, der Komplexität der Bildungsprozesse gerecht zu werden.

309 Wulf/Zirfas 2004a.
310 Wulf/Fischer-Lichte 2010.
311 Wulf 2008.
312 Wulf/Althans et al. 2001, 2004, 2007, 2011.
313 Wulf/Zirfas 2005.

Performative Prozesse führen zu kreativen und wirklichkeitserzeugenden Momenten. Sie erweitern den Begriff der Bildung dadurch, dass sie das reflexive Potential der traditionellen Bestimmung des Begriffs beibehalten, dieses jedoch dadurch ergänzen, dass sie nicht nur kognitive, sondern auch körperliche, soziale, situative und inszenierte Prozesse einbeziehen. „Pädagogische Performativität akzentuiert die Interaktivität der Handlungen, den körperlich-mimetischen Nachvollzug, das In-Szene-Setzen und Rahmen pädagogischer Prozesse, liminale Situationen, in denen sich Übergänge vollziehen, und die Ereignishaftigkeit der Vollzüge. Bei der pädagogischen Performativität geht es weniger darum, was eine (pädagogische) Handlung bedeutet und von welchen Intentionen, Hoffnungen oder Befürchtungen sie begleitet ist, noch darum, was eine Handlung eigentlich ist, als vielmehr darum, was sie zeigt, wie sie sich vollzieht, wie sie in die Wirklichkeit eingreift und diese verändert und welche Spuren und Konsequenzen sie hinterlässt.“[314]

Ausblick

Wie wir gesehen haben, ist die Fähigkeit der Menschen, die Welt im Prozess der Wahrnehmung in Bilder zu verwandeln und diese zu inkorporieren, eine *conditio humana.* Sie ist die Voraussetzung für Erinnerungen und Projektionen von Zukunft und damit für Tradition und Geschichte sowie historischen und kulturellen Wandel. Die Imagination ist nicht nur die Fähigkeit, Abwesendes anwesend zu machen; sie ermöglicht auch Umgestaltungen, die Erzeugung von Differenzen und Erfindungen von Neuem. In mimetischen Prozessen verwandeln Menschen Außenwelt in Innenwelt und Innenwelt in Außenwelt und drücken dadurch ihr Verhältnis zur Welt aus. Die chiastische Struktur des Mimesis-Prozesses führt zur Entstehung innerer Bilderwelten,[315] in denen sich individuelles und kollektives Imaginäres überlagern. Sie ermöglicht synästhetische Prozesse, die für das Hören, Tasten, Riechen und Schmecken nicht weniger wichtig sind als für das Sehen. Für die mimetischen Prozesse sozialen und kulturellen Lernens ist der performative Charakter der Imagination, des sozialen Handelns und der Bildungs- und Sozialisationsprozesse von zentraler Bedeutung. Wie in der Berliner Ritual- und Gesten-Studie gezeigt werden konnte, macht er ein komplexes, über die hermeneutische Perspektive hinausgehendes Verständnis pädagogischen Handelns möglich.

---

314 Wulf/Zirfas 2007, S. 31.

315 Merleau-Ponty 1994.

7 Die Digitalisierung der Lebenswelt

In der globalisierten Welt des Anthropozäns haben die Medien und besonders die digitalen Medien in allen gesellschaftlichen Bereichen eine starke Bedeutung. Sie prägen wesentlich das Zeitalter des Menschen. In allen politischen, wirtschaftlichen, technischen, kulturellen und sozialen Zusammenhängen spielen sie eine zentrale Rolle. Sie sind integrale Bestandteile dieser Bereiche und entwickeln polyzentrale Dynamiken, mit denen sie in diesen wirken. Vielfältige mimetische, performative und rituelle Prozesse lassen sich hier identifizieren, mit denen sie das Imaginäre der Menschen formen. Wie unsere ethnografische Untersuchung des Umgangs von Jugendlichen mit den digitalen Medien in vielen Teilen der Welt gezeigt hat, ist die Bedeutung der digitalen Welt für die Erziehung, Bildung und Sozialisation der nachwachsenden Generation außerordentlich.[316] Kaum noch gibt es einen Lebensbereich, in dem die digitalen Medien keine Rolle spielen. In allen Bereichen sind sie in die alltäglichen Lebensvollzüge integriert und werden von den „digital natives“ verwendet. In ihrem Umgang mit den digitalen Medien unterscheiden sich die Jugendlichen in Indien, Russland, Brasilien und Deutschland nur wenig voneinander. Welche Bedeutung haben die Medien für (junge) Menschen und welche Bedeutung hat die anthropologische Dimension für das Verständnis und die Erforschung der Medien? Diese Frage eröffnet ein weites Feld inter- und transdisziplinärer sowie inter- und transkultureller Forschungen in der Sozialisation, Erziehung und Bildung junger Menschen. Da die Wirkungen der digitalen Medien bis in die Tiefenstruktur der Jugendlichen reichen und sich oft dem Bewusstsein und der Reflexion entziehen, sind sie nur schwer abschätzbar. Gewiss ist jedoch, dass Jugendliche heute täglich mehrere Stunden mit digitalen Medien verbringen, so dass diese Teil ihrer Lebenswelt sind und zu weitreichen Veränderungen ihres alltäglichen Lebens führen. Neben den digitalen Medien spielen auch andere Medien in Sozialisations-, Erziehungs- und Bildungsprozessen eine wichtige Rolle.

Drei Fragen sind von zentralem Interesse. Welche Bedeutung haben Medien für die soziale und kulturelle Entwicklung der Menschen, insbesondere der jungen Generation?[317] Welche gesellschaftliche Rolle spielen sie und wie werden sie verwendet?[318] Inwieweit sind Medien Grundlage unserer kulturellen und

316 Kontopodis/Varvantakis/Wulf 2017.
317 Boellstorff 2008.
318 Couldry 2012.

sozialen Weltverhältnisse und unseres Selbstverständnisses?[319] Fragt man von einer anthropologischen Perspektive aus nach den Medien, so wird die inhaltliche Ausrichtung dieser Frage von dem zugrundeliegenden Verständnis der Anthropologie bestimmt. Perspektiven einer historischen, einer kulturanthropologischen bzw. ethnologischen Anthropologie und einer „symmetrischen Anthropologie“ (Latour) sind im Rahmen einer kultur- und sozialwissenschaftlichen Erziehungswissenschaft von besonderem Interesse.[320]

Medien haben heute vielfältige Bedeutungen. Anfangs wurde betont, dass Medien der „Stoff“ sind, mit dessen Hilfe Informationen übertragen werden. Die Übertragung von Schall bedarf der Luft als eines vermittelnden Mediums. Später wurden Medien oft mit der Gesamtheit aller Kommunikationsmittel gleichgesetzt. Nach wie vor sinnvoll ist Harry Pross' Unterscheidung der Medien nach ihren Produktions- und Rezeptionsbedingungen in vier Gruppen: 1) primäre Medien als Mittel des direkten menschlichen Kontakts ohne Geräte; 2) sekundäre Medien, die zu ihrer Erzeugung, nicht jedoch zu ihrer Wahrnehmung Geräte benötigen; 3) tertiäre Medien, die auf Seiten der Produzenten und der Konsumenten Geräte benötigen; 4) quartäre Medien, die auf die Nutzung von Geräten angewiesen sind, bei denen es jedoch weder einer zeitlichen noch örtlichen Übereinstimmung bedarf.[321] Zu dieser Gruppe kommen noch weitere Medien hinzu, bei denen wie beim Internet Produzent und Konsument zwar Geräte benötigen, die aber nicht ausschließlich der massenmedialen Kommunikation dienen. Beim Internet muss der Verbraucher aktiv entscheiden, wie er es nutzt. Da der Nutzer auch zum Produzenten werden kann, ist eine eindeutige Unterscheidung zwischen Anbieter und Nutzer, Produzent und Konsument nicht länger möglich; die Bildung des Begriffs „Producers“ ist die Folge.

Zur Theorie und Anthropologie der neuen Medien haben zahlreiche Autoren und Autorinnen Beiträge geleistet. Manche haben ihren Beitrag schon vor der Entstehung des Begriffs „Medienanthropologie“, andere später unter Verwendung dieses Begriffs geliefert; oder sie haben Fragen der Medienanthropologie unter Begriffen wie Medienphilosophie oder Medienkultur behandelt. Unter den vielen Autoren sind hier in exemplarischer Hinsicht zu nennen: Günther Anders, Marshall McLuhan, Jean Baudrillard, Paul Virilio, Vilém Flusser, Donna Haraway, Régis Debray, Friedrich Kittler, Sybille Krämer, Dieter Mersch und Lorenz Engell, Christian Rittelmeyer.[322]

---

319 Fuchs/Sandoval 2014.

320 Wulf 2009, 2013a.

321 Pross 1970, S. 129.

322 Anders 1956, 1980; McLuhan 1964, 1968; Baudrillard 1981, 1992; Virilio 1988, 1996; Flusser 1994; Haraway 1995; Debray 2003; Kittler 2000, 2013; Krämer 2008; Mersch 2006; Engell 2000, 2013; Voss/Engell 2015; Rittelmeyer 2018.

Performativität: Medium und Gebrauch

In den letzten Jahren hat der Medienbegriff viele Differenzierungen erfahren. Wichtig ist der Perspektivenwechsel, in dem die Frage „was ist ein Medium" hinter die Frage zurücktritt, „wie wird etwas als Medium gebraucht". Der Gebrauch, d. h. die kulturelle Praktik und ihre Performativität entscheiden darüber, ob etwas zum Medium wird oder nicht. Grundsätzlich kann alles zum Medium werden. Wenn etwas als Medium verwendet wird, wird es damit zum Medium. Medien entstehen also in sozialen und kulturellen Praktiken. In ihrem Vollzug kommt es zu Wiederholungen und Veränderungen. „Etwas zu ‚gebrauchen' heißt: mit etwas, das wir nicht selbst erzeugt haben, so umzugehen, dass es in diesem Umgang zugleich verändert wird. Wiederholung und Veränderung gehen im Gebrauch Hand in Hand. Praktiken eignet die Kraft, Programmen, Mustern, Regeln, Skripten dadurch zu ‚folgen', dass diese im Tun zugleich modifiziert werden. Im Vollzug ereignet sich immer auch ein ‚Überschuss' gegenüber demjenigen, was dabei vollzogen wird."[323] Im alltäglichen Umgang werden uns die Medien nicht bewusst. Im problemlosen Funktionieren treten sie hinter die von ihnen vermittelten Botschaften zurück. Nur in den Künsten werden die Medien selbst zum Thema.

Im Mediengebrauch lassen sich zwei Positionen unterscheiden, von denen jede eine Seite des Spektrums der Mediendiskussion ausmacht. Die eine Position geht davon aus, dass Medien dadurch charakterisiert sind, dass sie etwas vermitteln, das sie nicht selbst sind, für dessen Vermittlung sie jedoch als Medium dienen. Die andere radikale Position vertritt einen Apriori-Charakter der Medien und betont, dass ohne Medien die menschliche Welt- und Selbsterzeugung nicht möglich sei, der Gebrauch von Medien also eine *conditio humana* sei. Wenn man den performativen Charakter der Medien und ihres Gebrauchs betont,[324] so wird zur leitenden Frage, „wie ‚Übertragung durch Medien' zugleich als ‚Transformation bzw. Subversion des Übertragenen' verstanden werden kann."[325] Diese Frage impliziert die anthropologische Einsicht, dass Wiederholungen im Sozialen und Kulturellen nicht bloße Kopierprozesse, sondern produktive mimetische Prozesse sind.[326]

Kultur wird in menschlichen Praktiken erzeugt; durch sie wird verkörpert, was nicht wahrnehmbar bzw. abwesend ist. Unsichtbares und Unverfügbares wird in Verkörperungen zugänglich. Verkörperungen können Wiederholungen von Bekanntem, Produktionen von Neuem oder Mischformen zwischen beiden sein. Medien vermitteln und machen wahrnehmbar im Gebrauch, in der Per-

---

323 Arbeitsgruppe Medien 2004, S. 130f.
324 Wulf/Zirfas 2007.
325 Ebd., S. 131.
326 Wulf 2005; Gebauer/Wulf 1992, 1998.

formativität des alltäglichen Handelns; sie „ästhetisieren". In anthropologischer Hinsicht bedeutet Verkörperung, „dass das In-Distanz-Sein zu etwas eine existentiale Dimension des menschlichen In-der-Welt-Seins ausmacht [...] Spaltung, Differenz, Distanz und Entfernung sind Attribute unseres Welt- und Selbstverhältnisses, und es sind die Medien, die Kulturen der Distanz, im Sinne von Distanzierung und Distanzüberbrückung, ermöglichen."[327] Durch Verkörperung und Ästhetisierung vermitteln die Medien etwas, was fern ist. Dabei bringen sie etwas ihnen Fremdes, Heteronomes zur Erscheinung. Darin gleichen sie dem Boten, der nicht mit seiner Stimme, sondern mit der seines Auftraggebers spricht.[328] Im medialen Vollzug entsteht eine Verbindung zwischen dem Medium und dem ihm Fremden, das es vermittelt. Dabei verschmelzen beide zu einem neuen hybriden Dritten. Auch Intermedialität lasst sich so begreifen, dass ein Medium mit einem anderen zu der Intermedialität eines neuen Mediums verschmilzt.

Historische Anthropologie der Medien: Ein Beispiel

Um die Komplexität der Medien zu verstehen, bedarf es einer historischen Anthropologie der Medien. Diese nimmt ihren Ausgangspunkt bei einer doppelten Historizität. Eine besteht in der Geschichtlichkeit der Medien bzw. der medialen Phänomene, die zweite beruht auf der Geschichtlichkeit der Untersuchungen der Medien und ihrer Erforschung. Medienentwicklung ist weder linear noch die bloße Folge radikaler Umbrüche. Sie vollzieht sich eher durch mediale Interferenzen zwischen alten und neuen Medien, durch die die Möglichkeiten der verschiedenen Medien erweitert und verändert werden. Medien vermitteln Informationen und konstituieren neue Wirklichkeiten. Verdeutlichen wir uns dies an einem Beispiel.

Mit der Etablierung des Experiments als Medium der Generierung neuer Formen des Wissens am Beginn der Neuzeit entwickelt sich ein neues Verständnis der Natur. Sie wird nun in einer vom Menschen ersonnenen Weise inszeniert und kontrolliert. Damit einher geht ein neues Verständnis von Wahrheit, das sich im Laufe der nächsten Jahrhunderte durchsetzt und andere Formen von Wahrheit in den Hintergrund drängt. In diesem Prozess wandelt sich das Verhältnis des Menschen zur Welt, die ihm von nun an vor allem als eine objektive Welt gegenübertritt und damit das menschliche Selbstverständnis verändert.

---

327 Arbeitsgruppe Medien 2004, S. 132.

328 Krämer 2008.

Als Beispiel für die ein neues Wirklichkeits- und Selbstverständnis erzeugende Kraft der Medien soll ein von Robert Boyle 1660 durchgeführtes Experiment dienen, mit dem er die Herstellung und Auswirkung des Vakuums überprüfte. Seit Francis Bacon galt das Experiment als das neue Medium der wissenschaftlichen Erkenntnisgewinnung. Im 17. Jahrhundert wurde es häufig als Spektakel inszeniert, bei dem der Bezug zur Inszenierung und zum Theater unübersehbar war. So lud Robert Boyle Vertreter der englischen Gesellschaft ein, an seinem Experiment teilzunehmen. Vor diesen Personen wurde einer Lerche, die sich in einem Glasbehälter befand, durch das Abpumpen der Luft die Atemluft entzogen, so dass sie vor den Augen der als Zuschauer geladenen Gäste starb. Dabei geschah Folgendes: Die Lerche wurde zum Zeichen für das Vakuum; die Repräsentanten der Gesellschaft dienten als Zeugen für die Glaubwürdigkeit des Experiments; und Robert Boyle übernahm die Rolle eines Sprechers der Natur, der der Erzeugung und den Wirkungen des Vakuums wissenschaftlichen Ausdruck verlieh. Durch das Zusammenwirken dieser Faktoren wurde das Experiment zum neuen Medium wissenschaftlicher Erkenntnis und menschlichen Selbstverständnisses.[329]

Kulturanthropologie der Medien: „Digital natives" heute

Während medienhistorische Untersuchungen diachrones anthropologisches Wissen erzeugen, schaffen kulturanthropologische bzw. ethnografische Untersuchungen synchrones Wissen. Dieses Wissen entsteht etwa zeitgleich, ist aber aufgrund kultureller Unterschiede vielfältig. Ein Beispiel für diese Form pädagogisch-anthropologischen Wissens liefert unsere transkulturelle Studie *Global Youth in Digital Trajectories*. In ihr wird untersucht, wie Jugendliche aus verschiedenen Ländern und Kulturen mit den digitalen Medien umgehen.[330] Um die mediale Durchdringung und digitale Transformationen der Lebenswelten der Jugendlichen zu untersuchen, bedarf es ihrer ethnografischen Erforschung. Mithilfe ethnografischer Methoden wird es möglich, den Umgang der Jugendlichen mit den digitalen Medien in ihrer Lebenswelt zu erkunden. Ethnografische Verfahren machen es möglich, die kulturelle Diversität und Vielfalt zu erforschen. Dadurch erfahren wir viel über die Fragen und Probleme, die Gefühle und Einschätzungen, die Lebensformen und Dynamiken der Jugendlichen. In diesem Zusammenhang wurde auch die Begegnung Jugendlicher mit hybriden Medienphänomenen untersucht, deren kulturelle Ursprünge nicht eindeutig sind, die jedoch im virtuellen Teil der Welt der Jugendlichen eine

329 Arbeitsgruppe Medien 2004.
330 Kontopodis/Varvantakis/Wulf 2017.

wachsende Bedeutung gewinnen. Mehrere ethnografische Verfahren kamen zur Anwendung: Interviews und Gruppendiskussionen, in denen sich die Ich-Perspektive der Jugendlichen und ihr Medienerleben und Medienverständnis ausdrücken. Zugleich wurden Methoden verwendet, in denen die Es-Perspektive im Mittelpunkt steht. Dazu gehörten z. B. Verfahren der Teilnehmenden und der videogestützten Teilnehmenden Beobachtung. Zu der Erforschung von Videospielen wurden Verfahren der *Technography* entwickelt, bei denen es sich um eine medien-fokussierte Ethnografie handelt. Bei der Herstellung eines digitalen Produkts, etwa eines Textes oder Filmes, wurden mehrere mediale Praktiken und Fertigkeiten zusammengeführt. Diesen Prozess zu untersuchen und seinen performativen Charakter herauszuarbeiten, ist eine wichtige Möglichkeit der Anwendung kulturanthropologischer bzw. ethnografischer Methoden und Verfahren.[331]

In den Fallstudien von Jugendlichen aus drei Kontinenten wurde deutlich, dass die Unterscheidung zwischen einer *offline-Welt* und einer *online-Welt* im Hinblick auf das Leben der meisten jungen Menschen heute wenig aussagekräftig ist. Der besondere Charakter der *online*-Welt, den manche Untersuchungen betonten, entspricht nicht mehr dem Erleben der meisten Jugendlichen. Die *online*-Welt ist ein fester Bestandteil der alltäglichen Lebenswelt der Jugendlichen in urbanen Lebensverhältnissen geworden. Wie Sport, Spiele oder künstlerische Aktivitäten Formen des Lebens junger Menschen sind, so handelt es sich auch bei den *online*- und den *offline*-Aktivitäten lediglich um unterschiedliche Formen bzw. Modi des alltäglichen Lebens. Die Jugendlichen nutzen die *online*-Kommunikation als eine Form des Umgangs mit den Aufgaben und Problemen ihres Alltagslebens. Die *links* zwischen *online* und *offline* sind Teil der Lebenswelt der Jugendlichen und ermöglichen eine schnelle und unkomplizierte Kommunikation. Sie machen es z. B. möglich, kurzfristig und spontan Verabredungen zu treffen und durch den Austausch von Gefühlen und Gedanken sowie die Erörterung von Fragen und Problemen zu kommunizieren und neue Formen sozialer Interaktion zu entwickeln. Für viele Jugendliche ist der Rückzug in eine Welt ohne eine solche Kommunikation undenkbar. Sie sind – wie einige es ausdrücken – fortwährend kommunikationsbereit (*pready*). Die meisten Jugendlichen wollen sofort erreichbar sein, wie sie auch andere Jugendliche sofort erreichen möchten. Die eigene Verfügbarkeit und die Verfügbarkeit der Anderen sowie die erforderliche Flexibilität sind erstrebenswert.

Durch die digitalen Medien entstehen neue anthropologische, soziale und kulturelle Bedingungen und Veränderungen im Leben der „virtual youth". Sie sind ähnlich grundlegend wie der neue Gebrauch der Schrift in der griechischen Antike, die zu tiefgreifenden Veränderungen der mentalen Strukturen

---

331 Wulf/Zirfas 2007; Kraus/Budde/Hietzge/Wulf 2017.

führte. In den Dialogen Platons, in denen sich Philosophie im gemeinsamen Dialog vollzieht, kündigt sich dieser Übergang vom gesprochenen Wort zum geschriebenen Text an. Wie mehrfach gezeigt wurde, führt die Entstehung der Schrift zu neuen Formen rationaler und argumentativer Sprachgestaltung.[332] Nun gilt es z. B. Wiederholungen, die noch für die ästhetische Gestaltung der homerischen Epen von zentraler Bedeutung sind, wegen der Klarheit der Gedankenführung zu vermeiden. Ähnlich einschneidend wirken sich zweitausend Jahre später die Erfindung und Verbreitung des Buchdrucks aus.[333] Unsere ethnografischen Fallstudien zeigen in Zitaten aus Interviews, Gruppendiskussionen und Aufzeichnungen der Jugendlichen sowie aus umfangreicher Teilnehmender und videogestützter Teilnehmender Beobachtung: Bilder, Schrift und gesprochene Sprache gehen bislang nicht für möglich gehaltene neue Verbindungen ein. Diese haben Rückwirkungen auf die Bild-, Schrift- und Sprachkultur der Jugendlichen. Auffallend ist, dass Bilder zu Medien der Kommunikation zwischen den Jugendlichen werden. Das Spektrum reicht von *selfies* bis zu *screenshots.* Immer häufiger kommunizieren Jugendliche ihre Situation, ihr Anliegen, ihre Emotionen mithilfe von Bildern. Dabei werden sie zu *producers,* d. h. zu Personen, die durch die Herstellung bzw. durch eine gezielte Auswahl von Bildern produktiv sind. Diese Jugendlichen gebrauchen ihre Produkte und unterlaufen dadurch die Unterscheidung zwischen Produzent und Konsument. In Bildern werden ikonische, zum Teil sprachlich nur unzulänglich ausdrückbare Informationen kommuniziert, die bei den Jugendlichen neue Sensibilitäten und Kompetenzen entwickeln. Die Bilder machen einen immer größeren Teil des Imaginären bei Jugendlichen aus.[334] Mit ihnen entstehen neue Formen der Kreativität, die für die Entwicklung und Bildung der Jugendlichen von zentraler Bedeutung sind.

Digitale Medien sind zu einem festen Bestandteil des Lebens der Jugendlichen geworden; sie haben große Potentiale für Erziehung und Bildung. Digitale Medien bieten durch die Produktion von Texten und Videos den Jugendlichen die Möglichkeit, selbstbestimmt und kreativ zu lernen. Die jungen Menschen bringen ihren Körper und ihre Emotionen in den Umgang mit den digitalen Medien ein; mithilfe digitaler Praktiken schaffen sie bisher unbekannte Ausdrucksformen und soziale Erfahrungen. Sie erzeugen neue Formen der Anerkennung und Wertschätzung, allerdings auch der Verachtung und des Hasses. Digitale Medien ermöglichen den Umgang mit neuen *tools* und fördern die Entwicklung neuer *skills.* Sie unterstützen Prozesse der Dezentralisierung und der Individualisierung von Bildung. Sie tragen zur Entwicklung von *digital*

332 Havelock 1986; Ong 2002; Gebauer/Wulf 1992.
333 Giesecke 1998.
334 Wulf 2014.

literacy und *multiliteracy* und damit zur menschlichen Entwicklung bei. Auch durch die Verbindung mit anderen Formen und Medien der Bildung faszinieren digitale Medien viele Schüler. Dies bietet die Möglichkeit, viele bewährte Formen des Lernens um digitale Formen zu erweitern.

Die Digitalkultur hat ein hohes politisches Potential. Im Rahmen digitaler Öffentlichkeit erfolgt die Konstruktion und Verbreitung politischer Sachverhalte, Einsichten, Erkenntnisse und Überzeugungen.[335] Eine ethnografische Untersuchung und Analyse kann Einblick in gesellschaftliche Krisensituationen bieten, in denen wie in Griechenland die Hoffnung vieler Jugendlicher auf eine erfüllte Zukunft geschwunden und ein junges Prekariat entstanden ist. Mit der Produktion von Videofilmen versuchen Jugendliche, ihre politische, ökonomische, soziale und emotionale Lage auszudrücken. In einem Epigramm eines digitalen Films heißt es dazu: „I do not hope for everything, I am not afraid of anything, I am free". In kontinuierlichen Kommunikationsprozessen entwickeln Jugendliche Bilder, Schemata und Deutungen der politischen Situation und stellen diese in der digitalen Öffentlichkeit zur Diskussion. Ein *bottom-up*-Prozess politischer Partizipation entsteht, in dem sich das Lebensgefühl vieler junger Menschen ausdrückt. Mithilfe des Internets entsteht eine horizontale Politisierung. Jeder kann zu jeder Zeit partizipieren und versuchen, in einer ausgewählten Öffentlichkeit des digitalen Netzes Anerkennung zu finden. In diesen digitalen Gemeinschaften besteht häufig ein starker sozialer Druck, übereinzustimmen und keine abweichenden Meinungen zu äußern. In einem medial verbreiteten Populismus nimmt dieser noch zu, so dass ihm viele Jugendliche nicht widerstehen können.[336]

Digitale Medien und die Akteur-Netzwerk-Theorie

Einen dritten anthropologischen Ansatz zum Verständnis und zur Erforschung des Verhältnisses zwischen digitalen Medien und Menschen stellt die Akteur-Netzwerk-Theorie Bruno Latours dar. Auch sie geht davon aus, dass Medien und insbesondere digitale Medien im Gebrauch entstehen, also performativ sind und dabei die Eindeutigkeit der Unterscheidung zwischen Subjekt und Objekt auflösen.[337] Nach dieser Auffassung werden Handlungen nicht nur von Subjekten vollzogen, wie dies fälschlich die Agency-Theorie suggerierte[338]. Vielmehr entstehen soziale Handlungen auch durch nichtmenschliche *„Aktanten"*. Das Ziel der Akteur-Netzwerk-Theorie besteht darin, die unterstellte Dichoto-

---

335 Stalder 2016.

336 Akbaba/Jeffrey 2017.

337 Latour 2000.

338 Paragrana 2009b.

mie zwischen Mensch und Nicht-Mensch, Natur und Mensch, Subjekt und Objekt zu suspendieren, zu bearbeiten und zu verringern. Untersucht werden die medialen Verknüpfungen zwischen Mensch und Welt. Die digitalen Medien werden als Ergebnis menschlicher Praxis und als Verdichtung kultureller Entwicklungen begriffen.

Von besonderer Bedeutung ist die wechselseitige Durchdringung zwischen Menschen und digitalen Medien, d.h. dem Computer, dem Tablet und dem Handy. Diese Apparate und ihre digitalen Programme werden Teil der Menschen, deren Lebensalltag ohne sie nicht mehr möglich ist. In der Generation der *digital natives* werden diese Geräte und ihre Programme von früher Kindheit an inkorporiert und Teil ihres alltäglichen Lebens. Sie dienen dazu, den Kontakt mit der Welt auszuweiten und medial vorzustrukturieren. Digitale Medien entlasten das Gedächtnis und machen es möglich, große Datenmengen zu speichern und verfügbar zu machen. *Apps* erleichtern die Orientierung in der Welt und den Umgang mit den Problemen des alltäglichen Lebens. *Navis* entlasten vom Suchen; sie suggerieren Sicherheit und Orientierungsfähigkeit. Ohne sie werden immer mehr Menschen hilf- und orientierungslos. In selbstfahrenden Autos erreicht die Symbiose zwischen Maschine, Medien und Mensch einen neuen Höhepunkt. Sie führt zur Entlastung und erhöht zugleich die Abhängigkeit. Maschinen und Medien werden Teil des Handelns, der Körper, der Vorstellungs- und Gedankenwelt. Sie sind nicht äußerlich; sie sind Teil der menschlichen Körper, so dass eine Grenzziehung zwischen ihnen und den menschlichen Subjekten kaum mehr möglich ist.

Bruno Latour weist darauf hin, dass „jedes Ding, das eine gegebene Situation verändert, indem es einen Unterschied macht, ein ‚Akteur' bzw. ein ‚Aktant' sein kann."[339] Dies führt dazu, „dass dort, wo sich menschliche mit nichtmenschlichen Agenten verbinden, ursprüngliche ‚Handlungsprogramme' verändert werden."[340] Auf diese Weise entstehen neue soziale Praktiken wie z.B. äußerst kurzfristige Verabredungsformen zwischen Jugendlichen mit Handys. Viele Handlungsprogramme werden von menschlichen Akteuren auf mediale Programme wie *WhatsApp* verlagert.[341] Die Delegation und der zusammengesetzte Charakter dieser Hybrid-Akteure ist mittlerweile kaum noch jemandem bewusst. Daher bedarf es einer weiteren Erforschung dieser Verkettungen zwischen Mensch und Medien. Noch einen Schritt weiter geht die Verschmelzung zwischen Mensch, Maschine und digitalen Medien im Bereich der Robotik und der künstlichen Intelligenz.[342] Ziel ist die Nachbildung einer Intelligenz, die der menschlichen Intelligenz ähnelt, und eine Maschine bzw. einen Computer so zu

339 Latour 2007, S. 123.
340 Latour 2000, S. 216.
341 Gardner/Davis 2013.
342 Ramge 2018.

bauen und zu programmieren, dass er eigenständig Probleme bearbeiten kann, also selbst performativ wird. Wenn ein solches Nachschaffen der menschlichen Intelligenz und des menschlichen Handelns gelingt, an dem an vielen Orten der Welt intensiv gearbeitet wird, entstehen neue Perspektiven auf den Menschen und ergeben sich neue Fragen der Anthropologie.[343]

343 In diesem Zusammenhang ist dann auch von einem trans- und posthumanen Menschensein die Rede, vgl. z. B. Irrgang 2005; Loh 2018.

8 Schweigendes Wissen: Ikonizität, Performativität und Materialität

Nach der „linguistischen Wende" im letzten Viertel des 20. Jahrhunderts haben sich in den Kulturwissenschaften und in der anthropologisch orientierten Erziehungswissenschaft mehrere einander ergänzende Schwerpunkte der Forschung ergeben. Ein gemeinsames Merkmal dieser Untersuchungen ist die Erkenntnis, dass in Erziehung, Bildung und Sozialisation das „schweigende Wissen" eine große Rolle spielt, das sich mit den bekannten Methoden der Forschung nur unzureichend untersuchen lässt, das aber für die Bewältigung des Alltags und die Bildungspraxis von zentraler Bedeutung ist. Angesichts der Komplexität der Lebensbedingungen im Anthropozän spielt das schweigende Wissen bei vielen Ansätzen und Paradigmen der Forschung eine zentrale Rolle.

In einem ersten Schritt werden Entwicklungen skizziert, die als *iconic, performative, material turn* bezeichnet werden. In einem nächsten Schritt wird gezeigt, dass diese Ansätze schweigenden Wissens wichtige Forschungsfelder der Kulturwissenschaften und der Erziehungswissenschaft darstellen.[344] Schließlich wird verdeutlicht, dass wichtige Teile schweigenden Wissens in körperbasierten mimetischen Prozessen erworben werden.

Bilder und der Bildcharakter der Welt

Nach Vorarbeiten Marshall McLuhans, Jean Baudrillards und Paul Virilios,[345] die den Medien- und Bildcharakter der neuen Medien untersuchten und deren Geschwindigkeits-, Ubiquitäts- und Simulationscharakter betonten, entstanden seit den neunziger Jahren des vorigen Jahrhunderts zahlreiche Studien zur Theorie des Bildes und der Imagination.[346] Diese weitgespannten Untersuchungen machten deutlich, dass die Zunahme der Bilder infolge der neuen Medien zu tiefgreifenden Veränderungen in Gesellschaft und Kultur führt. Hinzu kamen zahlreiche Studien, die die Bedeutung des Computers und des Internets

344 Kraus/Budde/Hietzge/Wulf 2017.
345 McLuhan 1964, 1968; Baudrillard 1981, 1992; Virilio 1993, 1996.
346 Boehm 1994; Mitchell 1994; Kamper 1986, 1995; Belting 2001; Mollenhauer/Wulf 1996; Schäfer/Wulf 1999; Hüppauf/Wulf 2006; Wiesing 2008; Bredekamp 2010; Waldenfels 2010; Wulf 2014.

für das Entstehen neuer Formen der Kommunikation und Ästhetik in der globalisierten Welt herausarbeiteten.[347]

In anthropologischer Hinsicht wurde zwischen wahrnehmungs-, erinnerungs- und zukunftsbezogenen Bildern differenziert. Es wurde unterschieden zwischen mentalen Bildern (Träume, Erinnerungen, Vorstellungen), manuell unbewegten (Tafelbildern, Plastiken) und manuell bewegten Bildern (Bühnenbildern) sowie zwischen technisch unbewegten (Spiegel, Foto) und bewegten Bildern (Film, Fernsehen, Video, Computersimulation).[348] Die Macht der Bilder und ihre besondere Stellung zwischen dem Sichtbaren und dem Unsichtbaren, zwischen Performativität und Sprache wurden untersucht.

Nach verbreiteter Auffassung resultierte der Bedeutungszuwachs der Bilder daraus, dass sich der Mensch aus der Natur bzw. aus der Schöpfung Gottes herausgelöst hatte und ihm die Welt nun als Objekt gegenüberstand, die dadurch für ihn zum Bild wurde.[349] Im Verlauf dieser Entwicklung wurde deutlich, wie sehr Bilder ein ikonisches Wissen zur Darstellung bringen, das sich mithilfe der Sprache nur unzulänglich erfassen lässt. Schon in Lessings Interpretation der Laokoon-Gruppe rückt der ikonische Charakter ins Zentrum, der Bilder und Statuen grundsätzlich von Sprache und Narration unterscheidet. Im Bild findet eine Verdichtung auf einen *fruchtbaren Moment* statt. Im Unterschied dazu erfolgt in einer Narration die Darstellung eines Handlungsprozesses. Die Genese eines Ereignisses bzw. einer Handlung wird im Falle eines Bildes nicht dargestellt. Die Handlung ist in *einem* Bild verdichtet; sie ist implizit und nicht explizit wie in einer Narration dargestellt. Das Bild verweist auf ein Geschehen, das es selbst nur ikonisch und nicht narrativ darstellt, das implizit bleibt und nicht explizit wird. Seine Interpretation ist nur mithilfe von Sprache möglich. Wie sie aussehen könnte, „verrät" das Bild nicht, für dessen sinnliche Wahrnehmung und Inkorporation im Imaginären die Interpretation nur eine begrenzte Unterstützung bietet.

Ein Beispiel dafür, dass Bilder Handlungen initiieren, also performativ sein können, und ein implizites Wissen von einer Handlung darstellen, die dargestellt wird, zeigt die schematische Zeichnung in einer Gebrauchsanweisung für die Montage eines Schranks. Obwohl sie lediglich einen Moment der Montage darstellt, ist die Zeichnung nützlicher als eine sprachliche Beschreibung, die erklärt, wie man die Wände eines Schrankes miteinander verbinden soll. Die schematische Darstellung enthält in verdichteter Form ein sprachlich nicht explizites Wissen und eignet sich gerade dadurch besser als Handlungsanweisung als ein sprachlich elaborierter Text. Der ikonische Charakter des Bildes

---

347 Vgl. z. B. Jörissen 2007; Hörl 2011; de Kerckhove/Leeker/Schmidt 2008; Welsch 1993.
348 Großklaus 2004, S. 9.
349 Wulf 2014.

demonstriert ein implizites Wissen, das für die Montage des Schranks hilfreich ist.

Wenn die Welt immer mehr zum Bild wird und die bildproduzierenden Medien schon früh beginnen, die Vorstellungswelt der Kinder und Jugendlichen zu prägen, dann ist das Bild eine zentrale Lebensbedingung. Wir kennen viele Dinge schon als Bild, bevor wir ihnen begegnen, und wenn wir sie sehen, so ist keineswegs sicher, inwieweit nicht das bereits vorher gesehene Bild unsere Begegnung mit den Dingen bestimmt. Sprach Comenius noch von dem Durst junger Menschen nach Bildern und Anschauung, so besteht das Problem heute eher darin zu wissen, wie wir uns vor den Bilderfluten schützen können und wie wir die Fähigkeit entwickeln, Bilder bewusst als Bilder wahrzunehmen und sie in ihrem ikonischen, schweigenden Charakter aufzunehmen und zu verarbeiten.

Performativität: Inszenierung und Aufführung

Waren zunächst viele Ansätze der Erforschung des Ikonischen hermeneutisch orientiert, so nahm in den letzten Jahren das Interesse an der Performativität der Bilder und Medien zu. Dies geschah unter dem Einfluss der Entwicklung der performativen Perspektive in den Kulturwissenschaften. Im Unterschied zum hermeneutischen Ansatz, in dem soziale Praktiken als Texte gelesen werden und die Interpretation ihrer Bedeutung im Mittelpunkt steht, geht es nun darum, das *Wie* der Inszenierung und Aufführung des Kulturellen und des Sozialen ins Auge zu fassen und zu untersuchen. Damit soll der hermeneutische Ansatz um eine Perspektive ergänzt werden, die in ihm zwar als implizites Wissen präsent war, die jedoch bei der traditionellen (hermeneutischen) Interpretation des Sozialen keine Rolle spielte. Nun soll eine Perspektive entdeckt und entwickelt werden, die bis dahin bei diesem Ansatz implizit war und daher zum schweigenden Wissen gehörte. In Anlehnung an Gilbert Ryle geht es nicht in erster Linie darum zu erforschen, *was* die Bedeutung und der Sinn sozialer und pädagogischer Handlungen ist, sondern darum zu untersuchen, *wie* diese Praktiken sich vollziehen. Dabei wird deutlich, dass es sich bei dieser Perspektive um ein praktisches Wissen handelt, in dessen Zentrum der Umgang mit der Praktik, dem körperlichen und sozialen Können steht.

In den Forschungen der „Berliner Ritual- und Gestenstudie" wird dies besonders deutlich.[350] Hier wird untersucht, *wie* Menschen Rituale aufführen, *wie* sie sie inszenieren und *wie* sich in mehreren Aufführungen der gleichen Inszenierung das rituelle Handeln unterscheidet. Im Unterschied zu Geertz, der

---

350 Wulf et al. 2001, 2004, 2007, 2011.

Kultur als „Montage von Texten“ begreift,[351] stehen hier nun das tatsächliche Handeln, seine körperliche Inszenierung und Aufführung sowie seine produktive Wirklichkeitsgestaltung im Zentrum.

Diese Perspektive des Performativen zielt nicht auf eine Ablösung der hermeneutischen Interpretation des Sozialen, sondern auf seine Ergänzung durch die Verschiebung des Blickwinkels. Es geht weniger um die Interpretation der Bedeutung der Praktiken als vielmehr um die Inszenierung und Aufführung des Handelns, seine Körperlichkeit und seine Interaktionen. Im Zentrum steht keine allgemeine Geltung beanspruchende Interpretation der sozialen Praktiken, sondern eine Auseinandersetzung mit den konkreten Bedingungen des Handelns in spezifischen Situationen. Es geht „weniger um Tiefer- bzw. Dahinterliegendes als um das phänomenale Geschehen, weniger um die Struktur und die Funktionen als um den Prozess, weniger um Text oder Symbol als eben um die Herstellung von Wirklichkeit.“[352] Im Zentrum stehen Prozesse der Interaktion und der Dynamik von Sprach- und Handlungsvollzügen sowie die Körperlichkeit und Materialität des Sozialen.

Ziel ist die Erforschung des *modus operandi*, der Art und Weise, *wie* soziale Praktiken vollzogen werden. Dabei spielen ihre institutionellen und historisch-gesellschaftlichen Rahmenbedingungen eine wichtige Rolle. Um diese Zusammenhänge methodisch überzeugend zu erforschen, bedarf es ihrer ethnografischen Analyse. In dieser gilt es die soziale oder pädagogische Situation zu untersuchen: einmal aus der Perspektive eines oder mehrerer nicht in das Geschehen involvierter Beobachter in der Teilnehmenden bzw. videogestützten Teilnehmenden Beobachtung, zum anderen aus der subjektiven Perspektive der Handelnden mithilfe von Interviews und Gruppendiskussionen. Sodann gilt es beide Perspektiven aufeinander zu beziehen und nach Möglichkeit miteinander zu verschränken.

Für die Entwicklung dieser performativen Perspektive in den Kulturwissenschaften und in der Erziehungswissenschaft sind einige im Weiteren zu skizzierende Ansätze von zentraler Bedeutung: *erstens* das mit der Sprache verbundene Handeln;[353] *zweitens* Formen der Performance-Kunst; *drittens* die Genderforschung; *viertens* der Sonderforschungsbereich *Kulturen des Performativen* (1999-2011) an der FU Berlin, in dem die Erforschung von Handlungs- und Inszenierungs-Formen erfolgte.[354]

351 Geertz 1987, S. 253.

352 Wulf/Zirfas 2007, S. 8.

353 Austin 1985.

354 Paragrana 2001, 2004; Wulf/Göhlich/Zirfas 2001; Wulf/Zirfas 2005, 2007.

Mensch und Ding: Die Materialität pädagogischer Prozesse

Die ikonische Wende führte dazu, die Bedeutung der Bilder, des Immateriellen und der Neuen Medien für Gesellschaft und Kultur zu erforschen. Ein anthropologisches Interesse an der Vielfalt der Bilder, der Komplexität der Imagination und der sozialen und kulturellen Macht des Imaginären entstand. Zugleich wurde deutlich, wie zentral dieser Bereich für das individuelle und soziale Handeln ist und welche Rolle Bilder im Begehren, in Gefühlen und im Handeln spielen. Im Interesse an der Erforschung der Performativität wurde die Bedeutung des Körpers, die in der Anthropologie seit den achtziger Jahren im Zentrum stand,[355] herausgearbeitet. Die körperliche Dynamik im sozialen Handeln, die lange übersehen worden war, wurde untersucht. Inszenierung und Aufführung der Sinne und des Körpers, die Performativität sozialer Praktiken fanden Aufmerksamkeit.[356] Die Performativität der Bilder und Medien wurde entdeckt; es entstand ein neues Interesse an der Materialität der menschlichen Interaktionen sowie der Dinge und ihrer sozialisierenden Wirkung. Zwei Entwicklungen unterstützten diese Fokussierung des Materiellen. Die eine führte zur Entdeckung der Bedeutung technischer Apparaturen und Prothesen für den Körper und das menschliche Selbstverständnis.[357] Donna Haraways Vorstellung eines „Cyborg", eines „Hybriden aus Maschine und Organismus",[358] wurde Ausdruck dieser Verschmelzung, die im Science-Fiction-Bereich zahlreiche Figuren und Narrationen erzeugte. Die andere Entwicklung war die *Akteur-Netzwerk-Theorie*,[359] die deutlich machte, dass beim sozialen Handeln nicht allein Subjekte eine Rolle spielen,[360] wie es lange der Agency-Diskurs suggerierte, sondern dass soziales Handeln durch eine Reihe von Faktoren bewirkt wird, unter denen die Materialität der Dinge eine wichtige Rolle spielt. Das Ziel dieser Theorie besteht darin, die Dichotomie zwischen Mensch und Ding, Natur und Mensch, Subjekt und Objekt zu bearbeiten und nach Möglichkeit zu verringern. Die Gegenüberstellung von Mensch und Ding erschien nicht mehr zeitgemäß; sie wurde unterlaufen und es wurde untersucht, wie dadurch neue Perspektiven für das Verhältnis zwischen Mensch und Welt entstehen. In Bruno Latours „symmetrischer Anthropologie" wird versucht, die strenge Unterscheidung zwischen Mensch und Ding zu überwinden. Untersucht werden die Verknüpfungen zwischen Menschen und Dingen. Die Dinge werden als Ergebnis menschlicher Praxis begriffen und als Verdichtung kultureller Entwicklung verstanden. Im

355 Kamper/Wulf 1982, 1984; Wulf/Kamper 2002; Benthien/Wulf 2001; Wulf 2010, 2013a.
356 Gugutzer/Klein/Meuser 2017; Lang 2017; Potthast/Herrmann/Müller 2010.
357 Rammert 2007.
358 Haraway 1995, S. 33; Gray 1995.
359 Latour 2000, 2010; White 2008; Clemens 2015.
360 Paragrana 2009b.

Umgang mit ihnen können komplexe historische Prozesse in verdichteter Form erfahren werden.

Die Geschichte des Stuhls kann z. B. deutlich machen, wie dieser Gegenstand im Verlauf der Jahrhunderte von einem Thron zu einem Stuhl wird, der die arbeitenden Menschen auf gleiche Höhe bringt und dadurch dazu beiträgt, gesellschaftliche Hierarchien zu verringern. Eine Analyse zeigt:[361] Die zivilisatorische und sozialisierende Wirkung des Stuhls und des Sitzens ist für die Genese des heutigen Menschen außerordentlich wichtig. Von ähnlicher Bedeutung ist die wechselseitige Durchdringung des Menschen mit dem Computer, dem Tablet und dem Handy. Diese Apparate werden Teil der Menschen, deren Lebensalltag ohne sie nicht mehr möglich ist. Um diese Verkettungen zu erforschen, sind historische und empirische Untersuchungen der Materialität der Artefakte und des Umgangs mit diesen Artefakten erforderlich. Es bedarf also historischer Analysen und ethnographischer Forschungen.

In der Erziehungswissenschaft findet eine Rezeption der Auseinandersetzung nicht nur mit der Materialität der menschlichen Körper und der sozialen Praktiken, sondern auch mit der Materialität der Dinge statt.[362] Bei diesen Formen kulturellen Lernens spielen mimetische Prozesse eine wichtige Rolle. Am Beispiel von Walter Benjamins *Berliner Kindheit um 1900* und der in dieser Autobiographie erfolgenden Rekonstruktion kindlichen Lebens wird sichtbar, wie Benjamin sich als Kind in mimetischen Prozessen die Welt seines Elternhauses erschließt. In diesen Prozessen inkorporiert er die Materialität der Plätze, Räume, Straßen, Häuser und Dinge. Er zeigt, wie die Räume und Dinge Gefühle initiieren, wie seine Welt als Kind magisch konstituiert wird. In Winkeln, Verstecken, Höhlen, Erkern, Schränken, Kommoden, Schwellen erspürt Benjamin die Welt der Dinge, hat er Tasterfahrungen und nimmt Gerüche wahr, die in mimetischen Bewegungen inkorporiert werden.[363] Im Akt des Erinnerns erfolgt eine Bezugnahme zu den Dingen, zum Material der Erinnerung. Die mimetische Fähigkeit des Kindes, sich in Bezug zu den Gegenständen der Welt zu setzen, sich ihnen ähnlich zu machen, sie zu lesen, geht nach Benjamins Auffassung in die Sprache und in die Schrift ein. Dabei schafft sich die „mimetische Begabung", die früher das „Fundament der Hellsicht" war, in Sprache und Schrift das „vollkommenste Archiv unsinnlicher Ähnlichkeit". Das Ähnlichsein und das Ähnlichwerden schaffen zentrale Konstellationen, über die sich das Verhältnis zu den Dingen und zu sich selbst allmählich bildet.[364]

Die Materialität der Dinge hat einen Aufforderungscharakter. Viele soziale und kulturelle Produkte werden so hergestellt und arrangiert, dass sie Kinder

361 Eickhoff 1993.

362 Priem/König/Casale 2012; Zeitschrift für Erziehungswissenschaft 2013.

363 Gebauer/Wulf1992, 1998; Wulf 2005.

364 Vgl. Wulf 2009, 2013a.

auffordern, sich mit ihnen zu beschäftigen und mit ihnen in einer bestimmten Weise umzugehen. Häufig liegt der Art und Weise, wie diese Produkte in Erscheinung treten, eine soziale oder ökonomische Inszenierung zu Grunde. Die Inszenierung der Dinge als Waren ist dafür ein Beispiel. Auch im Bereich der Pädagogik werden Dinge inszeniert. Rousseau spricht schon im *Emile* von einer Pädagogik der Dinge.[365] Die Dinge sind es, die Kinder auffordern, mit ihnen in einer bestimmten Weise umzugehen. Ihr Aufforderungscharakter „widerspricht der freien Verfügbarkeit sachlicher Objekte durch das allein tätige, über sie disponierende Subjekt, denn die Aufforderung kommt ihm zuvor."[366] Ebenso wenig fordern die Dinge allein zum Nachvollzug einer kulturellen Ordnung auf, als wäre ihre Bewandtnis ohne weiteres aus ihnen ablesbar. An vielen Beiträgen aus der frühen Kindheit und der Kindheitsforschung lässt sich zeigen, wie Gegenstände Lernprozesse initiieren und steuern. Eindrucksvolle Beispiele sind die Musikinstrumente,[367] das Wohnen in Räumen[368] sowie der Umgang mit den Dingen im Alltag von Kinderkrippen.[369] In schulischen Lernprozessen bildet diese Orientierung ein wichtiges Gegengewicht gegen die exzessive Nutzung elektronischer Medien, in deren Rahmen die Begegnung mit den Dingen durch eine Begegnung mit deren Bildern ersetzt wird.

Schweigendes Wissen

Die genannten drei „Wenden" und die mit ihnen verbundenen Perspektiven führen zur Entwicklung neuer Forschungsfelder mit neuen Intentionen, Methoden und Ergebnissen. Im Rahmen jeder Perspektive lassen sich Bereiche identifizieren, die durch die jeweilige Fokussierung ausgeschlossen wurden und die, obwohl sie mit den untersuchten Fragen eng zusammenhängen, nicht bearbeitet wurden. Mit der Fokussierung der Bilder, des Ikonischen, der Medien in der ersten hier beschriebenen Strömung gerieten die Materialität des menschlichen Körpers, seiner Inszenierungen, Aufführungen und Bewegungen sowie die Materialität der Technik und der neuen Medien aus dem Blick. Dies überrascht, da doch Performativität auch zu den Bedingungen der Bilder, der Medien und der neuen Formen der Imagination gehört. Dies änderte sich in der zweiten Wende, in der diese in der ersten Wende ausgesparten Perspektiven ins Zentrum der Aufmerksamkeit gerieten. Obwohl der Körper, seine Bewegungen, seine Inszenierungen und Aufführungen nun große Aufmerksamkeit

365 Stieve 2008; Sørensen 2009; Nohl 2011.
366 Stieve 2013, S. 192.
367 Montandon 2013.
368 Stieve 2013.
369 Neumann 2013.

fanden, wurde das implizite, im Körper wirksame schweigende Wissen kaum zum Thema.[370] Selbst dort, wo vom praktischen Wissen die Rede war, wurden nicht oder nur ansatzweise die Inkorporierungen des Wissens untersucht. Lediglich wo Performativität im Zusammenhang mit mimetischen Prozessen thematisiert wurde, geriet die Bedeutung des impliziten inkorporierten Wissens für das soziale Handeln in den Blick.[371] So wichtig die Fokussierung der Materialität der Medien, der neuen Technologien, des Körpers und der Dinge in der dritten Wende wurde, es erhebt sich die Frage, ob nicht ihre Verwobenheit mit der Subjektivität der Menschen zu wenig Beachtung fand und ob nicht die Pluralität der Subjekte und die Auswirkung dieser Perspektive auf das Verständnis der Materialität in den Bereich des impliziten bzw. schweigenden Wissens abgedrängt wurde.

Gilbert Ryle hatte schon in den vierziger Jahren des vorigen Jahrhunderts mit der Unterscheidung „*knowing how and knowing that*" (wissen, wie und wissen, dass) darauf aufmerksam gemacht, dass es unterschiedliche Formen des Wissens gibt, von denen die mit einem „*knowing how*" bezeichneten Praxisvollzüge nur schwer erforschbar sind.[372] Bei diesen Praktiken steht nicht der Gewinn eines sprachlich ausdrückbaren faktischen Wissens im Zentrum. Vielmehr bezeichnet „*knowing how*" ein Können, das zum Handeln befähigt. Ein Beispiel für diesen Bereich sind Rituale, bei denen es nicht um Darlegungen, Begründungen und Erklärungen geht, sondern die inszeniert und aufgeführt werden. Das hierfür erforderliche Wissen ist ein performatives Praxis- und Handlungswissen. Dieses unterscheidet sich von dem Wissen, das zur Beschreibung, Interpretation und Analyse von Ritualen notwendig ist. „*Knowing how*" ist also ein praktisches Wissen – ein inkorporiertes Können, das in seiner Performanz sichtbar wird. Andere Beispiele für dieses Wissen, das sich als Können zum Ausdruck bringt, sind Spiele und Praktiken des Sports (z. B. des Fußballspiels), des Tanzes, der Musik, des Malens, des Theaters oder der Performance. Auch für die Praktiken des Alltags wie Autofahren, Kochen, Handy- oder Navi-Nutzung ist „Können" als zentrale Form des Wissens erforderlich.

In diesen Fällen wird eine Praktik, etwa des Autofahrens, nur gelernt, wenn die Erklärung, wie sie zu lernen ist, verstanden wurde. Doch muss man sich beim Vollzug der Praktik diese Erklärung nicht fortwährend vergegenwärtigen. Solange dies erforderlich ist, kann man mit dieser Praktik noch nicht „gekonnt" umgehen. Erst wenn sie inkorporiert ist, verfügt man über die Fähigkeit, sie auszuüben, also z. B. Auto zu fahren. Daraus folgt: Praktisches Können ist eine

370 Brandstetter 2007; Gehm/Husemann/Wilcke 2007; Huschka 2009.
371 Wulf 2005, 2013a, b.
372 Ryle 1990.

wichtige Form des Wissens, die mehr Beachtung finden und gesellschaftlich stärker anerkannt werden muss.

Formen praktischen Wissens sind für viele Wissenschaften wie die Medizin, die Rechtswissenschaft und die Erziehungswissenschaft konstitutiv. In den Worten Gilbert Ryles: „Erfolgreiche Praxis geht ihrer eigenen Theorie voraus.“ Zu Recht weist Sabine Huschka darauf hin, dass Ryle „keine Trennung zwischen einem praktischen und einem theoretischen Wissen vornimmt: *Knowing how* beschreibt ein gleichermaßen auf Theorie wie auf Praxis beruhendes Können, das sich in unterschiedlichen Anwendungsfeldern zeigen und kundtun kann.“[373]

Anders Michael Polanyi, der Wissen als einen Bewusstseins- und Denkprozess, ein *knowing in action* begreift und daher schreibt: „Ich betrachte Wissen als ein aktives Begreifen der gewussten Dinge, eine Handlung, die Können erfordert. Gekonntes Wissen und Tun wird ausgeführt, indem eine Reihe von Details, wie Anhaltspunkte oder Werkzeuge, der Ausformung eines gekonnten Werks untergeordnet werden, ob praktisch oder theoretisch.“[374] Polanyi weist darauf hin, dass, wenn man mit seinem Finger auf eine Wand zeigt und jemand auffordert, hinzuschauen, der Aufgeforderte auf die Wand und nicht auf den Finger schaut, und folgert daraus: „Eine Art und Weise ist, ein Ding zu betrachten. Das ist die Art und Weise, wie man auf eine Wand schaut. Aber wie soll man die Art und Weise beschreiben, in der Sie meinen Finger sehen, wie er auf die Wand zeigt? Sie blicken nicht auf meinen Finger, sondern von ihm weg. Ich würde sagen, Sie sehen ihn nicht als bloßes Objekt, das um seiner selbst willen anzuschauen wäre, sondern als ein Objekt mit einer Funktion: der Aufgabe, Ihre Aufmerksamkeit von ihm selbst weg und auf etwas anderes zu lenken. Das heißt aber nicht, dass mein deutender Finger Sie dazu anhalten würde, ihn nicht zu beachten. Ganz und gar nicht. Er will gesehen werden, aber gesehen werden nur, um befolgt und nicht, um angeschaut zu werden.“[375] Hier liegt das implizite Wissen vor, dass nicht der Finger, sondern die Wand, auf die er weist, das Ziel des Wahrnehmungshinweises ist und daher also die Fokussierung der

---

373 Huschka 2014, S. 640.

374 I regard knowing as an active comprehension of the things known, an action that requires skill. Skilful knowing and doing is performed by subordinating a set of particulars, as clues or tools, to the shaping of a skillful achievement, whether practical or theoretical (Polanyi 1974, S. VII).

375 One way is to look at a thing. This is the way you look at the wall. But how is one to describe the way you see my finger pointing at the wall? You are not looking at my finger, but away from it. I should say that you do not see it as a mere object to be examined as such, but as an object having a function: the function of directing your attention away from itself and at something else. But this is not to say that my pointing finger was trying to make you disregard itself. Far from it. It wanted to be seen, but to be seen only in order to be followed and not in order to be examined (Polanyi 1969, S. 313).

Wahrnehmung auf die Bewegung zur Wand erforderlich ist. Wiederholt verweist Polanyi auf Beispiele, die verdeutlichen sollen, was er mit schweigendem Wissen meint, etwa auf einen Pianisten, der sich paralysieren würde, wenn er sich auf die einzelnen Bewegungen seiner Finger konzentrierte, und der in der Folge seine Fähigkeit verlöre, das Musikstück zur Aufführung zu bringen. Am Fahrradfahren und der dazu erforderlichen Balancierung erläutert Polanyi, wie komplex die Praktiken des Wissens bei körperlichen Fertigkeiten sind: „Wir können nicht lernen, unser Gleichgewicht auf einem Fahrrad zu halten, indem wir beherzigen, dass, um einen gegebenen Winkel der Schieflage α auszugleichen, wir eine Kurve auf der Seite des Ungleichgewichts fahren müssen, deren Radius (r) proportional zum Quadrat der Geschwindigkeit (v) während des Ungleichgewichts sein sollte: [...] Ein solches Wissen ist sinnlos, wenn es nicht implizit gewusst wird.“[376] Aus dieser Überlegung lässt sich schlussfolgern: „Ein physikalisches Wissen über die Kräftefelder der Bewegungen vermag augenfällig nichts zum Umgang mit dem somatisch-kinästhetischen Kräftespiel des Gleichgewichts beizutragen.“[377]

Eine Möglichkeit der Aneignung und Inkorporierung schweigenden Wissens bilden mimetische Prozesse. Diese sind nicht auf sprachliche Zusammenhänge und Diskursivität begrenzt. In mimetischen Prozessen kann eine kreative Nachahmung von Bildern, Bewegungen und performativem Verhalten sowie eine Aneignung materieller Dinge stattfinden, mit der diese ins Imaginäre aufgenommen und inkorporiert werden. Im Weiteren sollen diese Prozesse kurz skizziert werden.

Die mimetische Aneignung von Bildern

Mit der mimetischen Aneignung von Bildern können die Bildlichkeit (Ikonizität) von Bildern, die Performativität sozialen Verhaltens und Handelns und die Materialität der Dinge erfasst werden. In mimetischen Prozessen kann sich der ikonische Charakter von Bildern erschließen, der zumindest teilweise zum schweigenden Wissen gehört. In ihm erlebt der Betrachter seine „unüberwindbare Verfügungsohnmacht“ dem Bild gegenüber und erfährt, dass die „Identität des Bildes als jene stellvertretende Repräsentationsform selbst durch nichts

376 We cannot learn to keep our balance on a bicycle by taking to heart that in order to compensate for a given angle of imbalance α, we must take a curve on the side of the imbalance, of which the radius (r) should be proportionate to the square of the velocity (v) over the imbalance: [...] Such knowledge is ineffectual, unless known tacitly (Polanyi 1966, S. 144).

377 Huschka 2017, S. 640.

anderes repräsentierbar" ist.[378] Bilder haben eine in ihrer Bildlichkeit liegende, nicht reduzierbare Qualität, die den Betrachter immer wieder auf die Bildlichkeit des Bildes verweist. In der ästhetischen Erfahrung wird die Erfahrung des Anderen gemacht, die Rimbaud so überzeugend gefasst hat: Je est *un autre*.[379] Was René Char von Gedichten gesagt hat, gilt analog auch für die „bildende" Kunst: Die Bilder wissen etwas von uns, das wir nicht wissen. Sie erhalten ein Element der Überraschung, das sich nicht voraussehen lässt und sich häufig der Alltagsrationalität entzieht, und das uns gegeben ist, bevor sich uns der Sinn der Bilder erschließt. Mimetische Prozesse zielen auf die „Nachschaffung" von Bildern mit Hilfe des Sehens und ihre Aufnahme in die „innere" Bilderwelt mit Hilfe der Einbildungskraft. Die Nachschaffung von Bildern ist ein Prozess mimetischer Aneignung, der die Bilder in ihrer Bildlichkeit in die Vorstellungs- und Erinnerungswelt aufnimmt. Die mimetische Verarbeitung der Bilder zielt auf die Aneignung ihrer Bildlichkeit, die vor, bei, nach und außerhalb jeder Interpretation gegeben ist. Wenn Bilder in die „innere" Bilderwelt aufgenommen sind, dann bilden sie Bezugspunkte für Deutungen, die sich im Verlauf des Lebens auch verändern können. Unabhängig von den jeweiligen Interpretationen ist der wiederholte mimetische Umgang mit Bildern ein Akt der Aneignung, der Erkenntnis sogar. Er beinhaltet eine Konzentration und Hingabe an das Nachschaffen der imaginären Bilder und verlangt immer wieder nach einer „Auffrischung" durch die sehende Begegnung mit den realen Bildern oder ihren Reproduktionen. In der mimetischen Begegnung mit Bildern wird auf Verfügbarkeit verzichtet. Der sehende Nachvollzug ihrer Formen und Farben erfordert eine Zurückdrängung der im „Inneren" des Betrachters aufsteigenden Bilder und Gedanken; er verlangt ein Festhalten des Bildes im Sehen, ein Sich-Öffnen für seine Bildlichkeit und ein Sich-ihm-Überlassen. Der mimetische Prozess besteht darin, dass sich der Betrachter durch sein sehendes Nachschaffen dem Bild ähnlich macht, es in sich aufnimmt und durch dieses Bild seine „innere" Bilderwelt erweitert.

Das mimetische Sehen ist sowohl aktiv als auch passiv; es richtet sich auf die Welt und empfängt sie zugleich. Wie dieses Verhältnis zwischen Aktivität und Passivität zu verstehen ist, ist in der Geschichte des Sehens unterschiedlich eingeschätzt worden. Spätestens seit den Arbeiten von Merleau-Ponty kann man davon ausgehen, dass die Welt und damit auch die von den Menschen geschaffenen Bilder uns anblicken. Das Sehen ist chiastisch;[380] in ihm kreuzen sich Welt und Mensch. Beim Umgang mit Bildern spielt das mimetische Sehen eine wichtige Rolle. In ihm öffnet sich der Betrachter der Welt. Durch Anähnli-

378 Imdahl 1994, S. 319.
379 Rimbaud 1990.
380 Merleau-Ponty 1994.

chung an sie weitet er seine Erfahrungswelt aus. Er nimmt ein Abbild von der Welt und inkorporiert es in seine mentale Bilderwelt. Durch einen sehenden Nachvollzug der Formen und Farben, des Materials und seiner Strukturen werden diese in die Innenwelt transformiert und Teil des Imaginären. In einem solchen Prozess wird die Einmaligkeit der Welt in ihrer historischen und kulturellen Ausprägung aufgenommen.[381]

Dabei geht es darum, Welt und Bild vor schnellen Deutungen zu schützen, durch die z. B. das Bild sprachlich erfasst und gedeutet, jedoch als „Bild" in seinem ikonischen Charakter nicht ausgeschöpft wird. Vielmehr gilt es die Unsicherheit, Vieldeutigkeit, Komplexität der Bilder auszuhalten, ohne Eindeutigkeit herstellen zu wollen. Im mimetischen Nachvollzug setzt man sich der Ambivalenz der Welt und der Bilder aus. In diesem Prozess gilt es, den Ausschnitt der Welt bzw. das Bild „auswendig" zu lernen. Bezogen auf Bilder bedeutet das, man muss die Augen schließen und das gesehene Bild mit Hilfe eines mimetischen Prozesses vor dem „inneren" Auge erzeugen und seine Aufmerksamkeit auf das Bild richten, es gegenüber anderen vom mentalen Bilderstrom herangetragenen Bildern schützen und mit Hilfe der Konzentration und Denkkraft als Bild „festhalten". Das Nachschaffen eines Bildes in der Anschauung ist der erste Schritt; es festhalten, an ihm arbeiten, es durch eine wiederholte Bezugnahme mithilfe der Imagination zur Entfaltung bringen sind weitere Schritte einer mimetischen Auseinandersetzung mit Bildern. Die Reproduktion eines Bildes in der Anschauung und das aufmerksame Verweilen bei ihm sind keine geringere Leistung als der interpretatorische Umgang mit ihm. In Bildungsprozessen ist die Verschränkung dieser beiden Aspekte der Auseinandersetzung mit Bildern notwendig.

Die mimetische Aneignung des Performativen und des praktischen Wissens

In einer ersten Annäherung werden soziale Handlungen als mimetisch bezeichnet, wenn sie als Bewegungen Bezug auf andere Bewegungen nehmen, wenn sie sich als körperliche Aufführungen oder Inszenierungen begreifen lassen und wenn sie eigenständige Handlungen sind, die aus sich heraus verstanden werden können und auf andere Handlungen oder Welten Bezug nehmen.[382] Wo jemand mit Bezug auf eine schon bestehende kulturelle Praxis handelt und dabei selbst eine kulturelle Praxis herstellt, entsteht ein mimetisches Verhältnis zwischen beiden; beispielsweise, wenn man eine kulturelle Praxis

381 Ebd.
382 Gebauer/Wulf 1998, 2003.

aufführt, wenn man nach einem sozialen Modell handelt, wenn man eine soziale Vorstellung körperlich ausdrückt. Dabei sind mimetische Handlungen keine bloßen Reproduktionen, die exakt einem Vorbild folgen; in mimetisch vollzogenen kulturellen Praxen kommt es zur Erzeugung von etwas Eigenem.

Menschen entwickeln die von Kultur zu Kultur unterschiedlich ausgeprägten performativen Fähigkeiten des Spielens, Tauschens von Gaben und rituellen Handelns in mimetischen Prozessen. Um jeweils „richtig“ handeln zu können, ist ein praktisches Wissen erforderlich, das über sinnliche, körperbezogene mimetische Lernprozesse in unterschiedlichen Handlungsfeldern erworben wird. Auch die jeweiligen kulturellen Charakteristika sozialen Handelns lassen sich nur in mimetischen Annäherungen erfassen. Praktisches Wissen und soziale Handlungen sind stark historisch und kulturell geformt.[383] Dies zeigt sich besonders in Ritualen und in dem in ihnen gelernten praktischen Wissen, für dessen Entstehung die Inszenierung und Aufführung, die Wiederholung und das damit verbundene mimetische Lernen von besonderer Bedeutung sind.[384]

Der Erwerb praktischen Wissens in mimetischen Prozessen muss nicht auf Ähnlichkeit beruhen. Wird in einer Bezugnahme auf eine vorgängige Welt sozialer Handlungen bzw. performativer Aufführungen mimetisches Wissen erworben, lässt sich erst in einem Vergleich der beiden Welten bestimmen, welches der Gesichtspunkt der mimetischen Bezugnahme ist. Ähnlichkeit ist ein allerdings häufiger Anlass für den mimetischen Impuls. Auch die Herstellung eines magischen Kontakts kann zum Ausgangspunkt der mimetischen Handlung werden. Selbst für die Abgrenzung des Handelns von vorhandenen sozialen Praxen ist eine mimetische Bezugnahme erforderlich. Sie erzeugt die Möglichkeit von Akzeptanz, Differenz oder Ablehnung vorgängiger sozialer Handlungen.

In mimetischen Prozessen vollzieht sich eine nachahmende Veränderung und Gestaltung vorausgehender Welten. Hierin liegt das innovative Moment mimetischer Akte. Mimetisch sind kulturelle Praktiken, wenn sie auf andere Handlungen Bezug nehmen und selbst als soziale Arrangements begriffen werden können, die sowohl eigenständige kulturelle Praxen darstellen als auch einen Bezug zu anderen Handlungen haben. Kulturelle Handlungen werden durch die Entstehung praktischen Wissens im Verlauf mimetischer Prozesse möglich. Das für kulturelle Handlungen relevante praktische Wissen ist körperlich und ludisch sowie zugleich historisch und kulturell; es bildet sich in face-to-face-Situationen und ist semantisch nicht eindeutig; es hat imaginäre Komponenten, lässt sich nicht auf Intentionalität reduzieren, enthält einen Bedeu-

383 Wulf 20005, 2013b.

384 Wulf/Althans u. a. 2001, 2004, 2007, 2011.

tungsüberschuss und zeigt sich in den kulturellen Inszenierungen und Aufführungen von Religion, Politik und alltäglichem Leben.[385]

Die mimetische Aneignung der Materialität der Dinge

In seiner oben bereits erwähnten Schrift *Berliner Kindheit um Neunzehnhundert* erinnert sich Walter Benjamin,[386] wie er sich als Kind in mimetischen Prozessen Plätze, Räume, Straßen, Häuser, Dinge und Ereignisse aneignete. Wie ein Zauberer erzeugt er als Kind Korrespondenzen und schafft Ähnlichkeiten zwischen sich und der Welt. In manchen Fällen liest das Kind in der lebendigen Welt und stellt Beziehungen her, selbst wenn keine sinnliche Ähnlichkeit gegeben ist. In anderen Fällen stellt er eine Ähnlichkeit her und ähnelt sich den Dingen an. Indem er seine Arme zu rotierenden Mühlenflügeln werden lässt und mit dem Mund die Geräusche des Windes erzeugt, wird der Körper des Kindes zu einer Windmühle. In der Erinnerung macht das Kind seinen Körper der Maschine ähnlich und macht – wenigstens im Spiel – eine Erfahrung der Macht über Natur und Dinge. Zugleich erfährt es auch die Möglichkeit, seinen Körper für die Darstellung nutzen und in seiner Performativität Emotionen ausdrücken zu können und dafür Aufmerksamkeit und Anerkennung zu finden.[387]

In dieser Erinnerung an die Kindheit sind die Dinge nicht leblos; sie blicken zurück; sie tönen, riechen und vermitteln Tasterfahrungen. So heißt es im Zusammenhang mit der Schmetterlingsjagd z. B.: „Es begann die alte Jägersatzung zwischen uns zu herrschen: je mehr ich selbst in allen Fibern mich dem Tier anschmiegte, je falterhaft ich im Inneren wurde, desto mehr nahm dieser Schmetterling in Tun und Lassen die Farbe menschlicher Entschließung an, und endlich war es, als ob sein Fang der Preis sei, um den einzig ich meines Menschseins wieder habhaft werden könne."[388] In dieser Szene wird der mimetische Charakter der Erfahrungen des Kindes deutlich, der zu einer Anreicherung seiner Erfahrungen führt. Das Kind wird falterhalft in seinem Inneren; gleichzeitig wird der Schmetterling menschlich. Sein Fang ermöglicht es, wieder die Grenze und die Sicherung des kindlichen Menschseins zu vollziehen. Offensichtlich ermöglicht erst die Überwältigung des Objekts die Konstitution des Selbstbewusstseins des Kindes.

Über mimetische Prozesse setzen sich Bilder und Geräusche früher Kindheit im „tieferen Ich" fest, aus dem sie mithilfe optischer oder akustischer Anstöße

385 Kraus/Budde/Hietzge/Wulf 2017.

386 Benjamin 1980b.

387 Zeitschrift für Erziehungswissenschaft 2012.

388 Benjamin 1980b, S. 244.

wieder ins Bewusstsein gerufen werden können. Manchmal vollziehen sich diese Erfahrungen wieder mimetisch. Im Akt des Erinnerns findet ein mimetischer Bezug zum Material der Erinnerung statt, der dieses jeweils in einer spezifischen, situativ unterschiedlichen Weise zur Darstellung bringt. Erinnerungen unterscheiden sich in Intensität und Bedeutung im Augenblick des Erinnerns. Die Differenz zwischen verschiedenen Akten des Erinnerns der gleichen Begebenheit lässt sich als Differenz in der erinnernden Konstruktion und mimetischen Repräsentation begreifen.

Das Ähnlichsein und das Ähnlichwerden stellen zentrale Elemente dar, über die sich das Verhältnis zur Welt, zur Sprache und zu sich selbst allmählich bildet. Mithilfe dieser Prozesse findet die Einfügung in die in der symbolisch kodierten Welt zum Ausdruck kommenden Struktur- und Machtverhältnisse statt, denen gegenüber erst später Distanz, Kritik und Veränderung möglich werden. Mithilfe seines mimetischen Vermögens übernimmt das Kind die Bedeutung der Gegenstände, Darstellungs- und Handlungsformen. In einer mimetischen Bewegung schlägt das Kind eine Brücke nach außen. Im Zentrum der Aktivität steht der Bezug auf das Andere, dem es sich anzugleichen gilt. In dieser Aktivität gibt es ein Innehalten, einen Moment der Passivität, der die Gegenstände der Welt schont und der für den „mimetischen Impuls“ charakteristisch ist.

Ausblick

Mit der Fokussierung des schweigenden Wissens und des Hinweises auf die Möglichkeiten seiner partiellen Aneignung in mimetischen Prozessen wird ein Forschungsfeld für die Kultur- und Erziehungswissenschaft vorgeschlagen, in dem wichtige Ergebnisse der Wenden der letzten Jahre zusammengeführt werden können. Im Zusammenhang damit ist eine Ausweitung und Aufwertung praxis- und performativitätsbezogener Perspektiven erforderlich und die Bereitschaft, neue Zugänge, Erfahrungs- und Reflexionsformen für den Umgang mit Praxis und die professionelle Ausbildung in den Feldern praktischer Arbeit zu entwickeln. Diese Orientierung ist umso wichtiger, als unter der Dominanz der empirischen Bildungsforschung den Problemen der pädagogischen Praxis in den letzten Jahren zu wenig Aufmerksamkeit zugekommen ist. Die pädagogischen Praktiken und das ihnen implizite schweigende Wissen unter den Perspektiven der Akteur-Netzwerk-Theorie, der neuen Medien, der Imagination, der Performativität und der Materialität weiter zu erforschen, stellt in konzeptueller und methodischer Hinsicht eine Herausforderung dar.

Teil III Bildung in der globalisierten Welt

Im ersten Teil dieses Buches wurde dargestellt, wie sich in Deutschland und in Europa seit dem Beginn der Neuzeit die Vorstellungen von Erziehung und Bildung und ihre anthropologischen Voraussetzungen entwickelt haben. Wie sahen die Träume und Utopien neuzeitlicher und moderner Erziehung aus? Welche Diskurse entstanden vor dem Hintergrund welcher kulturellen und gesellschaftlichen Entwicklungen und wie wurde die Vervollkommnung des Individuums konzeptualisiert und angegangen? Sodann galt es die Entwicklung der Anthropologie in der Erziehungswissenschaft im 20. Jahrhundert zu rekonstruieren und deutlich zu machen, welche Bedeutung ihr als Grundlage von Erziehung und Bildung zukommt. Ferner wurden im zweiten Teil des Buches zentrale Dimensionen von Erziehung und Bildung untersucht. Zu diesen gehören die vielfältigen Formen der Wiederholung, der mimetischen Aneignung der Welt, der Imagination, der Performativität des Lernens und der rituellen Erzeugung des Sozialen. Hinzu kam eine Untersuchung der Medienanthropologie und der Digitalisierung der Lebenswelt von Jugendlichen. Spätestens hier wurde deutlich, wie wichtig der Erwerb und die Verarbeitung des „schweigenden Wissens" in Erziehung, Bildung und Sozialisation ist und welche Bedeutung diesem Wissen im Umgang mit Bildern, Performativität und Dingen zukommt.

War der bisherige Bezugspunkt unserer Ausführungen die Entwicklung in Deutschland und in Europa, so erfolgt nun eine Ausweitung der Perspektiven auf die beiden großen asiatischen Kulturen Chinas und Indiens. In beiden Fällen werden Entwicklungen dargestellt, die einen wichtigen Einfluss auf Erziehung und Bildung haben, ohne dass angesichts fehlender empirischer Untersuchungen gezeigt werden kann, wie weitreichend dieser Einfluss ist. Im Fall Chinas werden zentrale anthropologische und bildungstheoretische Perspektiven des Konfuzianismus dargestellt. Ihre Rekonstruktion erfolgt im Kontext der Suche nach einem chinesischen Weg der Modernisierung. Daraus ergeben sich weitreichende Überlegungen zum Konzept des Mitmenschlichseins und zu der kontinuierlich an Bedeutung gewinnenden Werteerziehung. Im Fall Indiens erfolgt eine Rekonstruktion wichtiger anthropologischer und bildungstheoretischer Perspektiven aus den Jahrzehnten vor und nach der Unabhängigkeit. Hier liegt der Schwerpunkt auf Gewaltfreiheit und Spiritualität. In vieler Hinsicht übernehmen beide Gesellschaften heute die Entwicklungsvorstellungen der westlichen Gesellschaften und fügen sich damit ein in die Dynamik des Zeitalters des Menschen, des Anthropozäns. Ihren Ausgangspunkt nahm diese Entwicklung in der Industrialisierung. Seit der Entdeckung und Nutzung der Atomenergie wächst ihre Intensität. China und Indien klinken sich in diese Entwicklung ein und beschleunigen das Wachstum. Das Zeitalter des Menschen, das Anthropozän, nimmt an Intensität zu. Seine Strukturen, Ziele, Werte und Lebensformen wirken auf die Lebenswelt der Menschen und gewinnen einen weitreichenden Einfluss auf die Erziehung, Bildung und Sozialisation der nachwachsenden Generationen.

Im Weiteren wird die Ambivalenz dieser Entwicklung untersucht, die seit einiger Zeit die Diskurse über das Anthropozän bestimmt. Zwar hat es in den letzten Jahrzehnten Fortschritte bei der Verbesserung der Lebenssituation vieler Menschen, vor allem in Asien, Afrika und Lateinamerika, gegeben, doch wachsen die Zweifel an der Zukunftsfähigkeit der Weltgesellschaft, deren destruktiver Charakter offensichtlich geworden ist. Klimaerwärmung, Umweltzerstörung, Verbrauch nicht erneuerbarer Rohstoffe und Energien, Atomwaffen. Die Reihe der negativen Aspekte des „Zeitalters des Menschen" ließe sich fortführen. Wenn es nicht gelingt, hier Veränderungen zu erreichen, lassen sich viele destruktive Entwicklungen nicht mehr korrigieren. Stärkere Anstrengungen für die Verringerung von Gewalt, für einen besseren Umgang mit Alterität und für die Entwicklung von Nachhaltigkeit sind erforderlich. Der Erziehung, Bildung und Sozialisation kommt dabei erhebliche Bedeutung zu.

9 Mitmenschlichsein: Bildung im Konfuzianismus

Seit einigen Jahrzehnten entsteht in China ein wachsendes Interesse an der Frage nach einer chinesischen Identität. Lange hatte diese in den öffentlichen Diskursen keine Rolle gespielt. Seit der Gründung der Volksrepublik China hatten Marxismus und Sozialismus Vorrang und leisteten ihren Beitrag zur Herstellung einer Identität als sozialistische Volksrepublik. Mit ihrer Hilfe sollte auch eine schnelle Modernisierung des Landes erreicht werden. Nach dem Ende der zehnjährigen Kulturrevolution öffnete sich das Land seit 1976 verstärkt westlichen Einflüssen und damit auch dem Neo-Liberalismus und seiner Form des Kapitalismus. Angesichts der starken Rezeption westlicher Entwicklungen in den Bereichen Wirtschaft, Technologie und Wissenschaft und der immer größer werdenden wirtschaftlichen und politischen Bedeutung Chinas gewann die Frage an Bedeutung, wie China mit diesen widersprüchlichen Weltanschauungen und Menschenbildern produktiv umgehen könne und welche Möglichkeiten es für einen eigenen politischen, wirtschaftlichen und kulturellen Weg, also für eine chinesische Modernisierung der Gesellschaft gäbe. In diesem Zusammenhang entstand die Frage, welche Rolle die chinesische Geschichte und Kultur im Prozess dieser Transformation spielen könne. Seit einiger Zeit werden an vielen Universitäten des Landes Institute gegründet, die die Philosophie und Anthropologie, die Geschichte und Kultur Chinas untersuchen. China ist nicht nur auf der Suche nach seiner Rolle in der globalen Wirtschaft, Technik und Wissenschaft, sondern auch nach seiner Rolle in den Bereichen der Kultur und der gesellschaftlichen Organisation. In diesem Zusammenhang finden auch Auseinandersetzungen mit dem Konfuzianismus, dem Daoismus und dem Buddhismus statt. Dem Konfuzianismus kommt dabei eine besondere Bedeutung zu.

Als ein wichtiger Repräsentant dieser Bemühungen kann der in Harvard und an der Pekinger Universität lehrende Tu Weiming gelten. Ausgangspunkt seiner Arbeiten ist die Kritik am westlichen Aufklärungs- und Modernitätsmodell und damit auch an den westlichen Vorstellungen von Erziehung und Bildung. Zwar billigt er den Entwicklungen in der westlichen Welt zu, in moralischen und ethischen Fragen einen hohen Standard erreicht zu haben, hinter den andere Gesellschaften nicht zurückfallen dürften. Doch sieht er die westlichen Länder in einigen Punkten hinter ihren eigenen und den in der chinesischen Kultur entwickelten Standards zurückbleiben.[389] Nach Tus Auffassung

389 Tu Weiming 1996.

gehen einher mit dem säkularen Humanismus der Aufklärung ein habgieriger Individualismus und eine instrumentelle Vernunft mit stark destruktiven Seiten, deren Auswirkungen sich auch im kompetitiven Charakter des Bildungswesens zeigen. Diese Entwicklungen führen zum Verlust der Natur als Mitwelt, zur Zerstörung der sozialen Kohäsion und zur Reduktion von Erziehungs- und Bildungsprozessen auf ihre Messbarkeit. Durch ein gemeinsames spirituelles Projekt gälte es, diese Entwicklung zu korrigieren. Zwar seien die positiven Errungenschaften der westlichen Welt wie die Entwicklung von Demokratie, Menschenrechten und individueller Freiheit anzuerkennen. Doch sei nicht nur eine (westliche) Form der Moderne, sondern es seien unterschiedliche Formen der Modernisierung und der Moderne möglich. Unter Rückgriff auf den Konfuzianismus könne China seine eigene Form der Moderne finden und entwickeln, deren spirituelle Kraft in der Lage wäre, ein Gegengewicht gegen den Rationalismus der Aufklärung und den Reduktionismus im Hinblick auf die Komplexität von Erziehung und Bildung zu schaffen.

Diese Kritik an der Moderne enthält bedenkenswerte Gesichtspunkte. Einige wurden ähnlich auch schon von Horkheimer und Adorno (1971) in der *Dialektik der Aufklärung* formuliert. Andere wurden einige Jahrzehnte später artikuliert. Nun war die Rede von der „Postmoderne",[390] der „reflexiven Moderne",[391] dem „Ende der Geschichte",[392] der „Spätmoderne".[393] Im Hinblick auf die Überlegungen von Tu stellt sich die Frage, ob es der chinesischen Gesellschaft mit ihren exzessiven wirtschaftlichen und politischen Entwicklungen gelingen kann, diese destruktiven Prozesse unter Bezugnahme auf die chinesische Geschichte und ihre eigenen Bildungstraditionen zu korrigieren. Tus Vorstellungen von einer anderen, einer konfuzianischen Moderne und einer dieser entsprechenden Bildung sind bemerkenswert. Unter den zahlreichen Formen und Möglichkeiten der Moderne sei eine ostasiatische Moderne besonders durch „Netzwerkkapitalismus", „weichen Autoritarismus", „Gruppengeist", „Konsenspolitik" und eine „kohärente soziale Vision" gekennzeichnet und durch folgende Merkmale charakterisiert:

- eine *starke Regierung*, die über die Erhaltung der gesellschaftlichen Strukturen hinaus in die Gesellschaft eingreift, sie reguliert und die Verteilungsprozesse steuert;
- *organische Solidarität* zwischen den Mitgliedern einer Gesellschaft über Interessengegensätze, Schicht- und Milieuunterschiede hinweg; Entwick-

390 Lyotard 2012; Poulain 2012.

391 Beck/Giddens/Lash 1996.

392 Fukuyama 1992.

393 Reckwitz 2017.

lung entsprechender Werte und moralischer Verhaltensweisen mithilfe von Riten an Stelle des Zwangs zur sozialen Integration durch Gesetze;

- *Familie* als die grundlegende Einheit der Gesellschaft, als Vermittlerin von Grundwerten und als natürliche Umwelt, um den Weg zum „Menschlichsein" bzw. Mitmenschlichsein zu erlernen;
- *Zivilgesellschaft als dynamisches Zusammenspiel zwischen Familie und Gesellschaft* anstatt eines sozialen Ortes der Auseinandersetzung jenseits von beiden;
- *Bildung als gesellschaftliche „Zivilreligion"* mit dem Ziel der Charakterbildung;
- *Selbstbildung* als gemeinsame Wurzel aller anderen Aspekte.[394]

Die Errungenschaften der Aufklärung wie „Freiheit", „Privatheit", „Verfahrensgerechtigkeit" gilt es zu bewahren. Jedoch sollen sie durch „asiatische Werte" wie „Sympathie", „Verteilungsgerechtigkeit", „Pflichtbewusstsein", „Ritual", „Gemeinschaftsgefühl", „Gruppenorientierung" ergänzt werden. In diesen Überlegungen kommen die Bemühungen um die Entwicklung einer „konfuzianischen Moderne" und eines entsprechenden Bildungswesens zum Ausdruck. Sie bilden ein visionäres Programm, das kontrafaktisch zu den gegenwärtigen politischen, ökonomischen und kulturellen Bedingungen gesetzt wird. Offen ist die Frage, ob sich die gegenwärtige politische Entwicklung Chinas und Ostasiens mit ihrer Nützlichkeitsorientierung, ihrem Funktionalismus und ihrem Konsumismus auf eine konfuzianische Grundlage stellen lässt. Die bisherigen Entwicklungen in China lassen erhebliche Zweifel daran entstehen. Die schnelle wirtschaftliche Entwicklung des Landes beruhte vor allem auf folgenden Faktoren:

- internationale Investitionen zu häufig guten Bedingungen;
- die Ausbeutung von Millionen Wanderarbeitern unter starken sozialen und rechtlichen Einschränkungen;
- die Entwicklung eines exzessiven „habgierigen Individualismus" und einer damit verbundenen „instrumentellen Rationalität";
- die bisherige und nun weitgehend „gelockerte" Ein-Kinder-Ehe mit ihren beträchtlichen Einschränkungen;
- eine wildwüchsige ökonomische und soziale Aggressivität ohne Orientierung an der konfuzianischen Ethik.

Bislang ist die chinesische Moderne eher „eine hybride Mischung zwischen einem extremen ökonomischen Liberalismus, einem politischen Illiberalismus,

394 Tu Weiming 2000, 2007, 2008; Roetz 2008.

traditionellen Gewohnheiten und importierten Lebensstilen, die heute in der Tat von einer konfuzianischen Rhetorik begleitet wird."[395]

In dieser Sicht ist die „Moderne" eine historische und kulturelle Entwicklung, die nicht zwangsläufig an westliche Gesellschaften gebunden ist, so dass sich heute „multiple Modernen" identifizieren lassen. Angesichts einer „nachholenden Moderne" könnte es prinzipiell durchaus zu einer Wiederentdeckung des Konfuzianismus und damit zu weitreichenden Transformationen der chinesischen Gesellschaft und besonders ihres Bildungswesens kommen. Die Beendigung der radikalen Ein-Kind-Familien-Politik führt sicherlich zu einer neuen Bedeutung der Familienerziehung und damit möglicherweise auch zu einem Rückgriff auf konfuzianische Werte und Bildungsvorstellungen. In diesem Prozess erhalten trotz gegenläufiger Entwicklungen auch Subjektivität und persönliche Freiheit möglicherweise mehr Gewicht.[396]

Konfuzianismus

Der Begriff „Konfuzianismus" geht auf den Missionar Matteo Ricci (1552-1610) zurück, der damit zahlreiche unterschiedliche, zum Teil widersprüchliche Strömungen bezeichnete, die ihren Ursprung im Denken von Kong Fuzi bzw. Konfuzius (551-479) im 5. Jahrhundert vor Christus haben. Bis heute fehlt im Chinesischen ein Oberbegriff, mit dem die Gesamtheit dieser vielfältigen Entwicklungen bezeichnet werden könnte. Der Konfuzianismus entfaltete nachhaltige Wirkungen nicht nur in China, sondern auch in Korea, Japan, Vietnam und anderen Ländern Ostasiens. In seiner langen Geschichte nahm er auch Einflüsse aus dem Daoismus und dem Buddhismus in sich auf. Mit „Konfuzianismus" wird eine zweieinhalbtausendjährige Bewegung bezeichnet, die unterschiedliche Lehrer, Schulen und Schriften hervorgebracht hat. Sie hat kein räumliches oder geistiges Zentrum mit einem Repräsentanten, der die Identität ihrer historischen und kulturellen Entwicklung verkörpert. Das wichtigste Zeugnis von und über Konfuzius ist das Buch *Lunyu*, das in zwölftausend Schriftzeichen Sprüche und Episoden enthält. Auch wenn dieses Werk nicht allein von Konfuzius, sondern auch von seinen Schülern stammt, gilt es als eine der zentralen Textsammlungen des konfuzianischen Denkens.

Im *Lunyu* finden sich auch Informationen über das Leben des Konfuzius. Seine Familie gehörte zum niederen Adel. Sein Vater starb, als er drei, seine Mutter, als er 16 Jahre alt war. Mit dreißig verließ er den Staatsdienst und gründete eine Schule, die für Teilnehmer aus allen Schichten offenstand. Der Unterricht umfasste

395 Roetz 2008, S. 172.

396 Vgl. Roselius/Meyer 2018; Peng/Gu/Meyer 2018.

sechs Bereiche: Bogenschießen und Wagenlenken, Riten und Musik, Schrift und Rechnen. Mithilfe einer praktischen Ausbildung in diesen Bereichen sollten die Schüler gebildet und ihr Charakter entwickelt werden. In diesem Bildungsprozess war es nicht wichtig, besser als andere zu sein. Ziel war es vielmehr, seine Fähigkeiten nach seinen Möglichkeiten zu entfalten. Nicht auf den Wettkampf, sondern auf die Entwicklung der individuellen Fähigkeiten kam es an. Beim Wagenlenken bestand das Ziel darin, den Wagen stilvoll zu fahren. Der Wagen galt als Bild für das Unterwegssein des Menschen zwischen Himmel und Erde. Das Wagenlenken wurde zum Sinnbild persönlicher Vollkommenheit und zur Fähigkeit kompetenter Staatsführung. Riten und Anweisungen dienten als Weg (*Dao*) zu rechtem Handeln und Verhalten. Sie unterstützten den Einzelnen und die Gemeinschaft dabei, ein harmonisches Dasein zu führen. Demselben Ziel diente die Musik, mit deren Hilfe sich Harmonie im Inneren der Menschen ausbreiten sollte. Lesen und Schreiben waren erforderlich, um die alten Schriften zu lesen, sich in der Lektüre zu bilden und angesehene Tätigkeiten wahrnehmen zu können.

Jeder Mensch sollte lernen, das Richtige an seinem Platz zu tun. Dazu sollte ihm die konfuzianische Pädagogik helfen, von der es heißt: „Die Erziehung des Edlen ist Aufklärung. Er leitet die Schüler, aber schleppt sie nicht voran. Er stärkt sie, aber zwingt sie nicht. Er öffnet ihnen, aber sagt ihnen nicht alles. Durch Leiten, ohne zu schleppen entsteht Harmonie; durch Stärken, ohne zu zwingen, entsteht Leichtigkeit; durch Öffnen, ohne alles zu sagen, entsteht Nachdenken. Harmonie und Leichtigkeit im Nachdenken, das macht geschickt zum Verständnis."[397] Konfuzius verließ sein Amt als Justizminister in Lu wieder und zog mit 13 Schülern durchs Land. Mit 72 Jahren starb er. Nach seinem Tod kam es zu unterschiedlichen Interpretationen, zu Idealisierungen, aber auch zu Abwertungen seines Werkes.

Die sechs kanonischen Werke

Von Konfuzius wird im 3. Jahrhundert vor Christus berichtet, er habe sechs klassische Schriften gründlich studiert, auf die sich der Konfuzianismus gründe:

- das Buch der Lieder mit einer Sammlung von Gedichten (*Shijing*),
- das Buch der Urkunden mit historischen Dokumenten (*Shujing/Shangshu*),
- das Buch der Riten mit Regeln des Verhaltens (*Li-ji*),
- das Buch der Musik (*Yuejing*),
- das Buch der Wandlungen (*Yijing*),
- die Chronik „Frühling und Herbst" (*Chunqiu*).

397 Li-ji, S. 162.

Viele Jahrhunderte lang ging man davon aus, dass Konfuzius in diesen Büchern wichtige Zeugnisse der chinesischen Tradition gesammelt, kritisch gesichtet und für den Unterricht in seiner Schule verwendet hatte. Die Mehrzahl dieser Bücher gehen allerdings nicht direkt auf Konfuzius zurück. Die Frage nach der Autorenschaft der grundlegenden Schriften ist für den Konfuzianismus nicht von gleicher Bedeutung, wie sie es in den monotheistischen Buchreligionen ist. Bei diesen Schriften handelt sich nicht um irdische Offenbarungen eines Transzendenten, sondern um die Ergebnisse Jahrtausende alter Überlieferungen in den Werken großer Gelehrter. Konfuzius soll die aus der Zeit zwischen dem 11. und 7. Jahrhundert vor Chr. stammenden volkstümlichen und höfischen Lieder im *Buch der Lieder* zusammengestellt haben. Sie stammen aus der Zeit des Wechsels von der Shang- zur Zhou-Dynastie, die Konfuzius als das „goldene Zeitalter" galt. Die Inhalte und der Gesang dieser Lieder sollten dazu dienen, die Menschen zu bilden, Sanftmut und Toleranz zu entwickeln.

Das *Buch der Urkunden* enthält historische Texte wie Reden von Herrschern und Protokolle politischer Beratungen, deren Studium zu Einsicht und Weitsicht und zur Lösung von Problemen der Gegenwart beitragen kann.

Besonders wichtig ist das *Buch der Riten, Sitten und Gebräuche*, das in der überlieferten Form ein Ergebnis der Han-Zeit ist. Hier wird die Bedeutung der Riten für die Bildung des Menschen und den Zusammenhalt der Familie und der Gesellschaft betont. Notwendig ist es, dass jeder tut, was in seiner gesellschaftlichen Position erforderlich ist. „Fünf Wege gibt es auf Erden, die immer gangbar sind, und die darauf wandeln, sind von dreierlei Art. Sie heißen Fürst und Diener, Vater und Sohn, Gatte und Gattin, älterer und jüngerer Bruder und der Verkehr der Freunde: diese fünf sind die immer gangbaren Wege auf Erden. Weisheit, Menschlichkeit, Mut: diese drei sind die immer wirksamen Geisteskräfte auf Erden."[398]

Im *Buch der Riten, Sitten und Gebräuche* werden viele praktische Fragen erörtert, die sich auf die Gestaltung ritueller Situationen wie Tod, Bestattung und Ahnenkult richten. Darüber hinaus finden sich grundlegende Erkenntnisse über rituelles Lernen als kulturelles Lernen. So heißt es: „Liebe zum Lernen führt hin zur Weisheit, kräftiges Handeln führt hin zur Menschlichkeit, sich schämen können führt hin zum Mut. Wer diese drei Dinge weiß, der weiß, wodurch er seine Person zu bilden hat. Wer weiß, wodurch er seine Person zu bilden hat, der weiß, wodurch er die Menschen ordnen kann. Wer weiß, wodurch er die Menschen ordnen kann, der weiß, wodurch er die Welt, den Staat, das Haus ordnen kann."[399]

---

398 Li-ji, S. 35.
399 Ebd.

Einen für Erziehung und Bildung besonders wichtigen Teil des *Buchs der Riten* macht der Text „Das große Lernen" (*Daxue*) aus, in dem es um die große anthropologische und kulturelle Bedeutung des Lernens für die Ordnung der Gesellschaft geht. Die Weisen schufen „zunächst Ordnung in ihrer Familie. Um in ihrer Familie Ordnung schaffen zu können, dazu entwickelten sie zunächst ihre eigene moralische Qualität. Um ihre eigene moralische Qualität entwickeln zu können, richteten sie zunächst ihr Herz korrekt aus. Um ihr Herz korrekt ausrichten zu können, mussten zunächst ihre Absichten echt und rein sein. Um echte und reine Absichten erreichen zu können, mussten sie zunächst Einsicht gewinnen. Das Gewinnen von Einsicht besteht darin, dass man den Dingen auf den Grund geht."[400] Bildung zielt auf Einsicht, die das Individuum, die Familie und den Staat mithilfe vollkommener Sitten zu Ruhe und Frieden bringt.

Musik ist ein weiteres zentrales Element im Konfuzianismus. Mit Hilfe von Gesang und Musizieren werden Menschen erzogen und vervollkommnet. Musik dringt ins Innerste des Menschen und bildet dieses. „Darum, wenn das Herz von Trauer bewegt ist, so wird der Laut scharf und ersterbend. Wenn das Herz von Heiterkeit bewegt wird, so wird der Laut langsam und weich. Wenn das Herz von Freude bewegt wird, so wird der Laut stark und zerstreut sich. Wenn das Herz von Zorn bewegt wird, so wird der Laut grob und grausam und wenn das Herz von Ehrfurcht bewegt wird, so wird der Laut gerade und bescheiden."[401] Harmonische Töne bringen harmonische Gefühle hervor. Disharmonische Musik erzeugt Disharmonien im Inneren der Menschen. Die Musik kann den Menschen einen inneren Rhythmus vermitteln und mit ihm die Außenwelt in ihre Innenwelt einbringen. Musik entfaltet bildende Wirkungen. Sie erfasst den Menschen in seinem Inneren und formt ihn. „Wenn man die Musik wirken lässt zur Ordnung der Gesinnung, so wächst eine ruhige, gerade, ehrliche und aufrichtige Gesinnung üppig empor. Wenn eine ruhige, gerade, ehrliche und aufrichtige Gesinnung entsteht, so wird man fröhlich. Durch Fröhlichkeit kommt Frieden, durch Frieden entsteht Dauer, durch Dauer entsteht himmlisches Wesen, durch himmlisches Wesen entsteht Göttlichkeit."[402]

Das *Buch der Wandlungen* ist mit dem Orakel verbunden. Es zeigt, wie dieses zu lesen ist und bietet Hilfe zu seiner Deutung. Das *Buch der Wandlungen* gibt Anleitung dazu, sich mit den Geheimnissen des Lebens und des Kosmos zu beschäftigen, die Polarität von Yin und Yang zu verstehen und die ständigen Veränderungen der Welt zu begreifen. Dieses Buch verweist auf Dimensionen des menschlichen Lebens und der Natur, die dem Bewusstsein nicht oder nur unzulänglich zugänglich sind, in denen positive oder negative Kräfte wirken, auf die

400 Zit. n. Zotz 2015, S. 68.
401 Li-ji, S. 71.
402 Ebd., S. 92.

man mithilfe des Orakels Einfluss gewinnen will. Konfuzius geht davon aus, dass das Orakel in vielen (nicht allen) Fällen dazu beitragen kann, ein Wissen zu erlangen, das für anstehende menschliche Entscheidungen relevant ist. Ziel ist es, die Möglichkeiten des Bewusstseins und der Rationalität durch „intuitives Wissen" zu erweitern Im *Buch der Wandlungen* geht es um frühe Formen magischen Wissens, mit denen die Menschen Einfluss auf die Natur und ihre Rhythmen gewinnen. In Sätzen wie „man mag die Stadt wechseln, aber kann nicht den Brunnen wechseln" werden Erfahrungen von den Grenzen menschlichen Wissens und Handelns formuliert, die für das menschliche Leben bestimmend sind. Häufig ist die Botschaft des Orakels rätselhaft; sie muss jedoch akzeptiert werden, so dass die Menschen mit der Rätselhaftigkeit leben lernen müssen.

Die Chronik *Frühling und Herbst* enthält die Annalen des Staates Lu. Bei diesen handelt es sich um kurze, nicht mehr als höchstens 47 Zeichen umfassende Eintragungen, in denen von wichtigen Ereignissen berichtet wird. Zu diesen gehören politische Ereignisse, Rituale, Hochzeiten, Todesfälle und rituelle Opfer. Es sind Aufzeichnungen von Ereignissen, die weniger für die Menschen als vielmehr für die Geister der Ahnen bestimmt sind. Als Chroniken halten sie historische Begebenheiten fest; sie enthalten Aufzeichnungen, die dazu beitragen, Ereignisse zu erinnern.

Menschlichsein (*ren*) als Ziel von Lernen und Bildung

Ziel des menschlichen Lebens ist Menschlichsein (*ren*). Für die Übersetzung des chinesischen Wortes *ren* gibt es mehrere Vorschläge. Richard Wilhelm wählt oft „Sittlichkeit", andere Übersetzer entscheiden sich für „Güte", „Wohlwollen", „Liebe". Volker Zotz verweist darauf, dass das chinesische Schriftzeichen für *ren* als Verbindung von „Mensch" und der Zahl „2" dargestellt wird und sieht darin den Hinweis, dass das mit *ren* Gemeinte nur in einem Miteinander realisiert werden kann. Er schlägt daher Menschlichsein als Übersetzung vor.[403]

Höchstes Ziel des Menschen ist also die Bildung des Menschlichseins, das als Mitmenschlichsein verstanden wird. Dieses setzt die Überwindung von Ichbezogenheit und Egoismus voraus. Menschlichsein bzw. Mitmenschlichsein ist eine Aufgabe, der sich jeder Mensch während seines ganzen Lebens stellen soll und der trotz aller Bemühungen kein Mensch vollständig gerecht werden kann. Deutlich wird dies in folgendem Auszug aus dem Lunyu: „Gibt es ein Wort, nach dem man das ganze Leben hindurch handeln kann? Der Meister sprach: ‚Die Nächstenliebe. Was Du selbst nicht wünschest, tu nicht an andern'."[404]

---

403 Zotz 2015, S. 86.
404 Lunyu XV, 23.

Menschlichsein ist als Mitmenschlichsein in erster Linie eine ethische Aufgabe, die an ähnliche Zielsetzungen im Christentum[405] und an Kants berühmtes Diktum erinnert. Für die Entwicklung des Menschlichseins in diesem Sinne bedarf es nicht in erster Linie ausformulierter Gesetze, die das Handel und Verhalten der Menschen regeln. Wichtiger sind die „ungeschriebenen Gesetze" moralischen Verhaltens, die in gesellschaftlichen Lebenszusammenhängen und überlieferten sozialen Praktiken inszeniert und aufgeführt werden. Während Gesetze aus formalen Regelungen bestehen, die über Einsicht und Vernunft menschliches Verhalten steuern, betont Konfuzius, dass Menschlichsein viel grundlegender in den Praktiken des gesellschaftlichen Zusammenlebens gelernt wird, in denen es sich kontinuierlich bewähren muss.

Für diese Lernprozesse spielen Rituale eine wichtige Rolle. Einmal stellen sie eine Verbindung zur Vergangenheit her. In dieser haben Menschen Lebensformen und Lebenswelten entwickelt, in denen ethische Werte und Normen Form und Gestalt fanden, die heute noch ihre Bedeutung haben. In Ritualen stellen Menschen ihre Verbundenheit mit ihren Vorfahren und mit den vergangenen Zeiten her. Mithilfe von Ritualen „verwurzeln" sich die Angehörigen nachwachsender Generationen. Rituale sind nicht nur sprachliche Äußerungen. Ihre Bedeutung, Macht und Wirkung entsteht durch ihre Inszenierung und Aufführung, durch ihre Performativität. Als kulturelle Inszenierungen und Aufführungen schreiben sie sich in die Körperlichkeit und Sinnlichkeit der Menschen ein. Rituale und kulturelle Bräuche sowie Gesten und andere soziale Handlungen sind Träger der Werte, Formen und Praktiken des Menschlichseins; sie werden in den alltäglichen Prozessen des gemeinsamen Lebens inkorporiert und erzeugen Gefühle der Gemeinsamkeit und Zugehörigkeit.

Im *Buch der Riten* werden Überlegungen entwickelt, mit deren Hilfe geprüft werden soll, ob soziale Handlungen den Werten und Normen der Riten entsprechen:

> „Erstens überprüft man, ob eine Sache breite Zustimmung findet, ob also ein sozialer Konsens möglich ist.
> Zweitens forscht man, wie die Angelegenheit während früherer Dynastien behandelt wurde. Hier kommt die historische Dimension zum Tragen.
> Drittens beobachtet man, ob sich das Fragliche in die Rhythmen von Himmel und Erde einfügt. Damit wird der Faktor des Natürlichen berücksichtigt.
> Viertens legt man die Sache im Orakel den Göttern und Geistern vor, wodurch man demjenigen Rechnung trägt, das über das Wahrnehmbare hinausgeht."[406]

---

405 Lukas 6,31; Matthäus 7,12.
406 Zotz 2015, S. 92.

Zur Beurteilung der Angemessenheit einer Angelegenheit muss festgestellt werden, wie groß die Zustimmung zu ihr ist und inwieweit sie in früheren Zeiten Zustimmung gefunden hätte. Sodann gilt es zu prüfen, ob die Angelegenheit im Einklang mit der Natur, mit deren Bewegungen und Rhythmen steht. Schließlich gilt es herauszufinden, ob sie in Übereinstimmung mit den übersinnlichen Mächten steht. Mit diesem Begriff werden Mächte bezeichnet, die sich der menschlichen Kontrolle entziehen. Sie machen deutlich, wo die Grenzen menschlicher Steuerung und Selbstbestimmung liegen. Mit der ausdrücklichen Berücksichtigung dieser Dimension wird der Unzulänglichkeit des Menschen Ausdruck verliehen. Sie ist es, die die Unsicherheit und Angst entstehen lässt und die deutlich macht, dass der Mensch nicht Herr seines Lebens ist, sondern den Rhythmen und Kräften, den Dynamiken und Mächten des Lebens ausgeliefert ist. Um also zu beurteilen, ob und wie eine Handlung richtig ist, soll eine bewusste Beziehung zwischen Vergangenheit und Gegenwart hergestellt werden und müssen alle greifbaren sowie alle lediglich intuitiv spürbaren Kriterien berücksichtigt werden. Geschieht dies, kommt es zur Entwicklung von Zentrierung, Balance und Harmonie: „Was der Himmel (dem Menschen) bestimmt hat, ist sein Wesen. Was dieses Wesen (zum Rechten) leitet, ist der Weg. Was den Weg ausbildet, ist die Erziehung [...] Der Zustand, da Hoffnung und Zorn, Trauer und Freude sich noch nicht regen, heißt die Mitte. Der Zustand, da sie sich äußern, aber in allem den rechten Rhythmus treffen, heißt Harmonie. Die Mitte ist die große Wurzel aller Wesen auf Erde, die Harmonie ist der zum Ziel führende Weg auf Erden. Bewirke Harmonie der Mitte, und Himmel und Erde kommen an ihren rechten Platz, und alle Dinge gedeihen."[407] Nur wer zur inneren Harmonie und Mitte gelangt, kann Mitmenschlichsein verwirklichen und die Welt um sich herum richtig gestalten. Die dazu erforderlichen Tugenden „Sittlichkeit", „Weisheit", „Wahrhaftigkeit", „Geradheit", „Mut" und „Festigkeit" können in lebenslangen ästhetischen und sozialen Prozessen erlernt werden. Sie ermöglichen die Vervollständigung des Selbst und des Umgangs mit anderen und damit die Entwicklung eines zentrierten harmonischen Lebens. In ästhetischen, die Menschen im Inneren erfassenden Lernprozessen werden diese Tugenden erworben, bei denen die Lehrer und die persönlichen Beziehungen zu ihnen eine große Rolle spielen.

Selbstwissen und die Kultivierung des Subjekts

Menschlichsein erfordert die *Kultivierung des Subjekts* (*xiuji*). Ohne diese ist ein für die Gesellschaft förderliches Handeln nicht möglich. „Der Edle stellt

407 Li-ji, S. 32-33.

Anforderungen an sich selbst, der Gemeine stellt Anforderungen an die (anderen) Menschen".[408] Pflichtbewusstsein zu entwickeln ist eine wichtige Aufgabe der Bildung. In der Pflichterfüllung zeigen sich die Überwindung von Egoismus und die moralische Bereitschaft, für das Gemeinwesen zu sorgen: „Der Edle setzt die Pflicht obenan. Wenn ein Vornehmer Mut besitzt ohne Pflichtgefühl, so wird er aufrührerisch. Wenn ein Geringer Mut besitzt ohne Pflichtgefühl, so wird er ein Räuber."[409] Der gebildete Mensch weiß, dass Menschen keine „Instrumente", keine „Werkzeuge" sind, die man für das Erreichen von Zielen einsetzen darf. „Der Edle ist kein Gerät".[410] Der Mensch ist Selbstzweck. Seine Benutzung als Werkzeug verstößt gegen die Menschenwürde.

Die *Kultivierung des Subjekts* erfordert einen kontinuierlichen Lern- und Bildungsprozess. Anweisungen dazu finden sich im Buch „Das große Lernen", das im *Buch der Riten* ein Kapitel ist, das Zhu Xi in der Zhong-Dynastie zu einem Grundlagenwerk des Konfuzianismus erklärt hat. Die Entwicklung von Führungsfähigkeit (Regierung), Selbstkultivierung und die Erforschung der Welt sind ineinander verwobene Aufgaben. Jeder einzelne Mensch muss auch höhere Ziele wie den Weltfrieden verfolgen. Dazu muss er den Weg des Lernens einschlagen, den *Dao*, auf dem es um die wechselseitige Durchdringung von Geistigem und Praktischem geht. Wenn man dem „Weg des großen Lernens" folgt, wird man zum Menschen und entwickelt sein Menschlichsein. Diese Bildung vollzieht sich mithilfe der kulturellen Güter der Vergangenheit. In kontinuierlichen Lernprozessen werden sie angeeignet, verarbeitet, angewendet und weiterentwickelt. „Ein Edler, der beim Essen nicht nach Sättigung fragt, beim Wohnen nicht nach Bequemlichkeit fragt, eifrig in und vorsichtig im Reden, sich denen, die Grundsätze haben, naht, um sich zu bessern: der kann ein das Lernen Liebender genannt werden."[411]

Wiederholt ist im Konfuzianismus die Rede vom Verhältnis zwischen Lernen und Denken. „Lernen und nicht denken ist nichtig. Denken und nicht lernen ist ermüdend."[412] „Denken" meint die eigenständige Verarbeitung des Gelernten in einem existenziellen Prozess, der die Gesamtheit der Person erfasst. „Lerne, als hättest du's nicht erreicht, und dennoch fürchtend, es zu verlieren."[413] Das Lernen des Menschlichseins ist der *Dao*, ist der Weg, dem der Mensch folgen soll, auch wenn er das Ziel nicht erreichen kann und Erfahrungen des Scheiterns beim Bemühen, das Menschlichsein zu erreichen, unver-

408 Lunyu XV, 20.
409 Lunyu XVII, 12.
410 Lunyu II, 12.
411 Lunyu I, 14.
412 Lunyu II, 15.
413 Lunyu VIII, 17.

meidbar sind. Auf dem Weg des *Dao* gilt es sich dem Ziel so weit wie möglich zu nähern.

Im Unterschied zum Individualismus und zur Bildung des Menschen im Westen, die auf das Subjekt ausgerichtet sich darum bemüht, dessen Fähigkeiten zu entwickeln, zielt die vom Konfuzianismus inspirierte Bildung auf eine Arbeit am Subjekt, um das Menschlichsein des Subjekts zu verwirklichen. Ziel der Bildung ist nicht in erster Linie der Einzelne an sich als vielmehr seine Fähigkeit, das Zusammenleben in der Familie und in der Gemeinschaft zu entwickeln und zu verbessern. Die Bildung des Einzelnen erfolgt in wechselseitigem Bezug zu seiner Umwelt. Sie hat zur Aufgabe, die Qualität des Zusammenlebens in der Familie und in der Gemeinschaft zu verbessern. Die Bildung des Einzelnen zielt über die Bildung der Familie und der Gemeinschaft hinaus auf die Bildung eines nachhaltigen Umgangs mit der Natur. Sie vollzieht sich in einem Prozess, der Emotion und Geist gleichermaßen einbezieht, in dem es auch zu Erfahrungen von Transzendenz als „immanenter Potenzialität" kommt.

Um Menschlichsein zu entwickeln, kommt auch den Dingen eine wichtige Aufgabe für die Bildung der Menschen zu. Unterschieden werden die Dinge, die unabhängig von den Menschen existieren, von den Dingen, die eine Bedeutung in der Lebenswelt und Kultur der Menschen haben. Nach konfuzianischer Auffassung sollen die Menschen lernen, nicht in ausbeuterischer, sondern in förderlicher Weise mit den Objekten der Welt umzugehen. Wenn dies gelingt, dann tut es der Welt der Objekte und den Menschen selbst gut. Werden die Objekte so behandelt, ist dies gut für die Objekte und sie entfalten ihre Bedeutung für die Menschen. Menschen reifen in einem sorgenden Umgang mit den Dingen der Welt und tragen dazu bei, die Welt zu erhalten und zu verändern. Die Objekte sind ursprünglich; sie sind sie selbst und haben ihre Qualität in sich. In der Vernetzung mit dem Menschen erlangen sie eine neue Bedeutung. Sie werden Teil der menschlichen Praxis und entfalten dabei neue Bedeutungen. Dinge sind Teil des *Dao* und können durch ihren Umgang mit den Menschen diese zum *Dao* führen. Dieser Prozess führt zur Reifung, Bildung und Realisierung des Selbst und ist Teil des „großen Lernens".[414]

Ziel des Lernens und der Bildung ist das Selbstwissen, durch das sich der Mensch weiterentwickelt. Es ist der konfuzianische Weg, sich zu vervollkommnen. Der Lernprozess kultiviert das *Dao*, das der Natur folgt. „Das Wissen ist der Anfang des Handelns und Handeln ist die Vollendung des Wissens. Lernen, weise zu sein, erfordert nur ein einziges Bemühen. Wissen und Handeln dürfen nicht getrennt werden."[415] Selbstwissen kann nicht wie in den westlichen Kultu-

---

414 Contag 1964.

415 Knowledge is the beginning of action and action is the completion of knowledge. Learning to be sage involves only one effort. Knowledge and action should not be separated (Chan 1963, S. 674).

ren durch Argumente und Theorien, sondern nur durch eine Praxis der Selbsttransformation gewonnen werden. Selbstwissen im konfuzianischen Sinn ist daher weder „wissen, dass" noch „wissen, wie" im Sinne von Gilbert Ryle (1990). Selbstwissen ist vielmehr ein gegenstandsloses Bewusstsein, ein Gewahrsein. Es ist die Realisierung der menschlichen Möglichkeit „geistiger Intuition". Selbstwissen ist eine dritte Art von Wissen, eine Art innerer Erfahrung, die durch „geistige Intuition", d. h. durch Praxis und Selbstkultivierung gewonnen wird. Es ist „im Wesentlichen das Verstehen der eigenen Befindlichkeit und eine Anerkennung der eigenen Gefühlswelt."[416] Selbstwissen entspricht nicht der individuellen „praktischen Weisheit" im aristotelischen Sinne. Als innere Erfahrung umfasst es vielmehr die Resonanz anderer Menschen, der Gesellschaft und der Kultur. Ohne die Inklusion anderer Menschen ist Selbstwissen nicht möglich. Daraus wird geschlossen: „Unter den Drei Lehren [Konfuzianismus, Daoismus, Buddhismus] versichert nur der Konfuzianismus unmissverständlich, dass die Gesellschaft sowohl notwendig wie von wesentlichem Wert für die Selbstverwirklichung ist."[417] Selbstwissen ist eine Form „innerer Erfahrung" und „geistiger Intuition"; sie ähnelt der buddhistischen Vorstellung, nach der jedes gelingende Urteil auf „intuitiver Weisheit" und „non-dualem Wissen" beruht. Für die Entfaltung des Menschseins mithilfe von Selbstwissen sind die menschliche Natur, der ihr folgende Weg des Lebens (*Dao*) und die Kultivierung dieses Weges durch Bildung unauflöslich miteinander verwoben: „Was der Himmel (Titan) den Menschen weitergibt, nennt man menschliche Natur. Unserer Natur zu folgen, wird der Weg (Dao) genannt. Den Weg zu kultivieren, habe ich Bildung genannt."[418] Was hier beschrieben wird, ist in anderen Zusammenhängen auch als die Umformung von Wissen in Weisheit bezeichnet worden, ein Begriff, der trotz seiner großen historischen Bedeutung aus dem Sprachgebrauch in China und im Westen weitgehend verschwunden ist.[419]

Konfuzianischer Humanismus

Eine bis heute kontrovers diskutierte Frage zielt darauf zu klären, ob der Konfuzianismus eine ethisch-soziale Philosophie oder eine Religion ist. Ricci, der die Bezeichnung „Konfuzianismus" geprägt hatte, sah in ihm keine Religion,

416 ... basically an understanding of one's mental state and an appreciation of one's inner feeling (Tu Weiming 1985, S. 191).

417 Only Confucianism among the Three Teachings unequivocally asserts the society is both necessary and intrinsically valuable for self-realization (ebd., S. 26).

418 What Heaven (Titan) imparts to man is called human nature. To follow our nature is called the Way (Dao). Cultivating the Way I called education (Chan 1963, S. 98).

419 Feng Qi 2005.

sondern weltliche Bräuche mit starker Betonung ethischer und ritueller Aspekte. Andere widersprachen dieser Auffassung und lehnten die Riten als Formen von Aberglauben ab. In der zweiten Hälfte des 17. und in der ersten Hälfte des 18. Jahrhunderts wurde deshalb den katholischen Missionaren die Teilnahme an konfuzianischen Riten verboten. Bis in die Gegenwart hinein ist umstritten, ob der Konfuzianismus als Religion zu verstehen ist. Welche Position man hier vertritt, hängt davon ab, welches Verständnis von Religion zugrunde gelegt wird. Auf jeden Fall unterscheidet sich der Konfuzianismus von den monotheistischen Religionen Islam, Christen- und Judentum.

Folgt man den Überlegungen von Wilfred C. Smith, dann ist der „Glaube" und nicht die Religion die *conditio humana.* Der Glaube „ist eine Ausrichtung der Persönlichkeit auf sich selbst, auf den Nachbarn, auf das Universum; eine umfassende Antwort; eine Weise zu sehen, was immer man sieht und zu handhaben, was immer man handhabt; ein Vermögen, eine mehr als profane Dimension zu leben; zu sehen, zu fühlen, zu handeln bezogen auf eine transzendente Dimension."[420] Der Glaube ist ein Erwachen für die Transzendenz und wird begleitet von verehrender Hingabe und intensiver Teilnahme. „Der Glaube ist ein weltumspannendes menschliches Merkmal, in mehr oder weniger vollkommenen Vertretern dessen, was als empirische Tatsache die gesamte menschliche Geschichte seit ihren Anfängen charakterisiert hat; er beinhaltet die menschliche Fähigkeit wahrzunehmen, zu symbolisieren und loyal und reich zu leben im Bezug auf eine transzendente Dimension seines oder ihres Lebens."[421] Das bestimmende Merkmal des Glaubens ist die „transzendente Dimension", die auch im Konfuzianismus gegeben ist. Sie ist nicht gebunden an einen vom säkularen Alltagsleben unterschiedenen Bereich, wie dies z. B. im Christentum der Fall ist. Im Konfuzianismus ist die für den Glauben charakteristische Dimension Teil des alltäglichen Lebens. Dies zeigt sich deutlich in dem Streben nach Selbstkenntnis und Menschlichsein, die ohne Erfahrungen der transzendenten Dimension nicht möglich sind. Auch *Dao* als Bedingung, Weg und Ziel menschlichen Lebens ist ohne Glauben und die Erfahrung der transzendenten Dimension nicht möglich. „Ich kenne seinen Namen nicht, und darum nenne ich es *Dao.*"[422]

---

420 ... is an orientation of the personality, to oneself, to one's neighbor, to the universe; a total response; a way of seeing whatever one sees and of handling whatever one handles; a capacity to live a more than mundane level; to see, to feel, to act in terms of, a transcendent dimension (Smith 1979, S. 12).

421 Faith is a planetary human characteristic, less or more consummate instances of which have in empirical fact characterized the whole of human history from the beginning; it involves man's (sic) capacity to perceive, to symbolize, and to live loyally and richly in terms of a transcendent dimension to his and her life (ebd., S. 141).

422 Aus Kap. 25 des Dàodéjīng.

In diese Richtung argumentiert auch Tu Weiming, einer der bedeutendsten Vertreter der dritten Generation des Neokonfuzianismus, in seinem Bemühen um die Entwicklung eines konfuzianischen Humanismus. In seiner Sicht ist der konfuzianische „inklusive Humanismus“ dadurch bestimmt, dass hier der Mensch als ein empfindungsfähiges, soziales, politisches, historisches und metaphysisches Wesen begriffen wird. „Gegenseitigkeit zwischen Selbst und Gemeinschaft, Einklang zwischen dem Menschen und der Natur und anhaltende Zwiesprache mit dem Himmelreich sind die entscheidenden Merkmale und obersten Werte im Menschheitsprojekt.“[423] Er umfasst also eine nachhaltige Integration von Körper und Geist, eine fruchtbare Interaktion zwischen Selbst und Gemeinschaft, ein harmonisches Verhältnis zwischen der menschlichen Spezies und der Natur sowie ein Antwortverhalten zwischen den Menschen und dem *Dao*. Selbst, Gemeinschaft, Natur und Transzendenz sind also die bestimmenden Elemente des konfuzianischen anthropo-kosmischen Humanismus. Menschlichsein zu lernen ist ein lebenslanger Prozess der Selbst-Realisierung. In den Konfuzius zugeschriebenen Worten: „Ich war fünfzehn, und mein Wille stand aufs Lernen, mit dreißig stand ich fest, mit vierzig hatte ich keine Zweifel mehr, mit fünfzig war mir das Gesetz des Himmels kund, mit sechzig war mein Ohr aufgetan, mit siebzig konnte ich meines Herzens Wünschen folgen, ohne das Maß zu übertreten.“[424]

Sieben Elemente sind für diesen anthropologischen und kosmologischen Humanismus charakteristisch:[425]

- Erstens verweist ein Element mit dem Begriff des Anthropo-Kosmischen auf die Verwobenheit des Menschen mit der Natur und dem Kosmos.
- Zweitens wird deutlich, dass alle lebenden Menschen Zentren vielfältiger Verbindungen sind, die durch die Würde, die Unabhängigkeit und die Autonomie jedes Einzelnen bestimmt sind, dessen persönliche Identität durch seine sozialen Beziehungen bestimmt wird.
- Drittens ist die konfuzianische Idee der Person in ihrem Körper und in ihrem Zuhause verwurzelt und ist zugleich mit der Gemeinschaft, der Welt und dem Kosmos verbunden; zugleich muss sie lernen, Egoismus, Vetternwirtschaft, Provinzialität, Rassismus und Anthropozentrismus zu überschreiten.

423 Mutuality between self and community, harmony between human species and nature, and continuous communication with Heaven are defining characteristics and supreme values in the human project. Tu Weiming 1996, S. 14.

424 Lunyu II, 4.

425 Tu Weiming 2013, S. 336f.

- Viertens wird die säkulare als sakrale Welt dadurch wahrgenommen, dass die Dichotomien zwischen Körper/Geist, Geist/Materie, Schöpfer und Schöpfung, Heiligem und Weltlichem überwunden werden.
- Fünftens bezieht der konfuzianische Weg Selbst, Gemeinschaft, Natur und Himmel in eine Ethik der Sorge und der Verantwortung ein.
- Sechstens bezieht der Humanismus bzw. das Menschlichsein als zentraler Wert des Konfuzianismus den Himmel, die Erde und die unendliche Zahl der Objekte in seine Sensibilität und sein Bewusstsein ein.
- Siebtens schließlich erstrebt der Humanismus durch Dialog Harmonie ohne Uniformität.

Die Wertschätzung von Alterität, von Toleranz und Dialog ist erforderlich, um die Vielfalt der Unterschiede zwischen den Menschen sowie zwischen den Menschen, der Natur und den Dingen zu verstehen und verantwortlich mit ihnen umzugehen. Entsprechend hoch sind die Anforderungen an Bildung und Selbstkultivierung zu Menschlichsein, Selbstwissen und *Dao*.

Wichtige Repräsentanten des Konfuzianismus

Der Konfuzianismus hat in seiner 2500-jährigen Geschichte nicht wie das Juden- oder Christentum ein kohärentes Glaubens- bzw. Religionssystem entwickelt. Konfuzius orientierte seine Lehre an den *Li* mithilfe zahlreicher Beispiele aus dem Lebensalltag. Dadurch war sein Denken an viele andere Positionen anschlussfähig. Konfuzius' Wirken erstreckte sich weniger auf die Entwicklung von Glaubenspositionen als vielmehr auf ethische Praktiken, die dazu beitrugen, Menschlichsein in Familien, Gemeinschaften und Gesellschaften zu verbessern. In diesem Prozess spielte auch die Ahnenverehrung eine wichtige Rolle, die die Kohärenz zwischen den Generationen verstärkt. Vor allem in den ersten 250 Jahren haben Zisi, Mong Dsi bzw. Menzius und Xunzi zur Weiterentwicklung des konfuzianischen Gedankenguts und seiner Praktiken beigetragen.[426] Nicht selten verschmolz deren Arbeit mit dem Wirken von Konfuzius zu einer Einheit.

Zisi (481-402 v. Chr.) war ein Enkel des Konfuzius. Sein Werk *Maß und Mitte* (*Zhoungyong*) fand Eingang in das *Buch der Riten*. Wichtig war ihm die Selbstkultivierung durch kritische Selbstbeobachtung. „Die Wahrheit haben ist des Himmels Weg, die Wahrheit suchen ist des Menschen."[427] In diesem Prozess muss die Mitte eingehalten werden: „Der Edle hält sich an Maß und Mitte,

426 Fung Yu-lan 1973.
427 Li-ji, S. 37.

der Gemeine widerstrebt Maß und Mitte. Maß und Mitte des Edlen bestehen darin, dass er ein Edler ist und allezeit in der Mitte weilt. Die Mittelmäßigkeit des Gemeinen besteht darin, dass er ein Gemeiner ist und vor nichts zurückscheut."[428] Es gilt, sich zu mäßigen, Exzesse und Extreme zu vermeiden und sich bewusst in der Mitte zu bewegen und so ein harmonisches Leben zu führen.

Zisis wichtigster Schüler war Mong Dsi bzw. Menzius (372-289), der sich über Konfuzius' Enkel eng mit Konfuzius verbunden fühlte. In seinen auch von Richard Wilhelm übersetzten „Lehrgesprächen des Meisters Meng K'o" verbreitet er mal im Dienste unterschiedlicher Herrscher, mal als Wanderlehrer die konfuzianische Lehre. Aus seiner Kindheit wird berichtet, dass seine Mutter zunächst in unmittelbarer Nähe eines Friedhofs lebte, wo der vaterlose Junge schon früh die Trauerzüge imitierte. Dann zog sie mit ihm in die Nähe eines Marktes, wo der Junge das Treiben der Händler und den Umgang mit Waren nachahmte. Schließlich zog sie mit ihm in die Nähe einer Schule. Hier nahm sich der Junge ein Beispiel an den Lehrern und wurde selbst zu einem bedeutenden Lehrer. Wie Konfuzius ging es Menzius darum, die Ordnung der Welt zu erhalten und zu verbessern. Dazu kamen für ihn keine militärischen, sondern ausschließlich gewaltfreie moralische Mittel in Frage. Er wendete sich nicht gegen die Monarchie, sondern lediglich gegen die mangelnde Qualität und Würde ihrer Vertreter. Auch folgte er dem Ideal der sittlichen Menschenliebe, des Menschlichseins; mithilfe der Pflichterfüllung als Norm des Handelns galt es, dem *Dao*, dem großen Weg der Welt, zu folgen. Dies erschien ihm möglich, weil er den Menschen im Prinzip als gut ansah.

Folgende vier Eigenschaften sind es, die den Menschen und das Potential seiner Bildung ausmachen: Mitleid, Schamempfinden, Bescheidenheit und die Fähigkeit, zwischen gut und schlecht zu unterscheiden. Von diesen Merkmalen lässt sich schlussfolgern: „Wer sich auf den Weg des Edlen begibt, kann das von Natur aus Angelegte weiterentwickeln. Dann entfalten sich Mitleid zum Menschlichsein (*ren*), Schamempfinden zur Gerechtigkeit, Bescheidenheit zur Sittlichkeit, und das Unterscheidungsvermögen zur Weisheit."[429]

Im Unterschied zu Mong Dsi, der davon ausging, dass der Mensch gut sei, war Xunzi (ca. 312-230 v. Chr.) der Auffassung, dass der Mensch von Natur aus schlecht sei, doch durch Erziehung und bewusste Anstrengung gut werden könne: „Die menschliche Natur ist schlecht, und alles Gute im Menschen ist durch bewusste Anstrengung erworben."[430] Als angeboren sah Xunzi das an, was von Geburt aus unvermittelt da ist und bei dem es nicht notwendig ist, dass man es erlernen muss. Regeln, Riten und Pflichten sind jedoch dazu da, das zu

---

428 Li-ji, S. 27f.
429 Zotz 2015, S. 118.
430 Zit. n. Zotz 2015, S. 121.

lernen, was erforderlich ist, um Menschlichsein zu entwickeln. Menschen werden mit dem Potential negativer Gefühle wie Wut, Hass und Neid geboren. Gibt man diesen Gefühlen Raum, entstehen Gewalt und Verbrechen. Deshalb muss der Mensch lernen, diesen Gefühlen Grenzen zu setzen. Um sich dem angeborenen Egoismus zu widersetzen und das Gute in sich zu entwickeln, bedarf es kontinuierlicher Anstrengung und wichtiger Vorbilder. Kritik und Widerspruch sind oft Hilfe für eine Entwicklung zum Guten. „Daher ist der, der uns nicht zustimmt, wo er von Rechts wegen nicht zustimmen kann, unser Lehrer, und der, der uns schmeichelt, unser Feind."[431] Da die Riten die Menschen lehren, was richtig und gut ist, hält Xunzi an ihrer Bedeutung fest, selbst wenn es in vielen Fällen nicht klar ist, warum sie wirken und es in vielen Fällen naheliegt, dass ihre Handlungen lediglich als „als-ob-Handlungen" wirken. „Die überlieferten Bräuche und Rituale werden von Xunzi derart nicht unter dem Gesichtspunkt einer Funktionalität geschätzt, sondern um ihrer selbst willen. Den strebenden Menschen tragen sie zu einer ästhetischen Aufwertung seines Lebens und formen dadurch seinen Charakter; den Gewöhnlichen halten sie in einem Netz des Irrtums gefangen."[432]

Ausblick

Welche Bedeutung hat nun das konfuzianische Denken für das chinesische Bildungswesen heute? Ohne umfangreiche empirische Untersuchungen lässt sich diese Frage kaum beantworten. Die Einflüsse sind vielfältig und sicherlich widersprüchlich. Auch verändern sie sich von Jahr zu Jahr und gewinnen je nach Kontext unterschiedliches Gewicht. Die Frage drängt sich auf, ob es einen Zusammenhang zwischen der Art des traditionell in China geschätzten memorierbaren Wissens und heutigen Formen des Lernens, des Wissen-Erwerbs und der Prüfung gibt. Das nationale chinesische Bildungssystem räumt dem Prüfungswesen heute große Bedeutung ein.[433] Die Inhalte und Verfahren der in ganz China gleichzeitig durchgeführten Prüfungen und der mit ihnen verbundenen schulischen und beruflichen Selektionsprozesse bilden ein zentrales Element des chinesischen Bildungswesens. Erziehung und Lernen sind in hohem Maße auf ein möglichst gutes Bestehen dieser Prüfungen ausgerichtet. Dadurch hat das Prüfungswesen starke Auswirkungen darauf, welche Inhalte ausgewählt und wie die Lernprozesse initiiert und organisiert werden. In die-

431 Zotz 2015, S. 122.

432 Ebd., S. 124.

433 Möglicherweise gibt es darin Bezüge zu dem vom Konfuzianismus inspirierten, jahrhundertelang praktizierten System der Prüfung und Auswahl kaiserlicher Beamter; vgl. Gardner 2016, bes. S. 118-160.

sem Prüfungswesen liegt der Schwerpunkt auf memorierbarem und testbarem Wissen. Dies erklärt auch das gute Abschneiden chinesischer Schüler und Schülerinnen in den an den Vorstellungen und Werten der OECD orientierten PISA-Tests. In diesen soll überprüft werden, inwieweit es gelingt, den Schülern und Schülerinnen universelle Kompetenzen in zentralen Unterrichtsfächern zu vermitteln. Die starke Ausrichtung der Erziehungs- und Bildungsprozesse an dem Prüfungssystem führt dazu, dass es wenig Möglichkeiten des Erwerbs regional und kulturell unterschiedlichen Wissens gibt, selbst wenn dieses Wissen für das Leben der Schüler von großer Bedeutung ist. Auch kommen die Formen des Lernens und Wissens zu kurz, die sich nicht oder nur unzureichend durch Tests überprüfen lassen.[434] Angesichts dieser Situation entsteht allmählich ein Interesse an anderen Formen des Lernens. Diese umfassen die vielen Formen performativen Wissens und die wichtigen Praktiken der kritischen und kreativen Verarbeitung des Gelernten.[435] Hierhin gehören auch das forschende Lernen, das soziale Lernen und die in China sehr wichtige, unterrichtlich vermittelte Werteerziehung.

Vielerorts wird nach neuen Zugängen zu Erziehung, Bildung und Sozialisation gesucht, die andere Formen anthropologischen und gesellschaftlichen Wissens beinhalten. Auch das aktuelle Interesse an einer „Archäologie" des konfuzianischen Denkens, seiner Bildungsvorstellungen und deren Beitrag zur gesellschaftlichen Entwicklung muss in diesem Zusammenhang gesehen werden. Zurzeit ist der Einfluss dieser Suchbewegungen auf die Breite der chinesischen Gesellschaft noch gering, die eher durch einen exzessiven Konsumismus und einen „wilden" Kapitalismus gekennzeichnet ist. Welche Wirkungen diese Auseinandersetzungen mit chinesischen Traditionen auf zukünftige gesellschaftliche Entwicklungen haben werden, lässt sich nicht voraussagen. Trotz des beeindruckenden ökonomischen Fortschritts der letzten Jahrzehnte erfordern zahlreiche gesellschaftliche Probleme eine dringende Bearbeitung. Dazu bieten sich Bezugnahmen auf konfuzianisches Denken an. Zu den großen Problemen der chinesischen Gesellschaft gehören: Millionen ausgegrenzte Wanderarbeiter und Menschen auf dem Land ohne Partizipationsmöglichkeiten am ökonomischen und sozialen Aufschwung, Probleme der Ungleichheit, Unsicherheit, Rücksichtslosigkeit, Bestechung und Disharmonie, kritisch eingeschätzte Entwicklungen des Materialismus, der instrumentellen Rationalität, des Fortschrittsglaubens, der technokratischen Mentalität, der Menschenrechte sowie der Zivilgesellschaft. In vielen Bereichen der Politik bemüht man sich um eine konstruktive Bearbeitung dieser und anderer, bislang nicht thematisierter

434 Zu diesen Formen des Wissens gehören z. B. solche, die im *Handbuch Schweigendes Wissen* bearbeitet wurden (Kraus/Budde/Hietzge/Wulf 2017).

435 Wulf/Zirfas 2007; Wulf/Göhlich/Zirfas 2008.

Probleme. Zu letzteren gehören die erheblichen Anstrengungen beim Klimaschutz, bei der Entwicklung von Nachhaltigkeit und der Weiterentwicklung des Gesundheits- und Sozialwesens. Trotz eingeschränkter Presse- und Meinungsfreiheit und eines in manchen Teilen des Landes wachsenden Nationalismus nehmen die Bemühungen um Offenheit, kulturelle Diversität und Selbstreflexion zu. China befindet sich in einer weitreichenden Entwicklung, deren Folgen nicht abschätzbar sind und bei der bislang nicht klar ist, welche Rolle ein aktualisiertes konfuzianisches Denken spielen wird.

10 Spiritualität und Gewaltreduktion: indische Perspektiven

Einleitung

Wie es in China intensive Bemühungen um ein zeitgemäßes Verständnis der chinesischen Kultur und Gesellschaft gibt, so lässt sich auch in Indien eine intensive Suche nach einer indischen Identität feststellen. In beiden Fällen geht es um die Entwicklung neuer Formen von Identität in der globalen Welt. In diesem Prozess haben das Bildungswesen und seine anthropologischen Elemente eine erhebliche Bedeutung. Bei der Suche nach einer nationalen Identität zeigen sich vielfältige, zum Teil konfligierende Tendenzen, so dass man besser nicht von einer Identität, sondern eher von der Suche nach netzwerkartig miteinander verwobenen unterschiedlichen Identitäten sprechen sollte. Bei diesen Bemühungen spielt das Ringen um ein zeitgemäßes Verständnis der Auswirkungen des Kolonialismus auf die indische Gesellschaft und ihr Bildungswesen eine wichtige Rolle.[436] Auch Demokratie und Kastenwesen sind für das Selbstverständnis Indiens von zentraler Bedeutung. Um die heterogene gesellschaftliche und kulturelle Gegenwart Indiens zu verstehen, wird auf die Geschichte und Kultur Indiens und auf ihre zahlreichen unterschiedlichen Erziehungs- und Bildungstraditionen zurückgegriffen.[437] In meinen bisherigen Arbeiten über Indien habe ich versucht, einen Beitrag zur Erforschung von Körperbildern zu leisten,[438] die Entstehung von Gefühlen in Ritualen und sozialen Praktiken zu rekonstruieren,[439] den historischen und kulturellen Charakter der menschlichen Sinne deutlich zu machen[440] und Erfahrungen von Fremdheit und Alterität zu analysieren.[441] Im Weiteren möchte ich einen Beitrag zum Verständnis von Erziehung und Bildung in Indien liefern, der Gemeinsamkeiten und Unterschiede in den Erziehungs- und Bildungsvorstellungen zwischen Indien und Europa deutlich macht. Angesichts des komplexen Charakters die-

436 Jodhka 2013.

437 Nicht soll im Weiteren untersucht werden: die lange historische Entwicklung seit dem Ende der Veden (Vedanta), die Upanishaden, der Einfluss des Buddhismus und des islamischen Mogulsystems, die Wirkungen des kolonialen britischen Bildungswesens, der Einfluss der internationalen Diskurse auf das Verständnis von Erziehung, Bildung und Sozialisation.

438 Paragrana 2009a.

439 Michaels/Wulf 2012.

440 Michaels/Wulf 2014; zweite Auflage 2018.

441 Wulf 2016.

ser Aufgabe werde ich mich auf ausgewählte Aspekte der Bildungs- und anthropologischen Vorstellungen von *Swami Vivekananda*, *Ravindranath Tagore*, *Mahatma Ghandi* und *Sri Aurobindo* beschränken. Diese schöpferischen Persönlichkeiten haben in der ersten Hälfte des 20. Jahrhunderts versucht, indische Kultur- und Bildungstraditionen mit den sozialen, ökonomischen und politischen Herausforderungen ihrer Zeit zu verbinden und für die Entwicklung eines zeitgemäßen Bildungswesens fruchtbar zu machen. Wie weit sich diese Vorstellungen auf die Wirklichkeit des heutigen indischen Bildungswesens auswirken, ist eine ohne umfangreiche empirische Untersuchungen nicht beantwortbare Frage. Zweifellos werden die genannten Personen bis in die Gegenwart hinein von vielen (hinduistischen) Indern als wichtige Repräsentanten indischen Denkens und indischer Bildung angesehen, auch wenn die große Vielfalt der indischen Kultur durch sie unzureichend repräsentiert wird.

Indische Kultur- und Bildungsvorstellungen im Spiegel wichtiger Repräsentanten

Die indische Kultur ist eine der ältesten und faszinierendsten der Welt. Sie besteht aus einer großen Zahl unterschiedlicher Religionen, Sprachen, Literaturen und einem breiten Formenspektrum in Architektur, Musik, Tanz und Kunst. Festivals, Filme, Formen der Meditation sind Teil des kulturellen Reichtums Indiens, der nur mit der Vielfalt Gesamteuropas vergleichbar ist. Vivekanandas, Tagores, Gandhis und Aurobindos anthropologische Vorstellungen betonen die Bedeutung der Bildung für die Entwicklung des Menschen und verweisen auf die Bedeutung des Glaubens und die Einbettung des Menschen in die Ordnung der Welt und des Kosmos. In ihrer spirituellen Dimension unterscheiden sich diese Bildungsvorstellungen von vielen Vorstellungen des Westens, in denen diese Dimension nur noch selten als bildungsrelevant angesehen wird. Deutlich wird die zentrale Bedeutung der spirituellen Ausrichtung des Denkens und des Lebens in der Rolle des Yoga. Dem *ananda yoga* nahe zielen Tagores Bildungsbemühungen auf die Gestaltung der psychischen Energien und die Entwicklung des inneren Gewahrseins. Diese Vorstellungen sind auf den ganzen Menschen ausgerichtet und zielen auf ein bewusstes Zusammenleben mit anderen Menschen, mit der Natur und dem Universum. In die gleiche Richtung gehen Ghandis am *karma yoga* orientierten Bemühungen, die auf eine Absage an die ichhaften Zwecke des Handelns zielen und Gelassenheit und aktives Handeln ohne Ausrichtung auf seine Folgen zur Aufgabe haben. Aurobindo folgte dem *purna yoga* und seiner Ausrichtung auf Liebe und die Unendlichkeit des Seins. In der Begegnung mit ihm werden die Vollendung des Geistes und psychischer Reichtum angestrebt.

Zwar besteht die nach europäischem Vorbild entwickelte Demokratie auch in Indien auf der Trennung zwischen Staat und Religion; doch ändert diese Trennung nichts daran, dass in Indien Religion und Alltagsleben untrennbar miteinander verwoben sind, so dass eine Unterscheidung zwischen einem sakralen und einem profanen Bereich kaum möglich ist. Für die Entwicklung der Demokratie und des öffentlichen Bildungswesens ist das Kastenwesen, das seinen Ursprung im Hinduismus, also in der Religion hat, nach wie vor eine starke Behinderung. Es besteht auf einer mit demokratischen Prinzipien unvereinbaren, auf der familiären Herkunft beruhenden Hierarchisierung der Gesellschaft. Diese Unvereinbarkeit zeigt sich auch im Bildungswesen, in dem es nach wie vor zu einer starken Benachteiligung der Angehörigen der unteren Kasten und noch stärker der aus dem Kastensystem ausgeschlossenen „Dalits" kommt.

Nach dem Bildungsverständnis Vivekanandas, Tagores, Gandhis und Aurobindos zielt Bildung auf die allseitige Entwicklung des Menschen und ist daher Allgemeinbildung. In dieser Allgemeinbildung spielt die religiöse bzw. die spirituelle Seite eine wichtige Rolle. Es wird zwischen einer auf die Anforderungen des alltäglichen Lebens und der Wissenschaft ausgerichteten Erziehung und einer spirituellen Bildung unterschieden. In diesem spirituellen Charakter der Bildung wird ein möglicher Beitrag Indiens zur Weltkultur und zu den internationalen Diskursen über Erziehung und Bildung gesehen. Seit alters her lassen sich eine spirituelle und eine empirische Seite als die beiden zentralen Dimensionen von Erziehung und Bildung unterscheiden. Für die Realisierung der spirituellen Seite sollen drei Wege eingeschlagen werden: das Studium der Schriften (*shastra*) (1), die Förderung des inneren Strebens (2) und die Zusammenarbeit mit einem Lehrer (*guru*) (3). Um junge Menschen zu bilden, bedarf es der Vermittlung kultureller Güter. Es gilt, das Streben nach Wissen und Erkenntnis sowie eine intrinsische Motivation zu initiieren und zu entwickeln. Dafür ist ein Lehrer erforderlich, der selbst kulturelles Wissen und Streben nach Wissen verkörpert. Um ihr kreatives Potential entfalten zu können, benötigen Bildungsprozesse die Initiierung und Anleitung durch einen entsprechend gebildeten Lehrer. Nur in der Verbindung dieser drei Aspekte entsteht Bildung als Verbindung zwischen materiellem und spirituellem Wissen. Die Vermittlung von Bildung geschieht auf der Basis der Verfassung, die die Kolonialzeit formal beendet und die prinzipiell allen Menschen das Recht auf Freiheit, Gleichheit, Brüderlichkeit und soziale Gerechtigkeit gewährt, ohne dadurch schon die Verwirklichung dieser demokratischen Werte und Ziele sicherstellen zu können. Während die Vermittlung empirischer bzw. materieller, am wirtschaftlichen Wachstum orientierter Inhalte eine allgemein anerkannte Bedeutung hat, nimmt das Ausmaß der spirituellen Dimension der Bildung ab, die lange Zeit auch für die Behauptung gegenüber dem Kolonialismus wichtig war.

Alle Repräsentanten des indischen Denkens sahen das koloniale Bildungssystem kritisch und wollten durch einen Rückgriff auf indische Traditionen notwendige Reformen voranbringen. Vor allem in der spirituellen Dimension sahen sie ein Merkmal, das das indische dem westlichen Bildungssystem überlegen mache. Daher spielte *die spirituelle Dimension*, die es im kolonialen, eher auf Nützlichkeit und Verwertbarkeit ausgerichteten Bildungswesen nicht gab, nach der Unabhängigkeit eine wichtige Rolle. Mit ihrer Hilfe sollte das Erziehungswesen zur Bildung der nachwachsenden Generation beitragen. Für das Selbstverständnis vieler Inder spielen das Denken und die Zeit nach dem Ende der Veden, Vedanta, eine wichtige Rolle. Nach in dieser Zeit verbreiteter Auffassung entstehen die Objekte der Welt durch *Maya* aus *Atman* oder *Brahman*. In diesem Prozess sind die fünf Elemente *Akasha* (Äther), *Vayu* (Luft), *Agni* (Feuer), *Jalam* (Wasser) und *Prithvi* (Erde) wichtig, die vielfältig miteinander vermischt in Erscheinung treten. Nach der Lehre Shivas manifestiert sich die Welt empirisch und transzendental. Die Welt ist Erscheinung. Wird sie nur als reale Materialität wahrgenommen, so ist das Weltverständnis atheistisch. Wird sie in ihrer realen Erscheinung und als göttlich begriffen, liegt ein theistisches Weltverständnis vor. Gibt es nur einen Gott, so ist das Verständnis „monotheistisch“. Alle Phänomene der Welt, seien es Objekte oder Subjekte, sind illusorische Erscheinungen *Mayas*. Im Unterschied dazu sind Seele und Gott identisch. Der Mensch besteht aus einem (nicht realen) Körper und einer Seele. Da das so ist, ist die Seele auch Gott: „Tat Tvam Asi“. Es gibt eine Identität zwischen der Seele des endlichen Menschen und Gott, dem höchsten Brahman, dem leuchtenden Selbst des unendlichen Bewusstseins.

Um mit Hilfe von Bildung einen Beitrag zu einer unverwechselbaren indischen Identität zu leisten, bedarf es des Studiums der *Vedanta* und anderer alter Schriften der indischen Kultur, durch das es in der Folge zu anderen als den gängigen Einschätzungen der globalen Welt kommen kann. Ausgehend von der Annahme der Einmaligkeit jedes Menschen ist Ziel der Bildung die Entwicklung des ganzen Menschen. Dazu gehören *Vidya* (Wissen), *Dharma* (Tugend) und *Maya*, die Befreiung von Unwissen und dem Verhaftet-Sein mit der Welt. Jeder Mensch ist prinzipiell Brahman und kann Erlösung durch wahres Wissen, Kraft und Freude erlangen. Das Wesen des Menschen ist sein Selbst oder *Atman*. Es entsteht aus dem Absoluten, ist gut und unsterblich und zielt auf Vervollkommnung. Das Unglück der Welt entsteht aus dem Bösen, das sich aus dem endlosen Kreis von Erfahrungen bildet. Das Selbst soll die Welt der Erfahrungen überschreiten und ewige Werte realisieren. Dazu soll der Geist folgende Qualitäten entwickeln: Ruhe, Zurückhaltung, Selbstverleugnung, Freiheit von langem Leiden, Verbundenheit und Glauben. Die Menschen sollen lernen, sich gegen Illusionen zu schützen und wissen, dass Sinn und Wert ihres Lebens nicht darin bestehen, äußere Güter zu gewinnen, sondern an der eigenen Vollendung zu arbeiten. Ziel ist die Überwindung von Stolz, Gier, Lust, Machtstreben und Egoismus. Dazu bedarf es der Entwicklung eines forschenden Geistes und eines Strebens nach Erkenntnis und Wahrheit. Für die Vermittlung dieses Gedanken- und Kulturguts spielen die *Upanishaden* eine wichtige Rolle, die etwa 200 Erzählungen, Parabeln, informelle Diskussionen und vertrauliche Gespräche umfassen. In Auseinandersetzung mit ihnen können sich wichtige Bildungsprozesse vollziehen, die dieses Wissen in den Menschen inkorporieren. Besonders wichtig ist *Nyaya*, eines der sechs Systeme klassischer indischer Philosophie, in dessen Zentrum Epistemologie und Logik stehen und das einen Weg zur Erlangung höheren Wissens darstellt.

Die verbreitetste religiöse Schrift im Hinduismus ist das *Bhagavad Gita*, der Gesang des Erhabenen. In ihm erfolgt zwischen dem 2. und dem 5. Jahrhundert eine Zusammenführung mehrerer Schulen auf der Grundlage der Veden, Upanishaden, des Brahmanismus und des Yoga. Gandhis Verständnis von Wahrheit und seine Theorie der Gewaltlosigkeit haben im Studium der Lehren des *Gita* ihren Ursprung. In ihm finden sich wichtige Überlegungen zur Weisheit, zur Zusammenarbeit, zur Persönlichkeitsentwicklung und zur Rolle individueller Differenzen. In ihrer Lehre werden angestrebt: spirituelle Synthese, die Lösung von Lebensproblemen, spekulatives Denken und das Streben nach Erkenntnis und Wahrheit sowie die Verwendung einer Methode, *upaya*; mit ihrer Hilfe wird die Entfaltung der spirituellen Praxis mit dem Ziel der Befreiung angestrebt; auch die besondere Bedeutung des Lehrer-Schüler-Verhältnisses hat hier ihren Ursprung. Diese spirituellen Dimensionen bilden Referenzpunkte, mit denen sich das vom kolonialen System und den gegenwärtigen globalen Diskursen beeinflusste Bildungswesen in Indien auseinandersetzt. In diesen Prozessen sind folgende Dimensionen wichtig:

Die körperliche Dimension: Seit den Upanishaden wird die Bedeutung des körperlichen Wohlbefindens hochgeschätzt. Der Körper ist die Basis allen menschlichen Verhaltens und Handelns; ein gestaltender Umgang mit ihm ist die Grundlage aller Bildung. Dazu schreibt Vivekananda: „Durch die Einhaltung strikten Brahmacharyas [Reinheit in Gedanken, Wort und Tat, Askese, CHW] kann alles Lernen in sehr kurzer Zeit bewältigt werden; man erwirbt eine zuverlässige Erinnerung an das, was man nur einmal gesehen oder gehört hat.“[442] Ähnlich denkt Aurobindo: „Alle menschliche Energie hat eine körperliche Basis. Der Fehler des europäischen Materialismus bestand darin, diese Basis für alles vorauszusetzen und sie mit der Quelle zu verwechseln. Die Quelle von Leben und Energie ist nicht materiell, sondern spirituell, während die Basis, die Grundlage, auf der Leben und Energie stehen und wirken, körperlich ist. Die alten Hindus haben diese Unterscheidung von Karma und Pratishtha, des Nordpols und des Südpols des Seins, klar erkannt. Die Erde oder das Grobstoff-

442 By observance of strict Brahmacharya, all learning can be mastered in a very short time; one acquires an unfailing memory of what one hears or knows but once (Vivekananda 1970-73, Bd. III, S. 222).

liche ist Pratishtha. Brahma oder Geist [spirit] ist das Karma. Das Körperliche zum Spirituellen zu erziehen, ist Brahmacharya, denn durch beider Zusammentreffen wird die Energie, die vom einen ausgeht und das andere erzeugt, verstärkt und erfüllt sich selbst.“[443] Mit den neueren Entwicklungen in der indischen Gesellschaft und mit dem wachsenden Hedonismus und Konsumismus stoßen diese Überlegungen auf Widerstand, ohne dadurch ihren grundsätzlichen Wert einzubüßen.

Die religiöse und spirituelle Dimension: In der Philosophie und Anthropologie der Erziehung besteht übereinstimmend die Überzeugung, dass der Körper in der Erziehung und Bildung eine wichtige Rolle spielt. Auch als Ausgangspunkt aller spirituellen Prozesse ist der Körper von zentraler Bedeutung. Durch das Studium überlieferter religiöser Texte und unter Anleitung eines sie verkörpernden Lehrers soll den jungen Menschen die spirituelle Dimension vermittelt werden. Diese bildet eine kritische Instanz gegenüber dem modernen Materialismus, der die Welt in zunehmendem Maße in Krisen stürzt. Allerdings verbirgt sich hinter dem „Back to Vedas“ häufig ein undemokratischer, alte Hierarchien stabilisierender Konservatismus, der einer der Gegenwart angemessenen Entwicklung der spirituellen Dimension abträglich ist. Demgegenüber betonen Tagore, Aurobindo und Gandhi die aus einem spirituellen Bewusstsein entstehende Verbundenheit und Solidarität aller Menschen miteinander und entwickeln Perspektiven für eine ihrer Zeit gemäße Spiritualität. Aus diesem Anspruch erwächst – durch das Studium von Dewey,[444] Kilpatrick u. a. verstärkt – die Überzeugung, dass Bildung ein Prozess ist, der auf die selbstbestimmte Aktivität junger Menschen zielt und der nicht auf das Lernen von Fachwissen reduziert werden darf.

Berufsbildung als zentrale Dimension: Seit langem ist man sich bewusst, dass das Bildungswesen junge Menschen unterschiedlicher sozialer Herkunft befähigen muss, in der Gesellschaft eine sie ernährende Arbeit zu finden. Für Gandhi ist diese Dimension der Bildung von zentraler Bedeutung. Sie ist ein zentrales Element im Kampf gegen Arbeitslosigkeit und Armut, der nach wie vor in der indischen Gesellschaft den Einsatz aller Kräfte erfordert. In Gandhis berühm-

443 All human energy has a physical basis. The mistake made by European materialism is to suppose the basis to everything and to confuse it with the source. The source of life and energy is not material but spiritual, but the basis, the foundation on which the life and the energy stand and work is physical. The ancient Hindus clearly recognised this distinction between Karma and Pratishtha, the north pole and the south pole of being. Earth or gross matter is Pratishtha. Brahma or spirit is the Karma. To raise up the physical to be spiritual is Brahmacharya, for by meeting of the two, the energy which starts from one and produce the other is enhanced and fulfils itself (Aurobindo 1955, S. 17f.).

444 Dewey 1988.

tem „*Wardha-Schema*“ zur Erziehung fordert er nachdrücklich, dass Erziehung zur Überwindung von Arbeitslosigkeit beitragen muss. Auch Tagore sieht die große Bedeutung der Berufsbildung für die Entwicklung der Menschen und der Gesellschaft: „Unser Zentrum der Kultur sollte nicht nur das Zentrum des intellektuellen Lebens Indiens sein, sondern auch das umfassende Zentrum seines wirtschaftlichen Lebens. Indien muss Land urbar machen, Viehzucht betreiben, um sich und seine Schüler zu ernähren; es muss alle notwendigen Güter herstellen und die besten Methoden entwickeln, das beste Material benutzen und die Wissenschaft zu seiner Unterstützung aufrufen. Seine gesamte Existenz sollte vom Erfolg seiner industriellen Unternehmungen abhängen, die nach dem Kooperationsprinzip durchzuführen sind, was Lehrer und Schüler zu einem notwendigen lebendigen und tätigen Bund vereinen wird. Das wird uns auch ein praktisches gewerbliches Training ermöglichen, dessen Motivkraft nicht die Gier nach Profit ist.“[445] Ein Blick in den UNESCO Monitoring Report von 2012, *Youth and Skill. Putting Education to Work*, macht deutlich, dass nach wie vor im Fehlen einer angemessenen Berufsbildung in den urbanen und den ländlichen Regionen ein zentrales Problem der Erziehung und Bildung in Indien liegt.

Die individuelle und die soziale Dimension: Nach Auffassung Vivekanandas führt nur die Bildung der Individuen zur Bildung der Menschheit: „Das Ideal aller Bildung, aller Ausbildung sollte [...] die Entwicklung von Menschen [*man-making*] sein. Aber stattdessen versuchen wir immer nur, das Äußere aufzupolieren. Welchen Sinn hat das Polieren des Äußeren, wenn es kein Inneres gibt? Zweck und Ziel aller Ausbildung ist es, den Menschen zum Wachsen zu bringen.“[446] Da das Individuelle mit dem Allgemeinen zusammenhängt, die Welt eine Einheit in der Verschiedenheit ist, besteht das Ziel von Bildung darin, den jedem Menschen eigenen Brahman zu entwickeln, durch den erst eine wirkliche Entfaltung seiner Individualität entsteht. In Tagores Sicht der Bildung sind alle Individuen auch Teil Brahmans und daher untrennbar miteinander verbunden: „Infolge der Allgegenwart des unpersönlichen und universellen Brahmans, von

---

445 Our centre of culture should not only be the centre of the intellectual life of India, but the entire centre of her economic life also. It must cultivate land, breed cattle to feed itself and its students; it must produce all necessaries devising the best means, using the best materials, calling science to its aid. Its very existence should depend upon the success of its industrial ventures carried out on the co-operative principle, which will unite the teachers and students in a living and active bond of necessity. This will also give us practical industrial training, whose motive power is not the greed of profit (Tagore 2007, S. 545).

446 The ideal of all education, all training should be [...] man-making. But, instead of that, we are always trying to polish up the outside. What use in polishing up the outside, when there's no inside? The end and aim of all training is to make the man grow (Vivekananda 1970-73, Bd. II, S. 10).

dem jeder von uns ein Teil ist. Als Teil ist jeder von uns anders als die anderen und jeder ist einzigartig. In jedem von uns manifestiert sich Brahman in einzigartiger, wenngleich unvollkommener Weise. So gehen wir als Individuen durch das Leben und versuchen, jeder auf seine Weise, Brahman vollständiger zu erkennen. Wieder in Brahman und durch ihn finden wir Einheit nicht nur unter uns selbst, als Menschen, sondern auch zwischen uns Menschen und der Natur. Die Erkenntnis dieser Einheit verhindert, dass wir unangemessenen Wert auf das Wachstum der Individualität legen, die zu einer Überspitzung des Ich degenerieren könnte."[447] Bildung erfolgt in der Verbindung zwischen dem Einzelnen und dem Allgemeinen; die Entwicklung der Spiritualität ist dazu der Weg. Dass durch diese kosmologisch-anthropologische Grundbestimmung viele alltägliche Probleme der Erziehung und Bildung nur unzulänglich gelöst werden, ist offensichtlich.

Die kulturelle Dimension: Nachdem Indien seine Unabhängigkeit von Großbritannien erkämpft hatte, gewann die Frage nach einer sich von der westlichen Kultur unterscheidenden eigenen indischen Kultur für die Entwicklung eines Selbstwertgefühls und einer „indischen Identität" große Bedeutung. Bis heute ist diese Frage aktuell, sind doch in vielen Bereichen Inder mit der Dominanz der westlichen Kultur konfrontiert und erleben diese als Abwertung ihrer selbst. Aurobindo formuliert dieses Bemühen um die Entwicklung eines „neuen Indiens" wie folgt: „Die alte indische Kultur legte genauso viel Wert auf Solidität, Wachstum und Stärke von Geist, Leben und Körper wie die alte griechische Kultur oder das moderne wissenschaftliche Denken, allerdings zu einem anderen Zweck und aus einem anderen großen Motiv heraus. Das neue Indien wird denselben Zweck auf neue Weise verfolgen, mit dem lebendigen Impuls neuer und großer Ideen sowie mit Werkzeugen, die komplexeren Bedingungen angepasst sind; aber die Reichweite seiner Bemühungen und seines Handelns und die Geschmeidigkeit und Vielfalt seines Geistes wird nicht geringer, sondern größer sein als damals. Es geht nicht notwendigerweise nur um Spiritualität [...] Aber das spirituelle Motiv wird in der Zukunft Indiens, wie in seiner Vergangenheit, die wahre ursprüngliche und beherrschende Anstrengung sein. Die Wahrheit des Geistes [*spirit*] eingehend zu erkennen und durch ihn das Leben

447 Due to the omnipresence of the impersonal and universal Brahman of which each one of us is a part. As parts, each of us is different from the rest and each is unique. In each of us the Brahman manifests into unique, though imperfect, manner. So we move through life as individuals trying to realise the Brahman more fully each in his own way. Again in Brahman and through Him we find unity not only amongst ourselves, human beings, but also between man and nature. Realisation of this unity prevents us from placing undue emphasis on the growth of individuality, which might degenerate into a sharpening of the ego (Basu 1968, S. 10).

zu beflügeln und umzugestalten, ist die eingeborene Neigung der indischen Mentalität [*mind*], und dahin muss Indien immer zurückkehren, in all seinen Zeiten von Gesundheit, Größe und Vitalität."[448]

Welche Rolle die Werte der traditionellen indischen Kultur und die spirituelle Dimension in einem „neuen Indien" und in den Bildungsprozessen junger Menschen spielen bzw. spielen sollen, ist eine bis heute kontrovers diskutierte Frage. Konsens besteht lediglich darin, dass Kulturen nicht als Systeme begriffen werden können, die sich durch undurchlässige Grenzen von anderen Kulturen abgrenzen. Vielmehr müssen Kulturen als vielfältige, veränderungsoffene und dynamische Systeme verstanden werden, in deren Rahmen und zwischen denen viele Mischformen und hybride Erscheinungen eine wachsende Bedeutung gewinnen (Wulf 1977, 2006a, 2016).

Die ästhetische Dimension und die Entwicklung von Harmonie: Auch im indischen Denken sind spirituelle Bildung und ästhetische Bildung eng miteinander verwoben. Keine Form der Bildung kann ohne die andere gelingen.[449] Seit alters her spielt die Entwicklung der Sinne, des Sinns für Schönheit und Kunst in der indischen Kultur eine wichtige Rolle. Damit einher geht eine tiefe Beziehung zur Natur. Kunst und Natur sind wichtige Bezugspunkte für die Entwicklung eines harmonischen Lebens in Auseinandersetzung mit den disharmonischen, gewaltreichen Bedingungen der indischen Gesellschaft. Kritisch wendet sich Vivekananda daher gegen die Vermittlung bloßer Lernstoffe: „Bildung ist nicht der Umfang an Informationen, die in unser Hirn geschaufelt werden und sich dort unser ganzes Leben lang unverdaut austoben. Wir brauchen Lebensgestaltung und menschliche Entwicklung. Charakterbildung, Aufnahme von Ideen. Wäre Bildung mit Information identisch, wären Bibliotheken die größten Weisen der Welt und die Enzyklopädie der Rishi [Seher, CHW]."[450] Da es in

448 The ancient Indian culture attached as much value to the soundness, growth and strength of the mind, life, and body as the old Hellenic or the modern scientific thought although for a different end and a great motive. The new India will seek the same end in new ways under the vivid impulse of fresh and large ideas and by an instrumentality suited to more complex conditions; but the scope of her effort and action, and suppleness, and variety of her mind will not be less, but greater than of old. Spirituality is not necessarily exclusive [...] But the spiritual motive will be in the future of India, as in her past, the real original and dominating strain. To realise intimately the truth of spirit and to quicken and remold life by it is the native tendency of Indian mind, and to that it must always return, in all its periods of health, greatness and vigour (zit. n. Mitras 1947, S. 92f.).

449 Michaels/Wulf 2014; Wulf 2014.

450 Education is not the amount of information that is put into your brain and runs riot there undigested all your life. We must have life-building, man-making. Character-making, assimilation of ideas. If education were identical with information, the libraries would be

der Bildung um die Entwicklung einer vielseitigen und gefestigten Persönlichkeit geht, führt Tagore die Gedanken Vivekanandas wie folgt weiter aus: „1. Das Ziel der Bildung muss mit dem höchsten Ziel des Menschen übereinstimmen, größtmöglichem Wachstum und Freiheit der Seele. 2. Für die geistige Entwicklung und Gesundheit ist es absolut notwendig, dass Schulen nicht nur für den Unterricht da sind, sondern auch für die Ausprägung eines Gefühls der persönlichen Liebe zu den anderen. Die Schule muss ein Ashram sein, in dem sich Menschen für den höchsten Zweck des Lebens versammeln. 3. Ziel der Bildung sollte es sein, den Menschen die Gesamtheit der Wahrheit darzubieten."[451] Und weiter folgert Tagore, indem er auf den engen Zusammenhang zwischen Geist, Körper und Sinnen verweist: „Es gibt eine enge und unauflösliche Verbindung zwischen den Vermögen der Seele und denen des Körpers. Jedes von ihnen erlangt seine Stärke durch das Zusammenwirken mit den anderen. Wir sollten wissen, dass die große Aufgabe der Bildungsanstrengungen in unserer Institution darin liegt, mittels vielfältiger Aktivitäten für die Bildung des Geistes und aller Sinne zu sorgen."[452] Betont wird nun auch die Notwendigkeit der Bildung von Frauen, die so lange vernachlässigt worden ist: Nach der Unabhängigkeit treten alle Reformer für das gleiche Recht von Frauen auf Erziehung und Bildung ein, dessen Realisierung bis heute auf erhebliche Schwierigkeiten stößt. Neben dem grundsätzlichen anthropologisch und demokratisch begründeten Recht aller auf Bildung war den Reformern klar, dass die gesellschaftliche und kulturelle Entwicklung der indischen Gesellschaft ohne die gleichberechtigte Beteiligung der Frauen nicht möglich sein würde.

Aus der Geschichte des indischen Denkens lassen sich folgende philosophisch-anthropologisch begründete, bildungsrelevante Prinzipien und Aufgaben von Erziehung, Bildung und Sozialisation entwickeln, die bis heute Einfluss auf das Bildungswesen haben:

1. Die *moralische Bildung* ist eine der wichtigsten Aufgaben von Erziehung, Bildung und Sozialisation. Junge Menschen müssen befähigt werden, sich

---

greatest sage in the world, and encyclopedia is the Rishi (Vivekananda 1970-73, Bd. III, S. 301).

451 1) The purpose of education must be in line with the highest purpose of man, the fullest growth and freedom of the soul. 2) For mental health and development it is absolutely necessary that there are schools not only for lessons, but also for inculcating a feeling of personal love towards others. The school must be an Ashrama where men have gathered for the highest purpose of life. 3) The purpose of education should be to give man the unity of truth (Tagore 1947, S. 17f.).

452 There is a close and inseparable connection between the faculties of the mind and the body. Each gains strength by cooperating with the other. We should know that the great task of our educational efforts in our institution is to provide for the education of the mind and all the senses through various activities (ebd.).

moralisch einwandfrei zu verhalten und sich dadurch produktiv in die Weltordnung einzufügen.

2. Die Entwicklung von *Mitgefühl* (*compassion*) und Verständnis des Anderen. Mitgefühl führt zur Überwindung des Getrenntseins von anderen Menschen, zu einem einfühlsamen Verständnis aller Lebewesen und des Universums.
3. *Gewaltfreies Denken und Handeln* erfordern eine nachhaltige Achtung und Anerkennung aller Lebewesen und müssen der nachwachsenden Generation vermittelt werden.
4. *Karma* ist das Gesetz von Ursache und Wirkung. Danach ist das Universum nicht durch eine göttliche Vorsehung, sondern durch ein moralisches Gesetz bestimmt, das schlechte Handlungen bestraft und gute Taten belohnt und dadurch den Kreislauf des Lebens bewegt.
5. Die *materielle Welt* ist *nicht real*, sie ist *Schein*. Da die Möglichkeiten der Sinne und des Geistes begrenzt sind, übersteigt das Begreifen der Realität ihre Möglichkeiten, so dass sie die „wirkliche" Realität nicht erfassen können. Daher sollen junge Menschen lernen, nicht der sie umgebenden Welt der Dinge anzuhängen, sondern sich auf eine „höhere Realität" auszurichten.
6. Das indische Denken hat eine eher *unpersönliche Weltsicht*. Ein menschlicher Gott existiert nicht; der Mensch spürt jedoch Gott jenseits von Raum und Zeit und in allen Kategorien der menschlichen Weltsicht.
7. Im indischen Denken gibt es einen ausgeprägten *Pantheismus*: *Atman* (persönliche Seele) und *Brahman* (Weltseele) durchdringen sich wechselseitig und sind eins.
8. Ziel des Lebens ist es, in das *Moksha* bzw. *Nirvana* einzugehen und dabei alle Individualität und alles Getrenntsein abzustreifen.
9. Im Unterschied zur westlichen ist die traditionelle indische Weltsicht eher *pessimistisch*. Das menschliche Leben wird als leidvoll und als kontinuierlicher Kampf gegen das Böse begriffen. Bildung soll den Menschen zu diesem Kampf befähigen.[453]

Neben den schulischen Unterrichtsfächern und den universitären Curricula gilt es diese Prinzipien generell in der Erziehung und Bildung der nachwachsenden Generation zu berücksichtigen.

453 Vgl. Sharma 2002, S. 31f.

Gandhis Vorstellungen von Anthropologie und Bildung

Wichtig wurde nach der Unabhängigkeit Indiens das von Gandhi initiierte und 1937 veröffentlichte Wardha-Schema der Erziehung, über dessen Bedeutung für den Aufbau des gegenwärtigen Bildungswesens lange gestritten wurde. Es sah vor: eine siebenjährige Schulpflicht in allen Teilen Indiens mit einer angemessenen Bezahlung der Lehrer und einem Unterricht in der Muttersprache. Ziel war die Entwicklung eines umfassenden Primarschulsystems, das einen Beitrag zur ökonomischen Entwicklung des Landes leisten sollte. Darüber hinaus umfasste das Wardha-Schema folgende Merkmale:

- „Craft" als Zentrum der Erziehung. Damit wird die Vermittlung umfangreicher handwerklicher Fertigkeiten bezeichnet, die die jungen Menschen befähigen sollen, sich zu ernähren;
- Wertschätzung der Gewaltfreiheit in Erziehung und Bildung;
- Bildung der höheren spirituellen Fähigkeiten;
- Erziehung von Kopf, Herz und Hand;
- Unterricht durch einen Lehrer, der nach Erkenntnis und Wahrheit strebt und gewaltfrei handelt;
- spirituelle Erziehung als Beitrag zu universeller Liebesfähigkeit und Brüderlichkeit;
- Religion und Spiritualität als zentrale Dimension der Suche nach Wahrheit.[454]

Für Gandhi, der die der Entwicklung des Wardha-Schemas zugrundeliegende Konferenz leitete, bedeutete das Streben nach Wahrheit (*satya*) zugleich das Streben nach Gewaltfreiheit (*ahimsa*). Wahrheit ist für ihn das Göttliche und das Göttliche ist für ihn Wahrheit. Wahrheit und Gewaltfreiheit sind die beiden Grundprinzipien von Gandhis anthropologischem Denken. Darüber hinaus spielen in diesem Wissen Erkenntnis (*chit*) und Glückseligkeit (*ananda*) eine zentrale Rolle. In Gandhis berühmtem Diktum „*Sat-Chit-Ananda*" werden Wahrheit, Wissen und Glückseligkeit zusammengedacht. Nur durch Gewaltfreiheit (*ahimsa*) können sie verwirklicht werden. Nach Gandhis Überzeugung ist Gewaltfreiheit nicht passiv, sondern aktiv und Form und Ausdruck der Liebe. Damit einher gehen Respekt, Mitgefühl und Leidensbereitschaft. Ziel der Bildung ist die Selbstbestimmung (*swaraj*) des Einzelnen und des Gemeinwesens sowie die Wohlfahrt aller (*sarvodaya*). Sein soziales Handlungsmodell *Satyagraha,* das auf innerer Stärke, kontrollierten Emotionen und passivem Widerstand beruht, hatte Gandhi bereits in Südafrika entwickelt. Schon dort ging er davon aus, dass dieses Modell für die Entwicklung einer globalen Frie-

454 Nach Bourai 1993, S. 126.

denskultur eine weitreichende Bedeutung hat. Seit dieser Zeit ist es für sein Denken und Handeln bestimmend und wird für seine Vorstellungen einer nachkolonialen „neuen Bildung“ (*Nai Talim*) wichtig. In dieser macht die Bildung gewaltfreier Menschen (*satyagrahis*) das Zentrum der Bemühungen aus. Möglich ist nach Auffassung Gandhis die „neue Bildung“ nur, wenn die jungen Menschen durch dazu selbst fähige Lehrer angeleitet werden. Daraus ergibt sich eine hohe Wertschätzung der Rolle des Lehrers (und der Lehrerin). Auch im Denken der anderen drei großen Repräsentanten des indischen Denkens dieser Jahrzehnte spielt diese Wertschätzung des Lehrers, die ihren Ursprung in der indischen Kultur hat, eine zentrale Rolle.

Seit den Veden wird das Lehrer-Schüler-Verhältnis als Zentrum der Erziehung und Bildung gesehen. In der vorwiegend oralen Kultur Indiens vermittelte der Lehrer, im historischen Kontext auch *Guru* genannt, dem Schüler das Wissen, das ihm oft nur so zugänglich gemacht werden konnte. Eine intensive, von wechselseitiger Zuwendung bestimmte Beziehung war die Folge. Von Seiten des Schülers wurden Anerkennung und Hingabe, Disziplin, Gehorsam und Verehrung erwartet. Die Schüler hatten ihre Familien zu verlassen und mit dem Lehrer zusammenzuleben. Dadurch entstand die Möglichkeit, sich in mimetischen Prozessen dem Lehrer anzuähneln. Davon ausgehend, dass der Lehrer das kulturelle Wissen Indiens in sich verkörpere, führten diese mimetischen Prozesse zu einer Verkörperung dieses Wissens in den Schülern. Bei den so vermittelten Inhalten handelte es sich um komplexe Formen des Wissens. Einige von ihnen waren theoretisch und vollzogen sich über Einsicht und Erkenntnis; andere umfassten kosmische und anthropologische Sichtweisen; wieder andere enthielten Einstellungen und Haltungen sowie praktisches und implizites Wissen, von dem weder Lehrer noch Schüler ein Bewusstsein hatten.

Zu den Aufgaben des Lehrers gehörte es, das Interesse der jungen Menschen an Wissen und Arbeit zu wecken. Nach Aurobindos Auffassung soll der Lehrer dem jungen Menschen nicht in erster Linie Wissen vermitteln, sondern ihm vormachen, wie man Wissen erwirbt. Dazu ist eine Umwelt erforderlich, die anregt und in der sich der junge Mensch beim Lernen selbst entdecken kann. Um solche Lernprozesse zu initiieren, bedarf es einer vielseitig entwickelten, moralisch integren Persönlichkeit des Lehrers, die dem jungen Menschen als Vorbild dient. Der Lehrer und seine Handlungen sollen durch Selbstkontrolle, Fehlen von Überlegenheitsgefühlen, Anerkennung und Wertschätzung des jungen Menschen gekennzeichnet sein. In mimetischen Prozessen kann sich der Schüler der Gesamterscheinung des Lehrers so anähneln, dass der Lehrer zu einem „Teil“ von ihm wird, der den Schüler gleichsam in dessen Inneren anregt und leitet. Aurobindo fordert, der Lehrer müsse ein „integral yogi“ und als solcher in der Lage sein, sein Ego zu überwinden, seinen Geist zu meistern, die menschliche Natur zu verstehen und an ihrer Transformation mitzuwirken. Lehrerbildung ist daher stets auch Persönlichkeitsbildung.

Nach Gandhis Auffassung ist ein guter Lehrer dadurch gekennzeichnet, dass er Selbsterkenntnis und Wahrheit sucht und nach Möglichkeit gewaltfrei handelt. Wichtig ist für Gandhi ein enger emotionaler Kontakt zwischen Lehrer und Schüler. Ist der Lehrer schon für das körperliche und intellektuelle Lernen wichtig, so ist er für das spirituelle Lernen unverzichtbar, das ohne eine in seinem Vorbild verkörperte Spiritualität nicht gelingen kann. Die Lehrer-Schüler-Beziehung ist auf Seiten des Schülers durch seine Bereitschaft gekennzeichnet, dem Lehrer zu folgen (*shushrusha*) und sich vertrauensvoll auf ihn einzulassen (*sharaddha*). Da der Lehrer das göttliche Wissen verkörpert, ist er nicht kritisierbar. Denn die Kritik des Lehrers impliziert eine dem Schüler nicht zustehende Kritik göttlichen Wissens. Entscheidend ist die mimetische Aneignung des im Lehrer verkörperten göttlichen Wissens. In der mimetischen Annäherung an das Vorbild des Lehrers erfolgt eine Anähnlichung an das in diesem verkörperte höhere Wissen. Dieser Prozess vollzieht sich wie intendiert nur, wenn es im Schüler ein Begehren gibt, so wie der Lehrer zu werden und sich dessen Wissen anzueignen. Die Wirkungen dieses Prozesses wachsen, wenn das Begehren des Schülers durch sein Vertrauen in den Lehrer unterstützt wird. Dieses Vertrauen verpflichtet den Lehrer wiederum zur Verantwortung und Fürsorge für den Schüler. Wenn das Ziel des Lernprozesses *Swaraj*, d.h. Selbstbestimmung in Freiheit ist, dann ist es für den Lernprozess des Schülers wichtig, dass der Lehrer sich ebenfalls dafür einsetzt und ihm als Vorbild dient. Nur wenn diese Fähigkeit entwickelt wird, kommt es zu einem aktiven die gesellschaftliche Wirklichkeit gestaltenden Lernen der jungen Menschen. Um dieses Lernen zu fördern, soll auf Zwang verzichtet werden. Zwang verhindert das Entstehen von *Swaraj*, von Selbstregulierung, der Motivation zum Wissen und ihm entsprechend zu handeln. Alles dies kann nach Auffassung Gandhis nur durch Gewaltfreiheit erreicht werden, die im Zentrum von *Nai Talim*, der neuen Bildung stehen soll. In einem Beitrag über Montessori in *Young India* vom 19.11.1931 schreibt Gandhi: „Ich hoffe, es wird nicht nur für die Kinder der Reichen und Bemittelten, sondern auch für die der Armen möglich sein, diese Art der Ausbildung zu erhalten. Ihr habt sehr richtig angemerkt, dass, wenn wir wahren Frieden in dieser Welt erreichen wollen und angehalten sind, einen wirklichen Krieg gegen den Krieg zu führen, wir mit den Kinder beginnen sollten, und wenn sie in ihrer natürlichen Unschuld aufwüchsen, würden wir den Kampf nicht haben, wir würden keine frucht- und nutzlosen Resolutionen zu verabschieden haben, sondern gingen von Liebe zu Liebe und Frieden zu Frieden, bis schließlich alle Flecken der Welt mit diesem Frieden und dieser Liebe bedeckt wären, nach denen, bewusst oder unbewusst, die ganze Welt hungert."[455]

---

455 I hope that it will be possible not only for the children of the wealthy and the well-to-do,

Der Anspruch, die Bereitschaft der jungen Generation zur Gewaltfreiheit zu entwickeln, geht über den Kontext des Kampfes gegen den Kolonialismus hinaus. Gewaltlosigkeit bzw. *Satyagraha* ist eine Haltung und Form des Handelns. Sein Ziel ist *Sarvodava*, die Wohlfahrt aller. Erforderlich sind dazu *Wahrheit* und *Gewaltlosigkeit*. Zur Realisierung einer Kultur der Gewaltlosigkeit bedarf es der Anleitung durch das Vorbild von Lehrern, die zeigen, wie Gewaltlosigkeit und eine Kultur des Friedens gelebt werden können. Mithilfe einer Anähnlichung an diese Vorbilder können in mimetischen Prozessen gewaltfreie Emotionen, Einstellungen und Handlungen gelernt werden.

Diese Vorstellungen und Prinzipien aus der Zeit vor der Unabhängigkeit Indiens spiegeln den Geist dieser Epoche. Umfangreiche Diskussionen über die Möglichkeiten und Grenzen der Gewaltfreiheit, des Vorbildcharakters von Lehrern, des Für und Wider spiritueller Bildung haben den idealistischen Charakter dieser Auffassungen vom Menschen deutlich gemacht. Sie haben ihre Zeitgebundenheit dargelegt und deutlich gemacht, dass das ihnen zugrundeliegende Menschenbild von der Möglichkeit ausgeht, die destruktiven Seiten des Menschen überwinden zu können. Ob und inwieweit hier nicht eine idealistische Überschätzung der Möglichkeiten des Menschen vorliegt, bleibt umstritten. Nicht bestritten wird jedoch der hohe Wert dieser Vorstellungen für das Zusammenleben der Menschen. Wie weit diese Vorstellungen auch dazu beitragen können, das Zusammenleben in der globalen Welt des Anthropozäns zu verbessern, ist eine Frage, auf die eine Antwort noch aussteht.

---

but for the children of paupers to receive training of this nature. You have very truly remarked that if we are to reach real peace in this world and if we are to carry on a real war against war we shall begin with children and if they will grow up in their natural innocence, we won't have the struggle, we won't have to pass fruitless idle resolutions, but we shall go from love to love and peace to peace, until at last all the corners of the world are covered with that peace and love for which, consciously or unconsciously, the whole world is hungering (zit. n. Vollmer 2015, S. 86f.).

11 Anthropozän: Das Zeitalter des Menschen

In den beiden vorherigen Kapiteln wurden zentrale Bildungsvorstellungen aus China und Indien dargestellt, mit denen die bis dahin entwickelten Perspektiven erweitert wurden. Gemeinsamkeiten und Differenzen wurden sichtbar. Mit den westlichen Bildungsvorstellungen gingen die umfangreichen technischen, ökonomischen, anthropologischen Entwicklungen einher, die zur Industrialisierung und in der Folge zu einem „Zeitalter des Menschen" führten. Aufgrund ihrer ungewollten destruktiven Nebenwirkungen werden aus heutiger Sicht viele Entwicklungen kritisch eingeschätzt. Im Anthropozän wird das Schicksal des Planeten weitgehend von der Negativität menschlicher Handlungen bestimmt. China und Indien bemühen sich zwar um eigene Formen der Modernisierung, bei denen es aber keineswegs sicher ist, ob und wie weit es gelingt, destruktive Wirkungen auszuschließen oder wenigstens zu verringern. Beide Länder versuchen Entwicklungen nachzuholen, von denen sie bisher ausgeschlossen waren, bei denen ihre Beteiligung jedoch zu einer Zunahme der destruktiven Wirkungen im Anthropozän führt. Angesichts dieser Situation muss sich die Weltgemeinschaft insgesamt darum bemühen, die negativen Auswirkungen zu korrigieren. Ob dies gelingt oder ob die Destruktivität obsiegt, ist offen.

Das Zeitalter des Menschen und die mit diesem Begriff bezeichneten Eingriffe des Menschen in die Natur sind zunächst weniger eine Folge der traditionellen chinesischen und indischen Kultur. Das Anthropozän ist ein Ergebnis westlicher Kultur. An der Ausweitung seiner Folgen sind neben China und Indien auch andere asiatische, afrikanische und südamerikanische Länder beteiligt. In allen Regionen sind es nicht die Angehörigen aller Schichten, die in gleicher Weise an der Entwicklung des Anthropozäns beteiligt sind. Vor allem sind es die führenden Schichten des internationalen, auf Ökonomisierung und Rationalisierung ausgerichteten kapitalistischen Systems, die in Politik, Wirtschaft, Technik, Wissenschaft und Verwaltung die Ausnutzung der Natur und die Rationalisierung aller Lebensbereiche vorantreiben sowie Erziehung, Bildung und Sozialisation der nachwachsenden Generation entsprechend ausrichten.

Im Weiteren werden der Begriff Anthropozän erläutert und die Auswirkungen auf das Verhältnis zwischen dem Menschen und der Natur dargestellt (1). Sodann gilt es zu untersuchen, inwieweit diese neue Konstellation Effekte auf das Verständnis von Anthropologie und Pädagogischer Anthropologie hat (2). Schließlich wird dargelegt, welche Auswirkungen sich aus den bisherigen Überlegungen auf unsere Vorstellungen von Erziehung, Bildung und Sozialisation ergeben (3). Diese Analysen führen zu Veränderungen unserer Vorstellungen von der Natur, der Welt und dem Planeten.[456] Sie verändern unser Verständnis der Rolle des Menschen, der Bedeutung anthropologischen Wissens für unser Selbstverständnis und unser Verständnis von Erziehung, Bildung und Sozialisation.

Anthropozän – das Zeitalter des Menschen

Zum ersten Mal wird der Begriff „Anthropozän" in einem kurzen, lediglich eine Seite umfassenden Artikel von Paul J. Crutzen und Eugene F. Stoermer gebraucht. Dazu heißt es: „Ein spezifischeres Datum für den Beginn des Anthropozäns festzulegen, erscheint uns irgendwie willkürlich, wir schlagen jedoch die zweite Hälfte des 18. Jahrhunderts vor, wenn wir uns auch im Klaren darüber sind, dass durchaus Alternativvorschläge gemacht werden könnten (manche mögen gar das gesamte Holozän einbeziehen). Wir wählen trotzdem dieses Datum, weil die globalen Effekte menschlicher Aktivitäten während der letzten beiden Jahrhunderte deutlich wahrnehmbar geworden sind. Während dieser Periode zeigen die Daten, die aus glazialen Eisbohrkernen gewonnen wurden, den Beginn einer Zunahme der atmosphärischen Konzentrationen mehrerer Treibhausgase, insbesondere CO_2 und CH_4. Ein derartiges Anfangsdatum fällt auch zusammen mit der Einführung der Watt'schen Dampfmaschine im Jahre 1784."[457]

Die Einführung des Begriffs „Anthropozän" zur Kennzeichnung eines neuen Erdzeitalters begründen die beiden Autoren durch folgende vom Menschen erzeugte Veränderungen: Bewirtschaftung der Hälfte der Erdoberfläche, Entwaldung, Veränderung des Stickstoffzyklus, die Zunahme der Treibhausgase, die Vergrößerung des Lochs in der Ozonschicht und die Umweltverschmutzung durch die Industrie. Weitere Merkmale ließen sich nennen.[458] Durch die Bezeichnung „Anthropozän" gilt es, diese neue Situation bewusst zu machen. In der Folge entstehen umfangreiche Diskussionen darüber, wann der Beginn des neuen Erdzeitalters anzusetzen sei, das das Holozän ablöse.[459] Auch wenn es einer weiteren Präzisierung der Kriterien und Gesichtspunkte bedarf und die Diskussion noch nicht abgeschlossen ist, scheint es möglich zu sein, eine erste

456 Vgl. Lesch/Kampenhausen 2018.

457 Crutzen/Stoermer 2000; vgl. auch Crutzen et al. 2011.

458 Zur Frage des Anfangs des Anthropozäns vgl. Zalasiewicz 2017; siehe auch Bammé 2014; vgl. Ehlers 2008.

459 Vgl. zu Details dieser Diskussion Federau 2017, S. 115-120 und 145. Eine Arbeitsgruppe hat auf dem 35. Internationalen Kongress der Geologie Ende August/Anfang September 2016 in Kapstadt/Südafrika vorgeschlagen, das Anthropozän im Jahre 1930 beginnen zu lassen (Voosen 2016).

Phase des Anthropozäns mit dem Anfang des Holozäns vor etwa 12 000 Jahren beginnen zu lassen. In dieser Zeit erfolgten: der Rückzug des Eises, die Erwärmung der Erde, die Entwicklung der Landwirtschaft, die Entwicklung des Handels sowie die wachsende Ausbreitung des Menschen über die Erde. Eine zweite Phase könnte mit der Industrialisierung um 1800 beginnen. Sie reicht bis ins 20. Jahrhundert hinein. Es ist das Zeitalter der großen Maschinen. In dieser Zeit wächst die Weltbevölkerung von etwa einer Milliarde Menschen auf über 6 Milliarden und die Weltwirtschaft und der Energiebedarf um etwa das Fünfzigfache. Davon lässt sich eine dritte Phase unterscheiden. Diese umfasst die Zeit zwischen 1945 und 2015; sie ist gekennzeichnet durch die Explosion der ersten Atombombe, durch die gewaltige Beschleunigung des Lebens, die damit verbundene wirtschaftliche Expansion sowie die Erfindung und globale Verbreitung der neuen Medien. Den Beginn der vierten Phase, das Anthropozän im engeren Sinne, markiert der Beschluss der UNO-Vollversammlung über die Ziele nachhaltiger Entwicklung von 2015, der zu umfangreichen, von Sorge getriebenen Korrekturen menschlichen Verhaltens auf dem Planeten führt (vgl. Kap. 12).

Die Diskussion darüber, ob und wie weit wir uns in einem neuen Zeitalter befinden, wird von Vertretern mehrerer Wissenschaften wie der Geologie, Klimatologie, Biologie, Paläontologie geführt.[460] Auch wenn die *International Union for Geological Science* nach langen Beratungen beschlossen hat, dass die aktuelle Epoche nach wie vor das Holozän ist, ist es aus einer anthropologischen und kulturwissenschaftlichen Perspektive durchaus vertretbar, vom Anthropozän zu sprechen, um die Bedeutung der vielfältigen und teilweise stark destruktiven Wirkungen des Menschen auf den Planeten zu kennzeichnen. Neben den bereits genannten Faktoren ist der vom Menschen verursachte Klimawandel mit seiner starken Erwärmung der Erde verantwortlich. Hinzu kommt das gewaltige Ausmaß der von den Menschen geschaffenen Produkte, die erst nach sehr vielen Jahren abgebaut werden. Zu diesen gehören z. B. die jährlich mehr 350 Millionen Tonnen Plastik[461] und die exorbitante Menge Beton,[462] die in den letzten beiden Jahrzehnten die Hälfte des im Verlauf der

460 Renn/Scherer 2015; Azimuth 2017; Lesch/Kampenhausen 2018.

461 Dies geht aus einer Veröffentlichung einer Forschergruppe um Roland Geyer von der University of California hervor. Demnach wurden 1950 weltweit zwei Millionen Tonnen Kunststoffe hergestellt – im Jahr 2015 waren es bereits 380 Millionen Tonnen Plastik. Nach diesen Forschungen fielen bis zum Jahr 2015 6,3 Milliarden Tonnen Plastikmüll an, nur neun Prozent wurden wiederverwertet. Zwölf Prozent wurden verbrannt und 79 Prozent landeten auf Deponien oder in der Umwelt.

462 Laut *SPIEGEL* vom 2.8.2010 werden weltweit jährlich 4,1 Mrd. Tonnen Zement hergestellt, der im Mittel etwa 60% CaO enthält. Damit ergibt sich durch das Freisetzen des im Kalk gebundenen Kohlendioxids, selbst bei optimaler Prozessführung, ein Ausstoß von mindestens drei Mrd. Tonnen CO_2 oder etwa 6% des jährlichen CO_2-Ausstoßes.

menschlichen Geschichte insgesamt hergestellten Materials ausmacht. Hinzu kommen die menschenbedingte Zerstörung der Biodiversität der Tiere und Pflanzen und die Erzeugung von Billionen Tonnen Kohlenstoff und Stickstoff. Nach der allmählichen Klimaerwärmung am Anfang des Holozäns vor etwa 12000 Jahren erlebt der *Homo sapiens* gegenwärtig die nächste, diesmal vor allem von ihm geschaffene grundlegende Veränderung des Klimas.[463]

Mit dieser Entwicklung ändert sich unser Verständnis der Natur. Evolutions- und Hominisationsforschung haben deutlich gemacht: Wie alle Lebewesen ist der Mensch Teil der Natur, so dass seine Entwicklung, die Hominisation, prinzipiell auch den Gesetzen der Evolution unterliegt.[464] Lange ging man davon aus, dass der Mensch zwar Teil der Evolution ist, doch seine Besonderheit darin liege, dass seine Entwicklung den Gesetzen der Evolution nur teilweise unterworfen sei und wesentlich durch Kultur und Bildung bestimmt werde. Diese Trennung zwischen der Natur und der Kultur des Menschen lässt sich im Anthropozän nicht aufrechterhalten. Der Mensch übt einen starken Einfluss auf die Natur aus. Er greift in sie ein und verändert sie. Er wird zu dem sie gestaltenden Akteur und beeinflusst ihre Dynamik. Im Anthropozän entsteht ein neues Verhältnis zwischen dem Menschen und der Natur.[465] Im „Zeitalter des Menschen" ist die Beherrschung der Natur durch den Menschen die entscheidende Bedingung des Lebens. Sein Handeln hat tiefgreifende Wirkungen auf die Natur, die sogleich wieder auf ihn zurückwirken. Von zentraler Bedeutung ist der Verbrauch nicht erneuerbarer Ressourcen, der deutlich macht, dass grenzenloses Wachstum die Zukunft des Lebens auf dem begrenzten Planeten „Erde" gefährdet.[466]

Alles, was lebt, verändert seine Umwelt. Das gilt für Pflanzen, Tiere und Menschen. Nach einer Schätzung von Peter Vitousek nutzt der Mensch zwischen 39 und 50% der Landoberfläche für seine Bedürfnisse;[467] 25% der Erzeugnisse der Photosynthese werden ebenfalls vom Menschen verwertet.[468] Die menschliche Nutzung der Erde ist in den letzten Jahren stark gewachsen. Die globale Biomasse der auf dem Lande lebenden Säugetiere wuchs zwischen 1900 und 2000 so stark, dass es zu einem gewaltigen Anstieg von Kohlenstoff kam. Gemessen in Megatonnen Kohlenstoff entstand folgende Zunahme: Menschen im Jahr 1900 13, im Jahr 2000 55; Haustiere im Jahr 1900 35, im Jahr 2000 120;

463 Bonneuil/Fressoz 2016.

464 Wulf 2009, S. 27-52; Tomasello 2009, 2002.

465 Vgl. den 35. internationalen Kongress der Geologie (siehe Anmerkung 1).

466 Vgl. Gil/Wulf 2015, mit zahlreichen Fallstudien zur Gefährdung des Planeten durch den Menschen.

467 Vitousek et al. 1997.

468 Vitousek et al. 1986.

Vieh im Jahr 1900 23, im Jahr 2000 80; wilde Landtiere im Jahr 1900 10, im Jahr 2000 5.[469]

Nach einem Bericht der UNO für die Jahrtausendwende sind 12% der Vogelarten, 23% der Säugetiere, 25% der Nadelbäume, 32% der Amphibien gefährdet.[470] Nach Unterlagen des WWF hat sich die Population der Meerestiere zwischen 1970 und 2012 um 49% verringert.[471] Die Auslöschung der Lebewesen vollzieht sich im Wasser erheblich schneller als auf dem Lande. Viele Forschungen belegen, dass sich gegenwärtig ein umfangreiches Artensterben vollzieht, für das der Mensch verantwortlich ist. Der zentrale Grund ist die Umweltverschmutzung, durch die der Mensch nachhaltig in die Umwelt und damit in die Natur eingreift. Sie erstreckt sich auf die Atmosphäre, den Ozean, die Erdkruste (Lithosphäre) und die Biosphäre.

In den letzten Jahren hat sich eine systemische Betrachtungsweise durchgesetzt, in der die komplexen Wechselwirkungen der vielfältigen Einflussnahmen des Menschen auf die Natur beschrieben werden. Mit dieser Betrachtungsweise können Bifurkationen (Gabelungen) identifiziert werden, die durch kleine Modifikationen zu großen Veränderungen des Systems führen. Auch die Entstehung des Ozonloches und die unter dem Einfluss des Menschen wachsende Komplexität der Wirkungen von Kohlenstoff und Stickstoff auf dem Planeten lassen sich in einer systemischen Perspektive analysieren und darstellen. Diese macht es möglich, mehrere unterschiedliche Gründe festzustellen und aufeinander zu beziehen. Ferner lässt sich zeigen, wie stark miteinander verbunden sind: der Klimawandel, die Säurebildung in den Ozeanen, die Verwendung von Sprays, das Ozonloch, die Umweltverschmutzung, die Destabilisierung der großen biogeochemischen Zyklen (Kohlenstoff, Stickstoff, Phosphor), die Süßwassernutzung und die Biosphäre.[472]

Um das Anthropozän zu erforschen, bedarf es einer interdisziplinären Zusammenarbeit vieler Wissenschaften. Diese untersucht die Wirkungen der vom Menschen geschaffenen Gegenstände und Objekte auf die Erde.[473] Zu diesen gehören u.a. Fahrzeuge, Häuser, Städte, Straßennetze, Bergwerke, die Agrikultur und ihr Einfluss auf den Erdboden, die Ablagerungen in Seen, Flüssen und Meeren sowie die Abfälle aus der menschlichen Arbeit. Des Weiteren haben Einfluss auf die Erde: (1) die Abfälle aus elektronischen Geräten wie Fernseher, Smartphones, Computer usw., (2) die durch die Bearbeitung des Menschen veränderten Erdböden, (3) die annähernd 100 000 aus chemischen Synthesen hergestellten Materialien, unter denen die Produkte aus Plastik einen großen

469 Smil 2011, S. 619.

470 Millennium Ecosystem Assessment 2005, S. 35.

471 Tanzer et al. 2015, S. 16.

472 Federau 2017, S. 93-102.; Lieberg 2018; Wallenhorst 2019.

473 Ebd., S. 124.

Teil ausmachen, (4) die zahlreichen vom Menschen hergestellten Metalle wie Zink, Titan und Aluminium, (5) die Eingriffe in die Struktur des Lebens durch Züchtung und Genmanipulation, (6) die Störungen der globalen Zyklen der Atmosphäre, (7) die Ablagerungen in Seen, Flüssen und Meeren, (8) Katastrophen wie Vulkanausbrüche, Atomtests.

Das Gebot des christlichen Gottes, der Mensch solle sich die Welt untertan machen, ist im Anthropozän, dem Zeitalter des Menschen, realisiert worden. Nur sind die ungewollten, nicht vorausgesehenen negativen Nebenwirkungen dieser Entwicklung so stark, dass sie die Lebensgrundlagen auf dem Planeten zerstören. Der Mensch ist zu einer gewaltigen tellurischen Kraft geworden, von der es nicht sicher ist, ob sie gebändigt werden kann.[474] Die Vorherrschaft des Menschen und seine prometheische Dominanz werden zur Bedrohung. Von einer Unterscheidung zwischen *Biosphäre* (Sphäre des Lebens) und *Noosphäre* (Sphäre des Geistes) ausgehend werden angesichts der Übermacht der *Noosphäre* im Zeitalter des Menschen die gewaltigen von der Biosphäre zurückgeworfenen Bumerang-Effekte des menschlichen Handelns unabweisbar.[475]

Ein weiteres Merkmal des Zeitalters des Menschen besteht darin, dass Differenzierungen wie die Unterscheidung zwischen Biosphäre und Noosphäre ihre Trennschärfe verlieren und es zu neuen hybriden Mischungen kommt. Das Feld der Genetik bzw. der Genforschung ist dafür ein Beispiel, in dem sich die wachsende Macht des Menschen über die Biosphäre ausdrückt. In dieser Entwicklung lassen sich drei Meilensteine identifizieren: 1) die Entdeckung der Doppelhelixstruktur der DNA im Jahre 1953, 2) das Klonen des ersten Säugetiers, des Schafes „Dolly", im Jahr 1996 und 3) die Entschlüsselung des menschlichen Erbgutes ca. 20 Jahre später. „Dolly" war eine im Labor erzeugte exakte Kopie eines anderen Tieres. Um diese herzustellen, wurde einer Körperzelle dieses Tieres der Kern mit dem Erbmaterial entnommen. Sodann wurde es in eine Eizelle eingefügt, aus der zuvor das eigene Erbmaterial entfernt worden war. Dadurch wurde „Dolly" eine Kopie ohne einen eigenen biologischen Vater. Diesem nach vielen Versuchen schließlich erfolgreichen Experiment folgten hunderte von geklonten Tieren. Trotz entsprechender Fantasien in Science-Fiction-Filmen wurden Menschen bislang nicht geklont; 2013 gelang es Forschern in Oregon erstmals, menschliche Zellen zu klonen und genetisch identische Zellen zu erzeugen. Dazu hatte man Kindern Hautzellen entnommen, in der wie in jeder Zelle des menschlichen Körpers die vollständigen Erbinformationen enthalten waren. Die Zellkerne wurden in Eizellen eingesetzt; in Nährschalen wurden daraus voraussichtlich lebensfähige Embryonen gewonnen; nach einer Woche wurde das Experiment abgebrochen. Die Intention bestand

474 Bauman 2017; Latour 2018.
475 Vernadsky 1929; Teilhard de Chardin 2007; Lovelock 2008; Samson/Pitt 1999.

hier nicht wie im Falle „Dollys“ darin, einen lebensfähigen Klon zu erzeugen. Vielmehr zielte dieses Experiment darauf, menschliches Gewebe oder Organe zu therapeutischen Zwecken zu gewinnen. Seitdem hat sich die Stammzellenforschung schnell weiterentwickelt: Hautzellen von Erwachsenen können z. B. in ein anderes Gewebe verwandelt werden. Einen neuen Höhepunkt erreichte die Entwicklung, als Anfang 2017 die Nachricht von einem in Kalifornien im Labor mit menschlichen Zellen gezüchteten Schweine-Embryo um die Welt ging. Dieses sollte für die Schaffung menschlicher Organe und Gewebe genutzt werden. Aufgrund heftiger öffentlicher Reaktionen wurde das Experiment nach vier Wochen abgebrochen. Die in diesem Versuch der Verbindung zwischen dem Menschen und dem Schwein zum Ausdruck kommenden ethischen Probleme sind gravierend. Weltweit besteht Konsens darüber, reproduktives Klonen nicht zu erlauben. Anders ist es bei therapeutischem Klonen, bei dem zurzeit die moralische Einschätzung der Versuche und die sich daraus in verschiedenen Ländern ergebenden Gesetzgebungen sehr unterschiedlich sind.[476]

Ein weiteres Feld, in dem sich ein verändertes Verständnis des Menschen im Anthropozän zeigt, entsteht durch die unauflösbare Verbindung zwischen Mensch und Maschine. Hier zeichnen sich Entwicklungen ab, die die ungeheure Ausdehnung der menschlichen Gestaltungsmöglichkeiten in den letzten Jahrzehnten angedeutet haben.[477] Ein Bereich ist die Schnittstelle zwischen Mensch und Maschine, für die Donna Haraway den sehr einprägsamen Begriff des „Cyborg“ entlehnt hat.[478] Diese Entwicklung hat ihre Vorläufer in der Industrialisierung, in der Maschinen von Menschen für festgelegte Zwecke entworfen und gebaut werden. Die Dampfmaschine und ihre zahlreichen Weiterentwicklungen sind dafür das Modell. Auch Benzin- und Elektromotoren, Fließbänder und Förderungsanlagen gehören hierhin. Eine neue Phase im Mensch-Maschinen-Verhältnis entsteht, als Maschinen in Form von Prothesen und Implantaten Arme und Beine, Gelenke und Herzklappen ersetzen, Teil des menschlichen Körpers werden und so zum Überleben der Menschen beitragen. In den letzten Jahrzehnten hat die Herstellung von technischen bzw. maschinellen „Ersatzteilen“ für Organe oder Teile des menschlichen Körpers sehr zugenommen.

Mit der Entwicklung von Robotern und Künstlicher Intelligenz entsteht eine weitere Ausweitung der menschlichen Möglichkeiten. Sie reichen vom „intelligenten Haus“, bei dem mithilfe eines Computers Heizung und Herd ferngesteuert werden können, über selbstfahrende Autos und menschliche Arbeit ersetzende Roboter zu Techniken der Verbindung von Gehirn und Internet.

476 Ammicht-Quinn/Potthast 2015.
477 Harari 2017.
478 Haraway 1995.

Viele in diesem Bereich arbeitende Forscher antizipieren viel klüger werdende Maschinen, die in immer größerem Ausmaß menschliche Arbeit ersetzen können und die immer größere Macht über den Menschen ausüben. Zweifellos gehören zu diesen Leistungen der artifiziellen Intelligenz die gewaltigen Speicher-, „Erinnerungs-" und Vernetzungsmöglichkeiten der elektronischen Maschinen. Computer sind heute Schachweltmeistern überlegen; sie schlagen den Menschen sogar im Pokerspiel, bei dem Bluff und Menschenkenntnis eine wichtige Rolle spielen. Während manche Forscher die im *„deep learning"* sichtbar werdende Intelligenz feiern, verweisen andere darauf, dass es sich dabei um keine „wirkliche", sondern lediglich um eine „fake"-Intelligenz handele. Denn die Algorithmen kopierten lediglich die von Menschen entwickelten Muster menschlichen Verhaltens, könnten diese aber nicht selbst entwerfen. Die Arbeiten an den wissensbasierten Systemen, der Gesichts- und Spracherkennung, der Robotik, der Optimierungs- und Approximationsmethoden stellen wichtige Aufgabenfelder dar. Viele Forschungen fokussieren heute kognitive, sensomotorische, emotionale und soziale Intelligenz. Sie machen deutlich, wo die Grenzen der artifiziellen Intelligenz im Hinblick auf Bewusstsein, Selbstbewusstsein, Selbstgefühl und Geist liegen. Computer und artifizielle Intelligenz erfassen nicht den Sinn und die Bedeutung der digitalen Prozesse; sie haben keine Möglichkeit des Verstehens bzw. der Empathie. Bei Handlungen des alltäglichen Lebens, die auf praktischer Intelligenz beruhen, stoßen sie ebenfalls auf große Schwierigkeiten. Beim reflexiven Denken und den Erfindungen der Kunst werden die Grenzen Künstlicher Intelligenz noch deutlicher.

Wie die Entwicklungen der Künstlichen Intelligenz insgesamt einzuschätzen sind, hängt auch davon ab, ob man von einer schwachen, den Menschen in vielen Lebensbereichen lediglich unterstützenden Intelligenz ausgeht oder ob man eher die Möglichkeiten einer starken künstlichen, neuronale Netze verwendenden artifiziellen Intelligenz betont. Trotz des Machtzuwachs des Menschen entstehen hier Unsicherheit und Ungewissheit über die weitere Entwicklung. Es kommt zum Zweifel an den großen Erzählungen,[479] an der Postmoderne,[480] der Posthistoire,[481] einer teleologischen Geschichte.[482] Gesucht wird eine Anthropologie nach dem Tode des Menschen und seiner Weltbilder.[483]

479 Lyotard 2012.
480 Welsch 1988, 2005.
481 Niethammer 1989.
482 Fukuyama 1992.
483 Kamper/Wulf 1994.

Anthropozän und Anthropologie

Wenn diese Überlegungen zum Beginn eines neuen Erdzeitalters zutreffen, dann stellt sich die Frage, welche Bedeutung diese Situation für den Menschen, die Wissenschaften vom Menschen und besonders für die Anthropologie hat. Wenn das Anthropozän der Anfang einer neuen Phase der Erdgeschichte ist, dann ist diese dadurch gekennzeichnet, dass der Mensch zum bestimmenden Faktor der Entwicklung des Planeten geworden ist. Doch was bedeutet dies für das menschliche Selbstverständnis und Selbstgefühl? Was folgt daraus für die Anthropologie als Wissenschaft vom Menschen? Eine Anthropozän und Anthropologie verbindende Gemeinsamkeit liegt in der für beide charakteristischen Bedeutung der Zeit. Im ersten Fall handelt es sich um den Beginn des Zeitalters des Menschen; im Fall der Anthropologie handelt es sich um Perspektiven, die von der Geschichtlichkeit des Menschen, der Kultur und der Anthropologie als Wissenschaft ausgehen.

Im Zeitalter des Menschen bildet die Untersuchung der Dominanz des Zugriffs des Menschen auf sich als Subjekt, auf andere Menschen, die Gesellschaft, die Natur und den Planeten einen zentralen Bereich anthropologischer Forschung. Dass mit diesem Weltverhältnis andere Dimensionen menschlichen Lebens in den Hintergrund gedrängt werden und damit eine Archäologie des Menschen als Kulturwesen erforderlich wird, ist offensichtlich.[484] Im Anthropozän als dem Zeitalter des Menschen entstehen zudem neue anthropologische Forschungsfelder. Einen zentralen Bereich machen die Probleme aus, die die Welt überspannen und von denen einige im vorherigen Abschnitt dargestellt wurden. Diesem ausgedehnten Zugriff auf den Planeten entspricht eine umfangreiche *Verantwortung* des Menschen. Um der Aufgabe der Erhaltung und Veränderung der Welt gerecht zu werden, bedarf es eines umfassenden anthropologischen Wissens und eines ausgeprägten ethischen Engagements. In beiden Fällen liegt der Schwerpunkt auf der Relation zwischen Mensch und Umwelt, Welt und Planeten. Anthropologisches Wissen ist historisch und kulturell sowie relational und zukunftsorientiert. Daraus ergeben sich Fragen nach neuen Formen des Wissens und nach einem neuen Selbstverständnis des Menschen.

Angesichts der Komplexität der Lebensbedingungen im Zeitalter des Menschen sind neben der *fachspezifischen* Forschung große Teile der anthropologischen Forschung *interdisziplinär* oder *transdisziplinär*. Die sich im Anthropozän aus den neuen Perspektiven ergebenden Forschungsaufgaben lassen sich nur unzureichend den traditionellen Wissenschaftsdisziplinen zuordnen. Stattdessen bedarf es neuer Konzeptualisierungen der Fragen und Forschungen, die der veränderten Lage im Zeitalter des Menschen gerecht werden. Neugier, Inte-

---

484 Wulf/Kamper 2002.

resse am Fremden, Offenheit und Flexibilität sind erforderlich. Hohe Anforderungen an die Kommunikations- und Kooperationsfähigkeit der Forscher und Forscherinnen entstehen. Wissenschaftler und Wissenschaftlerinnen müssen den vielschichtigen Kommunikations- und Interaktionsanforderungen gerecht werden, anderenfalls gerät die Gemeinsamkeit der Ziele und Aufgaben multidisziplinärer, interdisziplinärer und transdisziplinärer Forschung in Gefahr.

Während bei multidisziplinären Untersuchungen das Ziel in der Zusammenarbeit von Fachwissenschaftlern liegt, bei der jeder von seiner Disziplin aus Fragen an die Vertreter anderer Disziplinen in der Hoffnung stellt, aus deren fachwissenschaftlichem Wissen Anregungen für die Bearbeitung seiner Probleme zu bekommen, zielen transdisziplinäre Untersuchungen auf eine neue Qualität der Forschung. Ziel ist die Entdeckung und Untersuchung von Fragen, die häufig an den Rändern der Fachwissenschaften entstehen und die weniger durch die Tradition der Disziplin als durch neue, sich im Austausch zwischen den Disziplinen ergebende Konstellationen bestimmt werden. Viele anthropologische Forschungen entwickeln sich in solchen Zusammenhängen, zumal wenn sich ihre Fragen und Themen keiner einzelnen Fachwissenschaft zuordnen lassen, da es sich bei ihnen um Phänomene, Probleme und Gegenstände handelt, die vor und außerhalb einer Kanalisierung in wissenschaftliche Disziplinen entstanden sind. Dies ist zum Beispiel der Fall bei den Zielen der Entwicklung für Nachhaltigkeit, die im nächsten Kapitel noch näher behandelt werden sollen.

Viele anthropologische Forschungen im Anthropozän sind *transdisziplinär, multiparadigmatisch* und *transkulturell.* Deshalb kommen unterschiedliche Methoden und Verfahren zur Anwendung. Beim gegenwärtigen Stand der Entwicklung ist es nicht möglich, einzelne Untersuchungsverfahren als *die* anthropologischen Methoden zu bezeichnen. Das Spektrum der infrage kommenden Methoden und Methodenkombinationen ist groß und prinzipiell für Erweiterungen offen. Der Versuch, es einzuschränken, widerspricht der Vielgestaltigkeit und paradigmatischen Offenheit anthropologischer Forschungen. Insofern die methodischen den thematischen und konzeptuellen Fragen nachgeordnet sind, lassen sie sich nicht losgelöst von den neuen Fragen und Problemen eines Zeitalters des Menschen behandeln. Da sich eine historisch-kulturelle Anthropologie im Anthropozän nicht über einen Gegenstandsbereich konstituiert, bedarf es im methodischen Bereich besonderer Sorgfalt und Reflexion.

Viele Entwicklungen des Anthropozän sind planetar und bedürfen einer *universellen Bearbeitung.* Doch zeigen die Erfahrungen mit diesen Forschungen, dass dabei auch der *kulturellen Differenz* Rechnung getragen werden muss, insbesondere, wenn sich aus den Forschungen regionale und lokale Handlungskonsequenzen ergeben sollen. Trotz des universellen Charakters vieler Probleme im Anthropozän besteht eine historisch kulturelle Anthropologie auf der Notwendigkeit, sowohl deren regionale und kulturspezifische Dimensionen als auch deren lokale und historische Zusammenhänge zu bearbeiten. Statt einer ausschließlich auf universelle Perspektiven ausgerichteten Forschung bedarf es auch einer reflexiven, kritischen anthropologischen Forschung, in deren Rahmen eine Aufgabe darin besteht, die kulturelle Vielfalt, die Herausforderung des Anderen sowie die anthropologische Reflexion der historischen und kulturellen Bedingungen im Zeitalter des Menschen zu untersuchen.

Trotz der inzwischen umfangreichen Forschungen im Bereich des Anthropozäns ist die Frage unbeantwortet, ob und wie die Menschheit in der Lage ist, ihre zerstörerischen Auswirkungen auf den Planeten zu korrigieren. Welche Antwort auf diese Frage gefunden wird, hängt von den Wirkungen der Menschen- und Weltbilder und der von ihnen gesteuerten politischen, ökonomischen, technischen, kulturellen und sozialen Praktiken ab. In wie weit sind Menschen in der Lage, aus Kenntnissen Erkenntnisse zu gewinnen und aus Erkenntnissen zu richtigem Handeln zu gelangen? Kann das Wissen über die drohende Klimakatastrophe zu einem Handeln führen, das die Katastrophe verhindert? Die Auseinandersetzungen auf den internationalen Klimagipfeln lassen Zweifel daran entstehen, dass die Erkenntnis der Situation zu einem verbesserten Handeln führt.

In vielen Diskursen wird davon ausgegangen, dass die Menschen die von ihnen erzeugten Fehlentwicklungen korrigieren können. Doch ist es wirklich so oder ist diese Überzeugung, ihr Optimismus, Ausdruck einer Selbstüberschätzung?[485] Können die Menschen wirklich über die Welt verfügen, nur weil sie Teile von ihr geschaffen haben? Martin Heidegger hatte schon davor gewarnt, es sei für die Menschen fürchterlich, wenn sie in der Welt nur noch sich selbst und den Ergebnissen ihres Handelns begegneten.[486] Der Begriff Anthropozän verdeutlicht diese Gefahr und ist Ausdruck des menschlichen Omnipotenzwahns. Einerseits dient der Begriff zur Kennzeichnung eines geologischen Erdzeitalters, in dem die Menschen gewaltige Ablagerungen von Plastik und Beton, neu erzeugten chemischen Stoffen, Metallen und Atommüll schaffen. Andererseits trägt der Begriff dazu bei, die für dieses Zeitalter charakteristischen globalen politischen, wirtschaftlichen, kulturellen und sozialen Prozesse zu bezeichnen. Dieser erweiterte Gebrauch des Begriffes suggeriert, man sei im Zeitalter des Menschen in der Lage, die notwendigen Korrekturen an den katastrophalen Entwicklungen vorzunehmen. Bei der normativen Verwendung des Begriffs wird davon ausgegangen, die Menschen seien Herr ihres Schicksals. Dies überrascht, da viele Entwicklungen zeigen, dass Menschen nicht in der Lage sind,

485 Manemann 2014.
486 Heidegger 2015.

die Wirkungen ihres Handelns vorauszusehen, geschweige denn ihr Handeln an ihren Vorstellungen zu orientieren.

Hier wird die anthropologische Bedeutung des Nicht-Wissens bzw. Nicht-Wissen-Könnens deutlich. Je mehr wir wissen, desto stärker wächst auch das Nichtwissen. Nur unter Einbeziehung des Nichtwissens ist ein reflexiver Umgang mit Wissen möglich. Die Klimakatastrophe macht dies deutlich: Die ungewollten Nebenwirkungen menschlichen Handelns sind Ausdruck seines Nicht-Wissens, daher gilt: „Nicht Wissen, sondern Nicht-Wissen ist das Medium reflexiver Modernisierung."[487] Angesichts dieser Situation ist es erforderlich, der drohenden Klimakatastrophe nicht auszuweichen und die Katastrophen-Blindheit zu überwinden. Es gilt Walter Benjamins Erkenntnis: „Der Begriff des Fortschritts ist in der Katastrophe zu fundieren. Daß es ‚so weiter' geht, ist die Katastrophe."[488] Der Mensch ist nicht Herr seines Schicksals, „weil er weniger vorstellen als herstellen kann".[489] Der Mensch vermag durch seine Technik Tausende zu töten, zu beweinen und zu betrauern vermag er aber nur einen.[490] Zweitens kann der Mensch den Zustand verlorener Unschuld nicht wiederherstellen, denn er ist unfähig, „das einmal Gekonnte nicht mehr zu können. Nicht an Können fehlt es uns also, sondern an Nichtkönnen."[491]

Für die anthropologische Forschung im Anthropozän bedeutet das: Das *Staunen* (gr. *thaumazein*), das *radikale Fragen* und die *philosophische Kritik* und Selbstkritik hinsichtlich der von uns geschaffenen Bedingungen spielen eine wichtige Rolle. Diese Bedingungen und Formen des Philosophierens lassen sich als Methode nur unzureichend beschreiben. Sie entziehen sich der Formalisierung und entfalten ihre Bedeutung erst in der Auseinandersetzung mit Phänomenen, Ereignissen, Handlungen und Problemen sowie in Sprachspielen und Forschungen der Anthropologie. Je nach Kontext führen diese Formen der Reflexion zu unterschiedlichen Einsichten und Erkenntnissen sowie zur Komplexitätssteigerung anthropologischer Forschung. Anthropologische Forschung hält die Frage nach dem Menschen im Anthropozän grundsätzlich offen und trägt zur Einsicht bei, dass es unmöglich ist, einen Begriff vom Menschen begrifflich zu entwickeln.

---

487 Beck 1996, S. 298.

488 Benjamin 1990, S. 683.

489 Manemann 2014, S. 47; siehe auch Anders 1956, S. 5.

490 Vgl. Anders 1956, S. 17 und S. 267.

491 Anders 1980, S. 395.

Anthropozän: Wissen, Erziehung und Bildung

Wenn es sinnvoll ist, von unserer Zeit als einem neuen Zeitalter zu sprechen, das dadurch charakterisiert ist, dass der Mensch die Geschicke des Planeten in einer bisher unvorstellbaren Weise bestimmt, dann bedeutet dies, dass sich die Geschichte der Erde und die Geschichte des Menschen kaum voneinander trennen lassen. Die Geschichte des Planeten und die menschliche Geschichte sind *eine* Geschichte, die durch zahlreiche Wechselwirkungen bestimmt wird. Dazu gehört die exponentielle Entwicklung des Wissens, die seit der industriellen Revolution und besonders seit der Mitte des 20. Jahrhunderts stattfindet, sowie die hohe Beschleunigung aller Lebens- und Entwicklungsprozesse. Besonders deutlich wird diese Entwicklung in der Technosphäre, in der die technisch-materiellen Komponenten mit den wirtschaftlichen, kulturellen und sozialen untrennbar verwoben sind. „Ohne die Jahrtausende anhaltende Anhäufung von Wissen, ohne seine Verkörperung in der materiellen Kultur der Menschen und ohne die Globalisierung von Wissen im Verlauf der Geschichte gäbe es kein Anthropozän – und noch weniger eine angemessene Reaktion auf dessen Herausforderungen für das Überleben der Menschheit.“[492] Wissen und Nichtwissen sind Teil der menschlichen Praxis, der gesellschaftlichen und kulturellen Praktiken, die von Generation zu Generation weitergegeben und verändert werden. Die menschliche Arbeit und die in ihrem Rahmen entwickelte Technik haben die Welt mit vielen ungewollten Nebenwirkungen nachhaltig verändert. In diesen Prozessen der Transformation spielen die Künste, die Literatur, das Wirtschafts- und Rechtssystem und die Wissenschaft eine wichtige Rolle. Das Anthropozän ist nicht nur eine geologische Zeitalter-Bestimmung. Es ist auch eine Bezeichnung für aktuelle kulturelle, soziale und gesellschaftliche Lebensformen.[493]

Die Weitergabe und Transformation des im Anthropozän entwickelten Wissens erfolgt durch Erziehung, Bildung und Sozialisation. Dabei besteht der Anspruch an das Bildungswesen, die Menschen so zu bilden, dass sie stärker auf die destruktiven Auswirkungen ihres individuellen und kollektiven Handelns achten und versuchen, deren negative Auswirkungen zu reduzieren. Um die destruktiven Energien und Wirkungen zu verringern, ist ein radikales, Gewalt reduzierendes Umdenken erforderlich. Das gilt für den Umgang mit der Natur und den Menschen in gleicher Weise. Im Bewusstsein einer den Menschen in vieler Hinsicht überfordernden Aufgabe gilt es seine Beziehungen zur Natur und zu sich selbst zu verändern. Neben neuen Menschenbildern und Hand-

492 Renn 2015, S. 185.

493 Lyotard 2012; Welsch 2005, 2011; Kamper/Wulf 1994; Fukuyama 1992.

lungsformen bedarf es neuer Orientierungen und Formen von Erziehungs- und Bildungsprozessen.[494]

Inwieweit können die erforderlichen Bildungsprozesse auf Vorstellungen von Bildung zurückgreifen, die sich in früheren Zeiten entwickelt haben und die zum gemeinsamen natürlichen und kulturellen Erbe der Menschheit gehören? Wie relevant sind Vorstellungen aus Europa, China und Indien für die Entwicklung angemessener Formen von Erziehung und Bildung? Wie wichtig sind Forschungen zur Anthropologie und zur pädagogischen Anthropologie, um lokale, nationale, regionale und globale Wege zu finden, um im Bereich der Bildung Wege zu finden, die den Erfordernissen des Anthropozäns gerecht werden? Im abschließenden Kapitel sollen Fragen der Gewalt, des Umgangs mit dem Anderen und ein Aktionsprogramm für Bildung für nachhaltige Entwicklung untersucht werden. Alle drei Bereiche haben einen exemplarischen Charakter für die im Anthropozän auftauchende Frage nach den Möglichkeiten menschlichen Überlebens.

494 Kamper/Wulf 1994.

12 Frieden, kulturelle Diversität und Nachhaltigkeit als Aufgaben globaler Bildung

Auch wenn die Zukunft dem Menschen nicht bekannt ist, trägt sie zum Horizont für Bildung bei. Kinder und Jugendliche sollen sich so bilden, dass sie zukunftsfähig werden. Selbst wenn sich nicht genau angeben lässt, was zu einer zukunftsfähigen Bildung gehört, besteht kein Zweifel darüber, dass Frieden, Umgang mit kultureller Diversität und Nachhaltigkeit zu den Bedingungen zukunftsfähiger Bildung in der globalen Moderne gehören. Alle drei Bereiche sind miteinander verwoben. Wenn Fragen des Friedens bearbeitet werden, spielen Probleme der kulturellen Vielfalt und der Nachhaltigkeit eine Rolle. Eine Erziehung zur Nachhaltigkeit ist ohne Berücksichtigung kultureller Vielfalt und sozialer Gerechtigkeit nicht möglich. Dass alle drei Aufgabenfelder von höchster Aktualität sind, ist offensichtlich. Es gilt eine Kultur des Friedens, der kulturellen Vielfalt und der Nachhaltigkeit zu entwickeln und damit einen Beitrag zur Kritik und kreativen Gestaltung des Zeitalters des Menschen, des Anthropozäns, zu leisten. Damit sind grundlegende gesellschaftliche Veränderungen impliziert, bei deren Realisierung dem Bereich der Erziehung und Bildung und besonders der Schule eine wichtige Aufgabe zukommt. Seit annähernd fünfzig Jahren bemüht man sich u.a. in der UNESCO darum, Bildungskonzepte für die Weltgemeinschaft zu entwickeln. Viele von ihnen sind zu wichtigen Voraussetzungen einer zukunftsfähigen globalen Bildung geworden und sollen daher kurz dargestellt werden.

Auf dem Weg zu einer Bildung zum Frieden

Im Rahmen der UNESCO wird Bildung als Teil von Kultur begriffen; zugleich werden die erzieherischen, bildenden und sozialisierenden Wirkungen von Kultur betont. Im Unterschied zu anderen internationalen Organisationen sind die bildenden Wirkungen von Kultur und der kulturelle Charakter von Bildung ein Schwerpunkt der UNESCO. Durch diese Verbindung von Kultur und Bildung unterscheidet sich der Bildungsbegriff der UNESCO von weitverbreiteten utilitaristischen und ökonomisch bestimmten Vorstellungen. Wie sich die Bildungsvorstellungen der UNESCO entwickelt haben, verdeutlichen die drei in den letzten 45 Jahren publizierten grundlegenden Beiträge der UNESCO zu Erziehung und Bildung: der Faure-Report *Learning to Be*,[495] der Delors-Report *Learning – The*

495 Faure 1972.

Treasure within[496] und *Rethinking Education. Towards a Global Common Good?*[497] Diesen Untersuchungen ist der Versuch gemeinsam, einen an den Menschenrechten orientierten Rahmen für Erziehung und Bildung in der Weltgesellschaft zu entwickeln.

Im Faure-Report geht es um die Entwicklung der zwei zusammenhängenden Begriffe „*lernende Gesellschaft*" und „*lebenslange Bildung*". Hier wird deutlich gemacht, dass in einer komplizierter werdenden Welt Lernen nicht auf schulisches Lernen beschränkt werden kann. Auch im sozialen Leben, in den sozialen Institutionen, der Arbeitswelt, in den Medien und in der Freizeit wird gelernt, und dies geschieht ein Leben lang. Betont wird das Recht jedes Individuums, für seine eigene persönliche, soziale, ökonomische, politische und kulturelle Entwicklung lebenslang zu lernen. Der Delors-Report nimmt diese Gedanken auf und entwickelt die vier Pfeiler des Lernens: *lernen zu wissen, lernen zu tun, lernen zusammen zu leben, lernen zu sein.* Hier wird der enge Zusammenhang zwischen dem Charakter der Gesellschaft, in der Menschen leben, und der Art und Weise des Lernens hervorgehoben. Es wird die Notwendigkeit betont, Erziehung und Bildung nicht nur funktionalistisch zu sehen, sondern sie auf die Entwicklung des ganzen Menschen zu beziehen. Dabei gilt es, sich an den der UNESCO-Arbeit zugrundeliegenden Werten zu orientieren. Eine instrumentelle und vorwiegend auf die Interessen des Marktes bezogene Bildung soll vermieden werden. Seit den 70er und 90er Jahren des vorigen Jahrhunderts hat sich der globale Kontext geändert, so dass wir uns in einer Phase tiefgreifenden Wandels befinden.[498] Diese ist durch eine wachsende Abhängigkeit der Gesellschaften voneinander und durch neue Formen der Komplexität, Unsicherheit und Spannung bestimmt.[499] Die Globalisierung hat zur Reduzierung von Armut geführt, schafft jedoch zugleich eine wachsende Zahl gering bezahlter Arbeitsplätze und eine zunehmende Zahl jugendlicher Arbeitsloser. Die Ungleichheit zwischen den Regionen und innerhalb vieler Länder wächst. Häufig tragen die Bildungssysteme zur Entstehung dieser Diskrepanzen bei, anstatt sie zu verringern. Fernsehen, Internet, mobile Technologien und andere digitale Medien bieten neue Möglichkeiten kultureller Produktion und Bildung. Die knappe Hälfte der Menschen sind gegenwärtig durch das regional sehr unterschiedlich verbreitete Internet miteinander verbunden, mehr als die Hälfte sind davon ausgeschlossen. Erziehung und Bildung können heute nicht nur in einem nationalen oder regionalen, sondern müssen in einem globalen Kontext gesehen werden. Wichtige Aspekte sind das ökonomische und ökologische sowie das demographische und urbane Wachstum. Die wachsende Mobilität

496 Delors 1996.

497 UNESCO 2015; Deutsche UNESCO-Kommission 2017.

498 Ebd.

499 Gil/Wulf 2015.

junger Menschen im globalen Kontext schafft neue Probleme und Schwierigkeiten, aber auch neue Fähigkeiten und Fertigkeiten. Nachhaltigkeit und soziale Entwicklung führen zu globalen Transformationen und neuen Lernhorizonten. Im Zusammenhang mit dieser Entwicklung entsteht eine neue Diversität von Menschenbildern, Weltsichten und Wissens-Systemen.[500]

In konzeptioneller Hinsicht finden diese Bereiche ihre aktuelle Fundierung in dem UNESCO-Band *Rethinking Education* von 2015, der zu bestimmen versucht, wie Erziehung und Bildung in der globalisierten Welt zu begreifen sind und welche Bedeutung ihnen zukommt. Ein Ziel ist die Fortschreibung der bislang in der UNESCO erarbeiteten Werte, Begriffe und Praktiken. Ein weiteres besteht in der Entwicklung neuer Vorstellungen und Strategien, die den Bedingungen der sich ändernden Welt besser gerecht werden. Dadurch rückt Nachhaltigkeit ins Zentrum der Bildung. Zugleich werden die in der UNESCO gültigen humanistischen Bildungstraditionen bestätigt. Sodann wird deutlich, wie wichtig die Planung und Entwicklung von Strategien ist, mit denen die Ziele nachhaltiger Entwicklung und Bildung weltweit erreicht werden können. Schließlich wird sichtbar, dass es nicht ausreicht, Bildung lediglich als eine Angelegenheit von Individuen zu begreifen. Sie ist auch eine Aufgabe der Gesellschaft und als solche ein Allgemeingut. Fortschritte im Bereich der Bildung sind nicht nur Leistungen einzelner Individuen, sondern sind auch die Leistung von Gemeinschaften und müssen daher als Allgemeingut (*common good*) verstanden werden.

Zur Ausrichtung von Erziehung und Bildung an einem umfassenden Verständnis von Nachhaltigkeit heißt es: „Nachhaltigkeit wird verstanden als verantwortungsvolles Handeln des Menschen und der Gesellschaft mit dem Ziel einer besseren Zukunft für alle, lokal wie global – einer Zukunft, in der soziale Gerechtigkeit und ökologische Verantwortlichkeit die sozioökonomische Entwicklung bestimmen. Die Veränderungen in der heutigen vernetzten und interdependenten Welt bringen ein neues Ausmaß an Komplexität, Spannungen und Paradoxa mit sich, aber auch neue Wissenshorizonte, die es zu berücksichtigen gilt."[501] In den letzten Jahren ist der Verbrauch der Ressourcen in der Welt stark gestiegen. Angesichts ihrer Begrenztheit kann man nicht ungebrochen damit fortfahren, ausschließlich ökonomisches Wachstum als Ziel von Ent-

---

500 Wulf 2013a, b, 2015.

501 Sustainability is understood as the responsible action of individuals and societies towards a better future for all, locally and globally – one in which social justice and environmental stewardship guide socio-economic development. The changes in today's interconnected and interdependent world are bringing new levels of complexity, tensions and paradoxes, as well as new knowledge horizons that we need to consider (UNESCO 2015, S. 20; dt. https://www.unesco.de/fileadmin/medien/Dokumente/Bildung/Bildung_%C3%9Cberden ken. pdf, S. 20).

wicklung zu begreifen. Entwicklung muss neu definiert werden. Sicherlich gehört dazu auch ein Wissen und Verhalten, mit dem die Lebensbedingungen in den Städten verbessert werden, wenn die zunehmende Urbanisierung dazu führt, dass 2050 zwei Drittel aller Menschen in Städten leben werden. Bildung muss die Menschen unterstützen, mit diesen veränderten Lebensbedingungen zurecht zu kommen, zu denen darüber hinaus die Herausforderungen der „Cyber-Welt",[502] die Klimaveränderung und die Verknappung vieler Ressourcen gehören. Neue Formen der Kreativität sind erforderlich, um den neuen Lebensbedingungen gewachsen zu sein.

Bildung soll auf einem „humanistischen" Bildungsansatz basieren, mit dessen Hilfe die Arbeit der UNESCO seit den 50er Jahren des vorigen Jahrhunderts bestätigt und in der Zukunft weiterentwickelt werden soll. In normativer Hinsicht gilt es nachhaltige Bildung auszurichten an Menschenwürde, gleichen Rechten für alle, sozialer Gerechtigkeit, kultureller Vielfalt, internationaler Solidarität und gemeinsamer Verantwortung für eine nachhaltige Zukunft. Gewalt, Intoleranz, Diskriminierung und Exklusion sollen verringert werden. Nach wie vor gibt es unterschiedliche Interpretationen dessen, was unter „humanistisch" zu verstehen ist. Sie orientieren sich an atheistischen und rationalistischen, anthropozentrischen und theozentrischen Menschenbildern, die manches gemeinsam haben, sich aber auch unterscheiden oder sogar widersprechen. Trotz der Unterschiedlichkeit der Interpretationen lassen sich gemeinsame humanistische Werte festhalten. Zu diesen gehören die Entwicklung kritischen Denkens und unabhängigen Urteilens, Problemlösen, Dialogfähigkeit und Gestaltungskompetenz unter Berücksichtigung von Nachhaltigkeit, einschließlich sozialer, ethischer, ökonomischer, kultureller und spiritueller Dimensionen. „Ein humanistischer Ansatz führt die Diskussion über Bildung über ihre utilitäre Rolle in der wirtschaftlichen Entwicklung hinaus. [...] Bei der Bildung geht es nicht nur um den Erwerb von Kompetenzen. Es geht auch um Werte wie den Respekt vor dem Leben und der menschlichen Würde, die für soziale Harmonie in einer vielgestaltigen Welt nötig sind."[503] Ein „ganzheitlicher Ansatz" für Erziehung, Bildung und Lernen wird gefordert, „der die herkömmlichen Dichotomien zwischen kognitiven, emotionalen und ethischen Aspekten überwindet."[504] Sodann werden die im Delors-Report genannten vier „Pfeiler" des Lernens bekräftigt. Durch die Reform von Methoden, Inhalten, Lernräumen sollen vielfältige Netzwerke und „Lernlandschaften" geschaffen werden, die das Lernen in unterschiedlichen Formen und Medien möglich machen. Darüber hinaus bedarf es einer verbesserten Professionalisierung der Lehrer und Erzieher.

502 Kontopodis/Varvantakis/Wulf 2017.

503 UNESCO 2015, S. 37; dt. https://www.unesco.de/fileadmin/medien/Dokumente/Bildung/Bildung_%C3%9 Cberdenken.pdf, S. 37.

504 Ebd., S. 39.

Mit der Globalisierung und der damit verbundenen Begrenzung der Autonomie der Nationalstaaten wächst die Komplexität der Politikgestaltung und der Strategieplanung. In vielen Regionen werden die Spannungen zwischen dem Bildungswesen und dem Arbeitsmarkt stärker. Selbst gute Ausbildungsabschlüsse garantieren keine Arbeitsplätze. Eine wachsende Frustration der jungen Generation ist die Folge. Neue Formen des Übergangs zwischen Ausbildung und Arbeit müssen entwickelt werden. Ausbildungsgänge und Berufsanforderungen sind flexibler aufeinander zu beziehen. Die wachsende Mobilität in der Arbeitswelt und die Probleme des *„brain drain and brain gain"* erfordern neue Formen der Abstimmung zwischen den Staaten. Lebenslanges Lernen ist für die Erziehung und Bildung der Menschen von zentraler Bedeutung. Die Perspektiven für eine *„Global Citizenship Education"* (GCE) und die damit verbundenen Ansprüche an nationale Erziehungs- und Bildungssysteme gewinnen weiter an Gewicht.[505]

Um Erziehung und Bildung weltweit zu entwickeln, bedarf es des Zusammenwirkens privaten Engagements und öffentlicher Erziehung und Bildung. Als *Allgemeingut* ist Erziehung und Bildung sowohl eine öffentliche als auch eine private Aufgabe, deren Erfüllung wesentlich dazu beiträgt, das Gemeinwohl in einer Gesellschaft zu sichern. Inklusion, Transparenz und Rechenschaftslegung sind wichtige Aufgaben, um den demokratischen Charakter von Erziehung und Bildung zu entwickeln. Dies gilt für das formale Bildungswesen, doch auch für non-formale und informelle Bildungsprozesse, die zunehmend an Bedeutung gewinnen. In vielen Staaten nehmen das private Engagement und die Privatisierung von Erziehung und Bildung zu. Dabei verwischen sich die Grenzen zwischen „öffentlich" und „privat". Bildung als *Allgemeingut* unterscheidet sich von öffentlicher Bildung, in deren Rahmen Bildung häufig zu sehr unter einer individualistischen und einer soziökonomischen Perspektive gesehen wird. Bildung als *Allgemeingut* beinhaltet die Berücksichtigung der kollektiven Dimension, der kulturellen Diversität und der Partizipation. Bildung und Wissen sind auch globale Güter, die einen wichtigen Beitrag zum Allgemeinwohl der Menschen leisten. Daher gilt: „Der internationale Entwicklungsdiskurs spricht oft von Bildung als einem Menschenrecht sowie als einem öffentlichen Gut. Das Prinzip der Bildung als grundlegendes Menschenrecht, das die Realisierung anderer Menschenrechte ermöglicht, gründet in internationalen normativen Rahmenwerken. Es weist dem Staat die Aufgabe zu, sicherzustellen, dass das Recht auf Bildung respektiert, umgesetzt und geschützt wird. Neben seiner Rolle in der Bereitstellung von Bildungsangeboten muss der Staat auch als Garant des Rechts auf Bildung agieren."[506]

---

505 Bernecker/Grätz 2017 (engl. Übersetzung 2018).
506 Ebd., S. 75; dt. S. 80.

Frieden, Friedenskultur und Erziehung zum Frieden

Krieg, Gewalt, Not und Unterdrückung bedrohen den Menschen seit seinen Anfängen. Eine Situation, in der die Beeinträchtigung bzw. die Gefährdung des Menschen ausgesetzt ist, lässt sich als Frieden bezeichnen. Auch in religiösen Heilsvorstellungen und literarischen Utopien gehört Frieden zu den zentralen Zielen. Das Paradies des Christentums, die *Politeia* Platons, der *Sonnenstaat* Campanellas sind dafür Beispiele.[507] Bereits in diesen begegnet man der Vorstellung, Erziehung könne und müsse einen Beitrag zur Schaffung des Friedens leisten. Dieser Anspruch gewinnt im 17. Jahrhundert bei Comenius und im 18. Jahrhundert bei Condorcet Gestalt.[508] Eine aus der Not der Zeit geborene Friedenssehnsucht verbindet sich mit Vorstellungen von der Erziehbarkeit und Perfektibilität des Menschen. Die Vervollkommnung des individuellen Menschen und die Verbesserung der Gesellschaft in Richtung auf mehr soziale Gerechtigkeit erscheinen als die gleichen, miteinander verschränkten Aufgaben.

Ohne Bezug auf Vorstellungen von einer gerechteren, d. h. friedlicheren Gesellschaft ist Erziehung nur unzulänglich möglich. Eine der Aufklärung, den Möglichkeiten menschlicher Freiheit und der relativen Autonomie verpflichtete Erziehung enthält daher auch eine kritische Perspektive auf die bestehenden Zustände und den Anspruch, die nachwachsende Generation zu befähigen, diese zu verbessern. So gesehen, muss sich eine diesen Vorstellungen verpflichtete Erziehung auf „Frieden“ als Zielvorstellung gesellschaftlicher und individueller Entwicklung beziehen und ist daher auch eine Erziehung zum Frieden.

Darüber hinaus erscheint es heute auch sinnvoll, von Erziehung zum Frieden im engeren Sinne zu sprechen. Aufgrund der modernen Waffen ist die Bedrohung der Menschen durch Krieg und Gewalt so groß wie nie zuvor. Frieden ist zu der Voraussetzung menschlichen Lebens geworden. Von seiner Erhaltung bzw. Herstellung hängt heute nicht nur das Leben einzelner Menschen, Generationen oder Nationen, sondern das Überleben der Menschheit insgesamt ab. Daher ist es unerlässlich, im Rahmen der Erziehung die Voraussetzungen und die Bedingungen von Krieg, Gewalt und materieller Not zu behandeln und nach Möglichkeiten zu suchen, zu ihrer Verminderung beizutragen. Erziehung zum Frieden stellt den Versuch der Erziehung dar, einen Beitrag zum Abbau der Gewalt und der destruktiven Bedingungen des Anthropozäns zu leisten. Viele dieser makrostrukturell verursachten Bedingungen sind Systemprobleme, deren Bewältigung mit Hilfe der Erziehung nur teilweise möglich ist. Erziehung zum Frieden geht davon aus, dass die konstruktive Auseinandersetzung mit den großen, die Menschheit im Anthropozän bewegenden Problemen

507 Platon 1958; Campanella 2012.
508 Condorcet 2010.

Teil eines lebenslangen Lernprozesses sein muss, der in der Kindheit und Jugend beginnen und im späteren Leben nicht abreißen sollte.

Die Bemühungen um eine Erziehung zum Frieden sind in den verschiedenen Regionen der Welt unterschiedlich. In den meisten Entwicklungsländern versucht Erziehung zum Frieden, einen Beitrag zur ökonomischen, sozialen und nationalen, vereinzelt auch regionalen Entwicklung zu leisten. In den USA und in Westeuropa gewinnt Erziehung zum Frieden eine kritische Perspektive gegenüber der eigenen Gesellschaft, der ihr inhärenten Gewalt und ihrer Rolle im internationalen System. Dabei zeichnete sich seit dem Anfang der achtziger Jahre eine Verbindung zwischen der internationalen ökologischen Bewegung und der Friedensbewegung ab. Erziehung zum Frieden berührt sich mit Ansätzen, die mit verwandten Zielsetzungen, doch unter einem anderen Begriff den Erziehungsprozess der jungen Generation mitzugestalten suchen. Dazu gehören: Erziehung zur internationalen Verständigung, internationale Erziehung, Überlebenserziehung (*survival education*), Welt-Erziehung (*global education*), Entwicklungserziehung (*development education*), Erziehung zum Weltbürgertum (*global citizenship education*).

In Deutschland wird Erziehung zum Frieden als ein wichtiger Teil politischer Bildung begriffen. Dadurch unterscheidet sie sich von früheren Bemühungen, die in den sechziger Jahren die Erziehung zur Völkerverständigung als Erziehung zum Frieden begriffen, die von der wiederholt durch Aggression gefährdeten prinzipiellen Friedfertigkeit des Menschen ausgingen und die Frieden vor allem für eine Frage moralischen Verhaltens hielten. Auch unterscheidet sich Erziehung zum Frieden von Bemühungen, denen es im Bewusstsein der aggressiven Triebstruktur des Menschen um die Herausbildung von Verantwortungsbewusstsein und um das Lernen friedlichen Verhaltens ging und die betonten, die persönliche Friedenssehnsucht und der persönliche Friede werde zum politischen Frieden führen. Die für die Gründung der UNESCO wesentliche Vorstellung, der Krieg beginne in den Köpfen der Menschen und müsse dort bekämpft werden, ist für diese Positionen charakteristisch. Danach kommt es darauf an, das Bewusstsein der Menschen zu verändern, um gesellschaftliche Bedingungen mit einem höheren Maß an Gerechtigkeit zu verwirklichen. So wichtig diese Bemühungen zur Verbreitung einer Kultur des Friedens sind, sie reichen nicht aus; es bedarf einer über diese Vorstellungen hinausreichenden Auseinandersetzung mit der Friedensproblematik.

Die Friedensforschung der frühen siebziger Jahre konnte zeigen, dass Frieden durch Bewusstseinsveränderung allein nicht hergestellt werden kann. Die Erfahrungen der Friedensbewegung der letzten Jahrzehnte haben die Analysen von damals bestätigt. Friedlosigkeit und Gewalt sind so tief in den gesellschaftlichen Strukturen verankert, dass sie durch den Friedenswillen der Menschen allein nicht überwunden werden können. Es bedarf der Ergänzung durch gezieltes politisches, die Gewaltstrukturen der Gesellschaft und des internationalen Systems verringerndes Handeln. Begriffe wie „organisierte Friedlosigkeit“ (Senghaas) und „strukturelle Gewalt“ (Galtung) verweisen nach wie vor darauf, dass Frieden auch ein Problem der Veränderung von Strukturen und Institutionen ist, zu dessen Lösung Erziehung lediglich einen Beitrag leisten kann.

Erziehung zum Frieden muss also nach wie vor auch auf zentrale Leitvorstellungen wie „organisierte Friedlosigkeit“, „strukturelle Gewalt“, „soziale Gerechtigkeit“ zurückgreifen, wie sie die Friedensforschung in den späten sechziger und frühen siebziger Jahren entwickelte. Diese Vorstellungen machen den gesellschaftlichen Charakter des Friedens deutlich und schützen vor Allmachtsphantasien und naiven Problemreduktionen. Nach Galtungs unverändert gültiger Unterscheidung wird unter Frieden nicht nur die Abwesenheit von Krieg und direkter Gewalt (negativer Friedensbegriff) verstanden; Frieden muss auch als Verringerung von struktureller Gewalt begriffen werden, bei der es um die Herstellung sozialer Gerechtigkeit geht (positiver Friedensbegriff). Aufgrund eines so gefassten Friedensverständnisses werden nicht nur der Krieg oder die direkte Gewalt zwischen Nationen und Ethnien zum Gegenstand der Erziehung, sondern auch die gewalthaltigen innergesellschaftlichen Lebensbedingungen.[509]

Im Rahmen der Erziehung zum Frieden werden organisierte offene Gewalt und strukturelle Gewalt abgelehnt; man setzt sich ein für Verfahren gewaltfreier Konfliktlösung, für die Verwirklichung sozialer Gerechtigkeit, für die Verbesserung von Mit- und Selbstbestimmung. Dabei ist man sich bewusst, dass Frieden ein zwar nicht erreichbares, jedoch unbedingt erstrebenswertes Ziel ist und dass Erziehung zum Frieden eher einen Prozess als einen Zustand kennzeichnet. Dementsprechend ist Erziehung zum Frieden kein deutlich abgrenzbarer und bestimmter Bereich. Dennoch lassen sich einige wichtige Themen gegenwärtiger Erziehung zum Frieden nennen. Zu diesen gehören u. a.:

- der Nord-Süd-Konflikt mit der u. a. durch die internationale vertikale Arbeitsteilung fortgeschriebenen Armut in der südlichen Hemisphäre;
- die mit der fortschreitenden Umweltzerstörung gegebenen Probleme und die Fragen der Erziehung zur Nachhaltigkeit;
- die Knappheit von Bodenschätzen und Nahrungsmitteln;
- die unzulängliche Verbreitung der Menschenrechte und die mangelnde Verwirklichung sozialer Gerechtigkeit.

Zwar kann Friedenserziehung einen Beitrag zur Erhaltung des Friedens leisten, doch vermag sie ihn nicht zu sichern. Um den Frieden und die Friedensfähigkeit von Menschen und Gesellschaften zu entwickeln, bedarf es vieler Bemühungen. Erst ein Zusammenwirken vieler Menschen in allen Bereichen der

509 Burns/Aspeslagh 1996; Calließ/Lob 1987/88; Gugel 1995; Damus et al. 2017.

Gesellschaft schafft Lebensbedingungen, in denen sich die Gewalt zwischen Menschen und gegenüber der Natur reduzieren und in denen sich soziale Gerechtigkeit verbessern lässt. Seit einigen Jahren wird daher immer wieder die Notwendigkeit betont, eine Kultur des Friedens zu schaffen, in deren Rahmen sich die gesellschaftlichen Strukturen verändern und sich die Handlungen der Menschen an den Werten des Friedens orientieren. In dem im „Internationalen Jahr des Friedens 2000" von der UNESCO veröffentlichten Manifest werden sechs Werte einer Friedenskultur genannt, die eine Selbstverpflichtung der Unterzeichner darstellen, zu der sich bisher mehr als 75 Millionen Menschen in Bezug auf ihr Handeln in Alltag und Familie, Gemeinschaft und Arbeitswelt verpflichtet haben. Zu diesen Werten einer Kultur des Friedens gehören: Achtung vor der Würde des Menschen, gewaltfreie Konfliktbearbeitung, Solidarität, Zivilcourage und Dialogbereitschaft, nachhaltige Entwicklung, demokratische Beteiligung. Welche Handlungen aus diesen Werten und Dispositionen entstehen, hängt von den jeweiligen gesellschaftlichen Bedingungen und dem historischen und kulturellen Kontext ab. Daher gibt es in den verschiedenen Regionen der Welt unterschiedliche Ausprägungen dieser Werte einer Friedenskultur.

Um in der Realisierung einer Kultur des Friedens voran zu kommen, bedarf es der Berücksichtigung allgemeiner Prinzipien und Normen auf der Grundlage gemeinsamer Werte. Zu diesen gehören erstens ein Pluralismus durch Anerkennung kultureller Vielfalt, zweitens die Berücksichtigung der Menschenrechte und drittens die Partizipation am gesellschaftlichen Leben. Um einen Beitrag zu einer Kultur des Friedens und der menschlichen Entwicklung in einer Zeit der Globalisierung durch Erziehung, Wissenschaft, Kultur und Kommunikation zu leisten, bedarf es der wechselseitigen Bezugnahme folgender Handlungsfelder aufeinander: Kultur des Friedens durch Erziehung; nachhaltige ökonomische und soziale Entwicklung; Achtung aller Menschenrechte; Gleichstellung zwischen Frauen und Männern; demokratische Partizipation; Verständnis, Toleranz und Solidarität; partizipative Kommunikation und freier Informations- und Wissensfluss; internationaler Frieden und Sicherheit.[510]

Wenn von einer Friedenskultur die Rede ist, dann reicht dazu eine Bestimmung der Werte des Friedens nicht aus. Ebenso wichtig ist es, sich darüber klar zu werden, was in diesem Kontext unter Kultur zu verstehen ist. Wie Frieden, so ist auch Kultur ein allgemeiner Begriff, unter dem viele heterogene Aspekte gefasst werden. Im Weiteren wird *Friedenskultur bestimmt als „eine Reihe von Werten, Haltungen, Verhaltensweisen und Lebensformen, die Gewalt ablehnen und Konflikte durch die Befassung mit ihren eigentlichen Ursachen verhindern, um Probleme unter Individuen, Gruppen und Nationen durch Dialog und Ver-*

---

510 UNESCO, Medium Term Strategy 2002-2007.

handlung zu lösen."[511] Da es sich bei der Erziehung um kulturelle Praktiken handelt, die zum „immateriellen" Kulturerbe gehören, wird den weiteren Ausführungen ein Kulturbegriff zugrunde gelegt, in dessen Rahmen Kultur verstanden wird als „die Praktiken, Vorstellungen, Ausdrucksformen, das Wissen und die Fertigkeiten – wie auch die Werkzeuge, Gegenstände und kulturellen Räume, die damit verbunden sind –, die von Gemeinschaften, Gruppen und teilweise auch von Individuen als Teil ihres kulturellen Erbes verstanden werden."[512] In diesem Verständnis ist Kultur dynamisch und wird von Generation zu Generation weitergegeben. In Antwort auf ihr Umfeld, im Austausch mit der Natur und ihren historischen Voraussetzungen wird sie immer wieder neu geschaffen. Kultur vermittelt Sinn für Kontinuität und Diversität. Dabei sollen sich die kulturellen Praktiken an Nachhaltigkeit orientieren und die Menschenrechte achten. Die mit dem Begriff „Kultur" meistens einhergehende positive Einschätzung bedarf einer prinzipiellen Ergänzung. Kultur kann positiv und negativ bewertete Aspekte umfassen. Wie es eine Friedenskultur gibt, so gibt es auch eine Kultur der Gewalt bzw. des Krieges. Die Einschätzung, ob es sich um eine Kultur des Friedens oder der Gewalt handelt, hängt auch von der Perspektive und dem Kontext der Bewertung ab. So können zu einem Zeitpunkt als gewalthaltig bewertete Handlungen nach Jahren als Befreiungshandlungen angesehen werden, bei denen, um Schlimmeres zu verhindern, die Anwendung von Gewalt unerlässlich war.[513]

Ohne die Vermittlung einer umfassenden Friedenskultur verfehlen Erziehung und Bildung ihre Aufgabe, die jungen Menschen für die Welt von morgen vorzubereiten.[514] Erziehung zum Frieden genügt diesem Anspruch nicht, wenn sie sich auf die bloße Vermittlung kognitiven Wissens in den genannten Problembereichen beschränkt. So wichtig dieses Wissen ist, so notwendig ist es, in der Bearbeitung dieser Themen über die bloße Vermittlung hinauszugehen. Es bedarf einer vertiefenden Auseinandersetzung, die zu persönlichem Engagement und zu Handlungsdispositionen führt. Dazu ist es erforderlich, in der Bearbeitung der oben genannten Themen z. B. auch der Frage nachzugehen, wie Vorurteile und Feindbilder produziert werden und welche Funktion sie für die Aufrechterhaltung von Gewaltstrukturen haben. Erziehung zum Frieden muss auch Einstellungen thematisieren und Möglichkeiten zu ihrer Überprüfung bieten. Sie muss daher Rückbindungen an die Lebenswelt ihrer Adressaten fördern und ihnen Gelegenheit geben, ihr Selbstbild in der Auseinandersetzung mit friedensrelevanten Themen zu überprüfen, um in der Folge gegebenenfalls

511 UN Resolutions A/RES/52/13: Culture of Peace.
512 UNESCO: Convention for the Safeguarding of Intangible Cultural Heritage, 2003.
513 Heitmeyer/Soeffner 2004.
514 Kultur des Friedens 2017; hier finden sich auch Auszüge aus im Rahmen des UN-Systems wichtigen Beiträgen zum Thema.

zu einem modifizierten Konzept von sich selbst zu gelangen, mit dessen Hilfe ein komplexes Verständnis von Welt und Gesellschaft erreicht werden kann.

Voraussetzung für friedensrelevantes Lernen, das nach Möglichkeit zu einer entsprechenden Handlungsbereitschaft führt, ist die Überwindung von Apathie und Ohnmachtserfahrung, die Empathie und Engagement im friedensrelevanten Lernprozess verhindern. Eine Lernmöglichkeit, mit deren Hilfe Ohnmachtserfahrungen aufgebrochen werden können, besteht darin, Mangelerfahrungen aus dem eigenen Leben in Abhängigkeit von den großen Weltproblemen zu sehen. Durch die Einsicht, dass bestimmte makrostrukturelle Konfliktformationen das eigene Leben bestimmen bzw. sogar gefährden, entsteht die Motivation, sich für den Frieden einzusetzen. So kann es der Erziehung gelingen, über die Vermittlung relevanter Erkenntnisse hinaus zu Einstellungsänderungen und zu politischem Engagement zu führen, die in ein verändertes politisches Handeln münden sollen.

Für die Erziehung zum Frieden liegt ein Strukturproblem darin, dass sie sich als Erziehung an Individuen oder Gruppen richtet, in deren Bewusstsein und deren Einstellungen sie nachhaltige Veränderungen bewirken kann. Ihre Ergänzung durch die praktische Politik und durch friedensrelevantes Handeln ist unerlässlich.

Erziehung zum Frieden benötigt bestimmte Formen, mit denen sie nach Möglichkeit gewaltfreie Lernprozesse zu fördern versucht. Daher wird sie vor allem solche Lernformen entwickeln, in denen sich partizipatorisches und selbstinitiiertes Lernen vollzieht. In diesen Lernprozessen soll ein großer Teil der Initiative und Verantwortung bei den Adressaten der Erziehung zum Frieden liegen. Sie werden ermutigt, ihre friedensrelevante Vorstellungskraft zu entfalten. Dabei spielt die Entwicklung eines historischen Bewusstseins von der Entstehung und prinzipiellen Veränderbarkeit von Konfliktformationen eine entscheidende Rolle, denn dieses trägt dazu bei, real-utopische Entwürfe für die Veränderung der Welt zu entwickeln und zu bearbeiten. Zugleich gewährleistet es eine Zukunftsorientierung in der Betrachtung der Probleme und in der Erziehung.

Erziehung zum Frieden ist ein sozialer Lernprozess, in dessen Verlauf Problem- und Konfliktformationen bearbeitet werden müssen. Um die Jahrtausendwende hat Dieter Senghaas einen wichtigen Band mit dem Titel *Frieden machen* herausgegeben, mit dem er seine Arbeiten an der Konzeptualisierung des Friedens aus den 90er Jahren fortgesetzt hat.[515] In diesen Arbeiten hat er versucht, mit Hilfe eines Hexagons folgende zentrale Dimensionen eines konstruktiven Friedens aufeinander zu beziehen: Gewaltmonopol, Rechtsstaatlichkeit, demokratische Partizipation, Konfliktkultur, soziale Gerechtigkeit, Inter-

515 Senghaas 1995, 1997.

dependenzen und Affektkontrolle. So wichtig diese auf universelle Bedingungen eines positiv verstandenen Friedens zielenden Überlegungen sind, sie erfordern eine Erweiterung durch Perspektiven, die stärker ihre historische und kulturelle Diversität berücksichtigen.[516] Darüber hinaus bedarf es pädagogischer Perspektiven, in deren Zentrum die Vermittlung friedensrelevanter Wissenszusammenhänge, von Werten, Einstellungen und Handlungsdispositionen steht. Wie können diese in jungen Menschen so verankert werden, dass Erziehung zum Frieden nicht auf den Erwerb von Wissenszusammenhängen reduziert wird, sondern zu einem inkorporierten Wissen wird, bei dem die Entwicklung eines friedensbezogenen Habitus, unter anderem mit Hilfe von Ritualen und mimetischen Prozessen, das Ziel ist? Die sich hier ergebenden Aufgaben zielen auf eine grundlegende Orientierung von Erziehung und Bildung am Frieden und an einer Friedenskultur, die der Unterstützung durch eine entsprechende Politik bedarf.[517]

Globalisierung und kulturelle Diversität

Im Zusammenhang mit der Globalisierung lassen sich heute zwei gegenläufige Entwicklungen unterscheiden. Die eine zielt auf Vereinheitlichung, die andere betont die Vielfalt und Diversität biologischer und kultureller Entwicklungen sowie die Notwendigkeit und Unvermeidbarkeit von Differenz und Alterität. So vollziehen sich Prozesse, die die Weltgesellschaft, die verschiedenen Regionen der Welt, die Nationen und die örtlichen Kulturen einander angleichen; unter ihnen sind die folgenden Entwicklungen besonders wichtig:

- Die Globalisierung internationaler Finanz- und Kapitalmärkte, die von Kräften und Bewegungen bestimmt werden, die von den realen Wirtschaftsprozessen weitgehend unabhängig sind. Damit gehen einher der Abbau von Handelsschranken, die Steigerung der Kapitalmobilität und der Einflussgewinn der neoliberalen Wirtschaftstheorie.
- Die Globalisierung der Unternehmensstrategien und Märkte mit global ausgerichteten Strategien der Produktion, Distribution und Kostenminimierung durch Verlagerung.
- Die Globalisierung von Forschung und Entwicklung und Technologien mit der Entwicklung globaler Netzwerke, neuer Informations- und Kommunikationstechnologien sowie die Ausweitung der Neuen Ökonomie.

516 Wulf/Merkel 2002; Wulf 2006a.
517 Vgl. Friedensgutachten 2017.

- Die Globalisierung transnationaler politischer Strukturen mit der Abnahme des Einflusses der Nationen, der Entwicklung internationaler Organisationen und Strukturen und dem Bedeutungszuwachs von Nicht-Regierungsorganisationen (NGOs).
- Die Globalisierung von Konsummustern, Lebensstilen und kulturellen Stilen mit der Tendenz zu ihrer Vereinheitlichung. Die Ausbreitung des Einflusses der neuen Medien und des Tourismus und die Globalisierung von Wahrnehmungsweisen und Bewusstseinsstrukturen, die Modellierung von Individualität und Gemeinschaft durch die Wirkungen der Globalisierung sowie die Entstehung einer *Eine-Welt-Mentalität.*

Mit dieser Entwicklung gehen die Herauslösung des Ökonomischen aus dem Politischen, die Globalisierung vieler Lebensformen sowie die Bedeutungszunahme der Bilder im Rahmen der Neuen Medien einher. Zugleich regt sich Widerstand gegen diese Entwicklung. So wird die Notwendigkeit hervorgehoben, die Vielfalt der Arten, die Vielfalt der Kulturen, kulturelle Diversität und Alterität zu schützen. Im Artensterben und im Aussterben vieler Kulturen wird eine Gefährdung der Vielfalt des Lebens und der Kulturen gesehen. Der Schutz der Vielfalt des Lebens und der Kulturen wird daher als Aufgabe der gesamten Menschheit angesehen. Die Forderung nach Solidarität mit den gefährdeten Arten und Kulturen ist daraus eine Folge. Zwischen den Befürwortern und Gegnern des Schutzes kultureller Vielfalt bestehen unauflösbare Differenzen, die sich in den Regionen der Welt unterschiedlich manifestieren.[518]

Die Verabschiedung der Konvention zur kulturellen Diversität in der Generalversammlung der UNESCO im Herbst 2005 hat deutlich gemacht, dass eine überwältigende Mehrheit der Mitgliedsstaaten diesem Recht auf kulturelle Vielfalt eine große Bedeutung einräumt. Mit ihm ist das Recht auf kulturelle Identität verbunden, in dem ein Menschenrecht gesehen und garantiert wird. In dieser Konvention kommt eine Gegenbewegung gegen die Globalisierung zum Ausdruck, die die kulturellen Differenzen einebnet. Beide Bewegungen stehen heute in deutlicher Spannung zueinander. In semantischer Hinsicht wird diese verschiedentlich dadurch zum Ausdruck gebracht, dass nicht mehr von Globalisierung, sondern von Globalisierungen bzw. verschiedenen Formen der Globalisierung die Rede ist.

Geht man davon aus, dass die universalisierenden Ansprüche der Globalisierung durch das Insistieren auf kulturelle Diversität in vielen Bereichen menschlichen Zusammenlebens zurückgewiesen werden, dann kommt in die-

---

518 Wulf 2001, 2006a, 2013a; Barret-Ducrocq 2002; Wulf/Merkel 2002; Poulain 2017; Kontopodis/Varvantakis/Wulf 2017.

sen Prozessen dem Umgang mit kulturellen Differenzen, und das heißt mit Alterität, erhebliche Bedeutung zu.

Der Europarat sieht die Bedeutung der kulturellen Diversität ähnlich und empfiehlt fünf Strategien zur Förderung des interkulturellen Dialogs: 1) demokratische Regierung und kulturelle Diversität. Ziel ist es, eine politische Kultur zu schaffen, in der im Rahmen demokratischer Werte, des Pluralismus und der Anerkennung kulturelle Diversität geachtet wird; Voraussetzung ist die Anerkennung der Menschenrechte, der Grundfreiheiten und der gleichen Rechte; 2) die demokratische Staatsbürgerschaft und die Partizipation an Rechten und Pflichten; 3) die Vermittlung interkultureller Kompetenzen. Hierzu bedarf es der Fähigkeit, demokratische Bürgerrechte wahrzunehmen sowie sprachliche und historische Kompetenzen zu erwerben; 4) Raum für interkulturelle Dialoge und 5) die Förderung des interkulturellen Dialogs in den internationalen Beziehungen. Schließlich gilt es Perspektiven für zukünftiges Handeln zu entwickeln.[519]

Alterität als Herausforderung

Um die Möglichkeiten der Berücksichtigung von Alterität in Erziehung und Bildung am Anfang des 21. Jahrhunderts einschätzen zu können, bedarf es der Darstellung und Analyse dreier wichtiger Gründe dafür, dass es den europäischen Erziehungs- und Bildungssystemen im Laufe der Geschichte häufig so schwergefallen ist, sich für die Alterität anderer Menschen und Kulturen zu öffnen und sich mit ihr auseinanderzusetzen. Bei diesen Gründen handelt es sich um den europäischen *Egozentrismus, Logozentrismus und Ethnozentrismus* und die damit einhergehenden psychologischen, epistemologischen und kulturellen Reduktionen, die es schwermachen, den Anderen zu verstehen. Im Prozess einer gewaltfreien Annäherung an den Anderen gilt es zu vermeiden, Alterität zu ontologisieren und sie zu einem festen Objekt zu machen. Stattdessen wird Alterität als eine Relation begriffen, die sich im Prozess der Begegnung mit Menschen anderer Kulturen in unterschiedlichen historischen und kulturellen Kontexten bildet.

Egozentrismus

Im Prozess der modernen Subjektkonstitution spielt der Egozentrismus eine zentrale Rolle. Technologien des Selbst werden dazu verwendet, Subjekte zu

---

519 Council of Europe [Europarat] 2008.

bilden. Die ungewollten Nebenwirkungen dieser Entwicklungen zu einem sich selbst genügenden Subjekt sind vielfältig. Nicht selten scheitert das Sich-selbst-setzende-Subjekt am Akt der Selbstsetzung. Die erhoffte Selbstbestimmung und das erwartete Glück autonomen Handelns werden von anderen, sich diesen Ansprüchen nicht unterordnenden Kräften konterkariert. Die Ambivalenz der Subjektkonstitution zeigt sich darin, dass der in der Subjektkonstitution implizite Egozentrismus einerseits als Überlebens-, Aneignungs- und Machtstrategie, andererseits als Reduktions- und Nivellierungsstrategie dient. Der in der Zentrierung auf die Ich-Kräfte liegende Versuch, den Anderen auf seine Nützlichkeit, seine Funktionalität und seine Verfügbarkeit zu reduzieren, scheint gleichzeitig gelungen und gescheitert zu sein. Daraus ergibt sich für den Umgang mit dem Anderen ein neuer Horizont und ein neues Erkenntnis- und Aufgabenfeld.

Logozentrismus

Der Logozentrismus hat dazu geführt, vom Anderen wahrzunehmen und zu verarbeiten, was der Vernunft entspricht. Was nicht vernunftfähig und vernunftförmig ist, gerät nicht in den Blick, wird ausgeschlossen und abgewertet. Wer auf der Seite der Vernunft steht, ist im Recht. Das gilt selbst von der eingeschränkten Vernunft funktionaler Rationalität. Auf dieser Grundlage kommt es leicht dazu, dass es den Anschein hat, Erwachsene seien gegenüber Kindern, Zivilisierte gegenüber Primitiven, Gesunde gegenüber Kranken im Recht. Durch den Besitz der Vernunft beanspruchen sie, denen überlegen zu sein, die über frühe Formen oder Fehlformen der Vernunft verfügen. Wenn sich der Andere von dem Allgemeinheit beanspruchenden Charakter der Sprache und der Vernunft unterscheidet, wachsen die Schwierigkeiten, sich ihm anzunähern und ihn zu verstehen. Nietzsche, Freud, Adorno und andere haben diese Selbstgefälligkeit der Vernunft der Kritik unterzogen und gezeigt, dass Menschen auch in Zusammenhängen leben, zu denen die Vernunft nur unzulänglichen Zugang hat.

Ethnozentrismus

Wiederholt hat der Ethnozentrismus die Unterwerfung des Anderen betrieben. Todorov, Greenblatt und andere haben die Prozesse der Zerstörung fremder Kulturen analysiert.[520] Zu den furchtbaren Taten gehört die Kolonialisierung Lateinamerikas im Namen Christi und der christlichen Könige. Mit der Erobe-

520 Todorov 1985; Greenblatt 1991.

rung des Kontinents geht die Vernichtung der dortigen Kulturen einher. Bereits beim ersten Kontakt wird der Anspruch auf Anpassung und Assimilierung erhoben. Versklavung oder Vernichtung sind die Alternativen. Mit einer ungeheuerlichen Herrschaftsgeste wird das Eigene durchgesetzt, als müsse eine Welt ohne den Anderen bzw. das Andere geschaffen werden. Mit Hilfe eines machtstrategischen Verstehens wird es möglich, die Ausrottung der Völker der Eingeborenen zu betreiben. Die Indios begreifen nicht, dass sich die Spanier skrupellos berechnend verhalten und ihre Sprache zur Täuschung einsetzen: Freundlichkeit meint nicht, was sie vorgibt; Versprechen dienen nicht dazu, etwas zu vereinbaren, sondern dazu, den Anderen zu hintergehen. Jede Handlung dient anderen Zielen als vorgegeben wird. Legitimiert wird dieser Umgang mit dem Interesse der Krone, dem Missionsauftrag des Christentums und der Minderwertigkeit der Eingeborenen. Verschwiegen und aus dem eigenen Selbst- und Weltbild ausgegrenzt werden die Gier nach Gold und ökonomische Motive generell. Kolumbus nimmt an den Eingeborenen das wahr, was er schon weiß. Er sieht in ihrer Welt nur Zeichen, die ihn auf Bekanntes verweisen und die er in Bezug auf seinen Referenzrahmen liest, einordnet und interpretiert. Dieser Referenzrahmen gleicht dem Bett des Prokrustes, in das alles Fremde so hineingezwungen wird, dass es in dessen vorgegebene Strukturen „passt“. Der Andere wird von den Bildern und Symbolen des Eigenen zugedeckt und in sie eingeschlossen. Was sich nicht einfügt, bleibt außerhalb der Wahrnehmung und der Verarbeitung. Dadurch wird eine Bewegung zum Anderen verhindert.

Die alle Lebensbereiche durchwirkende Globalisierungsdynamik führt dazu, dass es schwerer wird, dem Anderen als dem Nichtidentischen und Fremden zu begegnen, der für den Einzelnen und die Gemeinschaft eine konstitutive Funktion hat. Die Akzeptanz des Anderen erfordert Selbstüberwindung; erst diese erlaubt die Erfahrung des Anderen. Die Fremdheit des Anderen erleben zu können, setzt die Bereitschaft voraus, auch den Anderen in sich selbst kennenlernen zu wollen. Kein Individuum ist eine Einheit; jeder Einzelne besteht aus widersprüchlichen Teilen mit unterschiedlichen Handlungswünschen. Rimbaud (1990) formulierte diese Situation des Einzelnen einprägsam: „Ich ist ein Anderer“. Durch die Verdrängung der gröbsten Widersprüche versucht zwar das Ich, seine Freiheit herzustellen, doch wird diese immer wieder von heterogenen Triebimpulsen und normativen Geboten eingeschränkt. Die Einbeziehung ausgesperrter Teile des Ichs in seine Selbstwahrnehmung ist daher eine unerlässliche Voraussetzung für einen akzeptierenden Umgang mit dem Anderen.

Die Komplexität des Verhältnisses zwischen dem Ich und dem Anderen besteht darin, dass das Ich und der Andere sich nicht als zwei voneinander abgeschlossene Entitäten gegenüberstehen, sondern dass der Andere in vielfältigen Formen in die Genese des Ichs eingeht. Der Andere ist nicht nur außerhalb, sondern auch innerhalb des Individuums. Der im Ich internalisierte Andere erschwert den Umgang mit dem Anderen außen. Aufgrund dieser Konstellation gibt es keinen festen Standpunkt diesseits oder jenseits des Anderen. In vielen Ausprägungen des Ichs ist der Andere immer schon enthalten. Wer der Andere ist, und wie er gesehen wird, ist jedoch nicht nur abhängig vom Ich. Genauso wichtig sind die Selbstdeutungen, die sich der Andere gibt. Sie müssen nicht homogen sein, gehen aber in das Bild ein, das sich das Ich vom Anderen macht.

Wenn die Frage nach dem Anderen die Frage nach dem Eigenen und die Frage nach dem Eigenen die Frage nach dem Anderen beinhaltet, dann sind Prozesse der Verständigung zwischen dem Fremden und dem Eigenen immer auch Prozesse der Selbstthematisierung und Selbstbildung. Wenn sie gelingen, führen sie zur Einsicht in die Nicht-Verstehbarkeit des Fremden und bewirken Selbstfremdheit. Angesichts der auf die Entzauberung der Welt und das Verschwinden des Exotischen zielenden gesellschaftlichen Entwicklung besteht die Gefahr, dass sich in Zukunft die Menschen in der Welt nur noch selbst begegnen und es ihnen an einem Fremden fehlt, in Auseinandersetzung mit dem sie sich entwickeln können. Wenn der Verlust des Fremden eine Gefährdung menschlicher Entwicklungsmöglichkeiten bewirkt, dann kommt seinem Schutz, d.h. der Entfremdung des Bekannten und der Bewahrung der Selbstfremdheit Bedeutung zu. Bemühungen um die Erhaltung des Fremden im menschlichen Inneren und in der Außenwelt wären dann notwendige Gegenbewegungen gegen eine die Differenzen nivellierende Globalisierung.

Nur zu leicht kann das Schwinden des Fremden auch zum Verlust des Subjektiven führen, das sich aus der spezifischen Verarbeitung des Fremden konstituiert. Die Unhintergehbarkeit des Subjekts greift das in jedem Subjekt wirkende Bedürfnis nach Selbstvergewisserung auf. Selbstvergewisserung zielt auf ein Wissen darüber, wie das Individuum geworden ist, was es ist und was es werden will. In der Genese dieses Wissens spielen Selbstthematisierung, Selbstkonstruktion und Selbstreflexion eine wichtige Rolle. Derartiges Wissen ist nur vorläufig und verändert sich im Verlauf des Lebens. André Gide drückt diese Erfahrung in den *Falschmünzern* so aus: „Ich bin immer nur das, was ich zu sein glaube, und das wechselt so unablässig, dass – wäre ich nicht da, um den Verkehr zu vermitteln – oft mein Wesen vom Abend das vom Morgen nicht wiedererkennen würde. Nichts kann verschiedener von mir sein als ich selbst.“[521]

521 Gide 1991, S. 67.

Das Erkunden des Fremden

Die Menschen leben heute in der Gleichzeitigkeit des Ungleichzeitigen. In den Gesellschaften der nördlichen Halbkugel befinden sich viele Menschen im Wohlstand, in den Regionen der südlichen Halbkugel in Armut und Not. Sie nehmen an globalen Prozessen teil, in denen sich Angleichung und Differenzierung, Anpassung und Widerstand gleichzeitig vollziehen und in denen für die meisten von ihnen die Annäherung der Lebensbedingungen unter Beibehaltung der kulturellen Vielfalt das Ziel ist. Globalisierung ist heute durch das Zusammenwirken multidimensionaler Elemente und die sich daraus ergebende Komplexität der Lebensbedingungen bestimmt; sie ist ein schwieriger, prinzipiell zukunftsoffener Prozess, dessen Gestaltung viele unterschiedliche Handlungskompetenzen erfordert.

Für einen kompetenten Umgang mit kultureller Mannigfaltigkeit, in dessen Rahmen weder die Erhaltung noch die Veränderung kultureller Vielfalt prinzipiell ausgeschlossen werden, spielt der Umgang mit dem Anderen bzw. mit Alterität eine wichtige Rolle. Weder können sich Kulturen noch einzelne Menschen entfalten, wenn sie sich nicht in anderen spiegeln, sich nicht miteinander auseinandersetzen und sich nicht voneinander beeinflussen lassen. Kulturen und Menschen bilden sich erst durch den Tausch bzw. den Austausch mit anderen. Darauf hat bereits Marcel Mauss hingewiesen, der im Tausch eine Grundbedingung menschlichen Lebens, eine *conditio humana* sah.[522] Mit Hilfe reziproker Tauschprozesse entwickeln Menschen Beziehungen zu anderen Menschen und deren Alterität und erweitern dadurch ihren Lebens- und Erfahrungsraum. Tauschprozesse umfassen Geben, Nehmen und Wiedergeben von Gegenständen, Zuwendungen und symbolischen Gütern.

Das Eigene und das Andere sind keine ontisch fest- und einander gegenüberstehenden Größen. Was das Andere und das Eigene ist, ergibt sich erst im Kulturkontakt, in der Begegnung zwischen Menschen, die je nach dem kulturellen Kontext, in dem die Begegnung stattfindet, und nach ihren singulären Voraussetzungen bestimmen, was das Eigene und was das Andere ist. Sowohl das Eigene als auch das Andere müssen dynamisch gedacht werden; erst in Prozessen der kulturellen Begegnung ergibt sich, was jeweils als Anderes bzw. Eigenes erfahren wird. Wittgensteins Begriff der Familienähnlichkeit mag dies verdeutlichen. Wie die Wahrnehmung von Familienähnlichkeit dadurch entsteht, dass mal der eine, mal der andere Aspekt der Ähnlichkeit wahrgenommen wird, also mal die Ähnlichkeit der Nase, mal die des Mundes oder der Augen, so wird bei der Wahrnehmung der Alterität und des Eigenen mal die eine, mal die andere Seite gesehen. Jeder Aspekt wird jedoch als Ausdruck des

---

522 Mauss 1989; Wintersteiner 1999; Wulf 2010, 2013a.

Ganzen, der Familie wahrgenommen, während andere Merkmale in den Hintergrund treten und nicht als Ausdruck der Familienzugehörigkeit und der daraus resultierenden Ähnlichkeit wahrgenommen werden. Somit sind also Alterität und Eigenes nicht ein für alle Mal festgelegt, sondern werden in dynamischen Prozessen entsprechend der verschiedenen Voraussetzungen wahrgenommen.

In vielen Bereichen werden diese Prozesse des Kontakts, der Begegnung und des Austauschs heute durch die Zirkulation von Kapital, Waren, Arbeitskräften und symbolischen Gütern bestimmt. Ihre Dynamik führt zur Begegnung von Menschen und Kulturen und bewirkt, dass materielle und immaterielle Beziehungen entwickelt werden. Diese Prozesse vollziehen sich im Rahmen globaler Machtstrukturen und sind ungleich; sie werden von historisch entstandenen und verfestigten Machtverhältnissen bestimmt. Trotz der Beeinflussung vieler dieser Prozesse durch die Bewegungen des kapitalistisch organisierten Marktes und der daraus resultierenden Unausgewogenheit führen sie zu Begegnungen mit der Alterität anderer Kulturen und Menschen. Gesellschaften und Menschen konstituieren sich also in der Auseinandersetzung mit Alterität. Bereits in den Bildungsprozessen von Kindern und Jugendlichen spielt die Erfahrung anderer Menschen und Kulturen eine zentrale Rolle. Bildung in Europa ist heute zu einer interkulturellen Aufgabe geworden, in deren Rahmen der Umgang mit dem Anderen weiter an Bedeutung gewinnt.[523] Nur im Spiegel und in den Reaktionen anderer Menschen und Kulturen können Menschen sich selbst begreifen. Dies impliziert, dass Selbsterkenntnis das Verstehen des Nichtverstehens von Alterität voraussetzt.

Wie kann es gelingen, die Erfahrungen der Alterität anderer Menschen und Kulturen zuzulassen, ohne Mechanismen in Gang zu setzen, mit denen sie auf bereits Bekanntes und Vertrautes reduziert werden? Auf diese Frage gibt es mehrere Antworten. Je nach Kontext werden sie unterschiedlich ausfallen. Ein Weg, die Alterität fremder Menschen auszuhalten, besteht darin, Erfahrungen der Selbstfremdheit mit sich zu machen, also zu erleben, wie man von seinen Gefühlen und Handlungen überrascht werden kann. Solche Ereignisse können zur Steigerung der Flexibilität und zur Neugier auf die Andersartigkeit anderer Menschen und Kulturen beitragen. In der Erfahrung der Selbstfremdheit liegt eine wichtige Voraussetzung für das Verständnis und den Umgang mit Alterität. Sie bildet eine Grundlage für die Entwicklung der Fähigkeit eines Empfindens und Denkens vom Anderen her, eines *heterologischen Denkens*, in dessen Rahmen der Umgang mit dem *Nichtidentischen* von zentraler Bedeutung ist.

523 Vgl. dazu unsere ethnografische Untersuchung eines deutsch-französischen Schüleraustausches, in der viele hier angesprochene Probleme empirisch untersucht werden: Wulf et al. 2018.

Von solchen Erfahrungen ist eine Zunahme der Sensibilität und der Bereitschaft zu erwarten, sich Neuem und Unbekanntem auszusetzen. Eine allmähliche Steigerung der Kompetenz, komplexe Situationen emotional und mental auszuhalten und in ihnen nicht stereotyp zu handeln, ist die Folge.

In der Auseinandersetzung mit der Unverfügbarkeit der Alterität anderer Menschen und Kulturen liegt für die emotionale, soziale und geistige Entwicklung jedes Menschen eine Chance. Heidegger hat dies schon früh gesehen, als er davor warnte, dass dem Menschen kaum etwas Schlimmeres geschehen könne, als dass er sich in der Welt nur noch selbst begegne. Auch aus dieser Perspektive bieten Erfahrungen der Fremdheit und Alterität, der *Hybridität* und *Transkulturalität* Aussichten auf ein reiches und erfülltes Leben. Dass die Möglichkeiten menschlicher Bildung in ihr Gegenteil umschlagen können, ist offensichtlich. In diesem Fall entstehen in der Begegnung mit kultureller Vielfalt Gewalthandlungen, mit denen versucht wird, Andersartigkeit auf Gleichheit zu reduzieren. Da diese Versuche in den meisten Fällen fehlschlagen, entsteht ein *circulus vitiosus* von Gewalthandlungen, die sich in mimetischen Prozessen, in Formen wechselseitiger Nachahmung, verstärken und aus denen es nur schwer einen Ausweg gibt.[524]

Um zu vermeiden, dass die Begegnung mit kultureller Vielfalt und Alterität zu Rivalität und Gewalt führt, bedarf es daher normativer Regelungen, wie sie durch die Menschenrechte gegeben sind, die trotz ihrer Entstehung in der europäischen Kultur heute eine weit über sie hinausreichende Geltung beanspruchen.

Die Nichtidentität des Individuums

Ein Bewusstsein von der Nichtidentität des Individuums bildet eine wichtige Voraussetzung für die Offenheit gegenüber dem Anderen. In der Auseinandersetzung mit fremden Kulturen, mit dem Anderen in der eigenen Kultur und dem Fremden in der eigenen Person soll die Fähigkeit entwickelt werden, vom Fremden bzw. vom Anderen her wahrzunehmen und zu denken. Durch diesen Perspektivenwechsel gilt es, die Reduktion des Fremden auf das Eigene zu vermeiden. Versucht werden soll, das Eigene zu suspendieren und es vom Anderen her zu sehen und zu erfahren. Ziel ist die Entwicklung heterologischen Denkens. In seinem Mittelpunkt steht das Verhältnis von Vertrautem und Fremdem, von Wissen und Nichtwissen, von Gewissheit und Ungewissheit. Infolge von Enttraditionalisierung und Individualisierung, Differenzierung und Globalisierung sind viele Selbstverständlichkeiten des alltäglichen Lebens fragwürdig

524 Wulf 2006a, 2005.

geworden und erfordern individuelle Reflexion und Entscheidung. Dennoch entspricht der Gestaltungsspielraum, der dem Individuum in Folge dieser Entwicklungen zuwächst, nicht einem wirklichen Gewinn an Freiheit. Häufig hat der oder die Einzelne nur dort einen Entscheidungsspielraum, wo er oder sie die Voraussetzungen der Entscheidungssituation nicht verändern kann. Im Umweltbereich ist dies beispielsweise der Fall, in dem die Einzelperson zwar umweltbewusste Entscheidungen fällen kann, diese aber auf die gesellschaftlichen Makrostrukturen, die die Qualität der Umwelt wirklich bestimmen, nur wenig Einfluss haben.

Eine wichtige Form der Annäherung an das Fremde, an den Anderen vollzieht sich in mimetischen Prozessen. Diese Annäherung an das Fremde erfolgt mit Hilfe verschiedener Formen der Repräsentation, in denen sich das Eigene und das Andere überlagern. Jede Repräsentation des Anderen hat eine performative Seite. In ihr wird etwas zur Darstellung gebracht; in ihr erfolgt eine Vergegenständlichung bzw. Verkörperung. Die mimetischen Energien führen dazu, dass eine Repräsentation nicht ein bloßes Abbild eines Vorbildes ist, sondern sich von diesem unterscheidet und eine neue Welt erzeugt. In vielen Fällen bezieht sich die Repräsentation auf eine noch nicht ausgebildete Figuration des Anderen und ist die Darstellung eines Nichtdarstellbaren, seine Vergegenständlichung bzw. seine Verkörperung. Dann erzeugt Mimesis die Figuration der Repräsentation, das Objekt der Nachahmung selbst.

In mimetischen Prozessen wird das Fremde in die Logik und Dynamik der eigenen imaginären Welt eingefügt. Dadurch wird das Fremde in eine Repräsentation transformiert. Als Repräsentation wird es noch nicht zum Eigenen; es wird zu einer Figuration, in der sich Fremdes und Eigenes mischen, zu einer Figuration des Dazwischen. Dem Entstehen einer solchen Figuration des „Dazwischen" kommt in der Begegnung mit dem Anderen außerordentliche Bedeutung zu. Eine mimetisch geschaffene Repräsentation bietet die Möglichkeit, das Fremde nicht festzusetzen und einzugemeinden, sondern es in seiner Ambivalenz als Fremdes und zugleich Bekanntes zu erhalten. Die mimetische Bewegung gleicht einem Tanz zwischen dem Fremden und dem Eigenen. Weder verweilt sie beim Eigenen noch beim Anderen; sie bewegt sich hin und her zwischen beiden. Repräsentationen des Anderen sind kontingent. Sie müssen nicht so sein, wie sie sind; sie können sich auch in anderen Figurationen bilden. Zu welcher Figuration die mimetische Bewegung führt, ist offen und abhängig vom Spiel der Phantasie und dem symbolischen und sozialen Kontext. Keine Form der Repräsentation oder Figuration ist notwendig. Viele differente und heterogene Formen sind denkbar. Welche Figuren getanzt werden, welche Formen des Spiels gewählt werden, ergibt sich in der mimetischen Bewegung. Mimesis des Anderen führt zu ästhetischen Erfahrungen; in ihnen kommt es zu einem Spiel mit dem Unbekannten, zu einer Ausweitung des Eigenen ins Fremde. Sie bewirkt eine Anähnlichung an das Fremde. Sie ist sinnlich und kann sich über alle Sinne vollziehen; sie führt nicht zu einem „Hineinfallen" ins Fremde und zu einer Verschmelzung mit ihm. Eine solche Bewegung impliziert die Aufgabe des Eigenen. Sie wäre Angleichung, Mimikry ans Fremde unter Verlust des Eigenen. Mimesis des Fremden beinhaltet Annäherung und Abstand in einem, Verweilen in der Unentschiedenheit des Dazwischen, Tanz auf der Grenze zwischen Eigenem und Fremdem. Jedes Verweilen auf einer Seite der Grenze wäre Verfehlung, entweder des Eigenen oder des Fremden, und das Ende der mimetischen Bewegung.[525]

Die mimetische Annäherung an den Anderen ist ambivalent. Sie kann gelingen und zu einer Bereicherung des Eigenen werden. Sie kann aber auch fehlschlagen. Die Begegnung mit dem Anderen oszilliert zwischen den Polen des Bestimmten und des Unbestimmten. Wieweit es gelingt, Verunsicherungen durch das Nicht-Identische des Anderen auszuhalten, entscheidet über das Gelingen der Annäherung und des Umgangs mit dem Fremden. Weder das Eigene noch das Andere dürfen als in sich abgeschlossene und voneinander vollständig getrennte Einheiten begriffen werden. Vielmehr bestehen Fremdes und Eigenes aus einer sich in „Fragmenten" konstituierenden Relation. Diese Relation bildet sich in Prozessen der Anähnlichung und Differenz; sie ist historisch und verändert sich nach Kontext und Zeitpunkt.

Mit der Zunahme der Undurchschaubarkeit der Welt wächst die Verunsicherung des Individuums, das die Differenz zwischen sich und den Anderen aushalten muss. In dieser Situation werden Ungewissheit und Unsicherheit zentrale Merkmale gesellschaftlichen Lebens. Ihren Ursprung haben sie einerseits in der Welt außerhalb des Menschen, andererseits in seinem Inneren und schließlich im Wechselverhältnis zwischen Innen und Außen. Angesichts dieser Situation fehlt es nicht an Versuchen, diese Unsicherheit durch scheinbare Gewissheiten erträglich zu machen. Doch helfen diese Gewissheiten nicht, die verlorene Sicherheit wiederzugewinnen. Ihre Geltung ist relativ und entsteht meistens durch den Ausschluss von Alternativen. Was ausgeschlossen wird, bestimmen einerseits die psychisch-soziale Konstitution des Einzelnen und andererseits die gesellschaftlichen Machtstrukturen und die aus ihnen resultierenden Prozesse des Setzens und Ausschließens von Werten, Normen, Ideologien und Diskursen.

Zur Dynamik transkultureller Bildungsprozesse

Transkulturelles Lernen findet in einem „dritten Raum" statt, der nicht einer Kultur zugeordnet werden kann, sondern der zwischen Kulturen, Menschen

525 Wulf 2010, 2005, 2013a, b.

und unterschiedlichen Vorstellungen entsteht. Dieser „dritte Raum“ kann etwa im Fall von Kontaktzonen real sein; er hat aber auch immer eine imaginäre Dimension und bietet daher Spielraum für Bewegung und Veränderung. Die in diesem „dritten Raum“ stattfindenden Lernprozesse führen häufig zur Wahrnehmung von „Differenz“, des Öfteren zu Prozessen der „Transgression“ und münden manchmal in neue Formen der „Hybridität“.

Differenz

Differenzen erzeugen Grenzen und tragen zu ihrer Dynamisierung bei. Ohne Differenzen ist eine kulturelle Identitätsbildung nicht möglich. Durch die Inklusion und Exklusion z. B. in Ritualen werden Differenzen erzeugt. Dieser Mechanismus der Differenzerzeugung lässt sich am Beispiel von Einsetzungsritualen verdeutlichen. Ein solches Ritual ist die Einsetzung eines neuen amerikanischen Präsidenten in sein Amt.[526] Besondere Bedeutung gewinnt die Kategorie der Differenz in der oben erwähnten UNESCO-Konvention zum Schutz kultureller Diversität, in der kulturelle Differenz als ein universelles Menschenrecht angesehen wird, auf dessen Grundlage kulturelle Identitätsbildung möglich ist. In die gleiche Richtung verweist die Empfehlung des Europarats zum interkulturellen Dialog. In beiden Fällen spielt die durch diese Differenzierungen erzeugte Diversität eine zentrale Rolle dabei, wie mit Heterogenität und Alterität umgegangen wird.[527]

Transgression

Transgression erfolgt einmal als Überschreitung von Regeln, Normen und Gesetzen, zum anderen als Überschreitung kulturell erzeugter Grenzen. Diese Überschreitungen können gewaltfrei sein, sind aber oft mit manifester struktureller oder symbolischer Gewalt verbunden. Beim Umgang mit kultureller Diversität kommt es häufig zur Transgression tradierter Grenzen, in deren Verlauf Neues entsteht. Transgressionen verändern Normen und Regeln, Lebensformen und Praktiken. Sie verschieben Grenzen und erzeugen dadurch neue kulturelle Relationen und Konstellationen. In der Dynamik transkultureller Lernprozesse lassen sich solche Transgressionsprozesse ethnografisch untersuchen.

---

526 Wulf 2005; Weidtmann 2016.
527 Wulf 2013a, 2006a.

Hybridität

Von besonderem Interesse ist die Entstehung neuer hybrider kultureller Formen infolge von Differenz und Transgression. Auf Grund der immer dichter und schneller werdenden Kommunikation und Interaktion zwischen den verschiedenen Kulturen und Gesellschaften der Welt, der Intensivierung des wirtschaftlichen, politischen, sozialen und kulturellen Austauschs entstehen immer mehr hybride Kulturformen. Der Begriff der Hybridität stammt aus der landwirtschaftlichen Genetik und bezeichnet dort die Kreuzung zwischen Pflanzen bzw. zwischen Tieren. Im 20. Jahrhundert findet der Begriff der Hybridisierung Eingang in viele wissenschaftliche Disziplinen, in denen er vor allem zur Bezeichnung von Zwitter- und Mischbildungen dient. In den 80er Jahren erfolgt eine immer stärkere Verbreitung des Begriffs in den Kulturwissenschaften. Im Anschluss an Homi Bhabha[528] dient der Begriff der Hybridisierung dazu, Kulturkontakte nicht mehr nur dualistisch und essentialistisch zu bestimmen, sondern zu zeigen, dass sie Identität mit Hilfe eines „third space" schaffen. Dieser dritte Raum ist liminal; er ist ein Zwischenraum und betont die „in-between-ness". In diesem liminalen Raum werden Grenzen unterlaufen und umstrukturiert und Hierarchien und Machtverhältnisse verändert. Entscheidend ist die Frage, inwieweit diese Prozesse und ihre Ergebnisse von performativen Praktiken bestimmt werden und wie dabei neue Formen der Hybridisierung entstehen. Diese Formen sind Mischformen, in denen einzelne Elemente aus verschiedenen Systemen und Zusammenhängen in einem mimetischen Prozess ihren Charakter verändern und eine neue kulturelle Identität entsteht. Diese Identität konstituiert sich nicht mehr in Abgrenzung von einem Anderen, sondern in einer mimetischen Angleichung an den Anderen.[529] „Die offenkundigen Zusammenhänge mit Transgression und Performativität erlauben es, Phänomene der Hybridisierung in sozialen Praktiken, theatralen Aufführungen, Ritualen, literarischen Texten und in der Sprache zu untersuchen. Dass dies mit Gewinn möglich ist, zeigen Donna Haraways medientheoretische und feministische Studien zu Maschinenmenschen (*cyborgs*) und den Grenzen zwischen Mensch und Tier. Andererseits ist eine Gefahr der Verwässerung des Begriffsfeldes nicht von der Hand zu weisen, wenn Hybridität als Zauberwort in der Multikulturalismus-Debatte missbraucht oder als logische Folge der Globalisierung verstanden wird. Wenn alle Kulturen hybrid sind, kann Hybridität nicht mehr als Instrument der Analyse benutzt werden, denn das Hybride impliziert ja das Vorhandensein von stabilen Identitäten, Nationen, Kulturen und Ethnien."[530]

---

528 Bhabha 2004.
529 Wulf/Merkel 2002.
530 Audehm/Velten 2007, S. 35.

Nachhaltigkeit

Ziel nachhaltiger Entwicklung ist die Verwirklichung eines kontinuierlichen gesamtgesellschaftlichen Wandlungsprozesses, der dazu führen soll, die Lebensqualität der gegenwärtigen Generation zu erhalten und gleichzeitig die Wahlmöglichkeiten zukünftiger Generationen zur Gestaltung ihres Lebens zu sichern. Nachhaltige Entwicklung ist heute ein anerkannter Weg zur Verbesserung der individuellen Zukunftschancen, zu gesellschaftlicher Prosperität, wirtschaftlichem Wachstum und ökologischer Verträglichkeit. Nachhaltige Entwicklung ist ein umfassendes Konzept zur Veränderung des Lebens im 21. Jahrhundert.

Auf der Basis umfangreicher Vorarbeiten kam es schließlich zur Verabschiedung der Agenda 21, die in der Folge zur Einrichtung der „Weltdekade für nachhaltige Entwicklung" der UNESCO (2005-2014) führte. Die im Rahmen dieser Dekade verfolgten Ziele waren in den Regionen der Welt unterschiedlich. Nachhaltigkeit bedeutete für Deutschland und Europa vor allem eine ökologisch motivierte Veränderung des Wirtschaftssystems, in den weniger entwickelten Ländern jedoch zunächst einmal die Sicherung der Grundversorgung und der Grundbildung mit dem Ziel, Anschluss an die weiterentwickelten Länder der Welt zu bekommen. Bildung für Nachhaltigkeit hat zum Ziel, die Menschen zur aktiven Gestaltung einer ökologisch ausgeglichenen, wirtschaftlich leistungsstarken und sozial gerechten Umwelt unter Einbeziehung globaler Aspekte zu befähigen.

Nachhaltigkeit ist eine regulative Idee; wie Frieden kann sie nie ganz verwirklicht werden. Bildung zur Nachhaltigkeit ist eine wichtige Voraussetzung für die graduelle Realisierung der Nachhaltigkeit. Als Bildung zur Nachhaltigkeit wendet sie sich an das Individuum, dessen Sensibilität und Verantwortungsbereitschaft sie fördern möchte. Dazu muss sie an den bestehenden Strukturen ansetzen und unter Berücksichtigung individueller und gesellschaftlicher Bedingungen die Gestaltungskompetenz der jungen Menschen in diesem Bereich entwickeln. Diese Kompetenz befähigt den Einzelnen, das eigene Leben und den eigenen Lebensraum im Sinne nachhaltiger Entwicklung zu gestalten. Dazu bedarf es eines Lernens in konkreten Problemen, eines Erarbeitens ihrer Zusammenhänge und der Anbahnung reflexiven Handelns. Bildung für Nachhaltigkeit impliziert ein reflexives und kritisches Verständnis von Bildung und eine Bereitschaft zur Partizipation an entsprechenden individuellen und sozialen Lernprozessen. Dazu gilt es, Minimalstandards für Bildung für nachhaltige Entwicklung zu entwickeln, die sowohl für schulische als auch außerschulische Bildungsprozesse in diesem Bereich gelten und der Mehrperspektivität der Nachhaltigkeit gerecht werden.

Seit die Agenda 21 im Jahre 1992 von 180 Regierungen auf der Konferenz der Vereinten Nationen für Umwelt und Entwicklung in Rio de Janeiro verabschiedet wurde, bemühten sich einige Länder vor allem im Rahmen der *Com-*

mission on Sustainable Development (CSD), die 1992 als Unterorgan des Wirtschafts- und Sozialrates der Vereinten Nationen (ECOSOC) gegründet wurde, Beiträge zur Verwirklichung dieser Zielsetzung zu entwickeln. In Deutschland haben bereits 1997 die Kultusministerkonferenz (KMK) und 1998 die Bund-Länder-Kommission für Bildungsplanung und Forschungsförderung (BLK) Beschlüsse zur Förderung nachhaltiger Entwicklung veröffentlicht. Im Jahre 2001 richtete die Bundesregierung einen Staatssekretärausschuss für Nachhaltige Entwicklung ein und berief den Rat für Nachhaltige Entwicklung. Im Jahre 2002 legte dann das Bundesministerium für Bildung und Forschung auf der Grundlage eines entsprechenden Bundestagsbeschlusses einen Bericht zur Bildung für nachhaltige Entwicklung vor.

Diese Maßnahmen und die ihnen folgenden Bemühungen sollen zur Herstellung sozialer Gerechtigkeit zwischen den Nationen, Kulturen und Weltregionen und den Generationen beitragen. Neben der Förderung und Umgestaltung des Sozialen, der Ökologie und Ökonomie sind auch die globale Verantwortung und die politische Partizipation zentrale Prinzipien der Nachhaltigkeit. Mit diesen über den bloßen Umwelt- und Ressourcenbezug weit hinausgehenden Zielsetzungen greift Erziehung zur Nachhaltigkeit Vorstellungen auf, die bereits in den 70er Jahren im Kontext einer Erziehung zum Frieden erörtert worden sind.[531] Hier ging es in erster Linie um die Herstellung sozialer Gerechtigkeit (positiver Friedensbegriff). Hinzu kam die Einsicht, dass die Erhaltung und die Herstellung von Frieden eine globale, regionale, nationale, lokale und individuelle Aufgabe sind, in deren Rahmen die Verringerung der Umweltverschmutzung und die Umwelterziehung wichtige Bereiche darstellen. Der intergenerative Anspruch auf soziale Gerechtigkeit und die immer wichtiger werdende Aufgabe, die nicht erneuerbaren Ressourcen zu schonen, wurde damals jedoch erst in Ansätzen gesehen.

Prinzipien des Nationalen Aktionsplans

Nach dem bereits 2005 verabschiedeten und 2017 in umfassender Überarbeitung vorgelegten Nationalen Aktionsplan soll sich Erziehung zur nachhaltigen Entwicklung an den folgenden sechs Prinzipien orientieren:

- Bildung für nachhaltige Entwicklung betrifft jeden.
- Bildung für nachhaltige Entwicklung ist ein andauernder, kontinuierlicher Prozess und trägt zur Akzeptanz und zu Veränderungsprozessen in der Gesellschaft bei.

531 Wulf 1973, 1974.

- Bildung für nachhaltige Entwicklung ist eine Querschnittsaufgabe und hat eine integrierende Funktion.
- Bildung für nachhaltige Entwicklung will die Lebenswelt der Menschen verbessern.
- Bildung für nachhaltige Entwicklung schafft individuelle, gesellschaftliche und wirtschaftliche Zukunftschancen.
- Bildung für nachhaltige Entwicklung fördert globale Verantwortung.[532]

Auf der Basis dieser Prinzipien soll Bildung für nachhaltige Entwicklung alle Bereiche des Bildungswesens umfassen. Dazu gehören Kindertageseinrichtungen, Schulen, Hochschulen, Weiterbildungs- und Kultureinrichtungen und Forschungsinstitutionen. Darüber hinaus findet Bildung für nachhaltige Entwicklung auch außerhalb von Bildungsinstitutionen, d.h. außerschulisch auf lebenslanges Lernen ausgerichtet statt und umfasst neben den traditionellen Lernorten auch non-formale und informelle Bildungsbereiche. Bildung für nachhaltige Entwicklung vollzieht sich in Kommunen, Verbänden, Vereinen, Betrieben und Familien. Sie stellt eine Aufgabe für alle gesellschaftlichen Kräfte dar.

Ziele des Nationalen Aktionsplans

Ziel ist es, Nachhaltigkeit in allen Bereichen des Bildungswesens zu verankern. Dies bedeutet, das Thema muss in alle relevanten Politik- und Wirtschaftsbereiche eingeführt und als Querschnittsthema verankert werden. Um dieses Ziel zu erreichen, gilt es, vier Teilziele zu verfolgen:

- Weiterentwicklung der Aktivitäten und Entwicklung von Beispielen guter Praxis;
- Vernetzung der Akteure im Bereich der Bildung für nachhaltige Entwicklung;
- Verbesserung der öffentlichen Wahrnehmung von Bildung für nachhaltige Entwicklung;
- Verstärkung internationaler Kooperation.

Weiterentwicklung der Aktivitäten und Entwicklung von Beispielen guter Praxis: Schon heute gibt es in allen Bildungsbereichen ein umfangreiches Spektrum an Initiativen zu einer Bildung für nachhaltige Entwicklung. In der Zukunft gilt es, diese Aktivitäten weiterzuentwickeln, aufeinander zu beziehen und im ge-

532 Nationaler Aktionsplan 2005, S. 6, Die Bundesregierung 2017.

samten Bildungswesen zu verankern. Dazu gehört auch, dass Bildung für Nachhaltigkeit als informelle Bildung und als Aufgabe lebenslangen Lernens konzipiert wird. In den nächsten Jahren sollen dazu folgende Ziele verfolgt werden: Bildung für nachhaltige Entwicklung soll bereits im Kindergarten etabliert werden. Darüber hinaus sollen in den allgemeinbildenden Schulen die Ergebnisse des BLK-Programms 21, in dem Bildung für eine nachhaltige Entwicklung im Zentrum steht, mit Grundgedanken entwicklungspolitischer Bildung verbunden werden. Praxisbeispiele aus der schulischen und der beruflichen Bildung sollen aufgearbeitet und als Modelle für Interessenten zugänglich gemacht werden. Bildung für nachhaltige Entwicklung soll verstärkt an Universitäten und in der Weiterbildung etabliert werden. Neben den formellen Bereichen des Bildungswesens soll auch der informelle bzw. non-formale Sektor in stärkerem Maße beachtet werden. Auch am Arbeitsplatz und im Bereich der Freizeit gilt es Aspekte der Nachhaltigkeit zu berücksichtigen und ihre Bedeutung für die Veränderung des eigenen Lebensstils fruchtbar zu machen. Um für zukünftige Aktivitäten zu lernen, gilt es auch Fehler bei der Verwirklichung der Aktivitäten systematisch aufzuarbeiten.

Vernetzung der Akteure im Bereich der Bildung für nachhaltige Entwicklung: Da nachhaltige Entwicklung von vielen Akteuren aus Verwaltung, Wirtschaft, Nicht-Regierungs-Organisationen und mehreren Politikfeldern, wie Entwicklungs-, Umwelt-, Verbraucher- und Wirtschaftspolitik getragen wird, kommt es wesentlich darauf an, ihre Aktivitäten zu vernetzen, um dadurch Synergieeffekte zu erzielen. In den nächsten Jahren gilt es, bestehende Netzwerke wie die UNESCO-Schulen, die Umweltschulen in Europa und die BLK 21-Schulen miteinander zu vernetzen, um Bildung für nachhaltige Entwicklung zu fördern. Partnerschaften mit der Wirtschaft müssen eingerichtet werden, so dass Schüler und Studenten schon früh Einblicke in die Möglichkeiten nachhaltiger Wirtschaftsentwicklung erhalten. Lokale Netzwerke zwischen Kommunen, Wirtschaft, außerschulischen Jugend- und Erwachsenenbildungseinrichtungen, Vereinen und Stiftungen müssen entwickelt werden. Das Konzept der *„Lernenden Regionen“* ist dabei ein gutes Modell. Schließlich gilt es auch, die inhaltlich unterschiedlichen Bildungsfelder, in denen für Nachhaltigkeit relevantes Wissen erzeugt wird, verstärkt aufeinander zu beziehen und dabei auch die zentralen fachlichen Servicestellen und Multiplikatoren einzubeziehen. Forschung und die Verbreitung ihrer Ergebnisse sind hier erforderlich.

Verbesserung der öffentlichen Wahrnehmung von Bildung für nachhaltige Entwicklung: Bildung muss von mehr Menschen als eine notwendige Aufgabe anerkannt werden. Dazu bedarf es der Erzeugung einer kritischen Öffentlichkeit, die grundsätzlich der Arbeit an der Bildung für nachhaltige Entwicklung fördernd gegenübersteht. Menschen sollen mehr als bisher lernen, ihre persönlichen Gestaltungsmöglichkeiten zur Förderung von Nachhaltigkeit wahrzunehmen. Auch die Fachöffentlichkeit in allen Bildungsbereichen ist stärker für die Bildung für nachhaltige Entwicklung zu gewinnen. Die Entscheidungsträger in Bund, Ländern, Unternehmen, Nicht-Regierungs-Organisationen, Verbänden und Gemeinden müssen für ein aktives Engagement in diesem Bereich gewonnen werden. Eine besondere Bedeutung haben dabei die Neuen Medien.

Verstärkung internationaler Kooperation: In verstärktem Maße gilt es, im Bereich der Erziehung für nachhaltige Entwicklung die internationale Kooperation zu fördern. Im Rahmen der Europäischen Union gibt es dafür vielfältige Ansätze. Dennoch ist in diesem Bereich bislang zu wenig geschehen, so dass eine Kooperation zwischen den europäischen Ländern im Rahmen einer Bildung für Nachhaltigkeit dringend erforderlich ist. Auch die Kooperation mit Afrika, Asien und Amerika ist eine Notwendigkeit, auf die in ersten Projekten reagiert wird. Die Kooperation im Rahmen der UNESCO spielt dabei ebenfalls eine zentrale Rolle.[533]

Nachhaltigkeit als Zentrum einer Kultur des Friedens

Eine neue Phase in den Bemühungen um die Verbesserung von Nachhaltigkeit begann mit der Verabschiedung der Ziele für nachhaltige Entwicklung (*Sustainable Development Goals*, SDG) in der UN-Generalversammlung in New York im Herbst 2015, der ein entsprechender Entwurf der *Open Working Group* zugrunde lag. Mit diesem Beschluss hoffen die Vertreter der Staatengemeinschaft, Nachhaltigkeit als Zielvorstellung für die Entwicklung der Menschheit zu verwirklichen. Vorausgegangen war das Rio +20 Ergebnis-Dokument „The future we want", das den Beschluss enthielt, diese Arbeitsgruppe einzurichten, die bis zur UN-Generalversammlung eine Liste mit „Sustainable Development Goals (SDGs)" erarbeiten sollte.

Diese Ziele entwerfen eine universelle Vision für die Entwicklung der Menschheit in den nächsten fünfzehn Jahren. In ihrer Gesamtheit spezifizieren sie, was unter einer Kultur der Nachhaltigkeit verstanden wird, deren Ziele umfassen: 1) Beendigung der Armut; 2) Beendigung des Hungers und Entwicklung einer nachhaltigen Landwirtschaft; 3) Sicherung von Gesundheit und Wohlergehen für Menschen jeden Alters; 4) inklusive und gleichberechtigte hochwertige Bildung; 5) Gendergerechtigkeit; 6) nachhaltiges Management von Wasser für alle; 7) bezahlbare nachhaltige moderne Energie für alle; 8) nachhaltige ökonomische Entwicklung für alle; 9) nachhaltige Industrialisierung; 10) Reduktion der Ungleichheit zwischen den Ländern; 11) nachhaltige Stadtentwicklung; 12) Sicherung nachhaltigen Konsums; 13) Kampf gegen den Klimawandel; 14) nachhaltigen Umgang mit den Ozeanen; 15) Förderung des nach-

533 de Haan/Seitz 2001; Wulf/Bryan 2006.

haltigen Umgangs mit dem Ökosystem auf der Erde; 16) Förderung friedlicher und inklusiver Gesellschaften bei der nachhaltigen Entwicklung; 17) Revitalisierung der globalen Partnerschaft für nachhaltige Entwicklung.

Die Agenda 2030 betont die Interdependenzen zwischen den Zielen und ihren fünf zentralen Bereichen: „*people*" (Armut und Hunger, Leben in Würde, Gleichheit, gesunde Umwelt), „*planet*" (Schutz der Ökosysteme), „*peace*" (Inklusion, Frieden, Gerechtigkeit), „*prosperity*" (Wohlergehen aller Menschen durch wirtschaftliche und technische Entwicklung) „*partnership*" (Kooperation). Die Realisierung dieser Aufgaben soll sich an den Prinzipien Universalität, Unteilbarkeit, Inklusion, Rechenschaftspflicht, Partnerschaftlichkeit orientieren.[534]

Wer die Arbeit des UN-Systems kennt, weiß, dass keines dieser Ziele wirklich neu ist. Sie schreiben die im UN-System erarbeiteten Ziele und Perspektiven fort. Neu ist jedoch, dass sich die gesamte Staatengemeinschaft in der UN-Generalversammlung zusammengefunden hat, um diese Ziele für nachhaltige Entwicklung zu verabschieden. Erziehung, Bildung und Sozialisation werden im vierten Ziel als ein zentraler Weg zur Realisierung dieser Ziele angesehen.

Die Ziele für nachhaltige Entwicklung richten sich auf die Überwindung aller für das Leben in der globalisierten Welt charakteristischen, zum Teil seit langer Zeit bestehenden Probleme und Schwierigkeiten. Gelänge es, diese Intentionen zu verwirklichen, entstünden für alle Menschen lebenswerte Zustände. Es gäbe keine Armut und keinen Hunger mehr, jedoch ein ausgebautes Gesundheits- und Bildungswesen, das alle Menschen in gleicher Weise durch lebenslanges Lernen fördert.

Im Januar 2017 hat die Bundesregierung ihre umfassend überarbeitete Nachhaltigkeitsstrategie für Deutschland vorgelegt, mit der sie den Beschluss der UN-Vollversammlung von 2015 aufnimmt und sich zu der darauf basierenden Agenda 2030 bekennt.[535]

Um Nachhaltigkeit zu realisieren, bedarf es eines grundsätzlich veränderten Verhältnisses zur äußeren und inneren Natur des Menschen. Entwicklung zur Nachhaltigkeit impliziert eine Transformation des Kapitalismus und die Entwicklung neuer Formen wirtschaftlicher Kooperation sowie eine Verringerung der Kolonialisierung der Natur im Interesse neuer Formen des Zusammenlebens zwischen Mensch und Natur. Ziel ist es, die *Natur als Mitwelt* zu entdecken, sie zu achten und zu schonen. In der Antike begriff sich der Mensch als Teil der *physis*, die für ihn Mitwelt war. In der Moderne ändert sich mit dem Kapitalismus, der Industrialisierung und dem Kolonialismus das Verhältnis zur Natur systematisch, die nun im Interesse der Menschen domestiziert und aus-

534 Michelsen 2017; Scholz 2017.
535 Bundesregierung 2017.

gebeutet wird. Bedroht vom Klimawandel und der Ressourcenknappheit steht heute ein grundlegender Wandel im Verhältnis zur Natur, zur Um- und Mitwelt an, der durch den Begriff der Nachhaltigkeit gekennzeichnet wird, und der tiefgreifende Auswirkungen auf Erziehung und Bildung hat.

Bildung für Nachhaltigkeit – ein Referenzrahmen für 2030

Eine neue, durchaus von utopischen Vorstellungen über Nachhaltigkeit beeinflusste Phase von Erziehung und Bildung beginnt mit dem Weltbildungsforum in Incheon in Korea im Mai 2015, auf dem eine Deklaration verabschiedet und ein Aktionsprogramm diskutiert wurden, in denen die angestrebten Entwicklungen im Bildungsbereich zwischen 2015 und 2030 skizziert werden. An diesem von der UNESCO federführend veranstalteten Weltbildungsforum nahmen annähernd 1500 Delegierte aus ca. 130 Ländern teil. Neben der Verabschiedung der Deklaration wurde ein Aktionsplan zu ihrer Realisierung erörtert, der im Zusammenhang mit der im Herbst anstehenden UNESCO-Generalversammlung verabschiedet wurde.

Wie bereits erwähnt, lautet das Ziel für die Entwicklung von Bildung in der Weltgesellschaft, *eine inklusive, gleichberechtigte, hochwertige und lebenslange Erziehung und Bildung für alle zu sichern.* Das Programm basiert auf einer „humanistischen Vision von Erziehung und Entwicklung“, die auf den Menschenrechten und der Menschenwürde, auf sozialer Gerechtigkeit, Sicherung, kultureller Vielfalt und gemeinsamer Verantwortung beruht. Erziehung und Bildung werden als „public good“ und fundamentales Menschenrecht begriffen; ihre Realisierung ist notwendig, um Frieden, menschliche Verwirklichung und nachhaltige Entwicklung zu ermöglichen.[536]

In der Deklaration und im Aktionsprogramm wird die Entwicklung eines 12-jährigen öffentlichen Schulsystems empfohlen. Die Schulpflicht mit einem kostenfreien und qualitativ guten Unterricht soll neun Jahre umfassen und die Primarstufe und die Sekundarstufe I einschließen. Außerdem werden die Einrichtung einer wenigstens einjährigen kostenfreien obligatorischen Vorschulerziehung und der Ausbau der Berufsbildung sowie die Alphabetisierung von Erwachsenen empfohlen. Erziehung und Bildung sollen inklusiv und gleichberechtigt sein. „Inklusiv“ bezeichnet hier nicht nur die Einbeziehung von Kindern mit Behinderungen, sondern ist viel weiter gefasst und richtet sich gegen alle Formen der Exklusion und Marginalisierung. Gleichberechtigung im Zugang und in der Behandlung im Bildungswesen sind die notwendigen Konsequenzen. Besonders für Mädchen und Frauen ist in vielen Regionen der Welt

536 UNESCO 2015.

noch viel zu tun. Um das Wissen und die Kreativität der Kinder und Jugendlichen zu fördern, soll die Qualität von Erziehung und Bildung verbessert werden, u.a. durch eine verbesserte Lehrerausbildung. Schließlich gilt es die Förderung von Erziehung und Bildung nicht nur auf das Schulwesen zu begrenzen. Berufsbildung und lebenslanges Lernen sollen entwickelt und informale und non-formale Bildung gefördert werden. 4-6 Prozent des Bruttoinlandprodukts oder 15-20 Prozent der öffentlichen Ausgaben sollen für Bildung aufgebracht werden. Um diese Ziele zu verwirklichen, bedarf es jährlich wenigstens 20 Milliarden Dollar zusätzlich.

„Bildung für nachhaltige Entwicklung" (BNE) soll mithilfe des Weltaktionsprogramms der UNESCO, dem Folgeprogramm der UN-Dekade, vorangetrieben werden.[537] In den Zielen für nachhaltige Entwicklung (SDGs) wird Bildung für Nachhaltigkeit ausdrücklich im Unterziel 4 genannt. In diesem heißt es, dass „alle Lernenden das Wissen und die Fähigkeiten erwerben [sollen], die für eine nachhaltige Entwicklung nötig sind". „Global Citizenship Education" (GCE; Erziehung zum Weltbürgertum) ist ein weiteres Programm. Darüber hinaus werden gefordert: Menschenrechtsbildung, Friedenserziehung und interkulturelles Lernen sowie Erziehung zu Toleranz und Demokratie.[538]

Diese Vision einer inklusiven, gleichberechtigten, hochwertigen und lebenslangen Erziehung und Bildung bildet den Referenzrahmen für Bildung in der Weltgesellschaft, auf den sich die Staatengemeinschaft in Incheon verständigt hat. Im Vergleich zu früheren Zeiten ist diese Entwicklung ein Fortschritt. Das gilt auch dann, wenn man nicht zuletzt aufgrund der Erfahrung mit den Milleniumszielen weiß, wie schwer sich bei so weitgespannten Zielen Fortschritte erreichen lassen. So notwendig eine Ausrichtung von Erziehung und Bildung an diesen Zielen ist, Lyotards Einwand gegen die „großen Erzählungen" der Menschheit muss bedacht werden.[539] Danach besteht die Gefahr, dass sie dazu dienen, darüber hinwegzutäuschen, dass die mit ihr bezeichneten Sachverhalte kaum realisierbar sind. Doch bieten diese Visionen bereits ein gewisses Maß an „Befriedigung". Sie suggerieren, man habe mit ihrem Entwurf etwas verbessert und wisse, was anzustreben und zu tun sei. Diese Kritik ist nicht von der Hand zu weisen. Sie gewinnt mehr Plausibilität, wenn man die konkreten Strategien des Aktionsprogramms analysiert und sich der kaum überwindbaren Unterschiede zwischen den Perspektiven bewusst wird. Der visionäre Charakter der Deklaration ist in Gefahr, diese Schwierigkeiten zu verdecken, die bei der konkreten Arbeit an der Verwirklichung einzelner Reformen an Gewicht gewinnen. Die Entwicklung einer Vision und eines Aktionsprogramms ist eine Sache,

537 UNESCO 2014.
538 Wintersteiner et al. 2014.
539 Lyotard 2012.

deren Realisierung eine andere, die neue, umfassende Schwierigkeiten mit sich bringt, angesichts derer die visionären Elemente ihre Faszination verlieren. Diese Zielvorstellungen erinnern an die großen Utopien der europäischen Geschichte: Platons *Politeia*, Tommasio Campanellas *Sonnenstaat*, Thomas Morus' *Utopia*.[540] Die Reihe ließe sich fortsetzen. Utopien und utopisches Denken üben im Bereich der Bildung eine Faszination aus, der sich kaum jemand entziehen kann. Sie zeigen, was möglich wäre, wenn die Menschen nicht so wären, wie sie sind und wenn sich die Utopien verwirklichen ließen. Utopien haben die Tendenz, die Vielfalt menschlichen Lebens zugunsten einer als gut eingeschätzten gesellschaftlichen Ordnung einzuschränken. Die angestrebte Entwicklung für Nachhaltigkeit ist vielgestaltiger als alle bisher entworfenen Utopien. Um die Ziele für nachhaltige Entwicklung zu verwirklichen, ist möglicherweise sogar eine Einschränkung bestehender Grundrechte unvermeidbar. Vielleicht geriete die angestrebte Entwicklung sogar in Gefahr, in Übereinstimmung mit Horkheimers und Adornos Erkenntnis in der *Dialektik der Aufklärung* in manchen Punkten in ihr Gegenteil umzuschlagen.[541]

---

540 Platon 1958; Campanella 2012; Morus 2013.
541 Horkheimer/Adorno 1971.

Literatur

Adorno, Theodor W. (1978): Einleitung. In: Theodor W. Adorno/Ralf Dahrendorf/Harald Pilot/ Hans Albert/Jürgen Habermas/Karl R. Popper: Der Positivismusstreit in der deutschen Soziologie. 6. Aufl., S. 7-79. Darmstadt, Neuwied: Luchterhand.

Adorno, Theodor W./Dahrendorf, Ralf/Pilot, Harald/Albert, Hans/Habermas, Jürgen/Popper, Karl R. (1978): Der Positivismusstreit in der deutschen Soziologie (6. Aufl.). Darmstadt, Neuwied: Luchterhand.

Akbaba, Yalız/Jeffrey, Bob (Hg.) (2017): The Implications of "New Populism" for Education. Cottage u. a.: E & E Publishing.

Althans, Birgit/Bilstein, Johannes (Hg.) (2015): Essen – Bildung – Konsum. Pädagogisch-anthropologische Perspektiven. Wiesbaden: Springer VS.

Althans, Birgit/Schmidt, Friederike/Wulf, Christoph (2015): Nahrung als Bildung. Weinheim: Juventa.

Alkemeyer, Thomas/Kalthoff, Herbert/Rieger-Ladich, Markus (Hg.) (2015): Bildungspraxis: Körper – Räume – Objekte. Weilerswist: Velbrück.

Ammicht-Quinn, Regina/Potthast, Thomas (Hg.) (2015): Ethik in den Wissenschaften. Tübingen: IZEW.

Anders, Günther (1956): Die Antiquiertheit des Menschen. Band I: Über die Seele im Zeitalter der zweiten industriellen Revolution. München: Beck.

Anders, Günther (1980): Die Antiquiertheit des Menschen. Band II: Über die Zerstörung des Lebens im Zeitalter der dritten industriellen Revolution. München: Beck.

Alvarez, Luis W./Alvarez, Walter/Asaro, Frank/Michel, Helen V. (1980): Extraterrestrial Cause for the Cretaceous-Tertiary Extinction. In: Science New Series 208, no. 4448 (June 6), S. 1095-1108.

Anderson-Levitt, Kathryn M. (Hg.) (2012): Anthropologies of Education. A Global Guide to Ethnographic Studies of Learning and Schooling. New York, Oxford: Berghahn.

Andreas-Salomé, Lou (1994): Friedrich Nietzsche in seinen Werken. Frankfurt/M.: Insel.

Antweiler, Christoph (2011): Mensch und Weltkultur. Für einen realistischen Kosmopolitismus im Zeitalter der Globalisierung. Bielefeld: transcript.

Appadurai, Arjun (1996): Modernity at Large: Cultural Dimensions of Globalization. Minneapolis: University of Minnesota Press.

Arbeitsgruppe Medien (2004): Über das Zusammenspiel von „Medialität" und „Performativität". In: Paragrana. Internationale Zeitschrift für Historische Anthropologie, Bd. 13 (1), Praktiken des Performativen, hg. von Erika Fischer-Lichte/Christoph Wulf, S. 129-185.

Arbeitsgruppe Ritual (2004): Differenz und Alterität im Ritual. In: Paragrana. Internationale Zeitschrift für Historische Anthropologie 13 (1), Praktiken des Performativen, hg. von Erika Fischer-Lichte/Christoph Wulf, S. 187-249.

Aristoteles (1987): Poetik. Hg. von Manfred Fuhrmann. Stuttgart: Reclam.

Aristoteles (2016): De anima – Über die Seele (griechischer Text der kritischen Edition von Ross mit Übersetzung, Einleitung und Kommentar, hg. v. Thomas Buchheim). Darmstadt: Wissenschaftliche Buchgesellschaft.

Audehm, Kathrin/Velten, Rudolf (Hg.) (2007): Transgression – Hybridisierung – Differenzierung: Zur Performativität von Grenzen in Sprache, Kultur und Gesellschaft. Freiburg: Rombach.

Aurobindo, Sri (1955): The Brain of India. 5. Aufl. Pondicherry: Sri Aurobindo Ashram.

Austin, John L. (1985): Zur Theorie der Sprechakte. 2. Aufl. Stuttgart: Reclam.

Azimuth. Philosophical Coordinates in Modern and Contemporary Age. V (2017), Nr. 9: The Battlefield of the Anthropocene, ed. by Sara Baranzoni and Paolo Vignola.

Baader, Maike Sophia (1996): Die romantische Idee des Kindes und der Kindheit. Auf der Suche nach der verlorenen Unschuld. Neuwied: Luchterhand.

Baader, Maike Sophia/Bilstein, Johannes/Tholen, Toni (Hg.) (2012): Erziehung, Bildung und Geschlecht. Männlichkeiten im Fokus der Gender Studies. Wiesbaden: Springer VS.

Baader, Maike Sophia/Bilstein, Johannes/Wulf, Christoph (Hg.) (2008): Die Kultur der Freundschaft. Praxen und Semantiken in anthropologisch-pädagogischer Perspektive. Weinheim, Basel: Beltz.

Bammé, Arno (2014): Fünf Gründe, warum die Menschheit den Herausforderungen des 21. Jahrhunderts nicht gewachsen ist. In: Arno Bammé (Hg.): Schöpfer der zweiten Natur. Der Mensch im Anthropozän, S. 49-62. Marburg: Metropolis.

Barret-Ducrocq, Françoise (2002): Quelle Mondialisation? Paris: Grasset.

Basedow, Johann, Bernhard (1774): Das in Dessau errichtete Philanthropinum. Eine Schule der Menschenfreundschaft und guter Kenntnisse für Lernende und junge Lehrer, arme und reiche; Ein Fidei-Commiß des Publicums zur Vervollkommnung des Erziehungswesens aller Orten nach dem Plane des Elementarwerks. Leipzig: Crusius (Digitalisat und Volltext im Deutschen Textarchiv).

Basu (1968): Tagore's Educational Philosophy in Relation to Education. In: Visva Bharati Quarterly, Education Number Vol. XIII, Parts I & II (Nachdruck Bände 11-13, 1968).

Baudrillard, Jean (1981): Simulacre et simulation. Paris: Editions Galilée.

Baudrillard, Jean (1992): L'illusion de la fin ou la grève des évènements. Paris: Editions Galilée.

Bauman, Zygmunt (2017): Retrotopia. Berlin: Suhrkamp.

Beck, Ulrich (1996): Wissen oder Nicht-Wissen. In: Ulrich Beck/Anthony Giddens/Scott Lash: Reflexive Modernisierung: eine Kontroverse. Frankfurt/M.: Suhrkamp.

Beillerot, Jacky/Wulf, Christoph (Hg.) (2003): Erziehungswissenschaftliche Zeitdiagnosen: Deutschland und Frankreich. Münster: Waxmann.

Belting, Hans (2001): Bild-Anthropologie. Entwürfe für eine Bildwissenschaft. München: Wilhelm Fink.

Benjamin, Walter (1980a): Über den Begriff der Geschichte. In: Gesammelte Werke, Bd. I,2, hg. von Rolf Tiedemann/Hermann Schweppenhäuser. Frankfurt/M.: Suhrkamp, S. 691-704.

Benjamin, Walter (1980b): Berliner Kindheit um Neunzehnhundert. In: Gesammelte Schriften, hg. v. Rolf Tiedemann/Hermann Schweppenhäuser, Bd. 4,1, S. 235-304; Bd. 7,1, S. 335-446 (Fassung letzter Hand). Frankfurt/M.: Suhrkamp.

Benjamin, Walter (1982): Das Passagen-Werk. Gesammelte Schriften V (2 Bde.). Frankfurt/M.: Suhrkamp.

Benjamin, Walter (1990): Charles Baudelaire. Ein Lyriker im Zeitalter des Hochkapitalismus. In: Gesammelte Schriften, hg. v. Rolf Tiedemann/Hermann Schweppenhäuser. Bd. I/2, S. 509-690. Frankfurt/M.: Suhrkamp.

Benner, Dietrich (1986): Die Pädagogik Herbarts. Eine problemgeschichtliche Einführung in die Systematik neuzeitlicher Pädagogik. Weinheim, München: Juventa.

Benner, Dietrich (1990): Wilhelm von Humboldts Bildungstheorie. Weinheim: Juventa.

Benthien, Claudia/Wulf, Christoph (Hg.) (2001): Körperteile. Eine kulturelle Anatomie. Reinbek: Rowohlt.

Berg, Eberhard/Fuchs, Martin (Hg.) (1993): Kultur, soziale Praxis, Text. Die Krise der ethnographischen Repräsentation. Frankfurt/M.: Suhrkamp.

Bernecker, Roland/Grätz, Ronald (Hg.) (2017): Global Citizenship. Perspektiven einer Weltgemeinschaft: Göttingen: Steidl (engl. Übers. 2018).

Bhabha, Homi K. (1998): The Location of Culture. London: Routledge.

Bilstein, Johannes (Hg.) (2011): Anthropologie und Pädagogik der Sinne. Opladen, Farmington Hills: Budrich.

Bilstein, Johannes/Brumlik, Micha (Hg.) (2013): Die Bildung des Körpers. Weinheim, Basel: Beltz Juventa.

Bilstein, Johannes/Miller-Kipp, Gisela/Wulf, Christoph (Hg.) (1999): Transformationen der Zeit. Weinheim: Deutscher Studien Verlag.

Bilstein, Johannes/Peskoller, Helga (Hg.) (2013): Erfahrung – Erfahrungen. Wiesbaden: Springer VS.

Bilstein, Johannes/Uhle, Reinhard (Hg.) (2007): Liebe. Zur Anthropologie einer Grundbedingung pädagogischen Handelns. Oberhausen: Athena.

Bilstein, Johannes/Winzen, Matthias/Wulf, Christoph (Hg.) (2005): Anthropologie des Spiels. Weinheim, Basel: Beltz.

Blaschke-Nacak, Gerald/Stenger, Ursula/Zirfas, Jörg (Hg.) (2018): Pädagogische Anthropologie der Kinder. Weinheim, Basel: BeltzJuventa.

Boas, Franz (1896): Race, Language, and Culture. New York 1940: Macmillan.

Bockhorst, Hildegard/Reinwand, Vanessa-Isabelle/Zacharias, Wolfgang (Hg.) (2012): Handbuch Kulturelle Bildung. München: Kopäd.

Boehm, Gottfried (Hg.) (1994): Was ist ein Bild? München: Wilhelm Fink.

Boellstorff, Tom (2008): Coming of Age in Second Life: An Anthropologist Explores the Virtually Human. Princeton: Princeton University Press.

Bohnsack, Ralf (1999): Rekonstruktive Sozialforschung. Einführung in Methodologie und Praxis. Opladen: Leske und Budrich.
Bohnsack, Ralf (2009): Qualitative Bild- und Videointerpretation. Opladen, Farmington Hills: Budrich.
Bohnsack, Ralf/Przyborski, Aglaja/Schäffer, Burkhard (Hg.) (2006): Das Gruppendiskussionsverfahren in der Forschungspraxis. Opladen: Budrich.
Bollnow, Otto F. (1965): Die anthropologische Betrachtungsweise in der Pädagogik. Der Mensch zwischen Natur, Kultur und Technik. Stuttgart: NDS-Verlag.
Bollnow, Otto F. (1980): Die anthropologische Betrachtungsweise in der Pädagogik. In: Eckard König/Horst Ramsenthaler (Hg.): Diskussion Pädagogische Anthropologie, S. 36-54. München: Wilhelm Fink.
Bonneuil, Christophe/Fressoz, Jean-Baptiste (2016): The Shock of the Anthropocene: The Earth, History, and Us. London: Verso.
Bourdieu, Pierre (1987): Sozialer Sinn. Frankfurt/M.: Suhrkamp.
Bourdieu, Pierre (1997): Méditations pascaliennes. Paris: Seuil.
Brandstetter, Gabriele (2007): Tanz als Wissenskultur. Körpergedächtnis und wissenstheoretische Herausforderung. In: Sabine Gehm/Pirrko Husemann/Katharina von Wilcke (Hg.): Wissen in Bewegung. Perspektiven der künstlerischen und wissenschaftlichen Forschung im Tanz, S. 37-49. Bielefeld: transcript.
Bredekamp, Horst (2010: Theorie des Bildakts. Berlin: Suhrkamp.
Brumlik, Micha (2018): Demokratie und Bildung. Berlin: Neofelis.
Brown, Donald E. (1991): Human Universals. New York u.a.: McGraw Hill.
Bundesregierung (2017): Deutsche Nachhaltigkeitsstrategie (Stand 09 2017) https://www.bundes regierung.de/Contnet/Infomaterial/BPA/Bestellservice/Deutsche_Nachhaltigkeitsstrategie_Neuauflage_2016.html.
Bünner, Gertrud/Röthig, Peter (1983): Grundlagen und Methoden rhythmischer Erziehung. Stuttgart: Klett.
Bunzl, Matti (2004): Boas and Foucault and the „Native Anthropologist“. Notes towards a Neo-Boasnian Anthropology. In: American Anthropologist 106 (3), S. 435-451.
Burke, Peter (1991): Offene Geschichte. Die Schule der Annales. Berlin: Wagenbach.
Burns, Robin J./Aspeslagh, Robert (Hg.) (1996): Three Decades of Peace Education around the World. An Anthology. New York: Garland.
Butler, Judith (1998): Hass spricht. Zur Politik des Performativen. Berlin: Berlin Verlag.
Calließ, Jörg/Lob, Reinhold E. (Hg.) (1987-1988): Praxis der Umwelt- und Friedenserziehung. 3 Bde. Düsseldorf: Schwann.
Campanella, Tommaso (2012): Der Sonnenstaat. Köln: Anaconda.
Chan, Wingtsit (1963): A Source Book in Chinese Philosophy. Princeton: Princeton University Press.
Chomsky, Noam (1973): Sprache und Geist. Frankfurt/M.: Suhrkamp.
Clemens, Iris (2015): Erziehungswissenschaft als Kulturwissenschaft. Die Potentiale der Netzwerktheorie für eine kulturwissenschaftliche und kulturtheoretische Ausrichtung der Erziehungswissenschaft. Weinheim: BeltzJuventa.
Comenius, Johann Amos (1960): Große Didaktik, hg. von Andreas Flitner (2. Aufl.). Düsseldorf, München: Helmut Küpper.
Comenius, Johann Amos (1966): Johannis Amos Comenii de rerum humanarum emendatione Consultatio Catholica. Lexicon reale pansophicum, Teil 1 u. 2. Editio princeps. Prag: Academia.
Comenius, Johann Amos (1991): Joh. Amos Commenii Orbis sensualium pictus: hoc est omnium fundamentalium in mundo rerum et in vita actionum pictura et nomenclatura = Die sichtbare Welt. Nachdruck d. Erstausgabe von 1658, 4. Aufl. Dortmund: Harenberg.
Comenius, Johann Amos (1992): Orbis Sensualium Pictus. Zürich: Pestalozzianum.
Comenius, Johann Amos (2011): Joh. Amos Comenii Die Welt im Bild: das ist: aller hauptsächlichen Gegenstände und Lebenstätigkeiten Bebilderung & Benamung / nach den besten Ausg. erneut zum Gebrauch der Lernenden hrsg. von Uvius Fonticola. Frankfurt/M.: Friedrich.
Condorcet, Marie Jean Antoine Nicolas Caritat, Marquis de (2010): Freiheit, Revolution, Verfassung. Kleine politische Schriften. Berlin, Boston: de Gruyter.
Contag, Viktoria (1964): Konfuzianische Bildung und Bildwelt. Ausgewählt u. übers. von Viktoria Contag. Zürich, Stuttgart: Artemis.
Couldry, Nick (2012): Media, Society, World: Social Theory and Digital Media Practice. Cambridge/MA: Polity.

Council of Europe (2008): White Paper on Intercultural Dialogue "Living together as equals in dignity". Straßburg: Europarat.
Cramer, Konrad/Fulda, Hans-Friedrich/Horstmann, Rolf-Peter/Pothast, Ulrich (Hg.) (1987): Theorie der Subjektivität. Frankfurt/M.: Suhrkamp.
Crutzen, Paul/Davis, Mike/Mastrandrea, Michael D./Schneider, Stephen H./Sloterdijk, Peter (2011): Das Raumschiff Erde hat keinen Notausgang. Berlin: Suhrkamp.
Crutzen, Paul. J./Stoermer, Eugene F. (2000): The Anthropocene. In: Global Change Newsletter, Mai 2000, vol. 41, S. 17-18.
Damasio, Antonio (1994): Descartes' Irrtum. Fühlen, Denken und das menschliche Gehirn. München: List.
Damus, Obrillant/Wulf, Christoph/Saint-Fleur, Joseph/Jeffrey, Denis (Hg.) (2017): Pour une éducation à la paix dans un monde violent. Paris: L'Harmattan.
Darwin, Charles (2006): On the Origin of the Species by Means of Natural Selection. Mineola/NY: Dover.
Debray, Régis (2003): Einführung in die Mediologie. Facetten der Medienkultur. Bern: Haupt.
Deleuze, Gilles (1992): Differenz und Wiederholung. München: Wilhelm Fink.
Delors, Jacques (1996): Learning: The Treasure Within. Report to UNESCO of the International Commission on Education for the Twenty-first Century. Paris: UNESCO.
Derbolav, Josef (1980): Pädagogische Anthropologie als Theorie der individuellen Selbstverwirklichung. In: Eckard König/Horst Ramsenthaler (Hg.): Diskussion pädagogische Anthropologie, S. 55-69. München: Wilhelm Fink.
Derrida, Jacques (1974): Grammatologie. Frankfurt/M.: Suhrkamp.
Derrida, Jacques (1976): Die Schrift und die Differenz. Frankfurt/M.: Suhrkamp.
Deutsche UNESCO-Kommission (2017): Weltbildungsbericht 2017/2018 – Kurzfassung: Verantwortung für Bildung. Bonn: Deutsche UNESCO-Kommission.
Dewey, John (1988): Kunst als Erfahrung: Frankfurt/M.: Suhrkamp.
Dieckmann, Bernhard/Wulf, Christoph/Wimmer, Michael (Hg.) (1997): Violence. Nationalism, Racism, Xenophobia. Münster: Waxmann.
Dinzelbacher, Peter (Hg.) (1993): Europäische Mentalitätsgeschichte. Hauptthemen in Einzeldarstellungen. Stuttgart: Kröner.
Dressel, Gert (Hg.) (1996): Historische Anthropologie. Eine Einführung. Wien: Böhlau.
van Dülmen, Richard (2000): Historische Anthropologie. Entwicklung, Probleme, Aufgaben. Köln: Böhlau.
Duran, Gilles (1961): Les structures de l'imaginaire. Paris: Dunod.
Ehlers, Eckhart (2008): Das Anthropozän. Die Erde im Zeitalter des Menschen. Darmstadt: WBG.
Eickhoff, Hajo (1993): Himmelsthron und Schaukelstuhl: Die Geschichte des Sitzens. München: Hanser.
Eliade, Mircea (2007): Kosmos und Geschichte. Der Mythos der ewigen Wiederkehr (1949). Frankfurt/M.: Insel.
Else, Gerald F. (1958): "Imitation" in the 5th Century. In: Classical Philology 53 (2), S. 73-90.
Engell, Lorenz u. a. (Hg.) (2000): Kursbuch Medienkultur. Die maßgeblichen Theorien von Brecht bis Baudrillard. http://archiv.ub.uni-marburg.de/ep/0002/2000/80/2745.
Engell, Lorenz/Hartmann, Frank/Voss, Christiane (Hg.) (2013): Körper des Denkens. Neue Positionen der Medienphilosophie. München: Wilhelm Fink.
Ethnography of Education, 2006 ff. London: Routledge.
Faure, Edgar (1972): Learning to be. The World of Education Today and Tomorrow. Paris: UNESCO.
Featherstone, Mike (1995): Undoing Culture. Globalization, Postmodernism and Identity. London u.a.: Sage.
Federau, Alexander (2017) : Pour une philosophie de l'Anthropocène. Paris: Presses Universitaires de France.
Feng Qi (2005): Knowledge and Wisdom. The Collected Essays on Feng Qi's Philosophy (1996-2005), edited by Yang Guorong. Shanghai: East China Normal University Press.
Flick, Uwe (2004): Triangulation. Eine Einführung. Wiesbaden: VS Verlag für Sozialwissenschaften.
Flick, Uwe/von Kardorff, Ernst/Steinke, Ines (Hg.) (2000): Qualitative Forschung. Ein Handbuch. Reinbek: Rowohlt.
Flitner, Andreas (1963): Wege zur pädagogischen Anthropologie. Versuch einer Zusammenarbeit der Wissenschaften vom Menschen. Heidelberg: Quelle & Meyer.
Flitner, Wilhelm (1950): Allgemeine Pädagogik. Stuttgart: Klett.
Flügge, Johannes (1963): Die Entfaltung der Anschauungskraft. Heidelberg: Quelle & Meyer.

Flusser, Vilém (1994): Kommunikologie. Hg. von Edith Flusser/Stefan Bollmann. Bensheim, Düsseldorf: Bollmann.
Flusser, Vilém (1999): Eine neue Einbildungskraft. In: Volker Bohn (Hg.): Bildlichkeit, S. 115-126. Frankfurt/M.: Suhrkamp.
Fonagy, Peter (2009): Bindungstheorie und Psychoanalyse. Stuttgart: Klett-Cotta.
Foucault, Michel (1974): Nietzsche, die Genealogie, die Historie. In: ders., Von der Subversion des Wissens, hg. von Walter Seitter, S. 83-109. München: Hanser.
Foucault, Michel (1977): Überwachen und Strafen. Frankfurt/M.: Suhrkamp.
Frank, Manfred (1982): Der kommende Gott. Vorlesung über die Neue Mythologie. Frankfurt/M.: Suhrkamp.
Frank, Manfred (2012): Ansichten der Subjektivität. Berlin: Suhrkamp.
Friebertshäuser, Barbara/Prengel, Annedore (Hg.) (2013): Handbuch Qualitative Forschungsmethoden in der Erziehungswissenschaft (2. Aufl.). Weinheim, München: Juventa.
Friedensgutachten (2017), hg. von Bruno Schoch/Andreas Heinemann-Gründer/Corinna Hauswedell/Jochen Hippler/Margret Johannsen im Auftrag der fünf deutschen Friedensforschungsinstitute. Münster u.a.: LIT (erscheint seit 1987).
Fuchs, Christian/Sandoval, Marisol (Hg.) (2014): Critique, Social Media & the Information Society. London, New York: Routledge.
Fukuyama, Francis (1992): Das Ende der Geschichte: Wo stehen wir? München: Kindler.
Fung Yu-lan (1973): A History of Chinese Philosophy. 2 Bde. Princeton: Princeton University Press.
Funk, Leberecht/Röttger-Rössler, Birgitt/Scheidecker, Gabriel (2013): Fühlen(d) Lernen: Zur Sozialisation und Entwicklung von Emotionen im Kulturvergleich. Zeitschrift für Erziehungswissenschaft, Sonderheft 16, „Bildung der Gefühle“, hg. v. Ute Frevert/Christoph Wulf, S. 217-238.
Gadamer, Hans-Georg/Boehm, Gottfried (Hg.) (1976): Seminar Philosophische Hermeneutik. Frankfurt/M.: Suhrkamp.
Gadamer, Hans-Georg/Vogler, Paul (Hg.) (1972-1974): Neue Anthropologie. 7 Bde. Stuttgart: Georg Thieme.
Galtung, Johan (1982): Strukturelle Gewalt. Beiträge zur Friedens- und Konfliktforschung. Reinbek: Rowohlt.
Gardner, Daniel K. (2016): Weisheit und Ritual. Die Geschichte des Konfuzianismus. Stuttgart: Reclam.
Gardner, Howard/Davis, Katie (2013): The App Generation: How Today's Youth Navigate Identity, Intimacy, and Imagination in a Digital World. New Haven/CT: Yale University Press.
Gebauer, Gunter/Kamper, Dietmar/Lenzen, Dieter/Mattenklott, Gert/Wünsche, Konrad/Wulf, Christoph (1989): Historische Anthropologie. Zum Problem der Humanwissenschaften heute oder Versuche einer Neubegründung. Reinbek: Rowohlt.
Gebauer, Gunter/Wulf, Christoph (1992): Mimesis. Kultur – Kunst – Gesellschaft. Reinbek: Rowohlt.
Gebauer, Gunter/Wulf, Christoph (1998): Spiel, Ritual, Geste. Mimetisches Handeln in der sozialen Welt. Reinbek: Rowohlt.
Gebauer, Gunter/Wulf, Christoph (2003): Mimetische Weltzugänge: Soziales Handeln – Rituale und Spiele – ästhetische Produktionen. Stuttgart: Kohlhammer.
Geertz, Clifford (1987): Dichte Beschreibung. Frankfurt/M.: Suhrkamp.
Geertz, Clifford (1992): Kulturbegriff und Menschenbild. In: Rebekka Habermas/Nils Minkmar (Hg.): Das Schwein des Häuptlings, S. 56-82. Berlin: Wagenbach.
Gehlen, Arnold (1978): Der Mensch. Seine Natur und seine Stellung in der Welt. 9. Aufl. Wiesbaden: Aula.
Gehlen, Arnold (1993): Der Mensch. Seine Natur und Stellung in der Welt. Gesamtausgabe Bd. 3, hg. von Karl-Siegbert Rehberg. Frankfurt/M.: Klostermann.
Gehm, Sabine/Husemann, Pirkko/von Wilcke, Katharina (Hg.) (2007): Wissen in Bewegung. Perspektiven der künstlerischen und wissenschaftlichen Forschung im Tanz. Bielefeld: transcript.
Gennep, Arnold van (1986): Übergangsriten. Frankfurt/M.: Campus.
Giddens, Anthony (1990): The Consequences of Modernity. Oxford: Polity Press.
Gide, André (1991): Die Falschmünzer. Roman. München: dtv.
Giesecke, Michael (1998): Der Buchdruck in der frühen Neuzeit. Frankfurt/M.: Suhrkamp.
Gil, Isabel Capeloa/Wulf, Christoph (Hg.) (2015): Hazardous Future: Disaster, Representation and the Assessment of Risk. Berlin, München, Boston/MA: De Gruyter.
Girard, René (1987): Das Heilige und die Gewalt. Zürich: Benziger.

Girard, René (1988): Der Sündenbock. Zürich: Benziger.
Göhlich, Michael (2001): System, Handeln, Lernen unterstützen. Eine Theorie der Praxis pädagogischer Institutionen. Weinheim, Basel: Beltz.
Göhlich, Michael/Liebau, Eckart/Leonhard, Hans-Walter/Zirfas, Jörg (Hg.) (2006): Transkulturalität und Pädagogik. Interdisziplinäre Annäherungen an ein kulturwissenschaftliches Konzept und seine pädagogische Relevanz. Weinheim: Juventa.
Göhlich, Michael/Wulf, Christoph/Zirfas, Jörg (Hg.) (2014): Pädagogische Theorien des Lernens (2. Aufl.). Weinheim: Beltz.
Goodman, Nelson (1984): Weisen der Welterzeugung. Frankfurt/M.: Suhrkamp.
Gray, Chris Hables (1995): The Cyborg Handbook. New York, London: Routledge.
Greenblatt, Stephan (1991): Marvelous Possessions. Oxford: Oxford University Press.
Grimes, Ronald L. (1985): Research in Ritual Studies. Methuen: Scarecrow Press.
Großklaus, Götz (2004): Medien-Bilder. Inszenierung der Sichtbarkeit. Frankfurt/M.: Suhrkamp.
Grundmann, Thomas/Hofmann, Frank/Misselhorn, Catrin/Waibel, Violetta/Zanetti, Véronique (Hg.) (2007): Anatomie der Subjektivität. Bewusstsein, Selbstbewusstsein und Selbstgefühl. Frankfurt/M.: Suhrkamp.
Gugel, Günther (1995): Gewalt muß nicht sein. Eine Einführung in friedenspädagogisches Denken und Handeln. Tübingen: Verein für Friedenspädagogik.
Gugutzer, Robert/Klein, Gabriele/Meuser, Michael (Hg.) (2017): Handbuch Körpersoziologie. 2 Bde. Wiesbaden: Springer VS.
Haan, Gerhard de/Seitz, Klaus (2001): Kriterien für die Umsetzung eines internationalen Bildungsauftrages. In: Transfer 21, S. 58-66.
Habermas, Jürgen (1985): Die Neue Unübersichtlichkeit. Frankfurt/M.: Suhrkamp.
Habermas, Jürgen (2011): Zur Verfassung Europas: Ein Essay. Berlin: Suhrkamp.
Hammer, Herbert (1925): Abraham Dürninger. Ein Herrnhuter Wirtschaftsmensch des 18. Jahrhunderts. Berlin: Furche-Verlag.
Harari, Yuval Noah (2017): Homo Deus. Eine Geschichte von Morgen. München: Beck.
Haraway, Donna (1995): Ein Manifest für Cyborgs. In: Donna Haraway: Die Neuerfindung der Natur, S. 33-72. Frankfurt/M., New York: Campus.
Havelock, Eric A. (1986): The Muse Learns to Write. Reflections on Orality and Literacy from Antiquity to the Presence. New Haven, London: Yale University Press.
Heidegger, Martin (1929): Kant und das Problem der Metaphysik. Bonn: Klostermann.
Heidegger, Martin (2015): Holzwege. 9. Aufl. Frankfurt/M.: Klostermann.
Heitmeyer, Wilhelm/Soeffner, Hans-Georg (2004): Gewalt. Entwicklungen, Strukturen, Analyseprobleme. Frankfurt/M.: Suhrkamp.
Herbart, Johann, Friedrich (1976): Allgemeine Pädagogik; aus dem Zweck der Erziehung abgeleitet (5. Aufl.). Bochum: Kamp.
Herder, Johann, Gottfried von (1987): Herder und die Anthropologie der Aufklärung. Werke Bd. II. München: Hanser.
Herrmann, Ulrich (1994): Vervollkommnung des Unverbesserlichen? Über ein Paradox in der Anthropologie des 18. Jahrhunderts. In: Dietmar Kamper/Christoph Wulf (Hg.): Anthropologie nach dem Tode des Menschen, S. 132-152. Frankfurt/M.: Suhrkamp.
Heydorn, Heinz-Joachim (1970): Über den Widerspruch von Bildung und Herrschaft. Frankfurt/M.: EVA.
Hölderlin, Friedrich (1961): Hyperion. Stuttgart: Reclam.
Hörisch, Jochen (Hg.) (1979): „Ich möchte ein solcher werden wie ...“ Materialien zur Sprachlosigkeit des Kaspar Hauser. Frankfurt/M.: Suhrkamp.
Hörl, Erich (Hg.) (2011): Die technologische Bedingung – Beiträge zur Beschreibung der technischen Welt. Frankfurt/M.: Suhrkamp.
Horkheimer, Max/Adorno, Theodor W. (1971): Dialektik der Aufklärung. Frankfurt/M.: Fischer.
Huber, Matthias/Krause, Sabine (Hg.) (2018): Bildung und Emotion. Wiesbaden: Springer.
Hüppauf, Bernd/Wulf, Christoph (Hg.) (2006): Bild und Einbildungskraft. München: Wilhelm Fink.
Humboldt, Wilhelm von (1960a): Plan einer vergleichenden Anthropologie. In: Werke in fünf Bänden, hg. v. Andreas Flitner/Klaus Giel, Bd. I, S. 337-375. Darmstadt: WBG.
Humboldt, Wilhelm von (1960b): Das 18. Jahrhundert. In: Werke in fünf Bänden, hg. v. Andreas Flitner/Klaus Giel, Bd. I, S. 376-505. Darmstadt: WBG.
Humboldt, Wilhelm von (1960c): Ideen zu einem Versuch, die Gränzen der Wirksamkeit des Staats zu bestimmen. In: Werke in fünf Bänden, hg. v. Andreas Flitner/Klaus Giel, Bd. I, S. 56-233. Darmstadt: WBG.

Humboldt, Wilhelm von (1960d): Theorie der Bildung des Menschen. In: Werke in fünf Bänden, hg. v. Andreas Flitner/Klaus Giel, Bd. I, S. 234-240. Darmstadt: WBG.
Humboldt, Wilhelm von (1960e): Über den Geist der Menschheit. In: Werke in fünf Bänden, hg. v. Andreas Flitner/Klaus Giel, Bd. I, S. 506-518. Darmstadt: WBG.
Humboldt, Wilhelm von (1968): Über die Verschiedenheit des menschlichen Sprachbaues und ihren Einfluß auf die geistige Entwicklung des Menschengeschlechts. In: Albert Leitzmann (Hg.): Wilhelm von Humboldts Werke. Bd. 7, S. 1-344. Unveränd. Nachdruck der 1. Aufl. Berlin 1907. Berlin: De Gruyter.
Hume, David (1989): Traktat über die menschliche Vernunft, hg. von Theodor Lipps. Hamburg: Felix Meiner.
Huschka, Sabine (Hg.) (2009): Wissenskultur Tanz. Historische und zeitgenössische Vermittlungsakte zwischen Praktiken und Diskursen. Bielefeld: transcript.
Huschka, Sabine (2017): Bewegung. In: Anja Kraus/Jürgen Budde/Maud Hietzge/Christoph Wulf (Hg.): Schweigendes Wissen, S. 629-642. Weinheim: BeltzJuventa.
Imdahl, Max (1994): Ikonik. Bilder und ihre Anschauung. In: Gottfried Boehm (Hg.): Was ist ein Bild?, S. 300-325. München: Wilhelm Fink.
Irrgang, Bernhard (2005): Posthumanes Menschsein? Künstliche Intelligenz, Cyberspace, Roboter, Cyborgs und Designer Menschen – Anthropologie des künstlichen Menschen. Wiesbaden: Franz Steiner.
Iser, Wolfgang (1991): Das Fiktive und das Imaginäre. Perspektiven literarischer Anthropologie. Frankfurt/M.: Suhrkamp.
Itard, Jean (1965): Victor. Das Wildkind vom Aveyron. Stuttgart: Rotapfel.
Jacoboni, Marco (2008): Mirroring People. New York: Farrar, Straus and Giroux.
Jodhka, Surinder S. (Hg.) (2013): Interrogating India's Modernity. New Delhi: Oxford University Press.
Jörissen, Benjamin (2007): Beobachtungen der Realität. Die Frage nach der Wirklichkeit im Zeitalter der Neuen Medien. Bielefeld: transcript.
Johnson, Mark (1990): The Body in the Mind: The Bodily Basis of Meaning, Imagination, and Reason. Chicago: University of Chicago Press.
Kamper, Dietmar (1986): Zur Soziologie der Imagination. München: Hanser.
Kamper, Dietmar (1995): Unmögliche Gegenwart. Zur Theorie der Phantasie. München: Wilhelm Fink.
Kamper, Dietmar/Wulf, Christoph (Hg.) (1982): Die Wiederkehr des Körpers. Frankfurt/M.: Suhrkamp.
Kamper, Dietmar/Wulf, Christoph (Hg.) (1984): Das Schwinden der Sinne. Frankfurt/M.: Suhrkamp.
Kamper, Dietmar/Wulf, Christoph (Hg.) (1986): Lachen – Gelächter – Lächeln. Reflexionen in drei Spiegeln. Frankfurt/M.: Syndikat.
Kamper, Dietmar/Wulf, Christoph (Hg.) (1987): Die sterbende Zeit. Zwanzig Diagnosen. Neuwied: Luchterhand.
Kamper, Dietmar/Wulf, Christoph (Hg.) (1988a): Die erloschene Seele. Berlin: Dietrich Reimer.
Kamper, Dietmar/Wulf, Christoph (Hg.) (1988b): Das Schicksal der Liebe. Die Wandlungen des Erotischen in der Geschichte. Weinheim: Quadriga.
Kamper, Dietmar/Wulf, Christoph (Hg.) (1989): Der Schein des Schönen. Göttingen: Steidl.
Kamper, Dietmar/Wulf, Christoph (Hg.) (1992): Schweigen. Unterbrechung und Grenze der menschlichen Wirklichkeit. Berlin: Reimer.
Kamper, Dietmar/Wulf, Christoph (Hg.) (1994): Anthropologie nach dem Tode des Menschen. Vervollkommnung und Unverbesserlichkeit. Frankfurt/M.: Suhrkamp.
Kamper, Dietmar/Wulf, Christoph (Hg.) (1997): Das Heilige. Seine Spur in der Moderne (2. Aufl.). Frankfurt/M.: Athenäum.
Kerckhove, Derrick de/Leeker, Martina/Schmidt, Kerstin (Hg.) (2008): McLuhan neu lesen: Kritische Analysen zu Medien und Kultur im 21. Jahrhundert. Bielefeld: transcript.
Kierkegaard, Søren (1923): Die Tagebücher, übers. von Theodor Haecker. Innsbruck: Brenner-Verlag.
Kierkegaard, Søren (1983): Kierkegaard's Writings, VI: Fear and Trembling/Repetition. Edited and translated by H. V. Hong/E. H. Hong. Princeton: Princeton University Press.
Kittler, Friedrich (2000): Eine Kulturgeschichte der Kulturwissenschaft. München: Wilhelm Fink.
Kittler, Friedrich (2013): Die Wahrheit der technischen Welt. Essays zur Genealogie der Gegenwart. Berlin: Suhrkamp.

Kohl, Karl-Heinz (1993): Ethnologie – die Wissenschaft vom kulturell Fremden. Eine Einführung. München: Beck.
Kontopodis, Michalis/Varvantakis, Christos/Wulf, Christoph (Hg.) (2017): Global Youth in Digital Trajectories. London, New York, New Delhi: Routledge.
Korthaase, Werner/Hauff, Sigurd/Fritsch, Andreas (Hg.) (2005): Comenius und der Weltfriede. Berlin: Deutsche Comenius Gesellschaft.
Krämer, Sybille (2008): Medium, Bote, Übertragung. Kleine Metaphysik der Medialität. Frankfurt/M.: Suhrkamp.
Krais, Beate/Gebauer, Gunter (2002): Habitus. Bielefeld: transcript.
Kraus, Anja/Budde, Jürgen/Hietzge, Maud/Wulf, Christoph (Hg.) (2017): Handbuch Schweigendes Wissen. Weinheim: BeltzJuventa.
Kultur des Friedens (2017): Ein Beitrag zum Bildungsauftrag der UNESCO: Building Peace in the Minds of Men and Women, hg. vom Berliner Komitee für UNESCO-Arbeit. Berlin: Berliner Komitee für UNESCO-Arbeit.
Lakoff, George (1999): Philosophy in the Flesh: The Embodied Mind and Its Challenge to Western Thought. New York: Basic Books.
Lang, Anke (2017): Körperdiskurse anthropologisch gespiegelt. Eine Epistemologie erziehungswissenschaftlicher Theoriebildung. Wiesbaden: Springer VS.
Langeveld, Martinus J. (1964): Studien zur Anthropologie des Kindes (2., erw. Aufl.). Tübingen: Niemeyer.
Laotse (1980): Tao te king: Das Buch vom Sinn und Leben. Köln, Düsseldorf: Diederichs.
Lassahn, Rudolf (1983): Pädagogische Anthropologie. Eine historische Einführung. Heidelberg: Quelle und Meyer.
Latour, Bruno (2000): Die Hoffnung der Pandora. Untersuchungen zur Wirklichkeit der Wissenschaft. Frankfurt/M.: Suhrkamp.
Latour, Bruno (2007): Eine neue Soziologie für eine neue Gesellschaft. Frankfurt/M.: Suhrkamp.
Latour, Bruno (2010): Das Parlament der Dinge. Frankfurt/M.: Suhrkamp.
Latour, Bruno (2018): Das terrestrische Manifest. Berlin: Suhrkamp.
Lenzen, Dieter (1985): Mythologie der Kindheit. Reinbek: Rowohlt.
Lenzen, Dieter (1989): Melancholie, Fiktion und Historizität. In Gunter Gebauer/Dietmar Kamper/Dieter Lenzen/Gert Mattenklott/Konrad Wünsche/Christoph Wulf (Hg.): Historische Anthropologie, S. 13-48. Reinbek: Rowohlt.
Lenzen, Dieter (1991): Vaterschaft. Reinbek: Rowohlt.
Lesch, Harald/Kampenhausen, Klaus (2018): Die Menschheit schafft sich ab. Die Erde im Griff des Anthropozän. Grünwald: Komplett-Media.
Liebau, Eckart/Miller-Kipp, Gisela/Wulf, Christoph (Hg.) (1999): Metamorphosen des Raums. Erziehungswissenschaftliche Forschungen zur Chronotopologie. Weinheim: Deutscher Studien Verlag.
Liebau, Eckart/Peskoller, Helga/Wulf, Christoph (Hg.) (2003): Natur. Pädagogisch-anthropologische Perspektiven. Weinheim: Deutscher Studien Verlag.
Liebau, Eckart/Schumacher-Chilla, Doris/Wulf, Christoph (Hg.) (2001): Anthropologie pädagogischer Institutionen. Weinheim: Deutscher Studien Verlag.
Liebau, Eckart/Wulf, Christoph (Hg.) (1996): Generation. Weinheim: Deutscher Studien Verlag.
Lieberg, Albert T. (2018): Der Systemwechsel. Utopie oder existentielle Notwendigkeit. Marburg: Büchner.
Liedtke, Max (1994): Der Aufgabenbereich der Pädagogischen Anthropologie. In: Christoph Wulf/Jörg Zirfas (Hg.): Theorien und Konzepte der Pädagogischen Anthropologie, S. 176-192. Donauwörth: Auer.
Liegle, Ludwig (2017): Beziehungspädagogik. Erziehung, Lehren und Lernen als Beziehungspraxis. Stuttgart: Kohlhammer.
Li-gi: Das Buch der Riten, Sitten und Gebräuche. Übers. v. Richard Wilhelm. Düsseldorf, Köln 1981: Diederichs.
Litt, Theodor (1959): Das Bildungsideal der deutschen Klassik und die moderne Arbeitswelt. 6. Aufl. Bonn: Bundeszentrale für Heimatdienst.
Loch, Werner (1963): Die anthropologische Dimension der Pädagogik. Essen: Neue Deutsche Schule.
Loenhoff, Jens (2012): Implizites Wissen. Epistemologische und handlungstheoretische Perspektiven. Weilerswist: Velbrück.
Löwith, Karl (1987): Anhang zu Nietzsches Philosophie der ewigen Wiederkehr des Gleichen. Zur Geschichte der Nietzsche-Deutungen. In: Sämtliche Schriften, Bd. 6. Stuttgart: Metzler.

Loh, Janina (2018): Trans- und Posthumanismus. Hamburg: Junius.
Lovelock, James (2008): Gaias Rache: Warum die Erde sich wehrt. Berlin: Ullstein.
Lüth, Christoph/Wulf, Christoph (Hg.) (1997): Vervollkommnung durch Arbeit und Bildung? Weinheim: Deutscher Studien Verlag.
Luhmann, Niklas/Schorr, Karl Eberhard (Hg.) (1982): Zwischen Technologie und Selbstreferenz: Fragen an die Pädagogik. Frankfurt/M.: Suhrkamp.
Lunyu. Übers. v. Richard Wilhelm. Wiesbaden 2005: Marix.
Lyotard, Jean-François (2012): Das postmoderne Wissen: Ein Bericht. Wien: Passagen Verlag (frz. Orig. 1979).
Manemann; Jürgen (2014): Kritik des Anthropozäns: Plädoyer für eine neue Humanökologie. Bielefeld: transcript.
Marquardt, Wolfgang (1975): Geschichte und Strukturanalyse der Industrieschule. Arbeitserziehung, Industrieunterricht, Kinderarbeit in niederen Schulen (ca. 1770-1850/1870). Diss. phil. TU Hannover.
Mattenklott, Gert (1982): Der übersinnliche Leib. Zur Metaphysik des Körpers. Reinbek: Rowohlt.
Matthes, Eva (2011): Geisteswissenschaftliche Pädagogik. Ein Lehrbuch. München: Oldenbourg.
Mattig, Ruprecht (2012): Wilhelm Humboldts „Die Vasken". Anmerkungen zu Theorie, Methode und Ergebnissen eines Klassikers kulturanthropologischer Bildungsforschung. In: Zeitschrift für Erziehungswissenschaft 15 (4), S. 807-827.
Mattig, Ruprecht (2019): Wilhelm von Humboldt als Ethnograph. Bildungsforschung im Zeitalter der Aufklärung (in Vorbereitung).
Mauss, Marcel (1989): Soziologie und Anthropologie. Bd. 2. Frankfurt/M.: Fischer.
McLuhan, Marshall (1964): Understanding Media. The Extensions of Man. New York: McGraw-Hill.
McLuhan, Marshall (1968): Die magischen Kanäle. Understanding Media. Düsseldorf: Econ.
Manemann, Jürgen (2014): Kritik des Anthropozäns. Plädoyer für eine neue Humanökologie. Bielefeld: transcript.
Menke, Christoph (2017): Kraft. Ein Grundbegriff ästhetischer Anthropologie. Berlin: Suhrkamp.
Menze, Clemens (1965): Wilhelm von Humboldts Lehre und Bild vom Menschen. Ratingen: Henn.
Menze, Clemens (1975): Die Bildungsreform Wilhelm von Humboldts. Hannover u.a.: Schroedel.
Merleau-Ponty, Maurice (1994): Das Sichtbare und das Unsichtbare (2. Aufl.). München: Wilhelm Fink.
Merleau-Ponty, Maurice (2003): Das Primat der Wahrnehmung. Frankfurt/M.: Suhrkamp (orig. Le primat de la perception et ses conséquences philosophiques, 1933-1946).
Mersch, Dieter (2006): Medientheorien zur Einführung. Hamburg: Junius.
Meyer-Drawe, Käthe (1984): Leiblichkeit und Sozialität. Phänomenologische Beiträge zu einer pädagogischen Theorie der Inter-Subjektivität. München: Wilhelm Fink.
Meyer-Drawe, Käthe (2008): Diskurse des Lernens. München: Wilhelm Fink.
Michaels, Axel (2016): Homo Ritualis. Hindu Ritual and its Significance for Ritual Theory. Oxford: Oxford University Press.
Michaels, Axel/Wulf, Christoph (Hg.) (2011): Images of the Body in India. London: Routledge.
Michaels, Axel/Wulf, Christoph (Hg.) (2012): Emotions in Rituals and Performances. London: Routledge.
Michaels, Axel/Wulf, Christoph (Hg.) (2014): Exploring the Senses: Emotions, Performativity, and Ritual. London: Routledge.
Michaels, Axel/Wulf, Christoph (Hg.) (2020): Science and Scientification. London: Routledge.
Michelsen, Gerd (Hg.) (2017): Die Deutsche Nachhaltigkeitsstrategie. Wegweiser für eine Politik der Nachhaltigkeit. Wiesbaden: Hessische Landeszentrale für politische Bildung.
Millennium Ecosystem Assessment (2005): Ecosystems and Human Well-being: Synthesis. Washington, DC: Island Press (https://www.millenniumassessment.org/documents/document.356.aspx.pdf).
Mitchell, William J. T. (1994): Picture Theory. Essays on Verbal and Visual Representation. Chicago: Chicago University Press.
Mitra, Sisirkumar (1947): India's Cultural Empire and Her Future. 2. Aufl. Madras: Sri Aurobindo Library.
Mollenhauer, Klaus (1983): Vergessene Zusammenhänge: Über Kultur und Erziehung. München: Juventa.
Mollenhauer, Klaus (1986): Umwege. Weinheim, München: Juventa.
Mollenhauer, Klaus (1996): Grundfragen ästhetischer Bildung. Theoretische und empirische Befunde zu ästhetischen Erfahrungen mit Kindern. Weinheim, München: Juventa.

Mollenhauer, Klaus/Wulf, Christoph (Hg.) (1996): Aisthesis/Ästhetik. Zwischen Wahrnehmung und Bewußtsein. Weinheim: Deutscher Studien Verlag.

Montandon, Frédérique (2013): Das Musikinstrument und die Pädagogik der Dinge. In: Arnd-Michael Nohl/Christoph Wulf (Hg.): Mensch und Ding. Die Materialität pädagogischer Prozesse. Sonderheft der Zeitschrift für Erziehungswissenschaft Nr. 25, S. 71-89. Wiesbaden: Springer VS.

Morus, Thomas (2013): Utopia. Hamburg: Nikol.

Müller, Hans-Rüdiger/Krinninger, Dominik (2016): Familienstile: Eine pädagogisch-ethnographische Studie zur Familienerziehung. Weinheim, Basel: BeltzJuventa.

Nationaler Aktionsplan für Deutschland (2005): UN-Dekade Bildung für nachhaltige Entwicklung. Berlin: Bundesministerium für Bildung und Forschung (https://www.umweltbildung.de/uploads/media/NAP_01. pdf).

Neumann, Sacha (2013): Die anderen Dinge der Pädagogik. Zum Umgang mit alltäglichen Gegenständen in Kinderkrippen. In: Arnd-Michael Nohl/Christoph Wulf (Hg.): Mensch und Ding. Die Materialität pädagogischer Prozesse. Sonderheft der Zeitschrift für Erziehungswissenschaft Nr. 25, S. 207-221. Wiesbaden: Springer VS.

Nicolini, Davide (2013): Practice Theory, Work and Organization. An Introduction. Oxford: Oxford University Press.

Niethammer, Lutz (1989): Posthistoire. Ist die Geschichte zu Ende? Reinbek: Rowohlt.

Nietzsche, Friedrich (1954): Vom Nutzen und Nachteil der Historie für das Leben. In: Karl Schlechta (Hg.): Werke in drei Bänden, Bd. I: Unzeitgemäße Betrachtungen, S. 209-287. München: Hanser.

Nietzsche, Friedrich (1980): Also sprach Zarathustra. Dritter Teil, „Der Genesende". In: Sämtliche Werke. Kritische Studienausgabe, hg. v. Giorgio Colli/Mazzino Montinari. Bd. 4, S. 270-277. München: dtv.

Nitschke, August (1994): Die Zukunft in der Vergangenheit. München: Piper.

Nohl, Hermann (1929): Pädagogische Menschenkunde. In: Hermann Nohl/Ludwig Pallat (Hg.): Handbuch der Pädagogik, Bd. 2, S. 51-75. Langensalza: Beltz.

Nohl, Arnd-Michael (2011): Pädagogik der Dinge. Bad Heilbrunn: Klinkhardt.

Oeser, Erhard (2011): Katastrophen. Triebkraft der Evolution. Darmstadt: Wissenschaftliche Buchgesellschaft.

Ong, Walter J. (2002): Orality and Literacy. The Technologizing of the Word. London, New York: Routledge.

Osterwalder, Fritz (1996): Pestalozzi – ein pädagogischer Kult. Weinheim, Basel: Beltz.

Pross, Harry (1970): Publizistik: Thesen zu einem Grundcolloquium. Neuwied: Luchterhand.

Paragrana. Internationale Zeitschrift für Historische Anthropologie 10 (1) (2001): Theorien des Performativen, hg. von Erika Fischer-Lichte/Christoph Wulf.

Paragrana. Internationale Zeitschrift für Historische Anthropologie 13 (1) (2004): Praktiken des Performativen, hg. von Erika Fischer-Lichte/Christoph Wulf.

Paragrana. Internationale Zeitschrift für Historische Anthropologie 18 (1) (2009a): The Body in India, hg. von Axel Michaels/Christoph Wulf.

Paragrana. Internationale Zeitschrift für Historische Anthropologie 18 (2) (2009b): Handlung und Leidenschaft. Jenseits von *actio* und *passio*, hg. von Klaus-Peter Köpping/Burkhard Schnepel/Christoph Wulf.

Paragrana. Internationale Zeitschrift für Historische Anthropologie 20 (1) (2011): Töten. Affekte, Akte und Formen, hg. von Christoph Wulf/Jörg Zirfas.

Paragrana. Internationale Zeitschrift für Historische Anthropologie 22 (1) (2013): Well-being, hg. von Susanne Klien/Christoph Wulf.

Paragrana. Internationale Zeitschrift für Historische Anthropologie 27 (1) (2018): Rhythmus/Balance/Resonanz, hg. von Gabriele Brandstetter/Michael Buchholz/Andreas Hamburger/Christoph Wulf.

Peng, Zhengmei/Gu, Juan/Meyer, Meinert, A. (2018): Grundcharakteristiken der konfuzianischen Allgemeinbildung und deren Transformation in der Vergangenheit und in der heutigen globalisierten Zeit. In: Zeitschrift für Erziehungswissenschaft 21, S. 259-278.

Platon (1958): Politeia. In: Sämtliche Werke Bd. 3, S. 67-310. Reinbek: Rowohlt.

Plessner, Helmuth (1950): Lachen und Weinen. Eine Untersuchung nach den Grenzen menschlichen Verhaltens. Bern: Francke.

Plessner, Helmuth (1980-85): Gesammelte Schriften, hg. von Günther Dux/Odo Marquard/Elisabeth Ströker. 10 Bde. Frankfurt/M.: Suhrkamp.

Plessner, Helmuth (1982): Zur Anthropologie der Nachahmung. In: ders.: Ausdruck der menschli-

chen Natur. Gesammelte Schriften Bd. VII, hg. v. Günter Dux/Odo Marquard/Elisabeth Ströker, S. 389-398. Frankfurt/M.: Suhrkamp.
Plessner, Helmuth (1983): Conditio humana. Gesammelte Schriften Bd. VIII. Frankfurt/M.: Suhrkamp.
Polanyi, Michael (1966): The Logic of Tacit Inference. Repr. in ders.: Society, Economics & Philosophy. Selected Papers, hg. v. R. T. Allen, S. 138-158. New Brunswick/NJ: Transaction Publisher.
Polanyi, Michael (1969): The Body-Mind Relation. Repr. in ders.: Society, Economics & Philosophy. Selected Papers, hg. v. R. T. Allen, S. 313-328. New Brunswick/NJ: Transaction Publisher.
Polanyi, Michael (1974): Personal Knowledge. Towards a Post-Critical Philosophy. A chemist and philosopher attempts to bridge the gap between fact and value, science and humanity. Chicago: University of Chicago Press.
Polanyi, Michael (1985): Implizites Wissen. Frankfurt/M.: Suhrkamp.
Portmann, Adolf (1956): Biologie und Geist. Zürich: Rhein Verlag.
Potthast, Thomas/Herrmann, Beate/Müller, Uta (Hg.) (2010): Wem gehört der menschliche Körper? Ethische, rechtliche und soziale Aspekte der Kommerzialisierung des menschlichen Körpers und seiner Teile. Paderborn: mentis.
Poulain, Jacques (2012): Die neue Moderne. Jenseits von Pragmatik und Postmoderne. Frankfurt/M. u.a.: Peter Lang.
Poulain, Jacques (2017): Peut-on guérir de la mondialisation? Paris: Hermann.
Prange, Klaus (2012): Erziehung als Handwerk. Studien zur Zeigestruktur der Erziehung. Paderborn: Schöningh.
Priem, Karin/König, Gudrun/Casale, Rita (Hg.) (2012): Die Materialität der Erziehung: Kulturelle und soziale Aspekte pädagogischer Objekte. Zeitschrift für Pädagogik, 58. Beiheft.
Ramge, Thomas (2018): Mensch und Maschine. Wie künstliche Intelligenz und Roboter unser Leben verändern. Stuttgart: Reclam.
Rammert, Werner (2007): Technik – Wissen – Handeln. Wiesbaden: VS.
Randers, Jörgen (2012): Der neue Bericht an den Club of Rome. Eine globale Prognose. München: Oekom.
Rathmayr, Bernhard (2013): Die Frage nach den Menschen. Eine Historische Anthropologie der Anthropologien. Opladen: Budrich.
Reckwitz, Andreas (2017): Die Gesellschaft der Singularitäten. Berlin: Suhrkamp.
Reinhard, Wolfgang (2004): Lebensformen Europas. Eine historische Kulturanthropologie. München: Beck
Renn, Jürgen (2015): Was wir von Kuschim über die Evolution des Wissens und die Ursprünge des Anthropozän lernen können. In: Jürgen Renn/Bernd Scherer (Hg.): Das Anthropozän. Zum Stand der Dinge, S. 184-209. Berlin: Matthes & Seitz.
Renn, Jürgen/Scherer, Bernd (Hg.) (2015): Das Anthropozän. Zum Stand der Dinge. Berlin: Matthes & Seitz.
Resina, Joan Ramon/Wulf Christoph (Hg.) (2019): Repetition, Recurrence, Returns. Lanham: Lexington Books/Roman & Littlefield.
Ricœur, Paul (1988-91): Zeit und Erzählung. 3 Bde. München: Wilhelm Fink.
Ricœur, Paul (1990): Soi-même comme un autre. Paris: Seuil.
Rimbaud, Arthur (1990): *Seher-Briefe/Lettres du voyant*, übers. u. hg. von Werner von Koppenfels. Mainz: Dieterich.
Rittelmeyer, Christian (2012): Bildung ein pädagogischer Grundbegriff. Stuttgart: Kohlhammer.
Rittelmeyer, Christian (2018): Digitale Bildung. Ein Einspruch. Oberhausen: Athena.
Rizzolatti, Giacomo/Sinigaglia, Corrado (2008): Empathie und Spiegelneurone. Die biologische Basis des Mitgefühls. Frankfurt/M.: Suhrkamp.
Roetz, Heiner (2008): Confucianism between Tradition and Modernity, Religion, and Secularization: Questions to Tu Weiming. In: Dao 7, S. 367-380.
Rosa, Hartmut (2016): Resonanz. Eine Soziologie der Weltbeziehung. Berlin: Suhrkamp.
Roselius, Katharina/Meyer, Meinert A. (2018): Bildung in globalizing times. In: Zeitschrift für Erziehungswissenschaft 21, S. 217-240.
Roth, Heinrich (1971): Pädagogische Anthropologie. 2 Bde. Hannover: Schroedel.
Rousseau, Jean-Jacques (1981): Emile oder Über die Erziehung. Paderborn: Schöningh.
Ryle, Gilbert (1990): Knowing how and Knowing that. In: Collected Papers. Vol. 2, S. 212-225. Bristol: Thoemmes.
Samson, Paul R./Pitt, David (Hg.) (1999): The Biosphere and Noosphere Reader. Global Environment, Society, and Change. London: Routledge.

Sartre, Jean-Paul (1971): Das Imaginäre. Phänomenologische Psychologie der Einbildungskraft. Reinbek: Rowohlt.
Schäfer, Gerd/Wulf, Christoph (Hg.) (1999): Bild – Bilder – Bildung. Weinheim: Deutscher Studien Verlag.
Schaller, Klaus (1962): Die Pädagogik des Johann Amos Comenius und die Anfänge des pädagogischen Realismus im 17. Jahrhundert. Heidelberg: Quelle und Meyer.
Schatzki, Theodor/Knorr-Cetina, Karin/Savigny, Eike (Hg.) (2001): The Practice Turn in Contemporary Theory. London, New York, New Delhi: Routledge.
Scheler, Max (1988): Die Stellung des Menschen im Kosmos (1929). Bonn: Bouvier.
Schelle, Carla/Rabenstein, Kerstin/Reh, Sabine (Hg.) (2010): Unterricht als Interaktion. Ein Fallbuch für die Lehrerbildung. Bad Heilbrunn: Klinkhardt.
Schelling, Friedrich Wilhelm Josef (1979): System des transzendentalen Idealismus. Stuttgart: Reclam.
Scheunpflug, Annette (2001): Biologische Grundlagen des Lernens. Berlin: Cornelsen.
Schiller, Friedrich/Humboldt, Wilhelm von (1962): Der Briefwechsel zwischen Friedrich Schiller und Wilhelm von Humboldt, hg. von Siegfried Seidel. Bd. II. Berlin: Aufbau.
Schlegel, Friedrich (1970): Gespräche über die Poesie. In: Friedrich Schlegel: Kritische Schriften, hg. von Wolfdietrich Rasch, S. 473-529. München: Hanser.
Schleiermacher, Friedrich (1983): Pädagogische Schriften I, hg. v. Erich Weniger unter Mitwirkung von Theodor Schulze. Frankfurt/M., Berlin, Wien: Ullstein.
Schleiermacher, Friedrich (2000): Texte zur Pädagogik, Kommentierte Studienausgabe, hg. von Michael Winkler/Jens Brachmann. Frankfurt/M.: Suhrkamp.
Schluß, Henning (2000): Martin Luther und die Pädagogik – Versuch einer Rekonstruktion. In: Vierteljahresschrift für Wissenschaftliche Pädagogik 3, S. 321-341.
Schmidt, Robert/Stock, Wiebke-Marie/Volbers, Jörg (2011): Zeigen. Dimensionen einer Grundtätigkeit. Weilerswist: Velbrück.
Schmitt, Jean-Claude (2016): *Les rythmes au Moyen Âges*. Paris: Gallimard.
Scholz, Imme (2017): Herausforderung Sustainable Development Goals. In: Gerd Michelsen (Hg.): Die Deutsche Nachhaltigkeitsstrategie. Wegweiser für eine Politik der Nachhaltigkeit, S. 23-39. Wiesbaden: Hessische Landeszentrale für politische Bildung.
Schuhmacher-Chilla, Doris (1995): Ästhetische Sozialisation und Erziehung. Berlin: Dietrich Reimer.
Schweitzer, Friedrich (1996): Luther und die Geschichte der Bildung. Pflichtgemäße Reminiszenz oder notwendige Erinnerung? In: Jahrbuch für Historische Bildungsforschung. Bd. 3. Weinheim, München: Juventa, S. 9-23.
Segal, Daniel A./Yanagisako, Sylvia J. (Hg.) (2005): Unwrapping the Sacred Bundle. Reflections on the Disciplining of Anthropology. Durham, London: Duke University Press.
Seichter, Sabine (2012): Erziehung und Ernährung. Weinheim, Basel: Beltz Juventa.
Seidel, Siegfried (Hg.) (1962): Der Briefwechsel zwischen Friedrich Schiller und Wilhelm von Humboldt. 2 Bde. Berlin: Aufbau.
Senghaas, Dieter (Hg.) (1995): Den Frieden denken. Si vis pacem, para pacem. Frankfurt/M.: Suhrkamp.
Senghaas, Dieter (Hg.) (1997): Frieden machen. Frankfurt/M.: Suhrkamp.
Sharma, Yogendra (2002): The Doctrines of the Great Indian Educators. New Delhi: Kanishka Publishers.
Skirl, Miguel (2000): Ewige Wiederkunft. In: Henning Ottmann (Hg.): Nietzsche-Handbuch, S. 222-230. Stuttgart, Weimar: Metzler.
Smil, Vaclav (2011): Harvesting the Biosphere: The Human Impact. In: Population and Development Review 37 (4), S. 613-636.
Smith, Wilfred Cantwell (1979): Faith and Belief. Princeton/NJ: Princeton University Press.
Sørensen, Estrid (2009): The Materiality of Learning. Technology and Knowledge in Educational Practice. Cambridge: Cambridge University Press.
Spitz, René (1996): Vom Säugling zum Kleinkind. Naturgeschichte der Mutter-Kind-Beziehungen im ersten Lebensjahr. Stuttgart: Klett-Cotta.
Spranger, Eduard (1908): Wilhelm von Humboldt und die Humanitätsidee. Berlin: Reuther & Reichard.
Stalder, Felix (2016): Kultur der Digitalität. Berlin: Suhrkamp.
Stenger, Ursula (2002): Schöpferische Prozesse. Weinheim: Juventa.
Stern, Daniel N. (2003): Die Lebenserfahrung des Säuglings. Stuttgart: Klett-Cotta.
Stieve, Claus (2008): Von den Dingen lernen: Die Gegenstände unserer Kindheit. München: Wilhelm Fink.

Stieve, Claus (2013): Differenzen früher Bildung in der Begegnung mit den Dingen. Am Beispiel des Wohnens und seiner Repräsentation im Kindergarten. In: Arnd-Michael Nohl/Christoph Wulf (Hg.): Mensch und Ding. Die Materialität pädagogischer Prozesse. Sonderheft der Zeitschrift für Erziehungswissenschaft Nr. 25, S. 189-202. Wiesbaden: Springer VS.

Sting, Stephan/Dieckmann, Bernhard/Zirfas, Jörg (Hg.) (1998): Gedächtnis und Bildung. Pädagogisch-anthropologische Zusammenhänge. Weinheim: Deutscher Studien Verlag.

Suzuki, Shoko/Wulf, Christoph (Hg.) (2007): Mimesis, Poiesis, Performativity in Education. Münster, New York: Waxmann.

Tagore, Rabindranath (2007): The English Writings. New Delhi: Atlantic.

Tanzer, John/Phua, Carol/Barney, Jeffries/Lawrence, Anissa, Gonzales, Aimee/Gamblin, Paul/Roxburgh, Tony (2015): Rapport Planète vivante océans. Espèces, habitats et bien-être humain. Gland: WWF International.

Tarde, Gabriel de (2003): Die Gesetze der Nachahmung. Frankfurt/M.: Suhrkamp.

Taussig, Michael (1993): Mimesis and Alterity: A Particular History of the Senses. New York: Routledge.

Tavani, Elena (2012): L'immagine e la mimesis. Acte tecnica, estetica in Theodor W. Adorno. Pisa: Edizioni ETS.

Teilhard de Chardin, Pierre (2007): Le phénomène humain. Paris: Seuil.

Tenorth, Heinz-Elmar (2018): Wilhelm von Humboldt: Bildungspolitik und Universitätsreform. Paderborn: Schöningh.

Tervooren, Anja/Engel, Nicolas/Göhlich, Michael/Miethe, Ingrid/Reh, Sabine (Hg.) (2014): Ethnographie und Differenz in pädagogischen Feldern. Internationale Entwicklungen erziehungswissenschaftlicher Forschung. Bielefeld: transcript.

Todorov, Tzvetan (1985): Die Eroberung Amerikas. Frankfurt/M.: Suhrkamp.

Tomasello, Michael (2002): Die kulturelle Entwicklung des menschlichen Denkens. Zur Evolution der Kognition. Frankfurt/M.: Suhrkamp.

Tomasello, Michael (2009): Die kulturellen Ursprünge der menschlichen Kommunikation. Frankfurt/M.: Suhrkamp.

Trabant, Jürgen (1986): Apeliotes oder Der Sinn der Sprache: Wilhelm von Humboldts Sprach-Bild. München: Wilhelm Fink.

Trabant, Jürgen (1990): Traditionen Humboldts. Frankfurt/M.: Suhrkamp.

Trabant, Jürgen (2014): Globalesisch oder was? Ein Plädoyer für Europa. München: Beck.

Turner, Victor (1989): Das Ritual. Struktur und Anti-Struktur. Frankfurt/M.: Campus.

Tu Weiming (1985): Confucian Thought: Selfhood as Creative Transformation. Albany/NY: State University of New York Press.

Tu Weiming (Hg.). (1996): Confucian Traditions in East Asian Modernity. Cambridge/MA: Harvard University Press.

Tu Weiming (2008): Creativity. A Confucian View. In: Dao 6, S. 115-124.

Tu Weiming (2013): Confucian Humanism in Perspective. In: Frontiers of Literary Studies in China, 7, S. 333-338.

Uher, Johanna (Hg.) (1995): Pädagogische Anthropologie und Evolution. Erlangen: Universitätsbibliothek.

UNESCO (1972): Learning to be. The World of Education today and tomorrow. Paris: UNESCO.

UNESCO (1996): Learning. The Treasure within. Paris: UNESCO.

UNESCO (2014): Roadmap for Implementing the Global Action Programme on Education for Sustainable Development. Paris: UNESCO.

UNESCO (2015): Rethinking Education. Towards a Global Common Good. Paris: UNESCO.

Vernadsky, Vladimir I. (1929): La Biosphère. Paris: Félix Alcan.

Virilio, Paul (1988): La machine de vision. Paris: Galilée.

Virilio, Paul (1993): Krieg und Fernsehen. München: Hanser.

Virilio, Paul (1996): Fluchtgeschwindigkeit. Essay. München: Hanser.

Vitousek, Peter M./Ehrlich, Paul R./Ehrlich, Anne H./Matson, Pamela A. (1986): Human Appropriation of the Products of Photosynthesis. In: Bioscience 36 (6), S. 368-373.

Vitousek, Peter M./Mooney, Harold A./Lubchenco, Jane/Melillo, Jerry M. (1997): Human Domination of Earth's Ecosystems. In: Science, vol. 277, n°5325, S. 494-499.

Vivekananda (1970-73): The Complete Works of Swami Vivekananda. Calcutta: Advaita Ashrama.

Vollmer, Maria Theresa (2015): Von Mahatma Gandhi „Frieden" lernen. Möglichkeiten und Grenzen des Handlungsmodells Satyagraha. Berlin: FU, FB Erziehungswissenschaft und Psychologie (Masterarbeit).

Voosen, Paul (2016): Anthropocene Pinned to Post War Period. In: Science, 25 August, vol. 353, n. 6302, S. 852-853.
Voss, Christiane/Engell, Lorenz (Hg.) (2015): Mediale Anthropologie. Paderborn: Fink.
Wagner, Hans-Josef (1995): Die Aktualität der strukturalen Bildungstheorie Humboldts. Weinheim: Deutscher Studien-Verlag.
Waldenfels, Bernhard (1990): Der Stachel des Fremden. Frankfurt/M.: Suhrkamp.
Waldenfels, Bernhard (2010): Sinne und Künste im Wechselspiel. Modi ästhetischer Erfahrung. Berlin: Suhrkamp.
Wallenhorst, Nathanael (2019): L'anthropocène décodé pour les humains. Paris: Les Éditions Le Pommier.
Weidtmann, Niels (2016): Interkulturelle Philosophie. Aufgaben, Dimensionen, Wege. Tübingen: Francke.
Welsch, Wolfgang (Hg.) (1988): Wege aus der Moderne. Weinheim: VCA.
Welsch, Wolfgang (Hg.) (1993): Die Aktualität des Ästhetischen. München: Fink.
Welsch, Wolfgang (2005): Unsere postmoderne Moderne. Berlin: Akademie.
Welsch, Wolfgang (2011): Immer nur der Mensch? Entwürfe zu einer anderen Anthropologie. Berlin: Akademie.
Weniger, Erich (1957): Die Eigenständigkeit der Erziehung in Theorie und Praxis. Weinheim: Beltz.
Westphal, Kerstin (2004): Lernen als Ereignis. Zugänge zu einem theaterpädagogischen Konzept. Hohengehren: Schneider.
White, Harrison (2008): Identity and Control – How Social Formations Emerge. 2. ed. Princeton: Princeton University Press.
Wiesing, Lambert (2008): Die Sichtbarkeit des Bildes. Geschichte und Perspektiven der formalen Ästhetik. Frankfurt/M., New York: Campus.
Willems, Herbert/Jurga, Martin (Hg.) (1998): Inszenierungsgesellschaft. Ein einführendes Handbuch. Opladen, Wiesbaden: Westdeutscher Verlag.
Wimmer, Michael (2006): Dekonstruktion und Erziehung. Studien zum Paradoxieproblem in der Pädagogik. Bielefeld: transcript.
Wimmer, Michael (2009): Vom Anderen. In: Michael Göhlich/Jörg Zirfas (Hg.): Der Mensch als Maß der Erziehung. Festschrift für Christoph Wulf, S. 185-197. Weinheim, Basel: Beltz.
Wimmer, Michael (2014): Pädagogik als Wissenschaft des Unmöglichen. Bildungsphilosophische Interventionen. Paderborn: Ferdinand Schöningh.
Winckelmann, Johann Joachim (1995): Gedanken über die Nachahmung der griechischen Werke in der Malerei und Bildhauerkunst (1755). Stuttgart: Reclam.
Wintersteiner, Werner (1999): Pädagogik des Anderen. Bausteine für eine Friedenspädagogik in der Postmoderne. Münster: Agenda-Verlag.
Wintersteiner, Werner/Grobbauer, Heidi/Diendorfer, Gertraud/Reitmair-Juárez, Susanne (2014): Global Citizenship Education. Politische Bildung für die Weltgesellschaft. Wien: Österreichische UNESCO-Kommission.
Wittgenstein, Ludwig (1967): Philosophische Untersuchungen. Frankfurt/M.: Suhrkamp.
Wittig, Steffen (2018): Die Ludifizierung des Sozialen. Paderborn: Schöningh.
Wünsche, Konrad (2007): „Und du verkennst dich doch". Eine Galerie der Anthropologie. Göttingen: Wallenstein.
Wulf, Christoph (Hg.) (1973): Kritische Friedenserziehung. Frankfurt/M.: Suhrkamp.
Wulf, Christoph (Hg.) (1974): Handbook on Peace Education. Oslo, Frankfurt/M.: International Peace Research Association.
Wulf, Christoph (1977): Theorien und Konzepte der Erziehungswissenschaft. München: Juventa.
Wulf, Christoph (Hg.) (1994): Einführung in die pädagogische Anthropologie. Weinheim, Basel: Beltz.
Wulf, Christoph (Hg.) (1995): Education in Europe. An Intercultural Task. Münster u.a.: Waxmann.
Wulf, Christoph (Hg.) (1996): Anthropologisches Denken in der Pädagogik 1750-1850. Weinheim, Basel: Deutscher Studienbuch Verlag.
Wulf, Christoph (Hg.) (1998): Education for the 21st Century. Commonalities and Diversities. (European Studies in Education 7). Münster u.a.: Waxmann.
Wulf, Christoph (2001): Anthropologie der Erziehung. Weinheim, Basel: Beltz.
Wulf, Christoph (2005): Zur Genese des Sozialen. Mimesis, Performativität, Ritual. Bielefeld: transcript.
Wulf, Christoph (2006a): Anthropologie kultureller Vielfalt. Bielefeld: transcript.

Wulf, Christoph (2006b): Praxis. In: Jens Kreinath/Jan Snoek/Michael Stausberg (Hg.): Theorizing Rituals: Issues, Topics, Approaches, Concepts, S. 395-411. Leiden: Brill.
Wulf, Christoph (2008): Rituale im Grundschulalter. Performativität, Mimesis und Interkulturalität. In: Zeitschrift für Erziehungswissenschaft 11 (1), S. 67-83.
Wulf, Christoph (2009): Anthropologie. Geschichte, Kultur, Philosophie. Köln: Anaconda (zuerst Reinbek 2004: Rowohlt).
Wulf, Christoph (Hg.) (2010): Der Mensch und seine Kultur. Menschliches Leben in Gegenwart, Vergangenheit und Zukunft. Köln: Anaconda (zuerst: Vom Menschen: Handbuch Historische Anthropologie. Weinheim 1997: Beltz).
Wulf, Christoph (2013a): Anthropology. A Continental Perspective. Chicago: University of Chicago Press.
Wulf, Christoph (2013b): Das Rätsel des Humanen. München: Fink.
Wulf, Christoph (2014): Bilder des Menschen. Imaginäre und performative Grundlagen der Kultur. Bielefeld: transcript.
Wulf, Christoph (Hg.) (2016): Exploring Alterity in a Globalized World. London, New York, New Delhi: Routledge.
Wulf, Christoph (2018): Homo imaginationis. Firenze: Mimesis.
Wulf, Christoph/Althans, Birgit/Audehm, Kathrin/Bausch, Constanze/Göhlich, Michael/Sting, Stephan/Tervooren, Anja/Wagner-Willi, Monika/Zirfas, Jörg (2001): Das Soziale als Ritual. Zur performativen Bedeutung von Gemeinschaft. Opladen: Leske und Budrich.
Wulf, Christoph/Althans, Birgit/Audehm, Kathrin/Bausch, Constanze/Jörissen, Benjamin/Göhlich, Michael/Mattig, Ruprecht/Tervooren, Anja/Wagner-Willi, Monika/Zirfas, Jörg (2004): Bildung im Ritual. Schule, Familie, Jugend, Medien. Wiesbaden: Verlag für Sozialwissenschaften.
Wulf, Christoph/Althans, Birgit/Blaschke, Gerald/Ferrin, Nino/Göhlich, Michael/Jörissen, Benjamin/Mattig, Ruprecht/Nentwig-Gesemann, Iris/Schinkel, Sebastian/Tervooren, Anja/Wagner-Willi, Monika/Zirfas, Jörg (2007): Lernkulturen im Umbruch. Rituelle Praktiken in Schule, Medien, Familie und Jugend. Wiesbaden: Verlag für Sozialwissenschaften.
Wulf, Christoph, Althans, Birgit/Audehm, Kathrin/Blaschke, Gerald/Ferrin, Nino/Kellermann, Ingrid/Mattig, Ruprecht/Schinkel, Sebastian (2011): Die Geste in Erziehung, Bildung und Sozialisation: Ethnographische Feldstudien. Wiesbaden: Verlag für Sozialwissenschaften.
Wulf, Christoph/Althans, Birgit/Foltys, Julia/Fuchs, Martina/Klasen, Sigrid/Lamprecht, Juliane/Tegethoff, Dorothea (2008): Geburt in Familie, Klinik und Medien. Opladen, Farmington Hills: Barbara Budrich.
Wulf, Christoph/Bittner, Martin/Clemens, Iris/Kellermann, Ingrid (2012): Unpacking Recognition and Esteem in School Pedagogies. In: Ethnography and Education 7 (1), S. 59-75.
Wulf, Christoph/Brougère, Gilles/Colin, Lucette/Délory-Momberger, Christine/Kellermann, Ingrid/Lichau, Karsten (2018): Begegnung mit dem Anderen. Orte, Körper und Sinne im Schüleraustausch. Münster, New York: Waxmann.
Wulf, Christoph/Bryan, Newton (Hg.) (2006): Desarrollo Sostenible. Münster, New York: Waxmann.
Wulf, Christoph/Fischer-Lichte, Erika (Hg.) (2010): Gesten: Inszenierung, Aufführung, Praxis. Paderborn: Fink.
Wulf, Christoph/Göhlich, Michael/Zirfas, Jörg (Hg.) (2001): Grundlagen des Performativen. Eine Einführung in die Zusammenhänge von Sprache, Macht und Handeln. Weinheim, München: Juventa.
Wulf, Christoph/Hänsch, Anja/Brumlik, Micha (Hg.) (2008): Das Imaginäre der Geburt. Praktiken, Narrationen und Bilder. München: Wilhelm Fink.
Wulf, Christoph/Kamper, Dietmar (Hg.) (2002): Logik und Leidenschaft. Erträge Historischer Anthropologie. Berlin: Reimer.
Wulf, Christoph/Kamper, Dietmar/Gumbrecht, Hans Ulrich (Hg.) (1994): Ethik der Ästhetik. Berlin: Akademie.
Wulf, Christoph/Macha, Hildegard/Liebau, Eckart (Hg.) (2004): Formen des Religiösen. Pädagogisch-anthropologische Annäherungen. Weinheim, Basel: Beltz.
Wulf, Christoph/Merkel, Christine (Hg.) (2002): Globalisierung als Herausforderung der Erziehung. Münster: Waxmann.
Wulf, Christoph/Suzuki, Shoko/Zirfas, Jörg/Kellermann, Ingrid/Inoue, Yoshitaka/Ono, Fumio/Takenaka, Nanae (2011): Das Glück der Familie: Ethnografische Studien in Deutschland und Japan. Wiesbaden: Verlag für Sozialwissenschaften (jap. 2013).
Wulf, Christoph/Weigand, Gabriele (2011): Der Mensch in der globalisierten Welt. Anthropologische Reflexionen zum Verständnis unserer Zeit. Münster: Waxmann.

Wulf, Christoph/Zirfas, Jörg (Hg.) (1994): Theorien und Konzepte der pädagogischen Anthropologie. Donauwörth: Ludwig Auer.
Wulf, Christoph/Zirfas, Jörg (Hg.) (2004a): Die Kultur des Rituals: Inszenierungen, Praktiken, Symbole. München: Wilhelm Fink.
Wulf, Christoph/Zirfas, Jörg (2004b): Performative Welten. Einführung in die historischen, systematischen und methodischen Dimensionen des Rituals. In: dies. (Hg.): Die Kultur des Rituals, S. 7-48. München: Wilhelm Fink.
Wulf, Christoph/Zirfas, Jörg (Hg.) (2005): Ikonologie des Performativen. München: Wilhelm Fink.
Wulf, Christoph/Zirfas, Jörg (Hg.) (2007): Pädagogik des Performativen. Weinheim, Basel: Beltz.
Wulf, Christoph/Zirfas, Jörg (Hg.) (2014a): Handbuch Pädagogische Anthropologie. Wiesbaden: VS Springer.
Wulf, Christoph/Zirfas, Jörg (2014b): Homo educandus. Eine Einleitung in die Pädagogische Anthropologie. In: dies. (Hg.): Handbuch Pädagogische Anthropologie, S. 9-26. Wiesbaden: VS Springer.
Zalasiewicz, Jan (2015): Die Einstiegsfrage: Wann hat das Anthropozän begonnen? In: Jürgen Renn/Bernd Scherer (Hg.): Das Anthropozän. Zum Stand der Dinge, S. 160-180. Berlin: Matthes & Seitz.
Zeitschrift für Erziehungswissenschaft (2004): Innovation und Ritual. Sonderband 2, hg. v. Christoph Wulf/Jörg Zirfas.
Zeitschrift für Erziehungswissenschaft (2006): Biowissenschaft und Erziehungswissenschaft. Sonderband 5, hg. von Annette Scheunpflug/Christoph Wulf.
Zeitschrift für Erziehungswissenschaft (2012): Die Bildung der Gefühle. Sonderband 16, hg. v. Ute Frevert/Christoph Wulf.
Zeitschrift für Erziehungswissenschaft (2013): Mensch und Ding. Die Materialität pädagogischer Prozesse. Sonderband 25, hg. v. Arnd-Michael Nohl/Christoph Wulf.
Zeitschrift für Erziehungswissenschaft (2015): Pädagogische Anthropologie. Band 18, hg. von Annette Scheunpflug/Christoph Wulf.
Zeitschrift für Historische Anthropologie. Kultur, Gesellschaft, Alltag, 1993ff. Wien, Köln, Weimar: Böhlau.
Zirfas, Jörg (2004): Pädagogik und Anthropologie. Eine Einführung. Stuttgart: Kohlhammer.
Zirfas, Jörg/Lohwasser, Diana/Burghardt, Daniel/Klepacki, Leopold/Höhne, Thomas (2016): Geschichte der Ästhetischen Bildung, Bd. 3/2: Klassik und Romantik. Paderborn: Schöningh.
Zotz, Volker (2015): Der Konfuzianismus. Wiesbaden: Marix.